广视角 · 全方位 · 多品种

权威 · 前沿 · 原创

皮书系列为
“十二五”国家重点图书出版规划项目

创意城市蓝皮书

BLUE BOOK OF CREATIVE CITIES

创意书系

·中国创意产业研究中心·

总　编/张京成

武汉市文化创意产业发展报告（2013）

THE REPORT ON DEVELOPMENT OF WUHAN'S CULTURAL AND CREATIVE INDUSTRIES (2013)

主　编/黄永林　袁　堃

副主编/詹一虹　吴天勇　李　林
谈国新　纪东东　徐金龙

社会科学文献出版社
SOCIAL SCIENCES ACADEMIC PRESS (CHINA)

图书在版编目（CIP）数据

武汉市文化创意产业发展报告．2013/黄永林，袁堃主编．
—北京：社会科学文献出版社，2013.11
（创意城市蓝皮书）
ISBN 978－7－5097－5162－6

Ⅰ.①武… Ⅱ.①黄… ②袁… Ⅲ.①文化产业－产业发展－研究报告－武汉市－2013 Ⅳ.①G127.631

中国版本图书馆 CIP 数据核字（2013）第 238568 号

创意城市蓝皮书
武汉市文化创意产业发展报告（2013）

主　　编／黄永林　袁　堃
副 主 编／詹一虹　吴天勇　李　林　谈国新　纪东东　徐金龙

出 版 人／谢寿光
出 版 者／社会科学文献出版社
地　　址／北京市西城区北三环中路甲 29 号院 3 号楼华龙大厦
邮政编码／100029

责任部门／经济与管理出版中心（010）59367226　　责任编辑／王玉山　冯咏梅
电子信箱／caijingbu@ssap.cn　　责任校对／孙光迹
项目统筹／恽　薇　高　雁　　责任印制／岳　阳
经　　销／社会科学文献出版社市场营销中心（010）59367081　59367089
读者服务／读者服务中心（010）59367028

印　　装／北京季蜂印刷有限公司
开　　本／787mm×1092mm　1/16　　印　　张／25.25
版　　次／2013 年 11 月第 1 版　　字　　数／409 千字
印　　次／2013 年 11 月第 1 次印刷
书　　号／ISBN 978－7－5097－5162－6
定　　价／85.00 元

《创意城市蓝皮书》总序

张京成

城市是生产力发展到一定阶段的产物，并随着生产力的发展而不断升级。时至今日，伴着工业文明的推进和文化提升，以及服务业的大力发展，经济增长方式的转变和产业结构的调整正在推动一部分城市向着一个前所未有的高度迈进，这就是创意城市。

创意城市已经为众多有识之士所关注、所认同，所思考。在全球性竞争日趋激烈、资源环境束缚日渐紧迫的形势下，城市对可持续发展的追求，必然要大力发展附加值高、渗透性强、成效显著的创意经济。创意经济的发展实质上就是要大力发展创意产业，而城市是创意产业发展的根据地和目的地，创意产业也正是从城市发端、在城市中集聚发展的。创意产业的发展又激发了城市活力，集聚了创意人才，提升了城市的文化品位和整体形象。

纵观伦敦、纽约、东京、巴黎、米兰等众所周知的创意城市，其共同特征大都离不开创意经济：首先，这些城市都在历史上积累了一定的经济、文化和科技基础，足以支持创意经济的兴起和长久发展；其次，这些城市都已形成了发达的创意产业，而且能以创意产业支持和推进更为广泛的经济领域创新。最后，这些城市都具备了和谐包容的创意生态，既能涵养相当数量和水平的创意产业消费者，又能集聚和培养众多不同背景和个性的创意产业生产者，使创意经济行为得以顺利开展。

对照上述特征不难发现，我国的一些城市已经或者正在迈向创意城市，从北京、上海到青岛、西安等二线城市，再到义乌、丽江等中小城市，我们自 2006 年起每年编撰的《中国创意产业发展报告》一直忠实记录着它们的创意轨迹。今天，随着创意产业的蔚然成风，其中的部分城市已经积累了相当丰富的实践经验以及大量可供研究的数据与文字资料，对其进行专门研究的时机已经成熟。

因此，我们决定在《中国创意产业发展报告》的基础上，逐步对中国各主要创意城市的发展状况展开更加深化、细化和个性化的研究和发布，由此即产生了《创意城市蓝皮书》，这也是中国创意产业研究中心“创意书系”的重要组成部分。希望这部蓝皮书能够成为中国每一座创意城市的忠实记录者、宣传推介者和研究探索者。

是为序。

Preface to the *Blue Book of Creative Cities*

Zhang Jingcheng

City came into being while social productivity has developed into a certain stage and upgrades with the progress of the productivity. Along with the marching of industrial civilization, cultural development, the growth of the service industry, the transformation of economic growth and the adjustment of industrial structure, cities worldwide have by now entered an unprecedented stage as of the era of creative cities.

Creative cities have caught the attention from various fields these years. While the global competition for limited resources gets heated, sustainable development has become the only solution for cities, which brings creative economy of high added value and high efficiency into this historic stage. Creative industries is the parallel phrase to creative economy, which regards cities as the bases and the core of the development, and cities is also the place where creative industries started and clustered. On the other hand, creative industries helped to keep the city vigorous, attract more talents and strengthen the public image of the city.

From the experiences of world cities such as London, New York, Tokyo, Paris, and Milan, creative economy has been their common characteristic. First, histories of these cities have provided them with certain amount of economic, cultural and technological resources, which is the engine to start and maintain creative economy; second, all these cities have had sound creative industries which can function as a driving force for the innovation and economic growth of the city; finally, these cities have fostered harmonious and tolerant creative ecology through time, which conserves consumers of creative industries, while attracting more creative industries practitioners.

It can be seen that some Chinese cities have been showing their tendency on the way to become creative cities, such as large cities of Beijing and Shanghai, medium - size cities of Qingdao, Xi'an and even small cities of Yiwu and Lijiang, whose development paths have been closely followed up in our Chinese Creative Industries Report started in 2006. By now, some cities have had rich experiences, comprehensive data and materials worthy to be studied, thus the time to carry out a special research has arrived.

Therefore, based on Chinese Creative Industries Report, we decided to conduct a deeper, more detailed and more characteristic research on some active creative cities of China, leading to the birth of Blue Book of Creative Cities, which is also an important part of Creative Series published by China Creative Industries Research Center. We hope this blue book can function as a faithful recorder, promoter and explorer for every creative city of China.

《武汉市文化创意产业发展报告（2013）》
编 委 会

主要编撰者简介

黄永林 男，汉族，湖北仙桃人，1958年8月出生。教授，博士生导师，华中师范大学副校长、国家文化产业研究中心主任，中国新文学学会会长，中国民俗学会副会长，中国民俗教育专业委员会主任，武汉市文化和科技融合工作专家委员会主任委员，湖北经济团体联合会执行主席。出版著作有《从资源到产业的文化创意——中国文化产业发展现状述评》、《文化产业纵横谈》、《农村文化建设》、《中国民间文化与新时期小说创作》、《民间文化与荆楚民间文学》、《大众视野与民间立场》、《民间文学导论》、《比较与阐释：中西通俗小说叙事》等20多部，发表论文近200篇；主持国家级、省部级重大重点项目10余项、一般项目20多项。其中“中华民族文化保护、创意与数字化”项目获第四届文化部创新奖、《民间文学导论》（合著）获国家教委优秀教材一等奖、《中国民间文化与新时期小说创作》和《比较与阐释：中西通俗小说叙事》分别于2009年和2012年获教育部高等学校科学研究优秀成果（人文社会科学）学术著作二等奖、《民间文化与荆楚民间文学》获中国民间文艺学术著作（2004~2006）二等奖和湖北省社会科学优秀成果学术著作二等奖、《郑振铎与民间文艺》获中国民间文艺学奖“山花奖”。

袁　堃 男，汉族，湖南岳阳人，1961年11月生，大学学历，管理学博士学位，1983年8月参加工作，1983年6月加入中国共产党。曾任武汉市政府办公厅综合二处副处级调研员、综合二处正处级调研员、秘书处处长，武汉市江汉区政府副区长，武汉市江汉区委常委，武汉市政府外办主任、党组书记，武汉市黄陂区委副书记、区长，黄陂区委书记、区人大常委会主任，武汉市委副秘书长。现任武汉市委宣传部常务副部长。

摘　要

本报告以武汉市2012年文化创意产业的整体运行、区域创新、行业发展等为基本内容，回顾了一年来武汉市文化创意产业发展的基本情况，重点发布武汉市文化创意产业发展相关数据，全面分析武汉文化创意产业各区域、各行业的发展现状，探讨文化创意产业发展基本规律，总结其发展不足及教训，提出具体建议对策，并展望未来发展。全书共分为六部分：第一部分为综合分析篇（总报告），第二部分为区域报告篇，第三部分为行业发展篇，第四部分为专题研究篇，第五部分为案例分析篇，第六部分为大事记（附录）。

总报告从文化创意产业与城市发展的关系入手，阐述文化创意产业对提升武汉文化软实力、提升城市功能与形象的重要性，并回顾近年来武汉市文化创意产业发展的总体趋势，分析其发展过程中的成绩与问题，从而对武汉市今后的文化创意产业发展进行展望。

区域报告篇对武汉市文化创意产业发展较好的东湖高新区、汉阳区、江岸区及洪山区四个区域进行重点分析，对上述区域的文化资源优势、文化创意产业发展现状进行梳理，并提出下一阶段文化创意产业发展目标及对策。

行业发展篇选取文化旅游业、新闻出版业、影视业、演艺业及动漫游戏业为研究对象，分别对五种文化产业业态在武汉市的具体发展进行分析。通过一系列数据总结产业发展的现状及特点，总结经验教训并对其发展提出相应对策。

专题研究篇主要从理论层面对武汉市文化创意产业的发展进行宏观探讨，理论结合实际，将定量分析与定性分析结合起来，为武汉市文化创意产业的发展提供理论指导。

案例分析篇主要选取武汉市知名文化创意企业进行重点研究，对其发展历程、发展现状进行分析，为其他文化企业的发展提供借鉴与参考，同时也为相关学术研究提供素材与依据。

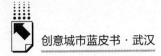

大事记主要记录了2012年武汉市文化创意产业发展中的代表性事件，通过对其梳理，大致把握2012年武汉市文化创意产业发展的基本情况。

本报告不仅反映出武汉市文化产业的发展概况，且在一定程度上反映出武汉文化产业和相关政策的发展轨迹。因此，本报告不仅可以作为学术界和政府管理部门的参考工具，还可以成为企业进行文化创意产业投资决策的重要依据。

Abstract

With the overall performance, regional innovation, industrial development of Wuhan's Cultural and Creative Industry during 2012 as its basic contents, this report reviews the basic situation of its development over the past year. It publishes data on the development of Wuhan's Cultural and Creative Industry, provides a comprehensive analysis of its situation in all regions and industries, discusses the basic laws of cultural and creative industry, summarizes the shortages and lessons during the development, puts forward the specific countermeasures, and looks forward to the future. The book is composed of 6 parts: general report, regional report, industrial development, monographic study, case study, and appendix.

"General Report" starts with the relationship between Cultural and Creative Industry and city development, elaborates the importance of Cultural and Creative Industry to promote Wuhan's cultural soft power as well as urban function and image. It retrospects the overall tendency of Wuhan's Cultural and Creative Industry, analyzes its achievements and shortages during its developing process, thus presents an outlook for the future development of Wuhan's Cultural and Creative Industries.

"Regional Report" selectively analyzes Wuhan's four regions developing well in Cultural and Creative Industry, including Donghu Technical Development Zones, Hanyang District, Jiang'an District and Hongshan District. It sorts out the advantages of cultural resource in the above regions and their current developing situation of Cultural and Creative Industry, and proposes its developing targets and strategies in the next phase.

"Industrial Development" selects cultural tourism, press and publishing industry, Film and TV industry, entertainment business and animation industry as the objects of the study. It respectively analyzes the development of these five cultural industries in Wuhan. By presenting an array of data, it sums up the current situation and characteristics of the industrial development, draws lessons from the past and proposes corresponding countermeasures for their development.

"Monographic Study" macroscopically probes the development of Wuhan's Cultural and Creative Industry on a theoretical level. It combines theory with practice, quantitative analysis with qualitative analysis, in order to provide a theoretical guidance for Wuhan's Cultural and Creative Industry.

"Case Study" emphatically studies Wuhan's well-known cultural and creative enterprises. By analyzing their developing history and current development situation, it provides not only reference for other cultural enterprises but also materials and foundations for related academic research.

"Major Events" primarily records representative events in the development of Wuhan's Cultural and Creative Industry in 2012. Through sorting out these events, its general view is presented.

This report not only reflects the general development situation of Wuhan's cultural industry, but also embodies the trajectory of Wuhan's cultural industry and relevant policies in a way. Therefore, this report can be used not only as a reference tool for the academic community and government administration but also an important basis for enterprises to made decisions on the investment of Cultural and Creative Industry.

前　言

> 创意具有裂变效应。一盎司的创意能够带来无以数计的商业利益和商业奇迹。
>
> ——比尔·盖茨

随着全球化、信息化的发展，文化创意已经不仅仅是一种发展的理念，而且是可以带来巨大经济效益和社会效益的现实需求。从北京 798 艺术区、上海 M50 创意园、深圳华侨城 LOFT 创意园，到深圳、上海、成都、哈尔滨、杭州和北京加入联合国教科文组织全球创意城市网络，文化创意在城市的发展战略中占据着日益突出的地位，文化创意产业与城市的互动发展已经成为发达城市提升自身竞争力的重要手段，创意不仅成为塑造城市品牌的内在动力，而且成为文化产业发展的重要引擎。

武汉是湖北省省会，国家历史文化名城，我国中部地区的中心城市。武汉也是长江流域文明的发祥地，3500 年文明传承，文化积淀丰厚；九省通衢，山水资源独特，工业发达，科教资源丰富，具有发展文化创意产业的独特优势。充分依托武汉自身的文化、科技、人才和信息资源，发挥文化创意的聚合和裂变效应，发展文化创意产业、努力建构武汉创意城市，对于增强武汉文化软实力、扩大武汉文化影响力和加速武汉市打造中国中心城市的步伐具有重要意义。

近年来，武汉市借助强大的文化和科技资源优势，加快了文化产业发展步伐，通过强化文化事业体制改革，培育文化市场主体，打造文化产业品牌，组建规模文化企业，推进文化产业进程，基本上形成了与时俱进的文化产品生产、营销推广体系，形成了两江水城、楚风汉韵的汉派文化产业特质，孵化出一批具有产业前景、行业竞争力的文化主导产业。盘点武汉文化创意产业近十年发展历程，可以看出其经历了由文化资源利用型向文化事业投资型再向文化产业孵化型，终向文化创意创新型四个层级的蝶变，每一个层级的蝶变都将武汉的文化发展推向了一个全新的领域。现在武汉已初步形成以设计创意、科技创意为主导的强势创意产业集群，以园区平台、网络数字为平台推广产业集群，以文化生产与市场扩散为支持体系的全新文化创意发展态势，在建设国家中心城市的征程中迈出了坚定的步伐，走出了一条武汉特色的文化产业发展之路。

2012 年，武汉市认真贯彻落实党的十八大和十七届六中全会精神，紧密围绕建设“文化五城”（即读书之城、博物馆之城、艺术之城、设计创意之城和大学之城）和文化强市的总体目标，以推动文化科技创新、引领和支撑文化产业发展为主线，以改造提升传统文化产业、培育发展新兴文化产业为突破口，形成文化和科技融合的倍增效应，加速推动文化产业成为地区经济的支柱性产业。2012 年，武汉市实现文化产业增加值 216 亿元，同比增长 16%，占地区 GDP 的比重达到 2.8%。

2012 年，武汉市文化产业大项目建设亮点频出，继东湖欢乐谷、楚河汉街、海昌极地海洋世界等建成之后，武汉客厅加快建设进度，武胜路新华书店原址重建工作拉开序幕，占地 5300 亩、总投资 60 亿元的华中最大影视城在新洲开工，全市在建或策划的文化发展项目 176 个，计划总投资 2485 亿元。这些特色文化产业项目储备为发展积蓄了后劲。

2012 年，武汉市结合城市传统特点，在发展文化新业态中大兴创意设计行业，着力将“武汉设计”转化成产业优势。以 2011 年成功举办首届武汉设计双年展为基础，积极建设东湖工程设计城、沌口工程设计产业园、金银湖工程设计产业园等一批重点园区，建设汉口三阳路、汉阳月湖、王家墩 CBD、武昌中南路、武汉新区等五个工程设计产业片区，力争在“十二五”期末，将工程设计培育成千亿元产业，打造“中国工程设计之都”。

2012 年，武汉东湖荣获首批国家级文化和科技融合示范基地，融合示范战略得到了国家的初步认可，增强了今后的发展预期；召开了全市文化产业振兴暨文化和科技融合工作动员大会，下发了《武汉市文化产业振兴计划（2012～2016）》、《武汉市关于加快文化产业发展的若干政策》、《市委、市政府关于推进文化科技创新、加快文化和科技融合的发展意见》等若干个纲领性文件，提出将文化创意产业列入武汉千亿元产业集群发展目标，在传统的文化产业结构上进行深度延伸，将版权、内容、输出、设计、科技创意、时尚消费、网络传媒等一系列产业领域纳入文化创意产业的整体框架，以创意城市、设计之都、数字武汉、智慧之都的战略态势，全面构建立体多层的文化创意产业体系。重点打造云翻译、数字出版、网络增值服务、三网融合、动漫网游、研发设计、文化地理、数字演艺、科技会展、数字旅游等10个科技特色优势产业集群，将武汉东湖国家级文化和科技融合示范基地打造成为国家文化科技创新的智力密集区、资本聚合区、产业集聚区、引领示范区，带动中部地区乃至全国科技和文化融合深入推进。这些文化创意产业发展规划和政策，确立了武汉市文化产业振兴和超倍增的发展目标，为文化与科技融合促进文化创意产业的大发展提供了强有力的政策保障。

《武汉市文化创意产业发展报告（2013）》全面分析了武汉市文化创意产业发展的历史、现状和发展趋势，详细分析了武汉文化创意产业在各区域、各行业的发展现状，并结合武汉市文化创意产业发展实际，探讨了文化产业发展的重要理论和基本规律。本报告共分为六部分：第一部分为总报告，描述了近年来武汉市文化创意产业发展的历史与现状，分析了取得的成绩与存在的问题，并对未来发展前景进行了展望。第二部分为区域报告篇，对本年度武汉市文化创意产业发展较好的东湖高新区、汉阳区、江岸区及洪山区等四个区域进行重点分析，总结成功的经验，提出进一步发展的建议。第三部分为行业发展篇，选取了武汉市的文化旅游业、新闻出版业、影视业、演艺业及动漫游戏业等5个文化产业业态深入进行分析，解剖其行业特点和优势，探讨其发展前景。第四部分为专题研究篇，结合武汉市文化创意产业发展实际，从理论高度研究当前我国文化产业发展中的重点、热点和难点问题，为文化创意产业的发展提供理论指导。第五部分为案例分析篇，主要选取武汉市知名文化创意企业进行重点研究，通过对其发展历程、现状和经验的分析，为其他文化企业的发展提供借鉴与参考，同时也为相关学术研究提供素材与依据。

本报告不仅如实地披露了大量关于武汉市文化创意产业的最新统计数据，而且还客观地提供了许多关于武汉文化创意产业的第一手材料；不仅反映出武汉市文化产业发展的真实状况，且在一定程度上总结了武汉文化产业发展的经验与教训，并进一步分析了武汉文化产业发展的未来趋势。因此，本报告不仅可以作为学术界和政府管理部门的参考工具，还可以成为企业进行文化创意产业投资决策的重要依据。本报告是在许多相关研究成果基础上完成的，其中引用了相关机构、研究人员和业内机构的数据和研究成果，在此，特向相关机构和人员表示衷心感谢！

最后，希望本报告能够使读者开卷有益。但由于编写人员水平有限和时间仓促，本书不足和错误之处在所难免，恳请业内专家、读者批评指正！

Preface

Creativity bears a fissile effect. An ounce of creativity may bring about countless commercial interests and miracles.

—Bill Gates

With the development of globalization and informatization, cultural creativity is not only a concept of development, but also brings about the current need with enormous economic returns and social benefits. From Beijing's 798 Art District, Shanghai M50 Creative Park and Shenzhen LOFT Creative Cark to Shenzhen, Shanghai, Hangzhou, Chengdu, Harbin and Beijing's joining UNESCO worldwide network of creative cities, cultural creativity has played an increasingly important role in the development strategy of the city. The interactions between Cultural and Creative Industry and cities have become important means of promoting their competitiveness. Creativity has become not only the inner motivation of city's brand-shaping, but also the important engines for the development of cultural industries.

As the capital of Hubei Province, Wuhan is a famous historical and cultural city and a core city in central China. It is also the birthplace of Yangtze River civilization, which is rich in cultural heritage by inheriting its civilization of about 3,500 years. Wuhan is the transportation hub of many provinces, which is unique in landscape resources, developed in industry and rich in scientifical and educational resources. All these factors contribute to its unique advantages in the development of cultural and creative industries. It is of great significance for enhancing cultural soft power in Wuhan, expanding the cultural influence in Wuhan and accelerating its pace for building central city in China, through adequately relying on its own culture, science, technology, talents and digital resources, developing the polymerizations and fission effects of cultural creativity, developing Cultural and Creative Industry, and striving to build a creative city in Wuhan.

In recent years, Wuhan has been accelerating the pace for the development of cultural industries, through relying on its powerful advantages in culture and science. It has basically formed the manufacturing and marketing promotion system of cultural products keeping pace with the times, and also, unique Han-styled culture industry characteristic of Chu Feng Han Yun has come into being. Meanwhile, it has brooded a group of cultrue-led industries with great prospect and competitiveness. All these are achieved by strengthening the system reform of cultural undertakings, cultivating the main body of cultural market, creating the culture industry brand, establishing cultural industry in large scale and promoting the development of cultural industry. Reviewing the development history of Cultural and Creative Industry in Wuhan during recent 10 years, it could be seen that it has gone through a four-level transformation, from utilizing-cultural-resources type to investing-cultural-undertakings type, then to hatching-culture-industry type, and finally to innovating-cultural-creativity type. Each level of metamorphosis pushes cultural development in Wuhan into a new field. Right now, Wuhan has preliminarily formed strong creative industry clusters led by designing creativity and science creativity. Wuhan has taken a firm pace in the construction of national central city, and has push out a development mode of Wuhan-style culture industry, based on the promotion industry clusters of parks-platform and digital network, and the supporting system of culture production and marketing promotion.

In 2012, Wuhan conscientiously implemented the spirits of 18th National Congress of CPC and 6th plenary session of 17th CPC Central Committee, tightly revolved around the overall aims of instructing "City of Culture with Five Elements", (i. e. City of Reading, City of Museum, City of Art, City of Designing Creativity and City of University), and strengthening the city in culture. It focused on promoting scientific creativity, as well as leading and supporting the development of culture industry to transform and upgrade traditional culture industry and cultivate newly-emerging culture industry for breakthrough. Thus a multiplier effect combining with culture and science came into being, which accelerated the culture industry to become a supporting industry in district economy. In 2012, cultural industry GDP in Wuhan has achieved added value of 21.6 billion Yuan, a growth of 16% year-on-year, and accounted for 2.8% of regional GDP.

2012 has witnessed many bight spots of construction of big projects in Wuhan culture industry. After the completion of Happy Valley in East Lake, Han Street along Chu River and Haichang Polar Ocean World, Wuhan Parlor was speeding its construction schedule. The Xinhua Bookstore on Wusheng Road started to be reconstructed, and the largest film city with total investment of 6 billion Yuan started to be built, covering an area of 873 acres in Xinzhou. On the whole, there are 176 cultural development projects under construction or being planned all over the city with 248.5 billion Yuan for planned total investment. The reserves of these projects are saved for potential development later.

In 2012, combining with urban traditional characteristics, Wuhan greatly developed creative design industries while it developed the new culture format, and tried to transform "Wuhan design" into industrial advantages. Based on the successful hold of the First Wuhan Design Biennale Exhibition in 2011, a group of major parks, such as City of Engineering Design in East Lake, Industry Parks of Engineering Design in Zuankou and Jinyin Lake, were vigorously built up. Meanwhile, five industrial areas of engineering design were under construction, i.e. Hankou Sanyang Road, Hanyang Yuehu, Wangjiadun CBD, Wuchang Zhongnan Road and Wuhan New Districts. All these aimed at cultivating engineering design into trillion industries and forging "City of Engineering Design in China" at the end of the 12th Five-Year Plan.

In 2012, East Lake in Wuhan was rewarded the first batch of national-level demonstration base for its integration in culture and technology. The integration demonstration strategy was preliminarily approved by our country and thus enhanced the anticipation for future development. The meeting, the promotion for culture industry in the city and the mobilization for the integration of culture and technology, was held and three programmatic documents [*Promotion Plan of Culture Industry in Wuhan* (2012 – 2016); *A Number of Policies about Accelerating the Development of Culture Industry in Wuhan*, *Suggestions about Promoting Culture, Science and Technology Creativity*; *Accelerating the Integration of Culture, Science and Technology from Municipal Government and Party Committee*] were issued. These documents proposed to develop the goal on ranking culture creative industry into trillion industrial clusters in Wuhan, to bring copyrights, contents, designs, scientific and technological creativity, fashion consumption and network media into the integrated frame of culture creative industry, which aim at profoundly extending on basis of the frame of traditional culture industry, and comprehensively constructing tridimensional and multilevel system of culture creative industry with a strategic position of creative city, designing city, digital Wuhan, city of wisdom. They focused on constructing more than 10 unique industrial clusters in science and technology , such as on-line translation, digital publishing, network value-added service, cartoon online games, development and design, cultural geography, science and technology exhibition and digital tourism in order to forge the national-level demonstration base of East Lake in Wuhan that integrates culture with science and technology into high intellect compact district, capital aggregated district, industry cluster district, and leading the demonstration district for national culture and technology creation. All these plans and policies identified the goals on putting central China and the whole country into motion in the boosting of the integration of culture, science and technology, and provided the prosperous development of culture creative industry with powerful policy guarantee in this background.

The Report on the Development of Culture Industry in Wuhan (2013) comprehensively analyzes the history, present situation and development tendency of Cultural and Creative Industry in Wuhan, and the developing situation of Cultural and Creative Industry in Wuhan in detail. It also discusses some important theories and basic rules on the development of culture industry according to the actual development situation of culture creative industry in Wuhan. This report is divided into six parts. Part one is the general report, which depicts the developing history and present the situation of culture creative industries in Wuhan, analyzes the achievements and the existing problems, and predicts its development prospects in the future. Part two is about regional report. It selectively analyzes four developed districts, such as Jiang'an District, Hongshan District, Hanyang District and New Technology Development Zone in East Lake District, summarizes some successful experience, and puts forward suggestions on further development. Part three is about industrial development. It analyzes five different types of cultural industries, such as cultural tourism, press and publication industry, film and television industry, entertainment business and animation game industry in depth and discusses their characteristics and advantages and their developing prospects. Part four is monographic study, which provides theoretical basis for the development of Cultural and Creative Industry by going into current key points, hot spots and problems in the development of culture industry in our country on a theoretical level combined with the developing reality of cultural and creative industry in Wuhan. Part five is case study. It mainly selects famous cultural and creative enterprises in Wuhan for detailed study. By analyzing the developing history, current situation and experience, it provides some reference for other cultural creative enterprises, and offers materials and basis for relevant academic researches.

This report not only faithfully discloses a large number of latest statistical data about culture creative industry in Wuhan, but also objectively provides many first-hand materials about culture creative industry in Wuhan. It not only reflects the real situation of the development of cultural industries in Wuhan, but also summarizes the experience and lessons in the development process of cultural industries in Wuhan. It further analyzed the future trend of cultural industries in Wuhan. Therefore, this report could not only be used as a reference tool for both academic communities and government administrative department but also an important basis for enterprises to made decisions on the investment of Cultural and Creative Industry.

This report is finished on the basis of many relevant research results. It cites some data and research results from relevant institutions, research members and institutions within the industry. We hereby express our heartfelt thanks to all of them!

Lastly, I hope that this report could always be beneficial for the readers. Due to the limited time and knowledge of the writers, there may be some inevitable insufficiencies and errors in the book. So all the criticisms from the experts and readers are welcomed!

目 录

𝔹 Ⅰ 总报告

𝔹 Ⅱ 区域报告篇

B Ⅲ 行业发展篇

B Ⅳ 专题研究篇

B Ⅴ 案例分析篇

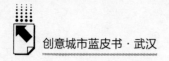

BⅥ 附录

皮书数据库阅读使用指南

CONTENTS

𝔹 I General Report

𝔹 II Regional Report

𝔹 III Industrial Development

B IV Monographic Study

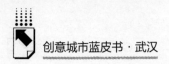

ⅣB Ⅴ Case Studies

B Ⅵ Appendix

总 报 告

General Report

B.1

近五年武汉市文化产业发展的成就、困境与未来展望

黄永林　王伟杰　于洪铃*

摘　要：

2008～2012年，武汉市文化产业发展取得了一定的成就，文化产业增加值持续增长，人民文化消费水平持续提高，文化产业园区聚集效益明显，文化与科技融合特色鲜明，国家级文化融合示范基地建设步伐加快，新兴文化产业与传统文化产业竞相发展，各种文化产业配套政策逐步完善。然而，与全国相关城市相比，武汉市文化产业发展还存在增加值占GDP比重较低，各辖区间发展不均衡，文化消费整体水平不高和结构不合理，文化资源整合开发利用不够，文化产品市场化程度较低，文化产业

* 黄永林，华中师范大学副校长，国家文化产业研究中心主任，教授，博士生导师，研究方向：文化遗产与文化产业；王伟杰，华中师范大学国家文化产业研究中心博士研究生，研究方向：文化资源与文化产业；于洪铃，华中师范大学国家文化产业研究中心硕士研究生，研究方向：文化资源与文化产业。

品牌竞争力不强，文化与科技缺乏深度融合，内部文化体制机制改革压力增大，外部城市间市场竞争激烈等问题和困难。因此，武汉市文化产业发展还没有真正迈上快速发展的轨道。本报告总结了近年来武汉市文化产业发展所取得的成绩，分析了阻碍武汉市文化产业大发展的诸多因素，并对武汉市文化产业的发展进行了态势分析，从而提出了加快武汉市文化产业发展的具体对策与建议。

关键词：

武汉市　文化产业　成绩　困境　对策

一　近五年武汉市文化产业发展取得的成绩

武汉素以敢为人先的人文精神作为其形象的标志。古往今来，从有3500年历史的盘龙城根到源远流长的楚地文化，到中国近代的辛亥首义，到新中国成立后的第一批大型工业基地建设，到承沐的南巡首站改革之风，武汉以先声夺人的风骨开创了无数个中国第一。盘点武汉的文化创意产业发展历程，同样也昭显了先行的风范。武汉早在2001年就开始进行全面的文化改革，至今已有12年的历程。12年间，武汉的文化发展经历了由文化资源利用型向文化事业投资型再向文化产业孵化型，终向文化创意创新型四个层级的蝶变，每一个层级的蝶变都将武汉的文化发展推向了一个全新的领域。文化的发展使得武汉市文化产业也获得了长足的进步，尤其是近5年来文化产业发展迅猛，取得了较为突出的成绩。

（一）文化产业增加值持续增长，文化消费总额持续攀升

我国早在2004年就公布了《文化及相关产业分类》，2012年在延续原有的分类原则和方法的基础上对此种分类进行了修订：将原来第一层的“文化服务”和“相关文化服务”两部分调整为“文化产品的生产”和“文化相关产品的生产”两部分；第二层的大类由原来的9个调整为10个；第三层的中类由24个修订为50个；第四层的小类由99个修订为120个；带“＊”的小类由17个修订为23个；取消过渡层，在带“＊”的小类下设置29个延伸层。

此次分类调整了类别结构，增加了与文化生产活动相关的创意、新业态、软件设计服务等内容和部分行业小类，减少了包括旅行社、休闲健身娱乐活动、教学用模型及教具制造、其他文教办公用品制造、机械制造和彩票活动等少量不符合文化及相关产业定义的活动类别。① 按照旧口径②，武汉市文化产业增加值由2008年的213.87亿元增加至2011年的378.18亿元，占武汉市地区生产总值比重由2008年的5.4%提升至2011年的5.6%（见表1、图1）；按照新的统计口径来算，2011～2012年，武汉市文化产业增加值由184.86亿元增加至216亿元，占地区生产总值的比重由2.7%提升至2.8%。

表1　旧口径下的武汉市2008～2011年文化产业增加值及占GDP比重

年　份	文化产业增加值(亿元)	增加值占GDP比重(%)
2008	213.87	5.4
2009	259.92	5.7
2010	303.36	5.5
2011	378.18	5.6

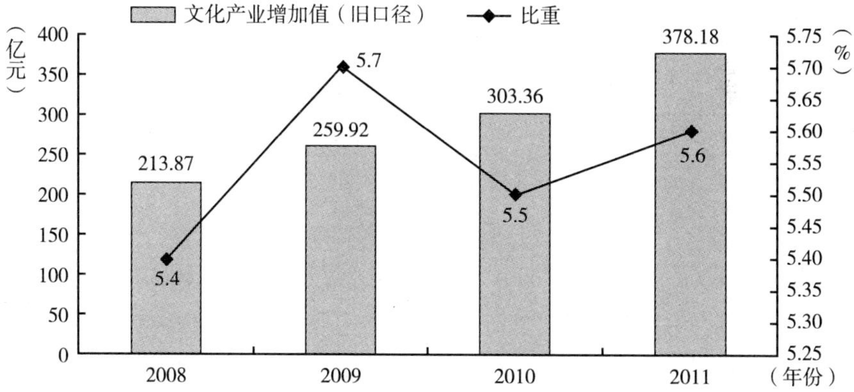

图1　旧口径下的武汉市2008～2011年文化产业增加值及占GDP比重

① 国家统计局设管司：《文化及相关产业分类（2012）》，中华人民共和国国家统计局，2012年7月31日，http://www.stats.gov.cn/tjbz/t20120731_402823100.htm。

② 这里我们将2004年国家统计局颁布的《文化及相关产业分类》统计口径简称“旧口径”，2012年调整后的口径简称“新口径”，在数据发布方面，分别以新的统计口径和旧的统计口径进行表述。

从2011年武汉市各区文化产业发展的基本情况来看（见表2），文化产业增加值排在前三位的是武昌区（文化产业增加值35.8亿元，占全市文化产业增加值的比重为19.3%）、江汉区（32.17亿元，17.4%）、洪山区（21.69亿元，11.7%），这三个区文化产业增加值占全市增加值比重达到48.4%，接近一半，这反映出武昌区在文化资源、江汉区在文化服务业、洪山区在科教支撑文化产业发展方面具有一定优势，并且其优势的转化卓有成效，体现了三个区的突出实力和在全市文化产业发展中的总体地位。

表2　武汉市2011年文化及相关产业增加值分区情况

单位：亿元

行政区域	总　计	行政区域	总　计
江岸区	18.70	江汉区	32.17
硚口区	16.67	汉阳区	3.52
武昌区	35.80	青山区	3.47
洪山区	21.69	东西湖区	16.54
汉南区	1.03	蔡甸区	1.36
江夏区	4.10	黄陂区	4.77
新洲区	1.34	沌口开发区	5.20
东湖高新区	17.37	东湖景区	1.15
全市合计	184.88		

资料来源：中共武汉市委宣传部：《2012年武汉文化产业发展蓝皮书》，武汉出版社，2013。

近几年，武汉市文化消费处于增长状态（见图2），文化消费总额由2008年的56.02亿元上升至2012年的114.15亿元；人均文化消费也增加迅速，由2008年的1095.43元增加至2012年的2366.57元，超过了全国2012年2020.44元的平均水平。

（二）文化产业园区集聚效益明显，孵化培育功能开始彰显

文化产业园区在文化产业发展中有着不可估量的集聚效益，其孵化和培育文化企业的功能，是推动文化产业发展的有效途径和重要平台。在武汉市委、市政府的大力引导及政策和资金支持下，武汉文化产业园区建设与发展迅速，

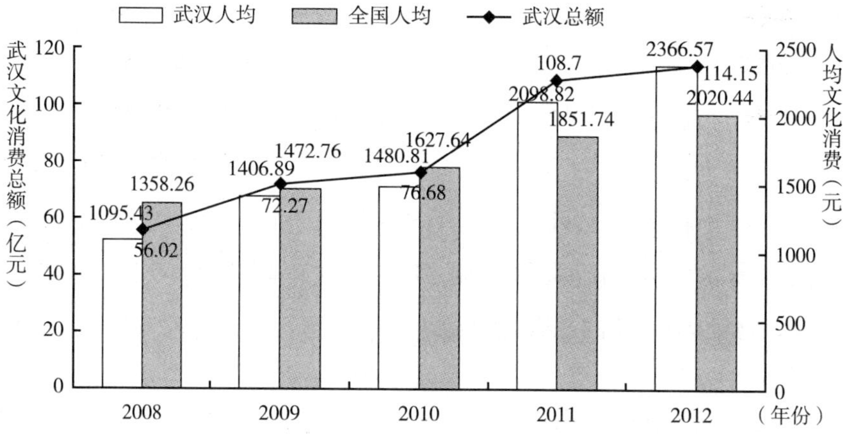

图2　武汉市2008～2012年文化消费及人均文化消费基本情况

资料来源：王亚南：《中国中心城市文化消费需求景气评价报告（2013）》，社会科学文献出版社，2013。

已成为功能强大、设施齐全、企业众多、实力雄厚的创意孵化平台和产能平台。据2012年初统计，武汉市已建成并运营的文化创意产业园区（基地）已达21个，涵盖动漫、网游、创意设计、出版、传媒等多个行业，入驻企业1525家，吸纳就业人数近8万人，实现经营收入72.74亿元。各大文化创意产业园形成了各具特色，优势互补，错位式、集聚式发展的态势。武汉光谷创意产业园、洪山创意大道、楚天181文化创意产业园以及“汉阳造”文化创意产业园等便是这些园区中的翘楚。①

武汉光谷创意产业园自2008年正式挂牌成立中国光谷创意产业基地，到2009年基地相关从业人数已达3200人，动漫制作能力达到2.5万分钟，总产值约6.5亿元。② 初步形成了从项目企划、研发应用、设计开发、增值服务、教育培训、出版发行、项目投融资中介等较完整的数字创意产业链条。目前，光谷数字产业园已经成为武汉文化创意企业最大的集合区，设计产能达60亿元。

洪山创意大道于2009年由洪山区委、区政府重点打造，涵盖数字科技、

① 《湖北武汉建21个创意园区，打造国家级文化产业基地》，中国动漫产业网，2012年4月25日，http://www.cccnews.com.cn/2012/0425/6546.shtml。

② 沈常青：《汉口银行的文化产业发展情结》，《长江日报》2011年10月19日。

演艺娱乐、动漫影视、时尚设计、出版传媒、翻译与国际文化交流、会展博览、教育培训及咨询策划等八大创意产业集聚区，已形成了“两园一带”的文化产业发展集聚园区。目前，创意大道已经集合18类企业，入驻企业400余家，年产值高达11亿元。①

楚天181文化创意产业园由湖北日报传媒集团倾力打造，是全国首家以现代传媒为主体的特色文化创意产业园。园区为入驻企业搭建一个集创意产品设计、展示、交易于一体的综合性平台。目前园区已入驻企业142家，产值达13亿元。

类似这样的文化产业园还有“汉阳造”文化创意产业园、外滩里设计艺术中心、江城壹号文化创意时尚区、中央文化区，等等。在文化产业园正能量的有力推动和强势集聚下，一大批涉及软件开发与服务、动漫游戏设计、广告创意设计、教育技术培训、休闲娱乐等业务的文化企业入驻文化产业园，开创了综合开发、协同创新的产业格局。

（三）文化与科技融合特色鲜明，国家级示范基地建设加快

武汉市拥有丰富的历史文化资源和深厚的文化底蕴，科学技术也较为发达，被誉为“文化沃土、科技重镇”。为贯彻落实党的十七届六中全会精神，推动文化科技创新，2012年武汉市下发《中共武汉市委、武汉市人民政府关于推进文化科技创新加快文化和科技融合发展的意见》，意见要求，要以科学发展观为指导，以打造“文化五城”、建设文化强市为目标，以推动文化科技创新、引领和支撑文化产业发展、提高公共文化服务能力为主线，以改造提升传统文化产业、培育发展新兴文化产业为突破口，形成文化和科技融合的倍增效应。武汉市紧紧把握国家“三网融合”建设第一批试点的契机，竭力促成武汉移动与武汉广电共同签署“三网融合·共建G3数字家庭”战略合作协议，从而宣告三网融合时代正式走入武汉寻常百姓家。武汉市民仅需1399元，就可享受2M宽带（一年期）、互动高清电视以及600元话费，从而让电视与手机全面升级。通

---

① 武汉文化创意产业协会：《武汉文化创意产业调查报告》，《长江日报》2011年11月11日。

信运营商与广电联合推出“三网融合”，这在全国尚属首批。[①] 通过大力发展高清电视、视频点播、在线支付、信息服务、电视教育、综合信息查询等三网融合技术与业务，武汉市在三网融合领域取得了可喜的成绩。

2012 年 5 月，武汉东湖高新技术开发区获批国家级文化和科技融合示范基地，在文化与科技深度融合上迈出重要一步。这与多年来东湖高新技术开发区在文化科技产业方面取得的累累硕果息息相关。2011 年，高新区文化科技产业总收入为 250 亿元，年均增长 32%。其中，创意产业企业和机构数量达到 630 家，从业人数 6 万人，实现财税收入 8 亿元。[②] 高新区动漫、游戏产业发展迅速，产值占到湖北省的 70% 以上，6 部动漫片在央视播出，2 部动画电影全国上映，涌现出了 3D 动画、创意激光、多语言云翻译、云端教室、数字皮肤等一批国内领先的新业态。东湖高新区拥有 600 余家软件和信息服务相关企业，占全市的 80% 以上，其中网络文化信息服务业相关企业总产值 190 亿元，数量近 100 家。2012 年东湖高新区文化创意产业总收入为 450 亿元，同比增长 34%。

（四）传统文化行业发展良好，新兴文化行业成绩斐然

依托雄厚的历史文化底蕴和丰富的文化资源基础，武汉市在文化产业发展上基本形成了广电影视、出版发行、网络产业、创意设计、动漫游戏等传统与新兴交叉的特色文化行业格局。

首先，一些传统文化行业继续发展，取得了可喜的成就。如广电业在 2012 年实现经济收入 17.6 亿元，同比增幅达 11.8%，其中广告收入为 4.3 亿元，广电网络收入为 8.67 亿元，实现全市高清互动电视用户超过 25 万户。[③] 电影业也快速发展，2012 年全市票房收入达到 5.6 亿元，同比增长 21.2%；其中，湖北银兴院线年票房为 2.89 亿元，武汉天河院线票房为 2.45 亿元，分别占据全国市场份额的 1.7% 和 1.44%（见图 3 和图 4）。[④]

① 左洋、叶青：《武汉率先实现“三网融合”》，《长江日报》2011 年 5 月 9 日。

② 王劲松：《武汉东湖高新区主推文化创意产业，促文化和科技融合》，人民网，2012 年 10 月 30 日，http://hb.people.com.cn/n/2012/1030/c194063-17652546.html。

③ 中共武汉市委宣传部：《2012 年武汉文化发展蓝皮书》，武汉出版社，2013，第 43～44 页。

④ 中共武汉市委宣传部：《2012 年武汉文化发展蓝皮书》，武汉出版社，2013，第 44 页。

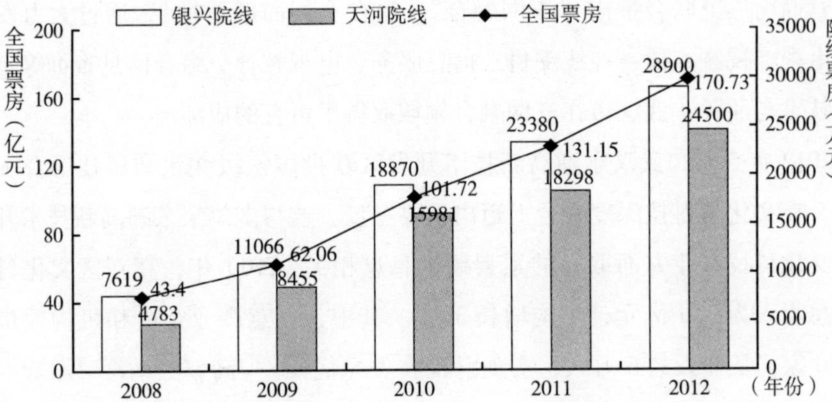

图3　2008～2012年武汉市两大院线票房基本情况

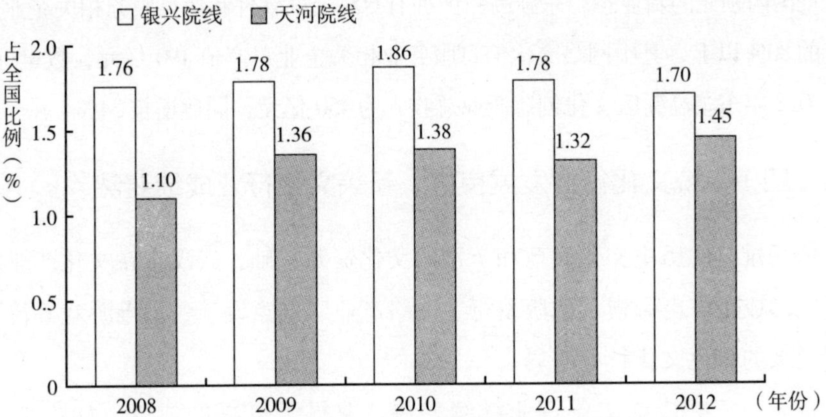

图4　2008～2012年武汉市两大院线票房占全国票房比例

出版行业发展势头稳定，书报刊发行持续增长。截至2012年11月，武汉市新闻出版业总产值达118亿元，总体规模居广州、深圳之后，名列全国第三。共有出版物发行单位（零售）937家，其中国有发行门店和网点50家，民营和个体经营单位887家，从业人员3800余人。2012年武汉报刊总发行量同比增长0.9%，发行总收入达到2.8亿元，同比增长11.0%；广告收入9.5亿元，同比增长10%。印刷行业优势明显，武汉市拥有印刷企业967家，全年销售收入达到95.7亿元，工业总产值104亿元，从业人员3.1万人，报刊年总印量约7.09亿册，总资产约17.88亿元，总收入约11.22亿元，实现利润1.58亿元。①

其次，以动画动漫游戏为代表的一些新兴文化行业逆风飞扬，在全球经济不景气的情况下成绩斐然。武汉现有动漫游戏类企业150多家，其中动漫企业80家，游戏企业40余家，相关企业20余家，从业人员10000人，涵盖动漫创意、出版发行、动漫制作、教育培训、动漫演艺、衍生产品开发生产以及行业服务等各方面。2012年，完成动画制作时长达1.3万分钟，10部汉产原创动画在央视和地方电视台播出，5部汉产网络游戏进入国内推广运营主渠道。其中，动漫产业实现销售收入40亿元，衍生产品出口123万美元，原创出口273万美元，外包服务达到1116万美元。② 如江通动画全年完成原创动画制作2200分钟，服务外包出口创汇达1100万美元，被国家认定为2011～2012年国家文化出口重点企业。《知音漫客》月发行突破6500万册，稳居中国第一、攀升至世界第二，实现年产值7.74亿元。海豚传媒、盛泰传媒等企业都已形成自己的产业特色。

（五）文化产业配套政策逐步完善，产业发展环境进一步优化

武汉市委、市政府抓住建设国家自主创新示范区机遇，将一系列金融激活、股本激励、人才奖励、市场培植和产业孵化政策完全引入文化产业，设立文化产业发展专项基金，争取金融界工商银行、农业银行、交通银行及汉口银行分别对文化产业确立可观的授信额度，为武汉文化产业发展搭建信息平台、投融资平台、人才保障平台和产业推广平台。武汉先后举办首届中国中部（武汉）文化产业博览会、中国青少年数字创意节、国际数字娱乐嘉年华以及光谷国际动漫节等文化创意会展活动，为文化产业发展营造了良好的环境。尤其是武汉市在文化与科技融合发展方面，先后出台《关于打造“文化五城”建设文化强市的意见》《武汉市加快高新技术产业发展五年行动计划（2012～2016）》，设立5000万元动漫产业发展专项基金，扶持动漫产业做优做强，③ 为文化与科技融合促进文化创意产业的大发展提供了强有力的政策保障。

---

① 中共武汉市委宣传部：《2012年武汉文化发展蓝皮书》，武汉出版社，2013，第44～46页。

② 中共武汉市委宣传部：《2012年武汉文化发展蓝皮书》，武汉出版社，2013，第47页。

③ 王娟：《武汉亮点多》，《长江日报》2012年5月19日。

二　武汉市文化产业发展的困境与挑战

经过几年的努力，武汉市文化产业的发展虽然取得了令人瞩目的成绩，但仍存在不容忽视的困难和问题，这直接影响了武汉市文化产业的快速发展。

（一）文化产业增加值占 GDP 比重较低，各辖区文化产业发展极不均衡

按照可比性原则，以老口径与国内其他同类城市（包括北京、上海、广州、深圳、杭州、长沙、青岛、天津、成都、重庆、济南、长春、宁波、沈阳、南京、西安、大连、厦门、合肥、哈尔滨、太原、郑州、南昌）进行比较，武汉市文化产业增加值及所占 GDP 比重仍较低（见表 3）。

表 3　2009～2011 年武汉市文化产业增加值及占 GDP 比重在我国直辖市、副省级城市、中部六省省会城市中排名

年份	文化产业增加值(亿元)	文化产业增加排名	占 GDP 比重(%)	比重排名
2009	259.92	8	5.7	8
2010	303.36	8	5.5	10
2011	378.18	9	5.6	13

从表 3 中可以看出，按照旧口径比较，武汉市的文化产业增加值虽逐年增加，但增加值及占比在全国的排名却逐年递减，说明国内其他城市正在奋起直追，纷纷赶超武汉。按照新的统计口径，2011 年和 2012 年同样处于较低水平，不足 3%。这与北京、上海、广东、云南、湖南等文化产业发达省份相比仍有较大差距，与中部其他省会城市长沙 9.8%（2011 年）①、合肥 5.8%（2011 年）②、太原 5.56%（2011 年）③ 相比也有不小的差距，即使按照旧的

① 田芳：《长沙文化产业总产值超千亿，增加值年均增长 20% 左右》，《长沙晚报》2012 年 11 月 5 日。

② 中共武汉市委宣传部：《2012 年武汉文化发展蓝皮书》，武汉出版社，2013，第 41 页。

③ 李晓芳：《太原文化改革与发展纪实》，《山西日报》2012 年 10 月 16 日。

统计口径来算，5.6%的文化产业比重在中部也只能处于中下游水平。

从武汉市各区文化产业发展具体情况来看，发展极不均衡，两极分化的现象比较明显。从2011年各区文化产业发展的基本情况来看，增加值排在前五位的分别是武昌区35.80亿元、江汉区32.17亿元、洪山区21.69亿元、江岸区18.70亿元和东湖高新区17.37亿元，排在后五位的分别是青山区3.47亿元、蔡甸区1.36亿元、新洲区1.34亿元、东湖风景区1.15亿元、汉南区1.03亿元。[①] 其中武昌区和江汉区、洪山区三区占全市文化产业增加值的比重分别为19.3%、17.4%、11.7%，总体占48.4%，几乎占全市的一半。最高的武昌区35.80亿元与最低的汉南区1.03亿元相差近34倍（见图5）。

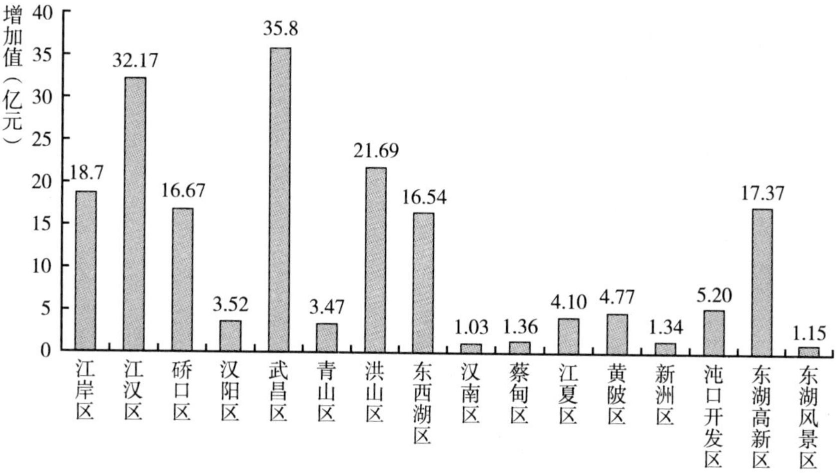

图5　武汉市各区2011年文化产业增加值情况

（二）人均文化消费水平整体不高，文化消费结构亟待优化

在文化消费方面，虽然武汉市文化消费的总量和人均文化消费在2005～2012年都基本处于上升势头，但文化消费总额占全国份额的比例却基本处于下降趋势，2005年占全国的1.3367%，2008年跌至谷底占0.6871%，2011年

① 中共武汉市委宣传部：《2012年武汉文化发展蓝皮书》，武汉出版社，2013，第42页。

为0.8629%，2012年下降至0.8022%。文化消费占总收入的比重，始终在8%左右徘徊；文化消费占总消费的比重，也总在12%左右徘徊，同样在2008年跌至谷底，为9.5813%。由此可以看出武汉市民的文化消费整体水平不高（见图6）。

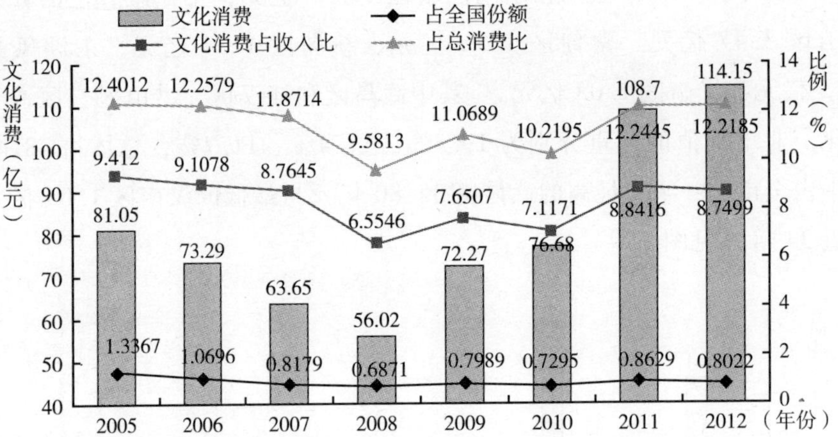

图6　2005~2012年武汉市文化消费占全国份额及人均消费占收入和总消费比重

资料来源：王亚南：《中国中心城市文化消费需求景气评价报告（2013）》，社会科学文献出版社，2013。

2012年武汉市文教消费总额为114.15亿元，在我国15个副省级市中名列第7位，位于中游水平，与东部沿海城市广州、南京有较大差距；在中部6省的省会城市中，武汉市名列首位，这与武汉市较大的人口基数关系较大。人均文教消费方面，武汉市2012年人均文教消费为2366.57元，在我国15个副省级市中名列第9位，位于中下游水平，尤其是与沿海广州、南京、宁波等城市相比差距较大（见图7）；在中部6省的省会城市中，武汉市名列第三位，位于中上游水平（见图8）。

从国际经验看，人均GDP达到1000美元时，文化消费将会增长；人均GDP达到3000美元时，会有一个爆发式的增长；人均GDP达到5000美元时，人们对精神文化生活的需求将进一步扩大，同时会形成井喷式的发展和市场需求。近几年我国文化产业快速发展的态势，确实也印证了国际的经验。然而，武汉市人均GDP早在2011年就突破了1万美元大关，达到了10702.72美元，

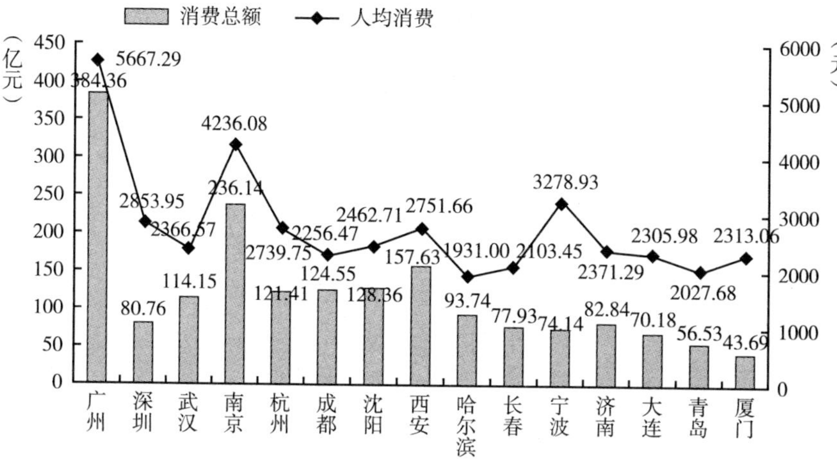

图 7　2012 年我国副省级市文教消费总额与人均文教消费比较

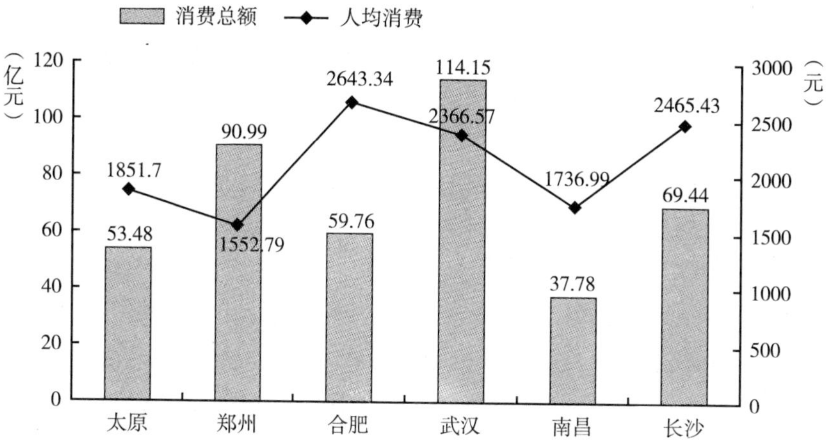

图 8　2012 年中部地区省会城市文教消费总额与人均文教消费比较

资料来源：王亚南：《中国中心城市文化消费需求景气评价报告（2013）》，社会科学文献出版社，2013。

消费水平处于较高水平。① 而武汉市的文教消费仅占收入的 8.7499%，占总体消费的 12.2185%，都处于极低的水平，也就是说武汉市市民在文化教育方面的消费仅为自身收入的一小部分，尚未形成一定的消费习惯和消费品

① 蔡爽：《武汉人均 GDP 已过 1 万美元》，《长江日报》2012 年 1 月 6 日。

位，对文化消费还存在部分偏见，因此武汉文化消费市场有着极大的开发潜力。再者，在已有的文化消费中，居民的文化消费结构有待优化。目前武汉市文化消费多为基础性消费和享受型、娱乐型消费，而教育型、益智型消费较少。

武汉被称为“最市民的城市”，浓郁的市民气息影响着武汉市民的消费结构。2012 年武汉市城市居民人均可支配收入 27061 元，人均消费性支出 18813.14 元，居民家庭八大类消费呈现“七升一降”格局，即食品、家庭设备用品及服务、教育文化娱乐服务、其他商品及服务、居住、医疗保健、交通和通讯支出上升，衣着支出略有下降。[①] 随着近年来物价水平的上涨，2012 年武汉市居民的恩格尔系数有上涨趋势，达到 40%，这说明居民的消费层次还有待提高，消费结构还需进一步优化。而且，从总体上看目前武汉市民的精神文化生活还比较单一，对文化商品的消费欲望与需求还不是很强烈。居民文化消费水平尤其是武汉市“城中村”居民文化消费水平较低，不能形成强有力的拉动文化产业增长的动力源。

（三）传统文化资源开发利用不够，文化产业品牌竞争力不强

武汉市拥有丰富的文化资源，有盘龙文化、近代工商文化、现代科技文化、红色革命文化、名人文化、民俗宗教文化、山水文化等，但是这些丰富的文化资源并没有打造出强大的文化品牌，尽管早在 2004 年武汉市便确立要打造“六大文化品牌”——盘龙殷商文化、琴台知音文化、黄鹤名楼文化、辛亥首义文化、汉口商贸文化、武昌科教文化，但近十年过去了，并没有诞生像桂林“印象刘三姐”、云南“云南映象”和西安“梦回大唐”那样可以走出中国、走向世界的文化品牌。东湖、江滩、归元寺等自然人文景观并没有形成点线面的优势整合，更没有完美演绎荆楚的文化神韵。

武汉市有很多著名的文化遗产，但没能在保护的前提下被有效利用形成文

① 江红：《2012 年我市城市居民消费支出稳步增长》，武汉统计信息网，2013 年 2 月 5 日，http：//www. whtj. gov. cn/details. aspx？id = 1776。

化产业，更没有形成有影响的文化品牌。例如黄鹤楼、汉阳高龙等一大批物质和非物质文化遗产没能得到很好的利用，没有构成武汉市文化产业发展的强有力的文化品牌。黄鹤楼有“天下江山第一楼”的美誉，是我国5A级景区，然而黄鹤楼多年来仅仅作为一个旅游品牌，相关衍生产品的开发及相关行业的衍生力度不大，没能形成完整的黄鹤楼文化产业链。国家级非物质文化遗产汉阳高龙的情况大体类似，基本上都处于未开发或半开发状态，没有形成一条完善的具有演艺性质的舞龙队伍，而我国其他地方的一些非物质文化遗产早就走向了产业化和商业化甚至国际化。当然过分的商业化表演对民俗的保护和发展是不利的，相反过于保守的保护也无法使其焕发青春。在保护的前提基础上对之进行生产性保护和开发是必要的，实践证明也是可行的，但目前武汉市这样的品牌案例微乎其微。《中国城市竞争力报告 No. 4》对武汉城市品牌的概括是“琴台鹤楼绝唱，两江三镇善水”，博大精深的荆楚文化是武汉市发展文化产业的重要基础，但文物资源没有得到应有的保护和开发，更没有形成文化产业品牌，这对于发展武汉的文化产业来说是一个严峻的挑战。

品牌效应是文化产业发展的重要途径，然而，武汉市无论是全国知名的领军文化企业还是文化品牌都很少。武汉市拥有较多的文化企业，尤其是文化与科技融合类文化企业，有些尽管有较强的实力，但缺乏全国知名的龙头文化企业。这些文化与科技企业主要集中在动漫创意、数字文化传播、电子信息及相关创意、工业设计、数字媒体、勘察设计等行业，相对知名的文化企业有湖北长江出版传媒集团、湖北知音传媒集团、中铁第四勘察设计院集团有限公司、武汉传神信息技术有限公司、江通动画股份有限公司、武汉楚天激光集团公司等。然而，从企业资产及经营收入来看，它们主要集中在传媒出版行业，而且多为由计划经济体制下的文化事业改制而来的大型文化集团，如长江出版传媒集团、湖北日报报业集团、武汉出版集团公司等（见图9）。

在近年来的发展中，武汉地区出现了较多知名文化产品，尤其是动漫行业涌现出了较多的动画片，如银都文化出品的动画连续剧《家有浆糊》获第26届中国电视金鹰奖优秀动画片奖，江通动画的《饼干探长》获得“美猴奖”最佳动画形象奖提名，《民的1911》获国家动漫精品工程奖，《天上掉下个猪

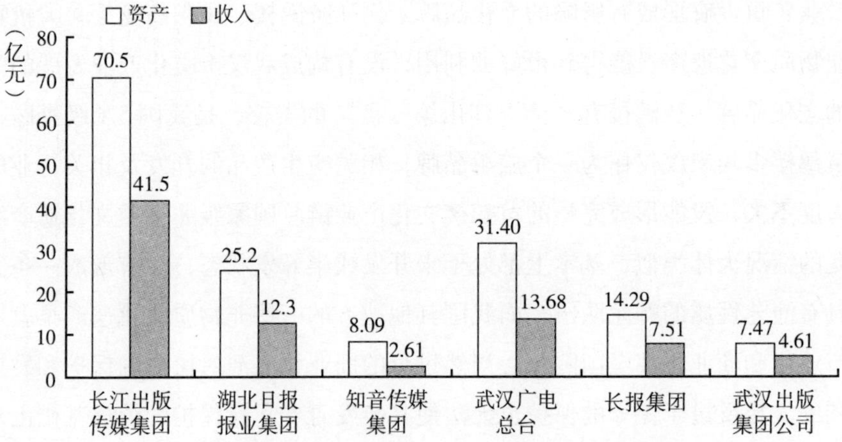

图9　2010年武汉地区传媒出版集团资产经营状况

八戒》、《小鼠乒乒》、《阿特的奇幻之旅》等也取得了不俗的成就。[①] 与国内知名动漫公司的大品牌相比，武汉地区零星出现的文化精品限于单打独斗，没能形成“响当当、走出去”的文化产业品牌。

（四）文化产业发展链条不够完善，文化产品市场化程度较低

从经济学上说，产业链条长度和完整度是与获利空间成正比的。武汉市依托其先进的技术和科教资源，在发展动漫等具有鲜明科技和创意特征的文化产业领域具有一定的优势，但是在文化创意产品的上下游延伸上开发不够，产业链太短。以江通动画为例，作为我国为数不多的进行国产动画策划制作的动画公司，其已经拥有5个系列的动画片版权，其中《天上掉下个猪八戒》颇受好评。[②] 但该片播出后，除同名图书委托湖北美术出版社出版发行外，并没有像迪士尼或《喜羊羊与灰太狼》一样进军音像制品、玩具、文具等衍生产品市场。另外，武汉的动漫产品题材比较单一，一方面局限于“寓教于乐”的传统模式，目标人群的定位过于狭窄，对于消费者的消费需求和内心期待把握

① 中共武汉市委宣传部改发办：《武汉动漫产业再上新台阶》，中共武汉市委宣传部网站，2013年3月12日，http://www.whxc.org.cn/shownews.asp? news_ id =4769。

② 张笃勤、但瑞华：《国内软实力研究现状与武汉软实力建设对策》，《长江论坛》2009年第2期。

得并不准确，缺乏幽默，偏重于惩恶扬善的价值传播；另一方面，武汉动画大多还停留在对美国动漫、日本动漫形象的模仿，在内容和情节上缺乏自己鲜明的风格与特色，这样就更不易树立起成功的国际品牌形象。除动漫产业外，武汉新闻出版、广播影视等产业范围内都有类似的发展局限。

丰富多彩的文化资源和别出心裁的创意必须通过商业化、产业化来形成极具竞争力的文化产品，并经由文化市场形成拉动当地经济发展的动力源才能创造财富，因而文化产业发展必须拥有较为完备的市场机制。然而，武汉市文化产业发展速度虽然较快，但仍然存在政企不分、政事不分的现象，许多经营单位还未成为市场主体。由于融资难，文化产业的盈利模式相对传统，文化产品市场化程度较低。武汉市各个文化行业尚未形成一种互相合作、共同创新的行业集群，没能形成协同创新的新格局。比如动漫产业近年来发展得红红火火，取得了令人赞叹的成绩，武汉市的动漫作品无论是数量上还是质量上可以说都能进入我国第一方阵，但由于动漫产业链不健全，缺乏有效的后续开发和营销，以至于较多动漫作品入不敷出。如曾在国内各大电视台播放的《天上掉下个猪八戒》，其在教育、玩具、服饰等领域，孵化产业产品与无形资产的转化率仅为7%，[①] 这与美国动漫、日本动漫乃至国内如《喜羊羊与灰太狼》等产品的转化率相比差距明显。

（五）文化资源缺乏有效整合，文化与科技缺乏深度融合

文化资源是文化产业发展的内在基础，文化科技是文化产业发展的强大动力，文化创意则是文化产业发展的关键。一个好的文化产品的面世，实质上是在优秀文化资源的基础之上，融入设计者和制作者天才般的灵感和创意，再用现代化的先进科学技术将以上内容和创意表现和呈现出来。自党的十七届六中全会提出推动文化科技创新号召以来，在短短的几年内，武汉市在文化与科技融合创新方面做出了巨大努力和成就，然而要走的路同样漫长。

第一，文化资源素材的挖掘、整合和开发需要深度合作。企业间缺乏有效的沟通和合作，导致文化资源的重复开发和浪费，造成部分民族文化题材的创

① 武汉文化创意产业协会：《武汉文化创意产业调查报告》，《长江日报》2011 年 11 月 11 日。

意产品制作效率低下。在民族文化创意产品制作中，由于前期缺乏优秀的剧本、创意设计素材，后期缺乏音乐、特效等必要的资源，导致小型企业无法快速、便捷地获取所需的各类素材，从而严重影响了产品制作的进度和质量，致使现在的动漫产品在低水平位置徘徊不前。实质上，武汉市各大企业内部都相继研发建立了一定的民族文化资源素材库，由于这些资源数量少，且仅限于本单位使用，从而导致“信息孤岛”的存在，资源重复开发现象严重，制作效率低下。

第二，拥有现代化技术的企业和单位之间同样需要协作。由于现代化的科技需要价格高昂的高端设备为硬件基础，部分中小企业无法支付高昂的设备费用，造成部分民族文化创意产品质量低下。湖北省大部分的动漫企业都是以劳动密集型的二维动漫制作为主，缺乏技术含量高的三维动漫和高端三维电影的创作，从根本上说，造成这种局面的原因就是缺乏相应的高端技术和设备。比如说在三维动漫制作中，人体的造型与动作模拟一直是困扰动漫制作界的棘手难题。运动捕捉设备可以通过很高的精度实时记录下人体每一个关节在三维空间中的位置，将动漫制作效率提高 30 倍以上。三维扫描仪能对立体的实物进行三维扫描，迅速获得物体表面各采样点的三维空间坐标和色彩信息，从而在几分钟内创建出物体的三维彩色数字模型。渲染集群能将之前的十几个小时的工作时间缩短到 30 分钟以内。然而，这些设备价格昂贵，非一般创意公司所能拥有和使用。

（六）人才培养供需基本脱节，高端创意人才流失严重

作为全国第三大科教人才培育基地，武汉市拥有 79 所普通高校①，但是文化产业发展整体上却出现了极为严重的人才匮乏的现象，部分行业面临“有人而无才、有才而无用”的尴尬境地。造成此种现象的原因是多方面的，其中重要原因是文化产业人才培养的供需机制基本脱节。武汉市的高等院校虽多，但真正开设文化产业相关专业的高校却凤毛麟角。据统计，华中师范大学

① 武汉市统计局：《2012 年武汉市国民经济和社会发展统计公报》，《长江日报》2013 年 3 月 4 日。

是我国较早开设文化产业管理本科专业的高校，经过多年的发展已经形成了从学士到博士后的一条龙培养机制。武汉大学也开设了文化产业管理的硕士点和博士点。江汉大学也有文化产业的本科专业。华中师范大学武汉传媒学院也有文化产业相关本科专业。然而这些文化产业专业人才的培养基本上都存在着实践能力差、懂技术的不懂文化、懂文化的不懂技术等问题，与各文化行业要求的综合型人才不符。

由于文化产业人才的培养与市场需求基本脱节，造成了目前优秀的高端创意人才和后期策划人员极度匮乏。比如在拥有较大优势的文化科技产业方面，文化与科技的创意人才培养也相对分离，导致湖北绝大多数的动漫相关企业几乎都缺乏高端的创意从业人才，这严重影响企业项目的承接。高端人才是指具有“CAT”（C 为拥有较强的文化创意能力，A 为具有艺术才能，T 为能够掌握动漫制作技术和相关的信息技术）综合能力的复合型人才，而现有的高校培养的人才大多只是具有“CAT”某一方面的能力，只能够从事动漫产业链的某个环节，高端的交叉复合型人才稀缺。文化创意人才的极度匮乏导致文化产业发展成为无源之水，文化资源的创造性开发利用功效降低。再者，后期策划营销人员的不足不利于武汉市文化品牌“走出去”。

武汉市文化产业的发展同样面临着严重的人才流失现象。据荆楚网统计，近年来武汉市外流人才的学历高、范围广、年轻化趋势明显。武汉市人才服务中心的数据表明，在武汉高校毕业生中，每年有 99% 的博士、96% 的硕士和 89% 的本科生流向市属以外的单位。湖北省人事厅抽样调查显示，2006 ~ 2010 年湖北高、中级职务人才的流失分别是引进的 6.45 倍和 4 倍，高新技术产业开发的骨干力量因此而减少了 50%。[①] 从文化产业人才培养机制较为健全的华中师范大学来看，大多数毕业的文化产业博士和硕士都流向沿海经济发达地区和其他中西部省份。

（七）内部文化体制改革亟待深化，外部市场竞争更加激烈

坚实推进文化体制改革是推进文化产业发展的重要任务。武汉市从 2011

① 周寿江、蒲哲、叶纯、王璐、海冰、邹斌：《武汉遭遇人才流失之痛，科教大市如何留人》，荆楚网，2011 年 2 月 15 日，http：//news. cnhubei. com/ctjb/ctjbsgk/ctjb05/201102/t1613123. shtml。

年起就开始全面推进文化体制改革的征程，而改革的主要任务就是区分文化领域的产业化与事业化问题，如何区分政府的文化职能和管理职能，实现文化产业与现代企业制度的完美结合是武汉市文化改革的重中之重。目前，武汉市部分文化企业还存在政企不分、事企不分、产权不清和经营体制僵化等问题，如一部分作为文化产业核心层的新闻单位、广播电视机构还属于事业单位，主要收入来自国家财政或享受国家财政资助。同时，许多文艺创作与表演行业被归入文化艺术服务，主要依赖国家财政支持，还算不上文化企业。在竞争激烈的经济浪潮中，只有面向市场、接受市场的考验而不是靠政府的财政接济才是武汉市文化产业应走的发展道路。文化产业的发展需要市场自由竞争规则的考验，一旦陷入被权力经济所左右的怪圈将很难得到发展。[①] 突破权力经济的控制首先就要打破国有资本对文化产业的单一投资渠道，面向市场开放投融资限制，降低门槛，鼓励民间资本、社会资本甚至国外资本对文化领域的投资，从不同方面推进文化体制的改革与经营。

武汉作为湖北省省会城市，文化产业发展受到外部尤其是中部其他省会城市的强力挑战。从2003年开始，湖北省便开始施行了打造“武汉城市圈8+1”的重大战略，以武汉为中心，黄石、鄂州、黄冈、孝感、咸宁等周边8个城市合力共建，涉及工业、交通、教育、金融、旅游等诸多领域。随着近年来武汉经济建设的发展，武汉的经济文化辐射范围已远不止上述8个城市，与以郑州、长沙为中心的辐射区的竞争愈加激烈。2012年武汉市地区生产总值8003.82亿元，同比增长11.4%；长沙市地区生产总值6399.91亿元，同比增长13.0%；郑州市地区生产总值5547亿元，同比增长12.0%[②]。虽然武汉市的地区生产总值高于长沙、郑州，但增幅却是三者中最低的。但就文化产业来看，2011年长沙市的文化产业总产出1041.75亿元，文化产业单位61670家，从业人员54.28万人[③]，发展如此迅速的长沙文化产业也在积极扩展其文化影

---

① 王国华、贾国伟：《文化产业热点问题对策研究》，中央编译出版社，2011，第19页。

② 黄飞：《2012年郑州经济总量再上新台阶》，郑州统计信息网，2013年2月25日，http：//www.zzstjj.gov.cn/tjww/tjfx/tjxx/webinfo/2013/02/1360975901181084.htm。

③ 湖南统计局：《长沙文化产业发展现状、问题及对策分析》，湖南统计信息网，2012年12月18日，http：//www.hntj.gov.cn/sxfx/csfx/201212/t20121206_96995.htm。

响力，“长株潭城市群”的战略实施为开发长沙的文化资源、发展文化创意产业开辟了新途径。“电视湘军”、“出版湘军”、“动漫湘军”等知名文化品牌的建立推进了长沙市向文化强市、文化产业强市的跨越式发展。而相比之下，武汉市虽亦有丰富的文化资源，但并没有培养出类似长沙的文化品牌，这无疑增加了武汉市发展文化产业的紧迫感。

三　武汉市文化产业发展的优势与机遇

近年来，在国际国内大都市经济与社会的发展变化中，文化产业作为新的经济增长点越来越显示出其重要地位，文化产业的发展甚至直接影响到城市经济结构调整、产业升级以及城市的综合竞争力。武汉文化产业在“文化强市”的战略目标指引下，已从自发阶段逐步走向了自觉阶段，初步形成了较为明显的产业体系。目前，加快武汉市文化产业的发展已有着良好的条件环境优势和重大的现实机遇。

（一）武汉市文化产业发展的主要优势

1. 底蕴深厚的历史文化为武汉市文化产业发展提供了良好的文化环境

位于荆楚腹地的武汉市具有3500年的历史，素有“历史文化名城”之美誉。武汉市现有市级以上文物保护单位275处，其中国家级文物保护单位13处，省级文物保护单位64处。从两江交汇、河湖密布，到三镇鼎立、九省通衢，优越的山水、地理资源凸显了武汉市的自然优势；从盘龙古城、知音琴台到黄鹤名楼、归元古刹，叹为观止的文物古迹夯实了武汉市的文化底蕴；从大禹治水、屈子行吟到木兰从军、岳飞填词，传承至今的千古佳话丰富了武汉市的文化积淀。丰富的文化资源和深厚的文化底蕴，彰显了武汉市鲜明的文化特色和独特的人文风貌，为武汉市文化创意产业的发展创造了良好的文化环境。

2. 快速提升的经济实力为武汉市文化产业发展创造了良好的经济环境

2012年，武汉全市地区生产总值达到8003.82亿元，同比增长11.4%，高出全省0.1个百分点，总量居全国15个副省级城市第四位，仅次于广州、深圳和成都。在GDP中，第一产业实现增加值301.21亿元，比上年同期增长

4.5%；第二产业实现增加值3869.56亿元，比上年同期增长13.2%；第三产业实现增加值3833.05亿元，比上年同期增长10.0%。[①] 经济的快速增长为武汉市文化创意产业的发展创造了良好的经济环境。在最新出版的《中国城市竞争力报告（2012）》中，武汉市是除成都之外，唯一进入前20的中西部城市。这项城市竞争力的评价体系包括城市硬竞争力和软竞争力两大方面，武汉市的综合排名充分证明了武汉的经济实力在全国，特别是中西部城市中的优越地位，武汉可持续的综合竞争力为文化产业的发展奠定了良好的经济基础。

3. 智力密集的科教机构为武汉市文化产业发展创造了良好的科教环境

武汉是全国第二大智力密集区和第三大科技教育中心，技术创新能力强大，科教资源以绝对优势领先中部地区。武汉市拥有以武汉大学、华中科技大学和华中师范大学为代表的近80所高校，有政府部门下属科学技术研究机构104余所，国家重点实验室20个，国家实验室1个，国家工程实验室3个，国家级工程技术研究中心23个，国家级企业技术中心19个，国家级孵化器15家，两院院士58人。[②] 武汉市不仅是全国第一个光电子信息产业基地（光谷），也是全国第一个孵化器建设试点城市。从2007年武汉市成为全国科技保险试点首批城市，到2009年获批综合性国家高技术产业基地，东湖高新区获批国家自主创新示范区，再到2010年获批国家创新型试点城市，武汉市的科技综合创新能力迈入了国家第一梯队。《中国城市竞争力报告（2012）》中指出，武汉市的知识竞争力指数在全国居于第九位。武汉市高校和科研单位数量众多、智力密集，为武汉市文化产业发展储备了丰富的人才资源，创造了良好的科教环境。

4. 潜力巨大的消费群体为武汉市文化产业的发展创造了良好的市场环境

武汉市是湖北省人口最多的城市，常住人口有1012万，在全国城市人口数量中居于前十位；在校大学生和研究生总数已达到105.31万。[③] 2012年，

---

① 刘洁：《2012年我市地区生产总值在15个城市中居第4位》，武汉统计信息网，2013年2月7日，http：//www.whtj.gov.cn/details.aspx? id=1779。

② 武汉市统计局、国家统计武汉调查队：《2012年武汉市国民经济和社会发展统计公报》，《长江日报》2013年3月4日。

③ 武汉市统计局、国家统计武汉调查队：《2012年武汉市国民经济和社会发展统计公告》，《长江日报》2013年3月4日。

武汉城市居民人均可支配收入 27061 元，较上年增长 14.0%，增幅分别高出全国、全省增幅 1.4 个百分点和 0.6 个百分点，在 19 个副省级及以上城市中排位居首。[①] 广大的文化消费群体和巨大的文化消费需求是文化产业发展的重要条件之一，武汉市的文化消费需求日益扩张，现实的、潜在的文化市场已经成为武汉市经济增长的内在需求和潜在推动力。

5. 中部地区的区位优势为武汉市文化产业发展提供了良好的政策环境

国家“十二五”规划提出，“中部地区要发挥承东启西的区位优势，壮大优势产业，发展现代产业体系，巩固提升全国粮食重要生产、能源原材料基地、现代装备制造业及高技术产业基地和综合交通运输枢纽地位”，“重点推进太原城市群、皖江城市带、鄱阳湖生态经济区、中原经济区、武汉城市圈、长株潭城市群等区域发展”。在中部各省城市中，武汉市不仅承担着“中部崛起”、武汉城市圈“两型社会”建设综合配套改革试验、东湖国家自主创新示范区建设等三大战略任务，而且还争取到了国家创新型试点城市、国家自主创新示范区、国家高技术产业基地、国家级文化和科技融合示范基地、国家电动汽车研制开发实验基地、国家火炬计划光电信息产业基地、国家火炬计划新材料产业基地、全国技术标准试点城市、国家三网融合建设试点城市、国家科技成果推广平台建设试点城市、全国第一批制造业信息化工程重点城市、国内唯一的国家地球空间信息武汉产业化基地、全国首批科技保险试点城市等一批国家科技品牌。湖北省的文化创意产业主要集中于武汉，作为省会城市，武汉一直是湖北省文化创意产业的龙头和重心，独特的中部城市地理位置、重要的战略地位为武汉市的文化创意产业发展创造了良好的政策环境。

（二）武汉市文化产业发展的主要机遇

1. 城镇居民文化消费将进入快速增长阶段

根据国际经验，人均 GDP 超过 3000 美元，人们的精神文化消费需求会加快扩大。2011 年，武汉人均 GDP 已超过 10000 美元，这意味着武汉经济发展

---

① 江红：《2012 年我市城市居民消费支出稳步增长》，武汉统计信息网，2013 年 2 月 5 日，http：//www. whtj. gov. cn/details. aspx？ id = 1776。

已接近高收入国家和地区的初始水平，文化消费进入快速增长期。统计数据显示，2012年武汉市城市居民人均可支配收入27061元，较上年增加3323元，比全国、全省平均水平分别高出2496元和6221元，比上年增长14.0%，增幅在19个副省级及以上城市中排位居首；城市居民人均消费性支出18813.14元，同比增长9.8%。[①] 经济基础决定上层建筑，居民收入的大幅增加必然带动文化消费需求的增加，这为文化产业的发展提供了巨大的市场空间。2012年，武汉市服务业实现增加值3833.05亿元，同比增长10.0%，增速较上年提高0.4个百分点。服务业增加值占GDP的比重为47.9%，对GDP增长的贡献率达42.2%。从19个副省级城市的位次看，武汉市服务业增加值绝对额居第10位，高于青岛、大连、沈阳、宁波、济南、哈尔滨、西安、长春、厦门。从中部6个省会城市看，武汉市龙头地位稳固，服务业增加值分别是长沙的1.51倍，南昌的3.43倍，合肥的2.35倍，太原的3.09倍，郑州的1.75倍。[②] 武汉市民人均收入的快速增加和服务业的快速发展预示着武汉的文化产业有着十分广阔的前景。

2. 国家推动文化产业成为国民经济支柱性产业

中国政府在“十二五”规划中首次明确提出“推动文化产业成为国民经济支柱性产业”，党的十八大报告中也提出“扎实推进社会主义文化强国建设”的目标要求，强调要“提高文化产业规模化、集约化、专业化水平”，实现文化科技融合，推进文化产业发展。为加强文化科技创新，增强文化领域自主创新能力和文化产业核心竞争力，推动文化产业成为国民经济支柱性产业，繁荣发展社会主义文化，由科技部牵头编制和颁布了《国家文化科技创新工程纲要》。纲要的颁布将为武汉市文化与科技融合创新发展注入新的动力，对推进文化产业和文化事业发展，提升科技进步对文化产品的创作力、感染力，文化的表现力、传播力的影响，发挥科技对于文化发展产生重要支撑和推动作用。武汉市政府也推出了《武汉市文化产业振兴计划（2012～2016）》，作为

① 谭志成：《2012年武汉市城市居民人均可支配收入增幅在19个副省级城市位居第一》，武汉统计信息网，2013年2月26日，http://www.whtj.gov.cn/details.aspx?id=1783。

② 武汉市统计局：《2012年武汉市服务业发展形势报告》，湖北省统计局，2013年4月28日，http://www.stats-hb.gov.cn/wzlm/tjbs/fztjbs/98056.htm。

发展文化产业的纲领性文件。从中央到各级地方政府，文化产业发展受到了前所未有的重视，也得到各种政策的推动与扶持，文化产业迎来了大发展大繁荣的新时期。为提升城市文化品位，打造文化强市，武汉市政府在2012年还出台了《关于打造“文化五城”建设文化强市的意见》。通过出台各种政策把发展文化产业提升到影响整个城市经济与社会功能的高度，这既是实现文化大发展大繁荣的重要契机，也是实现文化产业振兴繁荣的重要机遇。

3. 全球经济一体化进程促进文化产业大发展

全球经济一体化的进程将世界各地紧密地联系在一起，经济文化交流越来越频繁，资本、科技、人才的国际流动为武汉市发展文化产业提供了良好的机遇。文化创意产业作为一种新兴业态，成为世界各国努力发展的重点，也日益成为国民经济的支柱产业。以美国为例，美国作为头号文化产业强国，2010年其文化产业收入4500亿美元，占GDP的比例超过25%，是美国经济的第一大产业。美国最大的400家企业中，72家是文化企业，美国的文化产品占据着43%的国际市场份额。美国文化产业的发展为世界各国做了榜样，也引领了发展文化产业的世界趋势，发展文化产业使之成为国民经济的支柱产业和重要的经济增长点已成为全球各国的努力方向。国际上发展文化产业的良好趋势有利于武汉市建设文化强市、增强文化软实力目标的实现，世界上一些文化产业发展好的城市所创造的发展文化产业的经验，也为武汉市文化产业的发展提供了借鉴。而且，国际上发展文化产业的良好趋势为武汉发展文化产业提供了潜在的消费需求和广阔的市场空间，有利于武汉市利用国际资源提升文化竞争力，有利于做大做强文化创意产业。

四　加快武汉文化产业发展的对策与建议

在我国大力推动文化产业成为国民经济支柱产业的重大战略背景下，武汉市应抓住历史机遇，深入贯彻落实党的十七届六中全会，大力发展文化产业和实施“国家文化科技融合创新工程”精神，进一步深化文化体制改革，充分发挥武汉市的文化资源、人才资源和科教优势，推动文化、创意与科技的融合创新，做大做强武汉市东湖国家级文化科技融合示范基地，加快文化产业新兴业态发展，开创文化、创意与科技融合发展的文化产业发展新模式，在我国国家中心城市建设及中部文化产业发展中起引领和示范作用。

（一）深化文化体制机制改革，创造良好的产业发展环境

第一，坚持武汉市文化产业科学发展原则。一是坚持以荆楚文化、长江文化、首义文化及科技文化为核心的文化定位；二是遵循武汉市文化资源多元化特点和独特规律；三是凸显武汉市文化与科技融合发展文化产业的优势；四是以满足广大人民群众精神文化需求为出发点和落脚点。第二，建构政府、企业和市场三者有效合作的机制。按照“以政府为主导、以企业为主体、以市场化运作为主要方式”的原则，处理好政府、市场和企业三者之间的关系，政府是文化产业发展的实施主体，企业是文化产业发展的实践主体，市场是文化产业发展的运作载体，在文化产业发展过程中，三者要做到既分工又合作，形成协同创新机制。第三，建立有效的城市文化产业核心竞争力评价体系。通过对城市文化资源质与量、文化遗产数量、文化产业发展现状、文化消费结构、公共文化服务体系、文化符号影响力等情况的调查分析，建立适合于我国中西部城市文化产业核心竞争力提升的指标评价体系，从而探寻出提升武汉市文化资本和整体文化形象的针对性措施。第四，建立科学合理的文化产业发展绩效评价考核机制。按照文化产业发展目标、政策和制度的要求，着力探讨建立科学合理的文化产业发展绩效评价考核机制，规范管理，调动各方面积极性，从而促进武汉市文化产业的大发展。

（二）合理定位城市文化，打造文化城市新名片

建设文化强市是武汉全面建设小康社会、率先基本实现现代化的重要内容，是建设“文化武汉”的一项系统工程，是塑造城市个性魅力、提升城市竞争力、提高城市综合实力的重大战略举措。作为长江文明的枢纽、南北文化的交汇地带，几千年的文明传承，曾先后有荆楚文化、长江文化、宗教文化、近代租界城市文化、革命文化，以及现代科技文化在武汉纵横交织，积淀成丰富灿烂的城市文化图景，形成亮丽的城市文化名片，这些增加了武汉城市文化的魅力，为武汉赢得了“历史文化名城”和重要“文化中心城市”的美誉。

因此，武汉的城市文化战略基点应将历史文化列为首位，用辉煌灿烂的历史文化作为其文化之都的名片。湖北省正在主打“凤文化”，建设“凤文化”体系。各城市间应加强沟通和协调，大力构建“凤文化”体系的子文化，彰显“凤文化”的地方文化特质，避免千城一面的城市文化定位及城市风格建设。武汉应定位为“凤文化”的主体和躯干，形成不同的文化产业发展内涵，用厚重博大的历史文化和“敢为人先、追求卓越”的城市精神作为其文化产业发展的核心内容，打造新的城市文化产业名片。

（三）完善文化产业发展规划，实现城市间错位发展

利用湖北省发展“两圈一带”的机遇，加快“武汉城市圈”中心城市文化产业带、泛长江文化产业带、沿京广线文化产业带及汉江文化旅游带的建设，合理规划武汉市文化产业的发展，打造四大文化产业带上的龙头城市和领头羊，将有助于武汉市建设成为中部的文化产业中心城市，并助推武汉市成为国家中心城市。

在中部省会城市及国家中心城市竞争中，武汉要做好横向对比研究，借鉴其他城市的发展经验，尤其是借鉴我国文化产业发展较好的东部城市及国外文化产业发达城市的文化体制改革经验和文化产业推进措施。其一，要深刻领悟世界上文化产业发达国家的成功模式，如美国的市场驱动模式、英法的资源驱动模式以及韩日的政府驱动模式，选取适合武汉市文化产业发展的可行性路径；其二，研究日益成熟稳健的“云南模式”、“湖南模式”、“曲江模式”的成功秘诀，汲取其有效成分，作为武汉市文化产业发展的有效借鉴；其三，对比研究武汉市与中部长沙、郑州、合肥等城市的文化产业发展现状，争取能用科学合理的发展方式趋利避害，走武汉市文化产业发展的特色化专业化发展道路。

在文化事业方面，通过武汉市城乡文化一体化发展，建设从城市到郊区、从郊区到乡村的公共文化服务体系，满足人们日益增长的物质文化需要，保证人民群众享受基本的文化权益。在文化产业发展方面，将通过挖掘武汉市的历史文化资源、思想文化资源、非物质文化遗产资源、历史名人文化资源、山水文化资源和革命文化资源，在保护性开发的原则基础之上，利用武汉市的人才资源和科技教育优势，大力发展创意设计、网络文化、动漫游戏等极具活力和

潜力的新兴文化产业，改造提升传媒出版、文化旅游、演艺娱乐、艺术品业、会展等传统文化行业，大力发展文化产业园区，促进文化产业与创意产业、高新技术产业的融合创新发展，最终实现文化产业与文化事业发展的双赢。

（四）推动文化与科技深度融合，促进政产学研协同创新

抓住我国实施“国家文化科技创新工程”的历史机遇，凭借武汉市丰富的文化资源优势，武汉文化产业发展要走“文化+创意+科技”融合发展之路，开创文化产业发展新模式。要深度推进文化产业“政、产、学、研”一体化发展，构建荆楚文化传承、数字化保护及利用、可视化传播的公共服务平台，建设从文化内容研究、文化人才培养、文化技术研发到文化产品开发、文化企业孵化一条龙式的现代文化科技产业链。按照“以政府为主导、以企业为主体、以市场化运作为主要方式”的原则，实现区域内“政、产、学、研”的协同创新，重塑文化科技融合创新新格局。武汉市政府应成立国内首屈一指的文化科技创新研究院，制定文化产业与高新技术产业融合发展的战略性规划，注重文化科技产业人才培养及引进。以高校文化类科研院所为主体形成文化内容研究联盟，同时为文化产业的发展输送大量的文化理论研究人才；以高校理工类科研院所为主体、各类高新技术企业积极参与成立文化技术研发联盟，开发文化产品及服务流通过程中的先进科技，同时为文化产业的发展提供强有力的文化科技人才支撑；以知名文化企业为依托成立文化科技产品研发联盟，开发新时期内紧跟时代潮流的新生代文化产品；以武汉东湖国家级文化和科技融合示范基地为榜样，以大学科技园、文化创意园、文化产业园为主体形成企业孵化器联盟，孵化各类文化企业，形成若干个国内一流的文化产业集聚区。

（五）申请加入“全球创意城市网络”，提升武汉创意城市知名度

“全球创意城市网络”（Creative Cities Network）是联合国教科文组织于2004年推出的一个项目，旨在通过对成员城市促进当地文化发展的经验进行认可和交流，从而达到在全球化背景下倡导和维护文化多样性的目标。创意城市网络共分为文学之都、电影之都、音乐之都、民间手工艺之都、设计之都、媒体艺术之都、美食之都七大类。我国的深圳、上海、北京是设计之都，哈尔

滨成为音乐之都，杭州成为民间手工艺之都，成都也成为美食之都。综合考量武汉市在工业设计及传统美食方面的特色优势，既可以申请成为设计之都，也可以申请成为美食之都。武汉市具有巨大的科教优势，又是全国第三大科教城市，设计产业实力雄厚，东湖新区又成功申请为国家级文化科技融合创新示范基地，传媒广电、数字创意、时尚设计等产业方面的优势明显，武汉应抓住历史机遇，申请成为“设计之都”；同时武汉也有众多的饮食文化资源，烹饪技术高度发达，楚馔风味精妙绝伦，有“千年鄂馔史，半部江南食”之称，因此亦可以申请成为“美食之都”。申请加入“全球创意城市网络”将会提高武汉市的文化产业发展的国际知名度，同时也会为武汉市保护、保存文化遗产争取到更有力的支持。

（六）建立健全人才激励机制，构建供需平衡培养机制

文化产业发展的核心是创意，而创意源自高端创意人才的智慧。因此文化产业的竞争根本上是高端创意人才的竞争。在目前武汉市文化产业人才培养供需脱节和高端人才极为短缺的现实情况下，构建文化产业人才培养供需适应机制和建立健全文化产业人才激励机制就显得较为迫切。第一，武汉高校众多，早已成为我国人才的重要孵化地，被称为“人才培育基地”，但对于文化产业人才培养来说，高校应在现有经济学、历史学、文学、管理学等学科的基础之上，大力推进新兴交叉学科建设，改革人才培养模式，积极进行新兴教育方式改革，为文化产业的发展培育出复合型能力型人才。此外，为填补武汉市新兴文化科技产业大发展所造成的人才空缺，应大力支持文化产业职业技术学校的发展，为武汉市文化科技产业的发展重点培养技术性人才和专业技能人才。第二，“惟楚有材，于斯为盛”，然而目前高端文化产业人才纷纷远离武汉奔赴沿海发达地区，针对这一现状，武汉市政府应积极出台一些尊重知识和人才的政策，为文化产业人才创造良好的工作环境和有利条件，吸引并留住人才，为创意产业的发展提供强有力的人才支撑，以推动武汉文化产业的大发展大繁荣。

（七）加大财政税收扶持力度，拓宽文化产业融资渠道

为进一步促进武汉市文化创意产业的发展，政府应当设立文化创意专项资

金，提供贷款优惠政策，为文化创意产业发展提供财政政策扶持。尤其要加大支持与人民生活息息相关的、有着较高科技含量的重点文化企业发展和文化产品开发，以丰富人民的文化内涵，提高人民的生活质量。近十年来世界各国文化创意产业发展势头迅猛，也吸引了很多投资者的目光，而武汉作为中部崛起战略的中心地区，有着独特的资源优势，政府应当鼓励和吸引国内外各类风险投资企业的设立和投资，如开展创意交流会，为双方提供信息交流平台，促进资金的流入。同时，为吸引社会各项资金投向文化创意产业，政府应积极鼓励民间资本参与投资，加大公民参与力度，并给予一定的税收优惠政策和降低审批费用，以促进武汉文化产业的发展。

区域报告篇

Regional Report

B.2

东湖高新区

——文化科技融合，助推产业升级

夏天 曹浩 侯顺*

摘　要：

近年来，武汉市东湖高新区发展迅速，在文化和科技融合上不断创新进取，取得了骄人成绩。本文分析了武汉市东湖高新区文化和科技融合发展的基本情况，并针对当前存在的问题提出了对策，以促进东湖高新区文化和科技融合进一步发展。

关键词：

东湖高新区　文化科技融合　发展状况

* 夏天，东湖高新区管委会产业发展和科技创新局副局长，博士研究生，研究方向：管理科学与工程；曹浩，华中师范大学国家文化产业研究中心硕士研究生，研究方向：民族文化遗产数字化；侯顺，华中师范大学国家文化产业研究中心博士研究生，研究方向：文化资源与文化产业。

一　东湖高新区文化产业发展概况

东湖新技术开发区位于武汉市东南部，在武汉东湖、南湖和汤逊湖之间，东起武汉三环线，西至民院路，北接东湖，南临汤逊湖，面积518.06平方公里，常住人口39.6万（2012年）。1984年，武汉市政府在东湖之滨筹建了“东湖智力密集小区规划办公室”，28年后，这间“办公室”成长为中国创新技术最为密集的区域，成为光芒四射的中国光谷。2009年12月，国务院批复武汉东湖高新区建设国家自主创新示范区，东湖高新区成为全国继中关村之后第二个国家自主创新示范区。

开发区由关东光电子产业园、关南生物医药产业园、汤逊湖大学科技园、光谷软件园、佛祖岭产业园、机电产业园等园区组成，北部科研院所、大专院校群是其科技与产业依托的重要基础。同时，东湖新技术开发区紧邻中心城区，依山傍水，风光秀丽。区内地势北高南低，湖泊密布，山峦起伏，三湖（东湖、南湖、汤逊湖）、六山（珞珈山、南望山、伏虎山、喻家山、马鞍山、九峰山），再加上外围的武汉东湖风景区、南湖风景区、马鞍山森林公园、九峰森林公园、汤逊湖旅游度假区，绿化和水面面积多达200平方公里。

（一）文化科技企业高速发展

自2012年5月中宣部、科技部等5部委批复“武汉东湖国家级文化和科技融合示范基地”以来，东湖高新区加快了示范基地的核心区建设。2012年东湖高新区文化创意产业总收入为450亿元，同比增长34%，基本形成了特色鲜明的产业发展格局，集聚了一批实力雄厚、发展迅速的文化科技企业。目前，高新技术对文化创意成果产业化的支撑作用更加明显，数字化和网络技术成为新兴文化产业发展的核心驱动力。

（1）在网络文化信息服务领域，东湖高新区拥有600余家软件和信息服务相关企业，占全市的80%以上，其中网络文化信息服务业相关企业总产值190亿元，数量近100家，在创新能力、产业基础方面优势明显。传神公司是集传统的翻译行业和语言处理技术、云计算技术及SNS社会化网络于一体的智能化网络，即“语联网”。公司提供30多个语种的服务，形成每天1000万字以上的规模化生产体系。百纳信息的海豚浏览器持续在各大移动互联网应用平台获得高下载率，已经为全球10个国家超过5000万智能手机用户提供基于云平台的产品及服务。武汉拥有全国唯一的地理空间信息基地，“立得空间”、“烽火众智”、“航天远景”等都能提供空间地理位置信息服务，为文化旅游提供了有力的科技支撑。

（2）在创意设计领域，东湖高新区现有100多家企业，涉及通信传输与网络设计、软件设计、动画设计、媒体设计、工程设计、快速成型（3D打印）等多个领域，已集聚了武汉邮科院、中冶南方、中国五环等一批大规模企业，同时滨湖机电、华夏星光等都具有很强的设计能力，2011年获得国家技术发明二等奖，“立体打印机”入选两院院士评选的2011年中国十大科技进展奖，华夏星光获得中国创新设计红星奖。2013年1月，市政府规划明确提出，将“东湖设计城”打造成为武汉“工程设计之都”载体的核心区，该城选址于东湖高新区管委会新办公楼附近，总建筑面积100万平方米，总用地1000亩。2012年，创意设计产值120亿元。

（3）在数字家庭领域，2013年3月，国家批准东湖高新区建设国家数字家庭应用示范产业基地。目前该基地已形成了以设备制造、软件、系统集成、业务运营等为主要内容的数字家庭产业，拥有规模以上数字家庭及相关产业企业超过100家。已集聚了烽火通信、武汉鸿富锦、武汉天马、武汉雅图等一批具有实力的企业，并建成光谷智能港、光谷高清体验中心等大型数字家庭体验中心。已在光谷核心区、左岭新城等地启动建设应用示范工程，并启动了数字家庭示范小区试点。2012年，数字家庭产值50亿元。

（4）在动漫游戏领域，东湖高新区现有动漫游戏企业近200家，在各大电视台上映动画片共9部，其中4部优秀动画片在央视播出；共有30余款游戏上线，其中包括6款大型网页游戏及20余款手机游戏。江通动画作品《天上掉下个猪八戒》获得中国广播影视大奖“星光奖”；银都文化动画片《家有浆糊》获得第26届中国电视“金鹰奖”，是湖北省唯一一部入围的动画片；在中国动画年会上，江通动画《饼干探长》荣获2012年中国动画“美猴奖”最佳动画形象奖提名；东尼文化《童年的味道》荣获“中国动画最佳创投提名奖”；卡普士动画《节庆守护者》系列创作在第四届“节庆中华奖”盛会上获得两项大奖；超玩在线的网络游戏《星魂传说》在全国上线运营；拇指通公司《赖子游戏中心》注册用户数已超过3000万人。2012年，动漫游戏产值23亿元。

（5）在创意体验领域，东湖高新区现有企业30多家。创意体验企业主要集中在激光演艺、建筑演艺、基于虚拟互动的文化旅游产品的开发、3D互动文化娱乐场所、高科技会展和博览等领域。2013年1月，楚天激光与全球娱乐激光设备制造商瑞士Laser World公司成立合资企业，在武汉建设并打造全球最大的娱乐激光设备制造基地与激光主题公园。武汉麦塔威科技有限公司主要从事“建筑3D投影”的研发和应用，公司成功承办了武汉市元宵节“武汉光影秀”活动，将数字皮肤应用于百年建筑，为节庆活动创建新的视听享受。2012年，创意体验产值15亿元。

（6）在数字教育领域，天喻信息、中国移动湖北公司共同承建的“国家教育资源公共服务平台”（简称“国家教育云”）于2012年12月正式开通。该平台以教育信息化为基础，通过综合应用云计算、移动互联网等多种技术，将国内教育优势地区的名校、名师资源集中起来，为全国师生提供个性化的学习服务。目前，已有12451名教师、77508名学生、316所学校开通空间。长江盘古着力打造基于“云端教室”的产业服务模式。武汉数字媒体公司积极开展民族文化和特色文化保护与展示技术应用示范。2012年，数字教育产业产值5亿元。

（7）在高端文化装备领域，东湖高新区现有高端文化装备企业30多家，主要集中在数字电视、显示平板、高清投影、机顶盒以及舞台、教育、办公、会展设备等领域，在光显示领域具有自主创新优势，基于人机互动的光电显示终端成为文化传播的重要载体。武汉鸿富锦、武汉纬创成功研制了具有自主知识产权的电子书包；长江盘古研制了国内首款双板教学“云端教室”设备；精伦电子出品了我国首款语音操控的智能电视盒；全真光电研制了全球首台71英寸激光电视。2012年，高端文化装备产值20亿元。

（二）核心区建设力度进一步加大

1. 加大了重点项目建设力度

2012年，为扶持区内优质项目，高新区全年落实国家省市区文化科技产业专项资金7000多万元。武汉数字媒体、楚天激光等企业成功申报了“国家文化科技创新工程”重大科技专项；超级玩家等争取到现代服务业试点的支持；成功组织江通动画、武汉雅图、传神信息等企业申报了湖北省文化产业发展专项资金。在此基础上，高新区正加快研究《关于东湖高新区推进国家文化和科技融合示范基地建设的意见》，计划每年设立专项资金，用于促进文化和科技融合。

2. 加大了招商引资引智力度

湖北省广播电影电视台、武汉联想、武汉雅图光影城等省内龙头企事业单位相继落户高新区，同时先后有湖北长江出版传媒集团、PPTV 等十多个重点项目签约或在谈。其中，长江数字文化产业园项目、光谷创意天空、光谷科技与文化融合加速器项目已确定选址及投资规模，并拟于近期签署正式供地协议；高新区已经与广东三基音响、深圳文化创意产业协会签署了战略合作协议。

3. 加大了搭建产业交流展演平台力度

打通企业销售渠道，挖掘文化消费市场。包括与中国电信湖北分公司合作，开办湖北动漫公共频道；加强武汉动漫协会建设，积极促进武汉市游戏联盟成立；成立中国光谷创意产业基地（见图 1）；启动“光谷小剧场”，繁荣了光谷文化消费市场；举办了九届“中国光谷”国际光电子博览会，连续举办了多届光谷动漫节，承办了有“电子奥运会”之称的 IEF 国际数字娱乐嘉年华等，举办了移动互联网论坛及光谷创业大赛，为企业成果展示、项目发掘提供了资金与经验交流平台。

4. 加大了政策支持力度

2012 年，东湖高新区“黄金十条”政策出台，该政策通过保障科技人员利益、创新项目产业化支持手段，全方位促进本地区优势科技手段向产业项目转化。同时，高新区在打造“资本特区”、“人才特区”的过程中，将文化和科技融合产业领域作为重点方向来支持。一方面积极拓宽企业投融资渠道，引进银行、担保公司、风投机构，举办多场金融服务对接会，成立了文化产权交易所，率先开展版权质押试点工作，探索文化产业资本化和证券化。另一方面，实施“3551”人才计划，加强高端人才的引进与培养，帮助博润通、麦塔威等多家文化企业获得支持。

图 1　光谷创意产业基地规划图

二　东湖高新区文化产业发展区位优势和不足

（一）东湖高新区发展文化产业优势

经过多年的发展，东湖高新区形成了以下发展优势。

1. 品牌优势

“武汉 · 中国光谷”作为国内最大的光电子信息产业集群，“光谷制造”和“光谷创造”已成为我国在光电子信息产业领域参与国际竞争的知名品牌。

2. 产业优势

已形成了以光电子信息为主导，生物、新能源、环保、消费类电子等产业为支柱的高新技术产业集群，光电子信息、生物、消费电子、环保等已成为总收入过百亿元的产业。

3. 创新优势

东湖高新区诞生了中国第一根光纤、第一个光传输系统，主导制定了5项国际标准、80项国家标准、11项行业标准。

2011年东湖高新区专利申请量达到10365件，同比增长44.0%；专利授权量为6662件，同比增长31.2%。2012年武汉市专利申请总量为24105件，占武汉市申请量的43.0%。

4. 环境优势

东湖高新区基础条件良好，构建了一系列自主创新平台，建设了一批公共服务平台，为产业技术研发提供了强有力的支撑。园区创业氛围浓厚，已建有各类孵化器11家，聚集企业近2万家，每年平均新增企业2000余家。

5. 人才优势

东湖新技术开发区内高等院校林立，有武汉大学、华中科技大学、中国地质大学（武汉）等18所高等院校，25万名在校大学生；科研机构众多，有中科院武汉分院、武汉邮电科学研究院等56个国家级科研院所，10个国家重点开放实验室，7个国家工程研究中心，700多个技术开发机构，52名两院院士，25万多名各类专业技术人员；年获科技成果1500余项，是中国智力最密集的地区之一，科教实力居全国第三位。

（二）东湖高新区发展文化产业的不足

1. 政府服务范围应进一步扩大

目前政府建立了为企业服务的“光谷企业之家”，不过高新区提供给企业的服务更多的还是政务服务、事务性服务，企业需要的融资、成果转化等专业性服务还不够，对企业的全方位集成服务也不够。

2. 需要加强综合性示范园建设

目前，创意产业载体建设面积合计约80万平方米，已经形成了创意产业基地、光谷软件园、华师大科技园、楚天传媒产业园等专业园区，产业集聚效应初步显现，但这些园区多为专业化的小规模园区，缺乏文化和科技融合的综合性示范园，无法满足较大规模的文化科技企业入驻。

三　东湖高新区文化产业发展前景

2012年高新区重点抓好三件大事：坚持创新驱动，推动示范区建设和经济快速持续增长；坚持连片开发，推进科技园区与科技新城建设；改善民生，保持社会的和谐稳定。2012年10月，高新区启动了核心区规划编制工作，通过公开招标，确定了北京赛迪顾问公司和台湾拓墣研究所作为《东湖国家自主创新示范区产业发展规划（2011～2020）》的编制单位。随后，在调研重点企业、征集区委领导及部门意见基础上，经多次修改完善，于2013年1月底完成《东湖国家自主创新示范区产业发展规划（2011～2020）》。2月20日区委组织了规划评审会，并进一步完善了《东湖国家自主创新示范区产业发展规划（2011～2020）》，突出了东湖高新区的特色，明确了产业发展目标、重点发展领域和空间布局。

（一）产业发展目标

根据武汉市文化及其相关产业发展目标（2015年实现产值3600亿元，年均增长速度高于25%）、东湖高新区文化创意产业发展基础（2012年总收入为450亿元，同比增长34%），《东湖国家自主创新示范区产业发展规划（2011～2020）》确定的产业发展目标为：2015年实现产值1200亿元，2020年实现产值3600亿元，年均增速达30%。

未来3年，将大力发展动漫游戏产业，提升发展以创意设计、工程设计、工业设计为主的设计服务业，加快发展与文化相关的软件与服务外包产业，创新发展基于移动互联网的网络增值服务产业，重点培育高科技文化装备、数字创意体验、数字出版等一批新兴产业。力争到2015年实现文化创意产业总收入突破1200亿元、增加值突破480亿元，文化创意产业增加值占地区GDP比重的10%以上。

（二）重点产业选择

根据现有产业实力，结合《东湖国家自主创新示范区产业发展规划（2011～

2020)》，该规划将着力分三个层次来推动文化科技产业发展。

一是打造包括创意设计、数字家庭、创意体验在内的核心品牌。创意设计在产业基础、规模、资源能力等方面优势明显，有中冶南方、中国五环等大型企业，聚集了大量创意设计公司。数字家庭在科技创新、资源整合能力方面具有优势。创意体验主要是光电子信息产业的展示体验，优势技术突出，市场前景广阔，辐射效应明显。

二是壮大动漫游戏、网络文化信息服务、数字教育、高端文化装备产业。东湖高新区动漫游戏产业产值占到全市的70%以上，产业基础较好、创作成果丰硕，聚集了江通动画、超级玩家等一大批原创能力较强的企业；地球空间信息、多语信息处理、移动互联网等网络文化信息服务产业在国内具有一定优势；高端文化装备产业具备雄厚的基础，不断受益于文化和科技融合的发展趋势。

三是提升数字教育、数字出版、影视制作产业水平。凭借本地丰富的教育资源，可以发展壮大教育数字化产业市场。数字出版为国家主导产业升级行业，以长江传媒等企业为代表的传统出版行业将为今后升级发展提供有力保障。东湖的影视制作行业正处于行业整合和品质提升阶段，具备影视制作的良好基础，有多个重大招商项目正在考虑入驻。

（三）产业空间布局

根据“武汉东湖国家级文化和科技融合示范基地”规划布局，将设立“东湖文化和科技融合示范基地起步区”，并规划新建“牛山湖山国家文化和科技融合示范园区”等一批科技型文化园区和基地。近期将在花山生态新城新建文化和科技融合核心示范园区，着力打造严西湖、严东湖、花山河等文化组团，大力发展文化信息、网络增值、创意设计、文化艺术等产业门类，加快推进雅图中国光影城、联想数字家庭等项目建设。续建光谷创意产业基地、楚天传媒产业、华师大文化科技产业园等。力争到2015年使东湖高新区文化科技产业载体建设面积达到10平方公里，2020年达到25平方公里；形成“一心、多点”的总体空间布局。“一心”是指花山国家文化和科技融合示范园；“多点”是指光谷创意产业基地、湖北省广播电视传媒基地、长江数字文化产业园、楚天传媒产业园、华中师大文化科技产业园等一批专业园区和基地。

（四）产业服务改革

东湖高新区计划重点推进内部体制机制改革，推进政府的扁平化管理，完善“光谷企业之家”。主要是整合各个部门服务企业的资源，把封闭式的部门管理转变成资源共享的扁平管理，打破部门之间无形的壁垒，为企业提供政策咨询、技术创新、成果转化、人才创业、投融资、企业咨询、项目申报、知识产权等全方位的专业服务。同时，东湖高新区将建立问责机制，以企业合理要求是否及时解决、企业是否满意作为衡量服务企业是否合格的标准。

B.3
汉阳区
——着力打造“知音汉阳”，提升文化品牌影响力

詹一虹 周雨城*

摘 要：

随着社会经济的发展，文化产业作为朝阳产业蓬勃发展，受到国家和地方政府的高度重视。汉阳区历史人文资源丰富，知音文化源远流长，近年来创建了“汉阳造”文化创意产业园区、琴台文化艺术中心等产业集聚区，文化产业呈现良好发展态势。本文通过对武汉市汉阳区文化产业业态发展情况的分析，阐述了汉阳区文化产业的主要特点，概括了汉阳区文化产业发展的主要瓶颈并提出应对策略，为促进汉阳区文化产业的健康发展，增强汉阳文化影响力提供了参考。

关键词：

汉阳区 文化产业 特点 瓶颈 崛起之路

一 汉阳区文化产业业态发展简况

武汉自2001年全面启动文化改革以来，先后出台一系列政策措施，将文化创意产业作为战略支柱性产业来培育。据统计，2009年武汉市文化产业实现增加值259.92亿元，比2008年增长21.8%，占同期GDP总值的5.7%；①2010年武汉市文化产业实现增加值303.36亿元，占同期GDP比重的5.5%；

---

* 詹一虹，华中师范大学国家文化产业研究中心常务副主任，教授，博士生导师，研究方向：文化产业管理、科技管理与科教评价；周雨城，华中师范大学国家文化产业研究中心硕士研究生，研究方向：文化资源与文化产业。

① 刘纪兴：《提升湖北文化产业竞争力的策略》，《湖北日报》2010年11月4日。

2011 年武汉市文化产业增加值为 378.18 亿元，占同期 GDP 比重的 5.6%。文化产业推进经济增长的贡献度不断增强，成为经济社会发展的一大亮点。

2010 年汉阳区发布的第二次经济普查主要数据公报显示，2008 年末第三产业企业法人单位营业收入 37.06 亿元，营业利润 13.96 亿元（见表 1）。租赁和商务服务业等所占比重为 61.76%。文化、体育和娱乐业企业达 54 家，营业收入为 8.29 亿元。① 2011 年汉阳区文化及相关产业增加值为 3.52 亿元。② 汉阳区文化产业呈现良好发展态势，初步形成以创意设计、工业设计为主导，以大型文化企业为支撑，以文化创意产业园区为平台，以文化产品产销一体化为支持体系的文化产业发展格局。

表 1　汉阳区 2008 年末其他第三产业企业法人单位营业收入和营业利润

名　称	营业收入(千元)	占比(%)	营业利润(%)	占比(%)
信息传输、计算机服务和软件业	128047	3.45	29937	2.14
金融业	23310	0.63	8893	0.64
租赁和商务服务业	2288946	61.76	1175633	84.21
科学研究、技术服务和地质勘察业	659722	17.80	77315	5.54
水利、环境和公共设施管理业	129695	3.50	14141	1.01
居民服务和其他服务业	227024	6.13	51043	3.66
教　育	32961	0.89	12957	0.93
卫生、社会保障和社会福利业	133819	3.61	20569	1.47
文化、体育和娱乐业	82936	2.24	5664	0.41
公共管理和社会组织	—	—	—	—
合　计	3706460	100	1396152	100

资料来源：汉阳区人民政府第二次经济普查领导小组办公室，2010 年 4 月 30 日。

（一）文化旅游业

1. 汉阳区文化资源丰富

汉阳区历史人文资源丰富，有着先天的文化优势。家喻户晓的大禹文化、

① 武汉市汉阳区统计局数据。

② 中共武汉市委宣传部：《2012 年武汉文化发展蓝皮书》，武汉出版社，2013，第 42 页。

知音文化、桃花夫人爱情文化、三国文化、宗教文化、“汉阳造”文化等都在此孕育、发祥并播撒，“高山流水遇知音”的故事更是世代传颂，名满天下。还有享誉海内外的归元禅寺、楚天名楼晴川阁、古琴台等古迹，供四方游客在此探寻历史，品味传说。

伯牙子期的故事早已成为天下美谈，知音文化也已成为一张无形的城市名片。汉阳是古琴台的所在地，是“知音”典故的发生地，也是“知音”文化的发祥地（见图1）。以知音故事发生地为旅游主线的人文历史旅游资源，是汉阳旅游文化的精华所在，弘扬“知音文化”是汉阳旅游发展的主旋律。

图1　汉阳区古琴台

汉阳是中国近代工业重镇，名声显赫的“汉阳造”至今还闪烁着昔日的辉煌。20世纪初，武汉市龟山到赫山一带分布着汉阳铁厂、湖北枪炮厂、钢药厂等大型工厂。这些大企业奠定了武汉的工业都市地位。[①] 虽然已经成为历史，但“汉阳造”所凝结的“敢为人先，追求卓越”的武汉精神却历久弥新，

① 《新“汉阳造”造就创意新汉阳》，《武汉晚报》2011年10月29日。

成为新时期汉阳区的重要文化资源，为文化创意产业的崛起提供了厚实的文化土壤。

2. 文化旅游业初具规模

目前，区内现有旅游景区（点）9个，其中国家4A景区1家（归元禅寺）、国家3A景区2家（武汉中华奇石馆、晴川阁），还有华中地区最大的动物园（武汉动物园）、全国著名的知音文化发祥地古琴台、具有“城市客厅”之称的月湖风景区、“城市绿心”龟山风景区、“汉阳造”张之洞博物馆、大禹神话园（汉阳江滩）；国际博览中心等相关旅游行业单位4家，国内旅行社总部9家，晴川假日酒店等星级宾馆4家。①

3. 文化旅游业发展迅速

随着现代经济的发展，武汉休闲旅游业发展势头迅猛。动车与高铁的开通，进一步促进了武汉文化旅游服务业的发展。2010年，旅游业实现总收入753亿元，相比2009年增长了47.4%；接待游客8945万人次，增长了39.2%。② 2012年武汉市接待海内外游客1.42亿人次，实现旅游总收入1396亿元，分别增长20.99%和32.44%。③

2010年汉阳国民经济生产总值达到415亿元，同比增长15.5%，近五年年均增长17.6%。2011年汉阳区接待游客1021.5万人次，同比增长26%；实现旅游直接综合收入4.29亿元，同比增长23%。④《汉阳区旅游发展总体规划（2004~2020）》提出了“知音汉阳、人文水都”的旅游主题，将“一心（南岸嘴城市景观核心区）、二轴（锦绣长江、锦绣汉江旅游发展轴线）、五区（琴台文化体验旅游区、归元民俗商贸旅游区、墨水湖生态游乐旅游区、龙阳休闲度假旅游区、嘉年华康体娱乐旅游区）、一带（318国道汽车景观走廊旅游带）”作为汉阳区旅游规划总体布局框架，初步确定了“锦绣江滨”、“地标名山”等28个发展项目。

---

① 汉阳区政府网，http://www.hanyang.gov.cn/。

② 《汉阳区旅游业现状、问题及对策综述》，汉阳区政府网，2012年9月4日，http://www.hanyang.gov.cn/index.php?m=content&c=index&a=show&catid=31&id=2922。

③ 张京成：《中国创意产业发展报告（2013）》，中国经济出版社，2013，第304页。

④ 武汉市汉阳区统计局数据。

（二）出版业

知音文化作为汉阳区的“世界品牌”，孕育出知音传媒集团。湖北知音传媒集团总资产8.6亿元，净资产6.5亿元，年利润超过1亿元。核心产业《知音》杂志月发行量达500余万份，另有两份百万大刊——《知音漫客》（月发行量520万份）、《新周报》（月发行量200万份）。2011年实现营业收入5.6亿元，同比增长37%，净利润1亿元，集团刊报月发行总量1000余万份，其中品牌杂志《知音》月发行量500余万份，形成融广告经营、书刊发行、照排印刷、物业发展和网络开发于一体的格局。①

在文化产业三个层次中，核心层增加值一直占据总增加值的半壁江山，其中以出版发行服务、广播电视服务为主，文化出版集团就是此类行业的领头羊。2012年，武汉市文化产业完成增加值216亿元，文化产业增加值占GDP比重的2.8%，所占百分比逐年上升，增幅快于第三产业增幅。② 2011年武汉市全年出版全国性和省级报纸20.04亿份，各类期刊3.01亿册，图书2.61亿册，其在区域文化产业中的推动作用可见一斑。

（三）工程设计产业

2009年1月，武汉市市长阮成发在政府工作报告中首次提出武汉市要“打造工程设计之都”。2011年，武汉市新任市长唐良智在政府工作报告中部署“十二五”目标任务时要求“大力发展生产性服务业，基本建成全国重要的物流中心、区域金融中心、会展中心和工程设计中心”。为了落实这一重大战略，2011年1月23日，中国武汉工程设计产业联盟成立。汉阳区作为工业重镇，工程设计产业实力雄厚，辐射广阔。目前，武汉地区共有设计单位364家，其中甲级资质企业144家，中冶南方、中铁第四勘探设计院、铁道部大桥工程局勘测设计院、凯迪电力等企业和机构在国内外享有盛誉，全行业从业人员超过6万人，2012年全行业综合收入达到730亿元，位居全国大中城市前列。

① 《湖北知音传媒集团成立　由事业单位转制为企业》，《今传媒》2011年第2期。

② 湖北省统计局数据。

汉阳区拥有较多从事高速公路、特大桥隧、轨道交通等交通基础设施工程设计的知名企业，如湖北省交通规划设计院、中铁大桥局、湖北省航道局航道处勘探设计所、励通道桥设计等企业，并且有数十家从事文化创意的中小型设计公司，为汉阳区技术创新、产业集聚奠定了良好的基础。2012 年享有国际声誉的第十三届“中国国际机电产品博览会”在汉阳区国际博览中心举行，带动了汉阳区机电高科技和机电设计行业的发展。

（四）文化创意园区

1. 创意园区以文化为核心

文化产业园区以产业集聚的方式推动文化产业发展。园区经济是适应当前市场经济的创新性、人文性、生态化、现代化和国际化而兴起的新兴市场竞争主体，是区域经济主体的现代化、特色化和社会化。建立园区的定位有很多考量因素，可以是文化遗产的集聚区，或文化活动的集聚区，或创意产业的集聚区。园区的活力在于它所蕴含的文化生产力，而文化生产力的发展要求不断改革生产方式，创造新的业态。

截至 2011 年底，武汉市已建与在建文化创意产业园区达 45 家，汉阳区正在打造数家文化创意产业园区，特别是“汉阳造”文化创意产业园正成为催生新型创意集群与文化综合消费的载体。[①] 2008 年 8 月，汉阳区出台《关于促进汉阳造文化创意产业聚集区发展的若干意见》，提出为扶持文化产业，将文化创意聚集区领导小组办公室设在晴川街，为入驻企业提供“贴身”服务。[②] 2009 年 10 月 17 日，汉阳区委、区政府引进上海致盛集团，按照“政府主导、企业参与、市场运作”的三元模式，在百年工业遗址汉阳区龟北路一号原 824 厂，创建了“汉阳造”文化创意产业园（见图 2）。

2. “汉阳造”文化创意产业园区概况

“汉阳造”文化创意产业园重点打造文化艺术区、商业休闲区、创意设计区三大功能区域，以良好的硬件设施，高质量、高专业水准的服务，集聚国内

① 武汉文化创意产业协会：《武汉文化创意产业调查报告》，荆楚网，2011 年 11 月 11 日，http://news.cnhubei.com/xwhbyw/xwwc/201111/t1882372.shtml。

② 甘琼、潘明亮、魏专：《汉阳崛起第二代创意产业园》，《长江日报》2009 年 10 月 9 日。

图 2　汉阳造文化创意产业园区一景

外优秀创意企业落户，提供现代、高端创意产品及服务，打造一个凝聚艺术精英、集结智慧灵感、引领时尚潮流的文化创意产业聚集地。[①] 至 2012 年，园区经过一年多招商运营，新引进 25 家企业，总共入驻设计开发、原创艺术、教育培训、影视制作、商务休闲、展览展示六大类 70 余家企业，全年可实现营业收入约 5 亿元，上缴利税 4000 余万元。

目前，“汉阳造”文化创意产业园二期的策划方案和设计图纸已经制定，计划在一期的基础上进一步实现业态的拓展和融合，由广告设计引领，融合科技创新、文化展示等，既保留汉阳老工业基地的原味，又注入新鲜的文化创意特色的元素，使其重新焕发青春和活力。新的规划和举措将为创建国家级文化创意示范园区拓展更大的发展空间，打下坚实的创意产业基础。

---

① 曾添：《创意产业园区改造过程中的政府职能定位研究——以“武汉 824 汉阳造”改造为例》，《理论月刊》2013 年第 6 期。

二　汉阳区文化产业发展的主要特点

近年来，随着经济的发展和人们对文化产品需求的增长，汉阳区政府越来越重视文化产业的发展，制定发展规划，引进国内外文化投资，重点打造“汉阳造”文化创意产业园区、月湖文化中心等，力图把“知音汉阳，人文水都”的汉阳名片推向全国。其发展体现了以下几个特点。

第一，汉阳区以“汉阳造”文化创意产业园区为依托，已经进入“创意设计时代”。“汉阳造”引入文化创意元素，不仅增加了文化产品的附加值，而且带动了文化消费层次与消费方式的改革。汉阳区政府着力把“汉阳造”文化创意产业集聚区建设成为美化城市面貌的新景观，体现城市文化底蕴的新载体，传统工业和现代时尚相融合的新名片，知名文化和商贸旅游互动的新亮点。

第二，重点项目建设不断加强，为汉阳区文化创意产业步入快车道奠定了基础。位于汉阳区鹦鹉大道的武汉国际博览中心展馆工程已基本完工，该中心项目投入运营后，会展供给能力紧跟北京、上海、广州，单体面积居全国第三。① 武汉国际博览中心是目前华中地区规模最大、功能最全、规格最高的综合会展中心，以会展经济和旅游经济为龙头，建成以展览、展示为主导功能，集会展、科技、文化、商务、休闲、旅游、居住于一体的多功能复合型的国际博览城。武汉国际博览中心对汉阳区的文化旅游、餐饮休闲业等行业产生了巨大的经济效益和社会效益，极大地推动了汉阳区文化产业的发展。

第三，汉阳区文化产业整体格局正在逐步形成，进入稳步增长期。汉阳区的创意设计以大型文化企业为龙头，以报刊出版集团为主力，而在软件开发与服务、广告设计及培训服务等领域，则主要是以民营资本为主导。汉阳区的文化创意产业相关企业主要涉及传媒、出版发行、印刷、广告、休闲、娱乐等领域，覆盖面比较广，逐步形成了各具特色、共同发展的格局。

第四，文化产业发展环境得到进一步优化。汉阳区人民政府抓住武汉市建

---

① 武汉文化创意产业协会：《武汉文化创意产业调查报告》，荆楚网，2011 年 11 月 11 日，http：//news. cnhubei. com/xwhbyw/xwwc/201111/t1882372. shtml。

设国家自主创新示范区机遇，结合辖区金融行业发展的实际情况，将一系列金融激活、股本激励、人才奖励、市场培植与产业孵化政策引入文化创意产业，争取金融界（中国工商银行、中国农业银行、中国交通银行）对汉阳区文化产业确立比较高的授信额度，为汉阳区文化产业发展搭建投融资平台、产业推广平台和人才保障平台。另外，汉阳区武汉国际博览中心将于2013年9月14日举办首届中国（武汉）期刊交易博览会，为辖区文化创意产业与外界的零距离交流搭建了一个高端平台，营造了文化创意产业健康发展的良好氛围。中国（武汉）期刊交易博览会（China Wuhan Periodical Fair，CPF）由国家新闻出版广电总局、湖北省人民政府和中国邮政集团公司共同主办，是全国唯一的国家级期刊会展。①

三 汉阳区文化产业发展的瓶颈

目前汉阳区经济处于产业结构调整时期，经济总量偏小，经济实力不是很强，还存在一些影响发展的体制性、机制性问题，这些问题在文化产业发展过程中表现突出。与武汉其他区相比，汉阳区文化创意产业还处在起步阶段。文化产业产值效益不明显，表现为“比较优势的资源，一般性的开发，较低层次的服务”。

（一）产业结构不协调，资源整合难度较大

首先，汉阳区文化产业的产业结构不甚合理，整体水平还不高。以文化旅游为例，景区存在“老（设施老）、小（规模小）、少（精品少）、低（效益低）”的问题；宾馆饭店星级较低，且分布不合理；旅行社规模较小，国际旅行社为零，地接旅行团队能力较弱；“食、购、娱”等配套要素发展滞后，尤其是缺乏具有拉动效应、关联度极强的重大旅游项目支持，这些问题都严重制约了旅游经济的健康快速发展。②

---

① 韩晓玲、别鸣：《首届期刊博览会9月在汉举行将永久落户武汉》，《湖北日报》2013年4月9日。

② 《汉阳区旅游业现状、问题及对策综述》，汉阳区政府网，2012年9月4日，http：//www. hanyang. gov. cn/index. php？m = content&c = index&a = show&catid = 31&id = 2922。

其次，各部门责权利难以达到统一，因而具体行政行为缺乏科学高效的管理手段。这种多元的隶属关系和不同的行业利益，导致统筹发展的认识中还存在一定的差距，区域整体发展的自主性较弱，实际文化资源整合的构想难以形成统一的意志和行为，因此需要进一步加强体制机制改革。

（二）创新能力不够强，产业链条不完整

现代经济时代，创新能力的强弱已成为文化企业能否得以生存并发展的重要指标之一。很多标杆性的文化企业，例如IPOD、IBM、BENQ等，它们的战略竞争力就是领先于其他企业的创新意识和产品设计。目前，汉阳区文化企业创新意识和创新能力不强，在技术创新、管理创新、理念创新等方面亟待改进。

重前期创意创作，轻后期产品开发与营销，文化创意产业链的后半段薄弱，这也是汉阳区文化企业存在的问题。以琴台艺术文化中心为例，其文化艺术产品从数量到质量都得到了业界的高度认可，但文化品牌的附加值不高，缺乏有效的延伸开发。比如“高山流水觅知音”的知音文化品牌，目前其孵化产业产品与无形资产的转化率非常低，尚未形成有影响力的“知音”品牌系列产品。在影视生产、图书出版方面，同样存在类似的问题。

（三）资金人才匮乏，发展环境欠佳

武汉不少文化创意企业普遍面临资金投入不足的窘境，汉阳区表现得较为突出。如武汉动漫行业里所属各类企业在后期的软件研发、衍生产品开发等环节所需资金近300亿元，而现有动漫企业注册资金还不足2亿元。湖北省对文化体育及传媒行业的投入资金有限，增长缓慢（见图3）。可见，汉阳区得到文化相关行业的投入资金同样是相当不足的。

文化产业的发展离不开人才资源，特别是有创意思维的人才。人力资源，一般是指一个区域的总人口在经济上可供利用的最高人口数量。人力资源的特点是具有一定的时效性和智能性。[①] 目前汉阳文化产业存在的另一个现象，就是缺乏高端人才，尤其缺乏文化创意产业方面的顶尖人才。

---

① 花建：《区域文化产业发展》，湖南文艺出版社，2007，第161~164页。

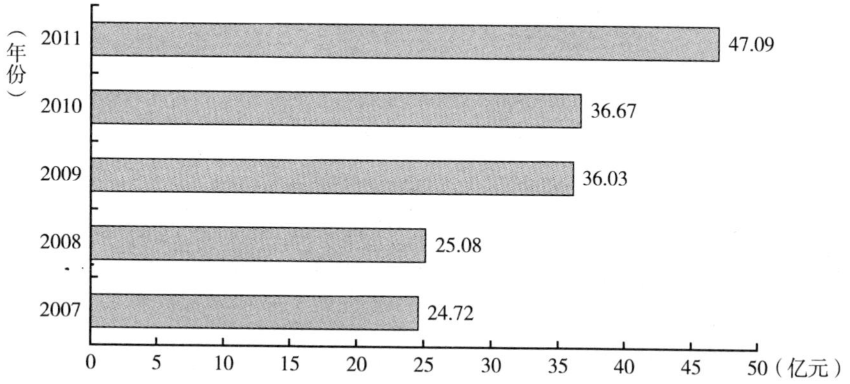

图3　2007～2011年湖北省地方公共财政文化体育和传媒支出经费情况

资料来源：湖北省统计局，2012年11月。

(四)知名文化企业较少，缺乏知名文化品牌

中国经济学家厉无畏教授指出：产业的"比较优势"和"竞争优势"是两个既相互区别又有联系的概念。文化产业的"比较优势"强调区域资源禀赋和有利条件，"竞争优势"则侧重文化企业的创新能力和综合实力。①汉阳区文化资源丰富，有先天的"比较优势"，但因创新能力不足等因素导致优势文化资源难以转化为品牌文化产品，从而缺乏"竞争优势"。

知名企业和文化品牌是企业、政府抢占国内外市场竞争制高点的主要武器，具有较强的市场拓展能力。目前拉动汉阳区经济增长的主要力量，是武烟集团、天龙黄鹤楼、博磊商品砼、福达食用油等。而初显品牌效应的知音、归元、大禹文化等却难以给全区文化产业发展提供有力支撑。创造、培育、发展、保护汉阳区的著名企业和文化名牌，任务还十分艰巨。

四　汉阳区文化产业的崛起之路

文化产业作为一项带动性强、关联度广、覆盖面大的产业，其发展的好坏与城市整体的发展息息相关，是一个城市竞争力的综合体现。汉阳区要实现文

① 厉无畏：《增强上海产业的竞争力》，《探索与争鸣》2001年第4期。

化产业大发展，必须梳理区内资源，树立新理念，将文化创意与优势资源相结合，尽快形成文化经济的生产力与竞争力。

（一）打造文化之城，力推文化旅游

知音文化、归元文化、大禹文化、近代工业文化魅力必须持续彰显并焕发活力，但文化资源不会自动转化为生产力，必须集中智力、财力打造“汉阳知音城”的知音文化品牌。

第一，多层面立体化强势推出“知音汉阳，人文水都”的旅游中心区主题形象，广路段多渠道树立醒目的“知音汉阳”标牌。第二，突出汉阳旅游两条文化旅游线路，大力宣传“汉阳知音之旅”的魅力。一方面，整合旅游线路，继续以月湖、琴台、龟山、晴川阁、莲花湖、汉阳江滩为一线推行“汉阳知音之旅”一日休闲游线路；另一方面，以武汉动物园、归元禅寺、中华奇石馆为一线探索“汉阳知音之旅”一日体验游线路。[①] 以两条旅游线路为依托，带动辖区内餐饮业、酒店、娱乐业等行业的发展，增强汉阳旅游接待能力，促进旅游业大发展大繁荣。

（二）整合汉阳文化资源，扩大文化产业影响力

以汉阳辖区文化创意优势企业为龙头，以文化资源为基础，以资本为纽带，加强创意产业行业之间的合作与联动，不断拓展文化创意产业链，充分发挥文化创意产业聚集的溢出效应，把优势企业、品牌企业做大做强。通过整合和重组大型文化企业，立足武汉，辐射周边城市群落，进军全国乃至世界。

在做大做强文化创意产业的同时，积极利用各种传播渠道，将汉阳区文化创意产业品牌的影响力辐射到更大的区域。传媒集团、旅游网站要注重贴近湖北民众，注重为他们提供具有亲和力的汉阳区旅游、文化演出等信息，在武汉“8+1城市圈”逐步扩大影响力。武汉城市圈，是指以武汉为中心，以100公里为半径的城市群落，它包括了武汉及湖北省内的黄石、鄂州、孝感、黄冈、咸宁、仙桃、

---

① 《汉阳区旅游业现状、问题及对策综述》，汉阳区政府网，2012年9月4日，http://www.hanyang.gov.cn/index.php?m=content&c=index&a=show&catid=31&id=2922。

潜江、天门等8个周边城市，这里是湖北人口、产业、城市最为密集的地区。

另外，汉阳文化企业在立足区域的同时，也要力图打造全国乃至国际有影响力的文化品牌。通过举办大型活动，如2013年中国期刊交易博览会，展示汉阳历史文化和开放形象。

（三）培养文化创意人才，优化人才激励机制

2009年7月22日，国务院常务会议审议通过我国第一部文化产业专项规划《文化产业振兴规划》，标志着文化产业已经上升为国家的战略性产业。《文化产业振兴规划》明确指出，随着文化产业发展速度的不断加快，文化产业的影响力越来越强，而文化产业发展中所面临的突出问题则是人才的匮乏。[①] 因此，文化创意人才的培养是文化产业发展的重要部分。

汉阳区要根据区内发展的需要，进一步制定优化人才激励的政策措施，与武汉大学等众多高校联合，大力培养和加快引进高端文化创意人才和领军人物。人才储备主要包括拔尖新闻人才、经营管理人才、懂业务与管理的复合型人才等，不断探索有利于发挥各种人才积极性、创造性、主动性的政策和措施，建立以公开、竞争、择优为导向及有利于优秀人才充分施展才能的选拔任用机制。

（四）完善扶持政策，建立优势品牌

首先，建立和完善文化创意产业发展基金，创造低成本、多元化、高效率的投融资环境，提供良性资金支持，以解决当前企业面临的资金困难问题。2012年国家明确了文化创意产业统计范围及口径，各地的数据所占经济份额从“各自为战”到逐步规范统一，统计数据更具真实性和参考性，对未来文化产业发展风向更具判断价值。

其次，通过一定的政策倾斜和资源集中，重点打造几个优势品牌。在资源和资金有限的现实情况下，由政府主导发挥“集中力量办大事”的优势，着力培育和扶持几个基础较好和前景不错的文化企业，做大做强，从而形成强大的集聚效应和带动效应，提升整个辖区文化创意产业的对外知名度，促进文化产业的整体发展。

① 黄芳、纪富贵：《文化创意产业人才培养模式初探》，《创新与创业教育》2010年第4期。

（五）通过多渠道宣传，推广知名文化品牌

在“注意力经济”时代，文化产业是一个内容为王、渠道制胜的产业。要想建立强势的文化品牌就必须下足功夫，把握好宣传渠道，引起社会的广泛关注，并使自己的品牌深入人心。

第一，打造大型文化活动，如“国际知音文化艺术节”，为知音文化深入群众、回归群众搭建平台。一般来说，国内外大型文化活动往往会吸引很多人气，倘若在这样的场合推广汉阳特色文化，能够引起国内外观众、大众媒体巨大的兴趣，使知音文化品牌深入群众。第二，通过展览馆的形式进行汉阳文化静态动态的双重展示，固定的展示场所能够让人们持续深入地了解汉阳文化，使知音等文化品牌形象得到强化。第三，通过网络、广播、电视等多媒体渠道进行深入持久、形式多样的宣传，除了专题报道、专题片、形象片等常见形式，还可以通过影视剧、微电影、电视文化节目等娱乐形式，使汉阳文化触及更多的受众群体，并在国内外扩大提升品牌知名度。

（六）建立健全法律保护体系，优化文化产业的市场环境

首先，政府应当健全政策、法律保护体系。应当制定相应的文化政策，使文化产业有较好的政策环境，而这些政策主要应该注意文化产业发展过程中的开放性，并给予财政支持。另外，根据我国现有的《知识产权保护法》《经济法》，针对文化产业发展的特点制定颁布有关法律，从法律上保障文化部门、文化企业及创意人才共同合作的高效性，保障相关扶持资金的正常投入与落实。

其次，进一步强化文化企业的市场主体地位。在制定文化产业发展规划和政策时，要充分考虑文化企业需求，在科技投入、研究计划和人员配置上向文化企业倾斜。同时，不断完善金融服务。目前不少文化创意企业面临融资困难，而且融资成本高，为此汉阳区可考虑引进国内外著名风险投资，推广无形资产抵押，推荐企业进入三板和二板市场。①

---

① 肖诗军：《2012 年武汉市高新技术产业发展迈上新台阶》，武汉统计信息网，2013 年 2 月 6 日，http：//www. whtj. gov. cn/details. aspx？ id = 1777。

B.4

江岸区

——深挖文化资源，助力老区焕发新活力

庄　黎*

摘　要：

江岸区是武汉市的政治、经济、文化和金融老城区，各种文化资源丰厚，经济产业特征明显，因此其文化创意产业发展也具有较强特色。特别是在回首“十一五”、迈入“十二五”的发展新时期之际，江岸区更应在拓宽视野紧抓机遇的同时，依托区位优势产业，深挖特色文化资源，优化产业结构，调整产业布局，使文化创意产业在突出“两大地带、四大板块”的前提下，彰显特色，多样发展。

关键词：

江岸区　文化资源　文化创意产业　发展

江岸区位于武汉市长江西北岸、汉口的东北部，是武汉市的政治、经济、文化、信息中心。江岸区辖17个街道：上海街道、大智街道、一元街道、车站街道、四唯街道、永清街道、西马街道、球场街道、劳动街道、二七街道、新村街道、丹水池街道、台北街道、花桥街道、谌家矶街道、塔子湖街道、后湖街道，常住人口74.23万人，是一个环境优美、人文景观丰富的滨江城区。

进入“十二五”的全新历史时期，江岸区紧密依托区位特色文化资源和优势产业，找准方向，深挖潜力，做足特色，多样发展，从而使本区文化创意产业发展呈现新面貌，焕发新活力。

---

* 庄黎，华中师范大学美术学院视觉传达教研室主任，讲师，研究方向：设计创意实践及理论研究。

一 区位文化与经济概况

（一）文化特色

1. 历史文化资源丰厚

江岸区有着得天独厚的历史文化资源，被誉为大武汉“一座鲜活的历史建筑博物馆”。现有103处重要历史保护建筑，市级以上文物保护单位30余处，全国重点保护历史建筑3处。著名的“八七会址”、“宋庆龄故居”、“汉口近代建筑群”等国家重点文物保护单位和“圣若瑟天主教堂”、“东正教堂”等宗教建筑分布其中。[①] 江岸区不仅文化资源数量庞大，而且多样化特征明显，拥有租界文化、红色文化、宗教文化、市井民俗文化、滨水文化等各种文化形态。

（1）租界文化

江岸区是武汉市历史上唯一存在过外国租界的城区。英、法、俄、德、日等国曾在江岸区设立租界，各国在这里建有众多的工厂、洋行、学校和码头。代表中国官僚资本利益的银行及钱庄也设在租界内外，因此江岸区拥有众多富有异国情调的优秀历史建筑。江岸成为当时武汉地区的政治、经济、文化、金融、信息中心和交通枢纽，同时也是华中地区物资集散地和全国外贸转口中心之一（见图1）。

（2）红色文化

江岸区是具有光荣革命传统的城区。这里爆发过辛亥革命惨烈的阳夏之战以及震惊中外的江岸铁路工人“二七”大罢工；第二次国内革命战争时期中共中央机关许多重要部门迁到这里。中共领导武汉各界群众经过英勇斗争，收回英租界，取得反帝斗争的伟大胜利，使武汉江岸成为全国革命的中心。在中国革命的危急关头，中共中央在江岸区召开了中共党史上著名的“八七会议”，等等。

（3）市井民俗文化

江岸区是武汉城市近代化的起点，也是老武汉民风民俗的汇集地和发展的缩影。这里既有老通城等历史悠久的老字号金字招牌，也有吉庆街等近现

---

① 彭仲：《创意江岸：新老嫁接重塑城“心”》，《长江日报》2008年12月2日。

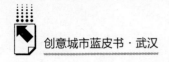

图 1　富有异国情调的历史建筑

代大排档的汉味小吃；既有江汉关码头的汽笛喧嚣，也有南京路弄堂的家长里短。这些市井民俗无一不透射着浓浓的汉味风情，留在一代代武汉人的记忆之中。

（4）滨江文化

江岸区是一个环境优美、人文景观丰富的滨江城区，其沿江岸线长达16.2 公里，江滩宽阔，岸线平直，水文化优势得天独厚。亚洲最大的滨江绿化广场“汉口江滩公园”，已成为武汉市新世纪形象的标志性景观（见图 2）。

（5）宗教文化

江岸区的宗教文化，以古德寺为代表。古德寺创建于清光绪三年（1877 年），与归元寺、宝通寺、莲溪寺并称为武汉地区四大佛教丛林。2012 年，古德寺被列为武汉市江岸十大景观之一；2013 年，古德寺被列入国家级文物保护单位，是一座极具特色的禅宗建筑（见图 3）。

作为中国现代移民地区和开放城市，武汉市江岸城区融汇了国内多种地域文化，也沉淀了来自东西方的不同文化。独具魅力的人文资源优势成为江岸区发展文化创意产业的最强支柱。

图 2　汉口江滩俯瞰

图 3　古德寺

2. 艺术文化资源多样

江岸区是武汉市的政治、经济、文化和金融老区。一大批市级专业文艺团体汇集于此，如：武汉市说唱团、武汉市楚剧团、武汉市越剧团、武汉歌舞剧院、武汉乐团、武汉话剧院、武汉京剧团、武汉杂技团等。还有市文联及作、音、舞、美、摄、书、戏、曲、杂9个协会。同时，江岸区还拥有总投资1.5亿元人民币、面积32975平方米、各类馆藏文献194万册的武汉市图书馆，以及武汉市历史最悠久的武汉市少儿图书馆等。

（二）产业特征

江岸区一直是武汉市重要的政务中心，行政机构和决策资源云集，高端型、服务型、知识创新型、休闲时尚型和总部经济型的经济中心功能进一步凸显。深入了解江岸区的产业特征与经济现状，是拓宽文化创意产业视野、优化产业结构、整合产业布局的前提和依据。

2012年，江岸区全区实现地区生产总值（GDP）612.38亿元，按可比价增长12.6%（下同），超额完成年初目标值。其中，第一产业完成增加值0.29亿元，同比增长-34.1%；第二产业完成132.61亿元，同比增长11.2%；第三产业完成479.48亿元，同比增长13%。GDP和三次产业增幅在七个中心城区中排名第一。[①] 其中，信息传输、软件和信息技术服务业营业收入和利润加快增长。2012年，全区34家信息传输、软件和信息技术企业实现营业收入同比增长16.9%，营业利润同比增长80.9%。文化、体育与娱乐业营业利润同比增长减缓，营业利润增长为2.9%。全区现代服务业实现增加值272.30亿元，按可比价增长16.7%，高于GDP增速4.1个百分点，占第三产业增加值比重的56.8%。[②]

从以上数据可以看出，江汉区的产业特征是：第三产业已经成为江岸区经济发展的中坚力量，决定着江岸经济未来发展的方向和潜力。其中批发零售、住宿餐饮和交通运输仓储等传统服务业增加值所占比重位居前列，其他与创意

---

① 江岸区统计局：《统计分析1：2012年江岸区经济运行分析》，江岸区统计局网站，2013年2月7日，http：//tjj. jiangan. gov. cn。

② 江岸区统计局：《统计分析6：2012年江岸区服务业运行分析》，江岸区统计局网站，2013年2月22日，http：//tjj. jiangan. gov. cn。

有关产业的增加值达到30.9亿元，占第三产业的比重为22.3%。① 这个数据一方面说明创意产业与传统服务业相比还处于发展的初级阶段，规模较小；另一方面也说明包括金融业在内，以创意为主导的现代服务业尤其是创意产业、滨江商务区等在服务业结构上具有较大的拓展空间，是未来支撑江岸区成为服务业强区的主导产业。

2012年，江岸区居民家庭人均总收入为30378.13元，比上年同期增加3367.17元，同比增长12.5%；其中人均可支配收入27533元，比上年同期增加3512.55元，同比增长14.6%。全年江岸区城市居民人均消费支出达到21651.22元，比上年同期增长4.5%。居民家庭八大类消费六升二降。其中，教育文化娱乐服务消费支出上涨3.3%，其他商品和服务消费支出上升7.6%，衣着类消费支出上升11.8%。② 消费总量的增加和高端、时尚消费的聚集为文化创意产业发展提供了巨大的市场需求。

二　区位文化创意产业发展现状

（一）总体概述

江岸区具有进一步发展文化创意产业的产业基础和存量条件。2007年全区纳税10万元以上的创意产业企业有176户，实现增加值约15.7亿元，占GDP的8.2%，占第三产业的11.3%，上缴税金2.77亿元，占全区税收总额的10.6%。全区创意企业税收过千万元的达到6家，其中长江勘测设计院、武汉建筑设计院、金凰珠宝、长报集团、出版集团和广电集团成为区内创意产业的龙头企业，具有较高的品牌知名度。③ 2009年，武汉市江岸区就已经成为全国首批“国家可持续发展实验区”之一，并被确定为武汉市唯一的创意产

① 江岸区发改委：《江岸区创意产业2007～2011年发展规划》，江岸区发改委网站，http：//fgw.jiangan.gov.cn。

② 江岸区统计局：《统计分析3：2012年江岸区城市居民收支分析》，江岸区统计局网站，2013年2月7日，http：//tjj.jiangan.gov.cn。

③ 江岸区发改委：《江岸区创意产业2007～2011年发展规划》，江岸区发改委网站，http：//fgw.jiangan.gov.cn。

业发展重点区。2012 年位于江岸区的黄埔文化科技园成为武汉市首批 10 家文化和科技融合试点园区之一，科技园内的武汉金运激光股份有限公司获批为武汉市首批 21 家文化和科技融合试点企业之一。

分行业来看，创意产业中，工程研发及规划设计、商务流程外包、珍品艺术和出版传媒等行业增加值与纳税额居于行业前列，成为支撑全区创意产业发展的主导行业，具备进一步发展壮大的潜力。在其他行业中也涌现出了诸如外滩里、非常台北、滨江园艺、春秋国旅、滚石娱乐、环亚健身等一批在各自行业中具有发展潜力和规模优势的优秀企业。江岸经济开发区和堤角都市工业园已成规模，武汉创意产业园、上海时尚创意园和长江报业园也初步成形，外滩里设计艺术中心已正式授牌为江岸区首家创意产业集聚区，吸引着各类创意企业向园区聚集。滨江中央商务区和旅游带、珞珈山街艺术设计创意带、青岛路文化创意产业园、古德禅寺文化旅游区、塔子湖体育健身休闲产业区等重点创意产业项目也处于筹建与建设阶段。此外，还有武汉建筑设计大楼、武汉数码港改扩建、武汉天地二期工程和时代广场等一批重大投资项目正在或将陆续实施。可以看到，规模效应和集聚态势正在形成，为江岸区打造“创意产业大区”提供了必要的基础条件，同时也为江岸区拓宽产业视野、确立重点发展方向提供了支撑。

（二）行业发展

江岸区是政治金融老区，更是武汉市文化创意产业发展的中坚力量。2011 年江岸区的文化及相关产业增加值为 18.70 亿元，同时吸引了一大批优秀文化创意精英和企业入驻本区。区内一大批优秀文化创意单位也加快自身转变步伐，从传统发展方式转向将文化发展与科技相融合的方式，走出了一条实践创新的发展之路。文化艺术、新闻出版、广播电视业、软件网络及计算机服务业、设计服务业、旅游休闲娱乐业的发展，共同推动了江岸区文化创意产业的发展繁荣。

1. 演艺娱乐业

与其他区相比，江岸区的历史文化积淀深厚，文艺演出业历史悠久、资源丰富、规模较大、人才荟萃，会聚了武汉市优秀的文化团体，文艺创作与表演氛围活跃。

（1）武汉市说唱团

武汉市说唱团一直以其雄厚的创作与表演实力活跃在国内外舞台上，形成了丰富的曲艺形式和浓郁的地方特色，形式多样，雅俗共赏。近年来，说唱团创作班子深挖老武汉民风民情，从贴近市井生活的角度创作出“快活里”系列之《杠上开花》《信了你的邪》《一碗都是我的》《一枪拍案惊奇》《海底捞月》等作品，均获得巨大反响。其中，汉方言喜剧《海底捞月》，目前已经在武汉演出90余场，场场爆满。2012年3月22日，该剧在武汉市演出公司的运作下推出了普通话版，以“零场租、零演出费”的“双零”股份制模式先后到上海、绍兴两地“试水”，并于5月开始在南京、苏州、郑州、深圳等多个城市进行了巡演。成本80万元的《海底捞月》，经过武汉市说唱团、武汉剧院和武汉晚报三方联手推广，在没有任何赞助的前提下仅靠票房收入，在第4场时就收回了16场演出的全部成本，还签下另外26场演出订单（见图4）。

图4　汉方言喜剧《海底捞月》剧照

（2）中国武汉国际杂技艺术节

中国武汉国际杂技艺术节创办于1992年，由文化部外联局、文化部艺术司、中国杂技艺术家协会、中国对外演出公司、中央电视台、武汉市人民政府、湖北省对外文化交流协会等单位联合主办。该节每两年举办一届。中国武汉国际杂技艺术节是我国重要的对外文化交流项目之一，也是江岸区组织能力、文化经济实力的展现。经过多年的培育发展，中国武汉国际杂技艺术节成为世界三大品牌杂技节之一。

2. 旅游及文化休闲

作为一种日渐大众化的休闲娱乐方式，文化旅游的吸引力正在与日俱增，文化产业面临着更多的发展机遇。

江岸区历史文化资源丰富。江汉路—中山大道片、青岛路片、“八七”会址片和一元路片，是全市现存历史建筑中保存最为完好、最为集中的历史文化街区，占全市历史文化街区的80%。在列入武汉市优秀历史建筑保护目录的13处街区中，就有10处属于江岸区，占76.92%。在市政府公布确认的181处优秀历史建筑中，江岸区拥有128处，占70.72%，其中国家级文物7处、省级文物21处、市级文物22处，优秀历史建筑78处。[①] 因此，在形成历史文化旅游产业集群上，江岸区是拥有先天优势的。

（1）红色革命旅游资源的开发

在国家发改委、国家旅游局等13个部门制定的《全国红色旅游发展纲要》所提到的武汉22处重要党史遗迹中，江岸区就占了近半数，拥有“八七”会议旧址、中共中央机关旧址、中共中央长江局旧址、宋庆龄汉口故居、詹天佑故居等国家级、省级、市级文物保护单位。区委、区政府也高度重视辖区红色旅游资源的开发，以“八七”会址片项目启动为契机，政府出资修缮中宣部旧址暨瞿秋白故居，筹备建立中共中央机关旧址纪念馆、中宣部旧址暨瞿秋白故居纪念馆。同时通过举办像红色记忆纪念展这样的活动，不断增强红色博物馆吸引力。全区43个学校少先队员代表受聘成为辖区红色博物馆小小志愿讲解员。2012年江岸区还投入2000余万元资金，与八一电影制片厂联合拍摄红色电影《八七会议》，进一步扩大江岸红色资源影响力（见

① 武汉市委宣传部：《江岸区采取多项措施大力推动街头博物馆建设》，武汉市委宣传部网站，2012年11月26日，http：//www.whxc.org.cn。

图5）。在政府的鼓励与引导下，以湖北省海外旅游有限公司、武汉市一日游旅业有限责任公司、武汉春秋国际旅行社有限公司等为代表的一些旅游企业，积极参与到红色旅游新路线、新模式的开发与策划中，形成红色旅游线路；同时加快旅游观光、休闲、度假、专项旅游等多种旅游产品创意和设计，塑造武汉旅游品牌。

图5 红色电影《八七会议》开机仪式

（2）街头博物馆的建设

江岸区汇集了大量西班牙式、巴洛克式、洛可可式各类风格的银行、名人故居、教堂等历史建筑，这些建筑精巧别致，历久弥新，是租界文化、宗教文化和传统文化的沉淀之所。江岸区政府高度重视利用这些优势资源打造具有江岸特色的街头博物馆，采取一系列措施推动江岸街头博物馆的建设。

区委、区政府一方面学习吸收国内外先进城市经验，并结合江岸实际，制定了《吉庆街发展规划》《青岛路发展规划》《珞珈山片实施性设计》和《三阳路片实施性设计》等文件，对辖区街头博物馆区域进行总体规划，使博物馆建设从对单个历史建筑保护向整个历史文化风貌街区保护转变，做到从点到线、从线到面、从面到体的全方位保护。

另一方面，成立工作专班，使街头博物馆建设工作机构健全、权责清晰、目标明确。一是成立江岸区历史文化风貌街区保护委员会，负责街头博物馆保护利用规划编制、项目立项、管理审批、招商引资、环境改造和维护以及文化旅游资源的统筹等工作。二是成立江岸区历史文化风貌街区和优秀历史建筑保护专家委员会，聘请规划、建筑、文物、历史、文化、旅游、社会、民俗等方面的专家，负责对街头博物馆建设实施方案进行审核、审定，为决策提出咨询意见。三是成立汉口历史文化风貌街区整理有限责任公司，由政府出资组建国有独资公司负责制定腾迁细则，协助实施腾迁工作；制定历史风貌建筑中长期整理实施方案和年度实施计划；负责策划、管理、收购、租赁、转让等经营活动；负责项目融资及资金独立运转活动。

在街头博物馆建设工作中，江岸区积极推动腾退置换、整旧如故、景观改造、区域业态提升四大工程，盘活资源，使其重现生机活力。

（3）吉庆街地方文化游

吉庆街东起大智路，西至江汉路。吉庆街夜市大排档宽十几米，一到晚上，它的魅力便凸显出来。吉庆街上曾聚集300多名艺人，从高雅的小提琴、大提琴演奏，到极具地方特色的湖北大鼓，都能在这里欣赏到（见图6）。武汉知名女作家池莉的一部以吉庆街为生活背景的小说《生活秀》更是让武汉的吉庆街名扬全国，很多外地游客慕名而来。因此，吉庆街不仅只是一个大排档街，更是武汉市的一张“城市名片”。来这里的游客不光是为品尝地方美食，更是为了体味这里浓浓的汉味风情。

2009年3月，市政府斥资近6亿元人民币，针对老街油烟扰民、脏乱差等问题，对吉庆街进行“提档升级”改造工程。2011年底一期工程基本完工并开始重新对外营业。新吉庆街保留了一部分大排档餐饮，由5栋楼房围合成一个“大院落”，形成一条内街，保留以往圆桌一个紧挨一个的“百家宴”。新吉庆街全部按清末民初汉派建筑风格建造，总建筑面积约3.8万平方米，是截至目前武汉按历史文化建筑修建的最大规模的旧城改造项目（见图7）。

（4）汉口江滩游

汉口江滩，作为“亚洲第一大江滩”，是一个集旅游、休闲、健身、绿

图 6　吉庆街的曲艺表演

图 7　新吉庆街夜景

化、娱乐为一体的大型文化公园，面积 160 万平方米，与沿江大道景观相邻，自开放以来，每年接待中外游客数千万人，是武汉市最著名的风景游览胜地之一。武汉江滩在格局上形成“一轴、两带、四区”格局，即江滩景观轴，堤防景观带、滨江亲水带，休闲活动区、中心广场区、体育运动区和园艺景观区。音乐喷泉、水上乐园、戏水梯台等处处体现了亲水的主题，让人们既感受到长江恢弘的气势，又能体味到江南小桥流水的韵味。

汉口江滩作为武汉的中心滨水区，发展潜力巨大。2002～2012年，由武汉市政府主办，武汉市旅游局、江岸区政府等单位承办的武汉国际旅游节已连续举办十一届，成功吸引了众多海内外游客，参与人数累计过亿。除此以外，汉口江滩也是历届横渡长江活动的主会场。近年来，汉口江滩已成为武汉市民亲水休憩的好去处，同时也成为外地游客感受江城“水文化”的首选之地。

（5）“武汉天地”打造时尚新区

“武汉天地”借鉴上海新天地的开发模式，是崛起于长江二桥边的一片时尚街区，占地61万平方米，原为日本租界，抗战期间几近废墟，战后经过修缮，保留了九幢公馆式老宅，成为幸存的租界建筑。“武汉天地”本着再现老汉口风采，尊重历史文化的理念，对历史建筑予以保留，并进行改造和修缮，将传统与现代、时尚与怀旧、雅致与大众融为一体，使它成为武汉创意与时尚的聚集地。

“武汉天地”通过艺术沙龙、艺术家联展、精英时尚讲座、当代艺术邀请展、时尚摄影大奖赛、奇幻现代舞剧、法国音乐节、奥地利音乐节、中英文化周等活动的举办，引起了极大反响，在提升自我知名度的同时，也成了培育文化产业的极佳土壤。

截至2012年8月，“武汉天地”作为武汉市重大建设项目，商务楼开发A1、A2、A3正在推进地下工程。计划投资5亿元，实际实现投资11.23亿元。①

（6）古德寺

古德寺混合了欧亚宗教建筑的特色，融大乘、小乘和藏密三大佛教流派于一身，在汉传佛寺中实属罕见，堪为佛教圣地一大奇景，具有很高的建筑、文化和历史研究价值。在高楼崛起的现代城区，总有几处奇异的塔尖，隐现在错落有致的建筑群落之间，给江岸区增添了别样的空灵与悠远，也增添了几分异

① 江岸区发改委：《2012年市级重大在建项目1～8月进度表》，江岸区发改委网站，2012年9月17日，http://fgw.jiangan.gov.cn。

域的神秘色彩。

3. 设计服务业

（1）外滩里艺术设计中心

2008 年 9 月，毗邻宋庆龄旧居的“外滩里”正式成立，它还获得江岸区政府正式授予的“江岸创意产业聚集区”称号，这也是武汉首个艺术社区。如今，已有工程设计、工业设计、平面设计、园林设计、艺术创意等领域的 20 多家企业入驻外滩里。

（2）江岸经济开发区

武汉江岸经济开发区是经国家批准设立的省级经济开发区。开发区位于武汉市江岸区后湖乡，地处武汉市中环线内，规划面积 5000 亩，已开发面积 500 亩。开发区依托城市道路“骨架”系统，分为两个园区：一是位于武汉市内环线边的石桥园区，一是位于武汉市中环线边的幸福垸园区。

目前石桥园区的文化创意产业开发初见成效。规划用地 750 亩，已开发 500 亩。园区内拥有武汉出版文化产业园、武汉文化创意产业园、黄埔文化科技园、岱家山科技创业城等文化创意产业基地。武汉出版文化产业园一期项目——华中图书交易中心已经竣工，再加上已建成的新华书店一期项目，共形成建筑面积达 7.5 万余平方米的物流和图书交易中心。中心内已引进经营单位 260 余家。2012 年 8 月，岱家山科技创业城获批省级科技企业加速器，更加说明区政府对文化与科技融合发展的决心。岱家山科技创业城成立至今，已聚集高成长科技企业 40 余家，新增超过 1000 个就业岗位。企业累计纳税已超过 3000 万元。① 在创业城内成立岱家山软件创意产业基地，与江汉大学、武汉商业服务学院签约，成立江汉大学生创业孵化基地、武汉商业服务学院大学生创业孵化基地，使岱家山形成产、学、研一体的现代化文化科技融合新园区。园区内科技企业浩瀚动画、薪火科技的团队创新项目还获得“2012 年度市创新人才开发资金”专项资金。2012 年底，黄埔文化科技园获批“武汉市首批文化和科技融合试点园区”。江岸经济开发区在 2012 年共有 4 个项目入选全市第二批“黄鹤英才

---

① 武汉市江岸区开发区：《岱家山科技园获批省级科技企业加速器》，武汉市江岸区开发区网站，2012 年 8 月 27 日，http：//kfq. jiangan. gov. cn。

计划”项目。

4. 广播、电视、出版业

（1）广电影视

2012年，武汉广电视线经济收入17.6亿元，同比增长1.9亿元，增幅11.8%；广电网络收入（含数字网络公司、落地收入、城区）约8.67亿元，同比增长10.19%。

近年来，市、区积极推进广电网络整合和全国试点运营。参与省市广电网络整合上市工作，通过借壳成功上市，武汉广电直接持有上市公司14.4%的股份、5595.93万股，成为上市公司第二大股东。推进三网融合和下一代广播电视网络（NGB）国家级试点，开展三网融合交通服务类、金融服务类等试点新业务与新服务。中心城区具备承载三网融合业务的双向网络覆盖达100万户，全市高清互动电视用户超过25万户。①

新媒体产业加快发展。2012年，网络电视黄鹤TV加快技术改造升级，并积极开展地铁电视运营。在实施1号线地铁电视运营和筹备2号线地铁电视开播的基础上，争取武汉所有有轨电视经营权，积极申报开办手机电视交通频道。

（2）传统报业

截至2012年11月，《武汉晚报》取得了武汉地区零售发行总量第一的好成绩。在中国广告协会报刊分会发起评比的“中国广告投放价值排行榜”中，《长江日报》位于全国城市日报第4名，《武汉晚报》进入全国晚报广告投放价值10强。

（3）新兴渠道报业——《武汉晨报》地铁报

地铁的开通，给城市带来了一个新的族群——地铁族。围绕地铁族和由此衍生的新型市场空间，一系列新的业态和服务产品应运而生，地铁报就是其中之一。地铁报是传统纸媒的一种新业态。有资料显示，香港首家地铁报2002年创刊，14个月后实现盈利。2003年上海创办了内地第一份地铁报，2011年广告收入达到1.6亿元。武汉的地铁报才刚刚起步，还有很多需要探索与学习的地方。

---

① 彭丽敏主编《2012年武汉文化发展蓝皮书》，武汉出版社，2013，第62页。

三　前景与展望

（一）发展目标

1. 全局目标

2012年10月，武汉市召开文化产业振兴暨文化和科技融合工作动员大会。会上出台了武汉第一部文化产业专项计划——《武汉市文化产业振兴计划（2012～2016)》(以下简称《振兴计划》)，提出到2016年，武汉文化及其相关产业总收入突破3000亿元，增加值突破1000亿元，文化产业增加值占地区生产总值的10%以上，成为全市先导性、战略性产业和武汉又一个千亿元新支柱。[①]

《振兴计划》中明确提出充分利用“沿江、环湖”的地理风貌发展文化产业，并将汉口定位为“文化商贸城”，重点发展汉口近代历史文化风貌区（保护、修缮租界建筑、宗教建筑、传统建筑和老汉口里弄，建设五国租界主题街区和武汉近现代历史文化博物馆，发展老汉口历史文化旅游和休闲娱乐等产业集群)、长江北岸文化创意产业带（含青岛路文化创意街区、四唯路建筑设计创意街区、外滩里设计艺术中心，以及扬子街时尚婚庆创意街、兰陵路美术馆视觉艺术创意街、珞珈山艺术设计创意街等在内的创意产业集群）和沿江时尚休闲产业带（包括汉口江滩、沿江大道、武汉天地等地段的文化休闲产业集群)。此外，汉口还将打造西北湖—后湖传媒出版产业区、武汉CBD文化功能区以及汉江北岸文化商贸产业带。《振兴计划》的出台，为江岸区深挖现有文化资源，拓宽产业视野，从而为大力发展区位特色文化产业指明了方向。

2. 区位目标

2012年11月，由江岸区发改委颁布的《江岸区近期建设规划大纲》进一步确定江岸区近期建设重点地区，主要包括市级优先建设的汉口沿江商务区、二七滨江商务区、青岛路历史风貌片、四唯路创意设计片；区级重点建设区主要包括

---

① 湖北省人民政府：《武汉“新政30条”振兴文化产业　新政详细解读》，湖北省人民政府网站，2012年10月30日，http：//www.hubei.gov.cn。

后湖中心区、塔子湖综合功能片等。其中，青岛路历史风貌片以优秀历史建筑保护更新为重点，建设特色文化旅游中心区；四唯路创意设计片主要通过推进旧城改造整合提升现有优质智力资源，扶持发展大型专业设计创意街区；后湖片主要以轨道建设为带动，以商业、文化、体育和医疗等设施建设为重点打造组团服务中心。

同时，江岸区为大力推进文化与科技融合，建设文化产业示范园区，于2012年底组织有关部门完成了区“文化与科技融合”调研工作，提出实施“六大工程”，深入推进文化产业示范园区建设。六大工程依次为：（1）文化产业科技支撑工程。以科技为支撑推动知识密集型、智慧主导型文化产业发展。（2）传统文化产业提升工程。提升传统文化产业的科技含量与产业核心竞争力。（3）新兴文化产业培育工程。加快发展新兴文化业态特别是高科技文化产业项目，推进数字博览、文化演艺、工程设计、动漫游戏等领域文化科技融合。（4）文化市场拓展工程。建设体现江岸优势的文化产品市场和文化要素市场。（5）文化产业信息工程。加大全区推进文化产业大发展的宣传推广力度。（6）文化品牌塑造工程。围绕江岸区红色文化、历史文化、亲水文化、工程设计文化、创意文化等核心要素，打响江岸“文化强区”整体品牌，形成2～3个有实力、叫得响的文化产业特色园区。①

（二）发展方向

“十二五”时期，围绕发展目标，江岸区文化创意产业发展将以优化文化产业结构、整合产业布局为重心，以本区的文化资源特色与经济产业优势为依托，重点打造沿江和后湖两大文化产业带，形成以产业聚集为导向的“文化创意”、“出版传媒”、“文艺演出”、“旅游休闲”四大文化产业板块。

1. 两大文化产业带

（1）沿江文化创意产业带

一方面，深挖滨江文化资源与历史文化资源，大力发展沿江文化旅游和休闲娱乐产业集群。汉口江滩是江岸区辖区内最具魅力的地标式景观，也是武汉

---

① 武汉市委宣传部：《江岸区大力推进文化与科技融合建设文化产业示范园区》，武汉市委宣传部网站，2012年12月13日，http://www.whxc.org.cn。

市重要的文化活动展示区与新兴的旅游区。加强沿江文化景观、体育设施、旅游项目和节事活动建设，增加旅游服务设施，提升旅游功能，是发挥江滩群众性文化活动阵地作用的关键，更是打造全国最大的沿江生态休闲旅游带和沿江文化体育休闲带的前提和基础。另一方面，整合设计服务业资源，大力发展沿江创意产业集群。

（2）后湖科技文化产业带

大力推进文化与科技融合，依托政府相关优惠政策，重点扶持出版传媒企业和高成长科技企业集群发展。武汉出版文化产业园、武汉文化创意产业园、黄埔文化科技园、岱家山科技创业城等文化创意产业基地正逐步形成产业规模与产业优势。

2. 四大文化产业板块

（1）文化创意板块

重点扶持四唯路建筑设计创意街，青岛路、外滩里创意文化产业园，后湖数字创意产业园，谌家矶数码传媒创意产业园和堤角服装设计创意产业园发展，以及扬子街时尚婚庆创意街、兰陵路美术馆视觉艺术创意街、珞珈山艺术设计创意街等街区的发展。

（2）出版传媒板块

重点培育武汉出版文化产业园和长江日报传媒文化产业园两大园区，探索建立新型现代电子音像制品连锁经营模式，鼓励和吸引民营资本以各种形式进入音像市场。

（3）文艺演出板块

以武汉剧院、武汉人民剧院、中南剧院、武汉歌舞剧院、武汉话剧院、武汉青少年宫、银兴电影城等企事业单位为依托，调动说唱团、楚剧团、话剧团等文艺社团的积极性，组织编排和演出一批精品文艺节目。同时，培育壮大有实力的商业文化演艺公司，连点成线，整体发展。借鉴美国“百老汇”模式，打造武汉江岸“特百汇”演艺大街。加强演出网络建设，促进演出院线与有关服务业合作。

（4）旅游休闲板块

构建红色旅游、近代历史文化旅游、都市休闲旅游、民俗旅游、宗教旅游五大旅游产品体系。红色旅游，应继续深化旅游线路的开发；近代历史文化旅游，应精心建设五国租界主题街区和武汉近现代历史文化博物馆，塑造汉口沿江商务区“十里洋场，万国建筑”的旅游形象；都市休闲旅游，应重点发展都市观光、都市购物和都市体验，依托汉口江滩景观带和江滩文化娱乐带，通过夜游长江和在江滩举办各种大型群众文化活动等形式，打造独具江岸特色的“滨水文化”旅游，规划建设游艇码头，发展沿江游艇经济，提升汉口江滩旅游带的文化品位；民俗旅游，应重点突出老汉口民俗文化，主要包括两大核心区域：吉庆街民俗文化旅游区和老里弄民居文化旅游区，充分发挥改造后的新吉庆街街区美食生活、民俗创意、文化馆藏三大功能，培育武汉老字号餐饮店品牌，展现老汉口“大俗大雅”市井俚俗餐饮文化；宗教旅游，推进江岸“四大宗教旅游点”（黄石路基督教荣光堂、黄浦路佛教古德寺、上海路天主教堂、二七街伊斯兰教清真寺）建设，大力开展宗教文化旅游，重点推进古德寺改扩建工程，打造以宗教文化为特色的旅游商业街区。借助吉庆街片区的改造，加快荣光堂的改扩建工程。依托清真寺及二七地区回族民俗文化，形成二七民俗宗教文化区。

娱乐业方面，重点扶持以武汉伯爵至尊、苏荷、上上、禅石、神曲、Return97、金色池塘等公司为代表的企业，打造沿江大道吧文化产业带，促进歌舞娱乐场所健康发展。

（三）发展策略

根据发展目标和发展方向，以“特色集聚”、“项目带动”、“品牌打造”、“节事引爆”作为文化产业发展四大策略，促进江岸区文化创意产业整体竞争力的快速提升。①

1. 特色聚集策略

实施特色资源要素集聚和整合策略，打造特色产业集聚区，形成“四园、五街”的特色文化园（街）区布局。

① 江岸区发改委：《江岸区文化体育旅游业“十二五”发展规划》，江岸区发改委网站，2012 年 11 月 7 日，http：//fgw. jiangan. gov. cn。

四大特色文化产业园主要是指：第一，沿江创意文化产业园，由青岛路、外滩里、四唯路三个特色创意文化街区组成，产业发展基础较好。“十二五”时期，应明确园区发展方向，着力加强产业要素集聚和配套服务工作，将这一区域打造成为武汉创意产业的核心集聚区。第二，武汉出版文化产业园继续大力推进其二期建设工作，同时完善相应的配套设施，如增加公交线路、扩建停车场等。第三，长江日报传媒文化产业园加大对二期288.91亩规划用地的对外招商力度，力争建设成规模大、档次高的示范性文化产业园。第四，武汉天地休闲文化产业园应突出休闲特色，进一步加强设施建设。

五条特色文化街区分别是：吉庆民俗美食旅游街、兰陵路视觉艺术创意街、扬子婚纱摄影街、台北路高端休闲文化街和沿江大道酒吧会所一条街。各街区依据自己形成的特色进行差异化发展。

2. 项目带动策略

（1）继续推进前期重点项目建设

继续推进吉庆街、古德寺、武汉天地、长报产业园等前期重点项目的建设。如：吉庆街改造一期工程虽然改变了老街脏乱差的面貌，噪声扰民问题也得到解决，但餐饮商户盈利情况并不乐观，且民俗文化氛围的保持手段也有待探讨与研究。改造中的阵痛在所难免，而改造也并不是丢弃原有文化。从武汉市规划局城市规划设计院制定的《吉庆民俗饮食文化街项目规划咨询方案》中可以看到，改造工程二期的民俗创意区，由云清里南区（吉庆街与江汉二路之间）组成，将复原改造汉口老里份，以参与性、场景性形式展现老汉口的民间工艺，开设特色主题酒吧、茶楼等。三期的文化馆藏区，由云清里北区（吉庆街与铭新街之间）组成，以荣光堂为城市景观标识，完整保留原有里分建筑形态，设置一定数量的小型博物馆，以街道为主题典藏老汉口历史。同时引进“荣宝斋”等老字号的历史文化名店，设置婚庆主题广场、教堂等。

这个规划正是希望保留吉庆街的“文化特色”，在民俗文化中加入创新的元素、创新的血液，使吉庆街这张“武汉名片”永葆青春，让楚风汉韵在创意文化产业建设发展的契机中得以保留、发扬。

根据江岸区发改委资料，至2012年8月，吉庆街二期正在抓紧建设中；青岛路片拆迁基本完成，A地块准备启动建设。计划投资10亿元，已实现投资5.96亿元,[1] 一批新的重大项目正在策划筹建中。

（2）策划打造一批新的重大项目

这些项目包括：汉口近代历史文化街区申报“世界文化遗产”工程、武汉客运港及军用码头整体改造、汉口（江岸）文化艺术中心、“二七纪念馆”改扩建、武汉老里份旅游社区等。

3. 品牌打造策略

坚持品牌化战略，要通过文化旅游品牌的立体化塑造，赢得消费者对文化创意的认同，并带动江岸区都市形象的整体提升。高举“魅力江岸、活力江岸、动力江岸”的形象大旗，围绕文化资源做好品牌文章。比如，以“老洋房”为依托，围绕“世界文化遗产”申报和历史文化名城建设目标，进一步加强历史建筑资源的保护性开发，把这一区域建设成为江城最具魅力的历史文化旅游区。又比如，以沿江创意时尚文化休闲区建设为基础，整合吉庆街民俗资源、保成路各类商业购物资源，打造丰富多彩的夜间文化产品体系，使江岸区成为武汉市最具影响力的夜生活集聚区，打造“夜汉口”的文化旅游品牌。

4. 节事引爆策略

充分利用江岸区特有的文化特色和资源条件推出一系列节庆会展活动，坚持举办“春之歌、夏之夜、秋之书、冬之韵”系列旅游节庆活动。比如深受广大市民欢迎的江滩风筝节、滨江之春艺术节、国际横渡长江节、吉庆民俗文化节、二七红色文化节、古德寺庙会等。唱响四季歌，实现“节会搭台、旅游唱戏、人民群众得利益”的愿景。

① 江岸区发改委：《2012年市级重大在建项目1~8月进度表》，江岸区发改委网站，2012年9月17日，http://fgw.jiangan.gov.cn。

B.5

洪山区

——五年磨一剑，风头正显现

王燕妮　吴玉萍*

摘　要：

洪山区利用辖区内具备的区位、人才、科技资源优势，积极发展文化创意产业，在2008~2012年的五年间，形成了图书出版、动漫影视制作、时尚设计等优势行业，建成了以南湖创意产业园、北港科技创意园区、武汉大学珞珈创意产业园、天兴洲生态绿区为代表的创意产业园区，以“武汉·洪山创意大道”为代表的创意产业集聚区，以及以湖北长江传媒出版集团、武汉亿童文教发展有限公司、海豚传媒股份有限公司等为代表的优秀文化创意企业，探索出了以“文化”与“科技”融合的适合区域文化创意产业发展的有效模式。未来，洪山区提出了文化创意产业发展的中长期目标，全力塑造“魅力洪山”和“创意洪山”。

关键词：

洪山区　南湖创意产业园　洪山创意大道　文化科技融合

发展创意产业，是武汉市洪山区全面落实科学发展观，实现区域经济社会全面协调可持续发展，建设“两型社会”，打造“和谐洪山、魅力洪山”，实现将洪山区建设成为一座科教创新之城、文化创意之区、宜居创业之地，具有较强综合实力和辐射力的现代化新型中心城区的重大战略举措。2008年洪山区区委、区政府将大力发展创意产业的宏观目标落实为转变区域发展方式、推进自主创

---

* 王燕妮，华中师范大学文学院博士研究生，研究方向：民俗学与文化产业；吴玉萍，华中师范大学国家文化产业研究中心硕士研究生，研究方向：文化资源与文化产业。

新、有效应对金融危机、推动以创业带动就业、将科教优势转化为现实发展优势等一系列重要举措，经过五年的努力和探索，该区形成了人文特色浓郁、科教智力密集、交通发达便捷、山水资源丰富、发展空间广阔的文化产业区域发展特色和发展优势，文化产业尤其是文化创意产业取得了阶段性进展。

一 洪山区文化创意产业发展概况

当前，文化创意产业已经成为洪山区重要的支柱性产业，不仅有效地整合了区域内教育、科技、地理等资源优势，呈现出良好的发展势头，获得了较好的经济效益，更实现了洪山区的经济结构调整和产业转型，受到全区人民的重视。

（一）厘清资源优势，打好产业基础

2011 年武汉市洪山区的文化产业 GDP 达到 21.69 亿元，占全市的 11.7%；① 2012 年洪山区文化产业持续增速，文化产业示范基地增加，文化园区建设稳步推进；2013 年该区更确立了文化创意产业全年产值实现 18% 的增长目标。② 作为武汉市文化产业领域里的后起之秀，扼守武汉市东大门的洪山区拥有巨大且独特的区位、人才、市场优势，这为洪山区发展创意产业提供了充足的资源保障，打下了坚实的产业发展基础。

1. 区位优势明显

洪山区是武汉市最大的中心城区，在自然资源、交通信息网络上具有独特的区位优势。洪山区的辖区面积达 480.2 平方公里，东抵鄂州市，南与江夏区接壤，西与武昌、青山两区相邻，北与黄陂区、新洲区隔江相望，既是武汉市以城带郊的中心城区，也是武汉市最具发展潜力的“城中之城”。

洪山区自然资源丰富且秀美。有珞珈山、桂子山、磨山、九峰山等百余座自然山峰，遍布着东湖、南湖等 20 余个自然湖泊，风景秀丽，环境优美，绿荫葱葱。与此相呼应的是东湖风景区、武汉植物园、宝通禅寺、洪山宝塔、卓

① 中共武汉市委宣传部：《2012 年武汉文化发展蓝皮书》，武汉出版社，2013，第 34 页。

② 洪山区人民政府代区长陈新垓：《洪山区 2012 年政府工作报告》，洪山区政府网，2013 年 1 月 9 日，http://zfb.hongshan.gov.cn/zfb/zfbwj/1_20084/default.shtml。

刀泉寺等众多风景名胜和历史文化古迹，这些丰富的自然资源及名胜古迹构成了区域文化产业发展的文化根基。

此外，洪山区已经形成了便利的交通信息网。辖区内既有横贯南北的京广大动脉，也有承接东西的沪蓉高速，还有武京、武广、京珠、宜黄等高速公路交汇于此，成为南来北往的重镇。已开通的武汉市地铁2号线、建设中的4号线，一、二、三、四环线和轻轨的架设，以及建设完善的武汉信息港，公众多媒体信息网的遍布，都使区域内交通信息网络更加便捷畅通。

2. 人才资源雄厚

洪山区是武汉市高等院校和科研院所的集聚区，是中国内地第二大科教智力密集区，素有“华中硅谷”的美称。辖区内分布有武汉大学、华中科技大学、华中师范大学、武汉理工大学等16所部属、省属高等院校，22所市属大专院校，在校师生达到50余万人。此外，还有35个国家级和省级科研单位、13个国家重点实验室，两院院士49名，各类高中级专业技术人才10多万人。① 高素质的人才集聚，高密度的人才分布，为洪山区发展创意产业提供了丰厚的智力支持，打下了文化和科技融合的智力基础（见图1）。

3. 创意市场需求广阔

当前，洪山区已经形成了以台湾群光购物广场、新世界百货时尚广场、赛博数码广场、广埠屯电脑城为主体的街道口黄金核心商圈，以及以奥林匹克街、光谷广场为主体的光谷商圈。核心商圈内吸引了50万的大专学生和高校教师、白领阶层，形成了区域内最为庞大的文化创意消费群体，该消费群体接受新事物快，对文化产业的感知度高，消费能力和消费水平稳定，消费需求量大，不仅极大地拓展了洪山区创意产业的市场，还有利于在辖区内快速形成产品产销一体化的良好格局。

（二）确立基本思路，制定保障机制

2008年的次贷危机引发了党和政府对我国原有经济体制的思索，也推动了各级地方政府在经济发展中对产业结构调整和转型的初步尝试。在武汉市文

① 《洪山区创意产业发展“十二五”规划》。

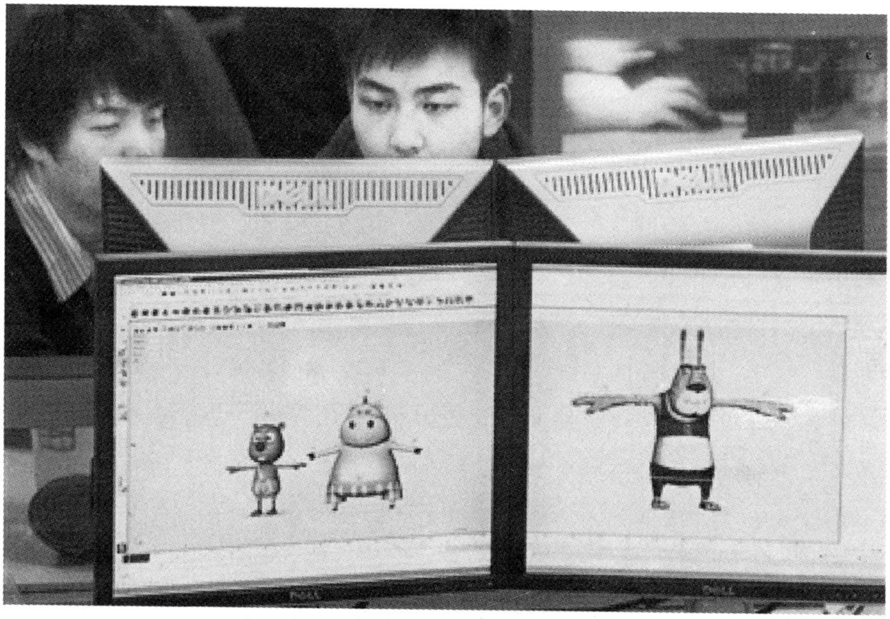

图1　洪山创意大道动漫人才在制作《小鼠乒乒》

化产业发展指导思想的指引下，洪山区区委、区政府结合辖区内得天独厚的地理环境和高等院校智力支持优势，在区委、区政府的统一领导下，全区达成了推进文化创意产业发展的统一思想，以发展文化创意产业这一新型环保型产业为区域经济发展重点工程，从而推动全区“两型社会”建设和改革工作。

1. 将文化创意产业列为洪山区发展总体规划的重要内容

早在2006年，洪山区就启动了发展北港工业园创意产业的项目。2007年初，洪山区委、区政府确立了“将科教优势转化为发展优势”的创意产业发展思路，并成立“创意产业促进工作领导小组”。2010年洪山区根据国家《文化产业振兴规划》（国发〔2009〕30号）和《武汉市国民经济和社会发展第十二个五年规划编制工作方案》（武发〔2010〕2号）、《市“十二五”规划编制工作领导小组关于印发武汉市第十二五专项区域规划编制工作计划的通知》（武规编〔2010〕1号）等文件精神，在洪山区《国民经济和社会发展第十二个五年规划编制方案》（洪政〔2010〕7号）编制思想的指导下，开展《洪山区“十二五”文化发展规划（2011～2015）》以及相关行业专项规划的编制工作，在此基础上制定了《洪山区创意产业发展“十二五”规划》。

相关规划明确提出了要紧密围绕区域产业发展思路“55211”工程的定位，坚持文化创新和科技融合，建设文化创意园区。洪山区“55211”工程规划了该区产业发展的基本格局，即构建街道口、徐东、南湖、白沙洲和杨春湖五大商圈；建设九峰科技园、澳洲产业园、北港工业园、钢铁配套产业园、左岭都市工业园五大园区；建设一条文化主干道，即洪山区创意大道（洪山科技一条街）；建设天兴生态绿洲、花山生态新城两大生态绿地，以及一条创意产业带。其中，南湖商圈被确定为洪山区发展文化创意产业的核心区域。

此外，洪山区委、区政府在2010年、2011年、2012年连续3个年度的工作报告中也明确提出了区域文化创意产业发展的阶段性目标，并责成相关部门及单位制定专项发展计划，积极探索洪山区创意产业发展的模式和思路，研究推动产业发展的扶持政策，提出创意产业与高校及科研机构的联动服务机制，从而有效整合辖区内优势资源，将建设工作落到实处。譬如区科技局要积极引导区域科教优势向文化及其相关创意产业聚集发展，对文化艺术、出版发行、广播影视、创意设计、旅游休闲、动漫网游、人才培训等文化及相关创意产业发展规律及趋势进行研究，对创新公共文化服务、丰富文艺精品生产等文化事业开展前瞻性研究；区商务局要研究制定文化及其相关创意产业发展招商引资的专项规划；区规划局着力于文化产业园区的发展；经济发展区管委会负责研究制定创意产业发展专项规划等。①

区委、区政府对创意产业的重视和决策引导，为洪山区文化创意产业的积极有效发展提供了切实有效的政策引导和支持。系列规划明确了洪山区创意产业中长期的发展目标和发展任务，专项计划更是有针对性地对产业发展的具体细节进行指导，指明了区域产业经济中长期发展的方向和途径。

2. 在全区建立健全了文化创意产业发展的保障机制，为创意产业的发展铺路架桥

其主要措施包括以下六个方面：一是修订和完善了《洪山区关于实施促

---

① 《2011年〈政府工作报告〉确定的主要目标任务责任分解方案》，洪山区人民政府办公室网站，2011年1月7日，http：//zfb. hongshan. gov. cn/zfb/zfwj/d91e2554 - d7a5 - 4556 - 985c - f0f23c0e7578/default. shtml。

进创意产业发展若干扶持政策意见》，设立1000万元发展专项资金，构筑政策扶持平台，从贷款担保、租金补贴、购房补助、税收减免、用地支持、政府采购、专利奖励、人才引进等各方面，对创意企业、创意产业基地和创意人才进行全面扶持。二是以创意大道网站为基础，完善功能，构筑了企业信息发布、项目资源、电子商务、传媒推介等信息共享平台。三是依托区内现有融资体系，以洪山天成担保公司为基础，吸引社会资本，与相关金融机构、风险投资商密切合作，构筑创意企业融资平台。四是成立了洪山区创意产业协会，推出了《创意大道》期刊，加强了会员之间、行业之间、政企之间的沟通、交流与合作，形成发展合力。五是制定了《洪山区创意产业行业分类及统计制度》，为建立洪山区创意产业发展的统计分析平台奠定了良好基础。六是在政策、资金以及资讯平台等方面加大对中小创意企业的扶持力度，为其生存和发展提供强大的保障。

3. 邀请知名专家开展培训，探索行业发展新模式

洪山区文化创意产业的发展离不开全国政协副主席、著名经济学家、中国创意产业领军人厉无畏先生的悉心指导。早在2008年首届武汉洪山科技一条街IT节开幕式上，厉无畏先生就亲笔题写“创意大道”并以中国传统印章落印，宣告洪山创意大道建设正式启动，拉开了推动洪山区创意产业发展的大幕。

2009年4月21日，厉无畏先生又在“洪山区促进创意产业发展新闻发布会”上提出了通过文化创意产业的专项培训，要使各级干部充分认识到改善行政服务、转变工作作风、提供服务效能、营造宽松环境对于发展创意产业的重要性，更提出了三条明确的工作模式。一是深刻把握创意产业发展特点，严格遵循市场经济规律，坚持原则性与灵活性有机统一，增强服务和协调工作的主动性、积极性，切实为创意企业排忧解难；二是要积极探索“一业一策”或“点对点”政策支持，对于酝酿、萌发、成长过程中的新产业、新业态和新市场，允许探索、鼓励试验、跟踪服务、及时引导；三是要改变单一行政审批管理模式，探索建立引导服务、跟踪服务、协同服务、创新服务、应急服务等行政服务新方法、新途径。

（三）编制科学规划纲要，确立产业发展基调

为了更明确有效地指导区域文化创意产业的发展，尤其是能充分发挥洪山区的区域优势，形成方法科学、重点突出、目标明确、借鉴有据的创意产业发展格局，2009 年，洪山区委托上海市社会科学院创意产业研究中心编制了《洪山区创意产业发展规划纲要》（以下简称《纲要》），对 2009～2020 年洪山区创意产业的发展做出全面系统的规划。

《纲要》在洪山区整体产业经济发展基础之上，充分结合辖区优势资源，尤其是科教科技资源，对洪山区发展创意产业的阶段、步骤、主导产业以及功能定位等进行了科学规划，确定了该区以创意为核心，运用高新科技手段进行融合创新的总基调。落实到具体规划上，更是一改大力开发利用文化资源的传统做法，从社会效益和长远利益出发，提出了利用高科技创新和文化创意的创新手段、发展新型文化业态、提高创意产业的附加值的大胆设想。尤其是对洪山区文化创意产业空间发展格局进行了深度思考，形成了“一核、八区、五块”的空间发展布局，即重点打造纵贯洪山中心城区、联动众多高校和科研机构的“创意大道”这一核心；建设数字科技、演艺娱乐、动漫影视、时尚设计、出版传媒、创意产业公共平台和市场服务区、会展博览、农艺体验等八大创意产业集聚区；建立环中国地质大学珠宝创意产业、环中南民族大学民族文化创意产业、环武汉体育学院体育文化创意产业、天兴洲生态文化创意产业、洪山菜薹特色农艺创意体验等五大特色区。[①]

当前，洪山区创意产业的发展格局和步骤正是严格遵循了《纲要》的指导原则，已取得的成绩证实了《纲要》的战略性、指导性、前瞻性、创新性和可操作性特点。其提出的“加大文化与科技融合创新力度”发展思路，更是衍生出了大量的新兴文化业态，为洪山区创意产业发展增光添彩，在创意产业集聚区中大放异彩，充分实现了文化与科技的深度融合，也为洪山区创意产业的发展提供了新思路，开启了洪山创意产业发展的新篇章。

---

① 上海市社会科学院创意产业研究中心：《洪山区创意产业发展规划纲要（2009～2020）》，2009，第13～17 页。

（四）产业集聚初具规模，品牌效益逐步显现

经过近五年的发展，洪山区的创意产业已经初具规模，渐露雏形。具体表现在：依托良好的产业基础，形成了多核心高聚集的创意产业发展格局；发展势头迅猛，成果丰硕，获得业界的广泛好评；区内重点扶持的文化创意企业已经初步实现了品牌效应。

1. 产业基础良好，形成了多核心高聚集的创意产业格局

洪山区拥有良好的创意产业发展基础，尤其形成了多核心高聚集的产业格局。

从产业发展总体规模上看，2008 年全区创意产业总产出就达到 70 亿元，实现增加值 10 亿元。[①] 2009 年全区共有创意企业 998 家，当年创意产业产值达 95 亿元，同比增长 35%。[②]“十二五”末该区创意产业产值更有望达到总产出 260 亿～300 亿元的规模，年增长幅度保持在 25% 左右，以年均高于全区经济增长幅度 3～5 个百分点的速度增长，实现增加值 55 亿～70 亿元，增加值占全区生产总值的比重达 10%～13%，拉动全区生产总值增长 1～2 个百分点，培育 5～10 家富有地方文化特色和具有区域产业竞争力的品牌企业，年均新增就业岗位 2000～3000 个，成为洪山区经济发展的支柱性产业。[③]

从文化产业专项发展来看，各专项行业正处在均衡发展中。2009 年统计数据显示，全区当年共有创意企业 998 家。同时，形成了以湖北长江出版集团、崇文书城、图书批发市场为核心，以武汉大学出版社、华中科技大学出版社、华中师范大学出版社等周边高校出版社，书店，印刷厂及众多民营出版传媒企业为支撑的出版产业的聚集；以海豚传媒、天鹰动漫、蔚上蔚传媒、远创动漫、银都文化等民营企业为代表，大力发展动漫影视原创制作和服务外包，在北港科技创意园区形成了动漫影视产业的聚集；以创意大道北端的湖北省歌剧院、湖北省京剧院及湖北省艺术职业学院为核心，形成了舞台设计布景、表

① 《创意产业演绎“洪山速度”》，《长江日报》2009 年 12 月 8 日，第 2 版。

② 《武汉洪山创意企业 998 家，年产值突破 95 亿元》，荆楚网，2010 年 7 月 19 日，http：//news. cnhubei. com/gdxw/201007/t1309342. shtml。

③ 《洪山区创意产业发展“十二五”规划》。

演创作、艺术培训等演艺产业的聚集；以高等院校和科研院所为基础，形成了中小型科技类、文化类企业公司和创意产业人才的聚集，如湖北工业大学、武汉理工大学、华中师范大学的艺术设计、工业设计、建筑设计以及动漫设计等，武汉大学国际软件学院的计算机系统及配套服务等，以武汉大学口译队为基础的同声传译等翻译服务产业等；以及在洪山科技一条街形成了以武汉电脑城、武汉电脑大世界、蓝星电脑城、华软电脑城、赛博数码广场等 IT 科技和数码产业的聚集。

2. 影响力逐渐提升，业内多次获殊荣

洪山区创意产业虽然起步较晚，但“十一五”期间已经呈现良好的发展态势，尤其是数字科技、动漫影视、出版传媒等产业在业界取得了一定的口碑和效应。2009 年辖区创意产业产出高达 95 亿元，同比增幅高达 35%，“十二五”末该区创意产业产值更有望达到 200 亿元以上的规模。

2009 年 11 月在第四届中国文化创意产业博览会上，洪山区获得六项大奖，分别是洪山区创意产业促进工作领导小组获得“创意产业推动奖”，湖北长江出版集团有限公司获得“创意产业领军企业奖”，海豚传媒有限公司、武汉银都文化传播有限公司、湖北中江建筑设计院有限公司和武汉齐进网络有限公司 4 家企业获得“中国创意产业高成长企业 100 强”称号。洪山区人民政府副区长刘英姿在大会上发表了《制定优惠政策推动创意产业快速发展》的讲话，以洪山区创意产业的发展来演绎区域经济发展的“洪山速度”。

2010 年洪山区参与了湖北文化产业招商博览会，参与招商的项目包括了文化娱乐、出版发行、旅游休闲、体育健身、工艺美术、创意设计、动漫游戏、文博会展、文化设施等多个行业。此外，区委、区政府还组团赴台北举办“台鄂经贸文化交流与合作暨武汉·洪山创意产业发展论坛”，详细介绍了洪山区创意产业发展的重点项目以及洪山区创意产业发展的扶持政策，在经贸文化的交流中推介区域品牌产品，扩展区域招商引资。同年，洪山区荣获“2010 年湖北省科技创新区”荣誉称号。

2011 年洪山区以创意界“黑马”的身份承办我国创意产业界的“奥斯卡”——“第六届中国创意产业年度大奖”。洪山区南湖创意产业园、武汉亿童文教发展有限公司分获“最佳园区奖”和“领军企业奖”两项大奖，这也是洪山区首次获得“最佳园区奖”的殊荣。[①] 截至2012年，该区已经连续4年获得中国创意产业年度大奖，累计获奖12项。与此同时，南湖创意园区成为武汉市文化与科技融合发展试点园区，武汉东湖高新技术开发区成功获得国家批准成为国家级文化科技融合创新示范基地，这些都是对洪山区创意产业发展成绩的肯定。

3. 文化创意品牌影响力强

当前，洪山区文化创意产业已经塑造了诸多文化品牌。湖北长江出版传媒集团就是由以图书、期刊、报纸、音像、电子出版物的出版、印制、发行、版权贸易为主业，逐步向影视、网络等媒体及其他文化服务和地产物业等领域拓展的大型文化创意企业，并已成为湖北省文化产业的龙头企业，亦是洪山区出版产业集聚的领军企业。[②]

又如，“武汉亿童”则是民营中小型文化企业的代表，它是一家专门从事幼儿园装备、教材研究和推广的民营企业，2010年被湖北省文化厅评选为“湖北省文化创意产业示范基地”。三年来，公司研发推出了300余种产品，拥有100多项著作权、30多项专利权、20多项商标权，积累了2万所幼儿园客户，客户数占全国园所总数的15%。[③]

2009年度洪山区“全民创业工作先进单位和个人名单”中，海豚传媒股份有限公司、华师创业街、北港大学生创业实习（实训）基地赫然上榜；2012年度洪山区“纳税先进单位优秀成长中小企业”的评选中，武汉亿童文教发展有限公司、海豚传媒股份有限公司、湖北世纪英才文化发展有限公司等文化企业也榜上有名。[④] 这些企业已经在业界具有了较高的知名度和美誉度，是洪山区文化创意产业的杰出代表。

---

① 《丰字形的“创意大道”》，《长江日报》2011年11月26日，第14版。

② 《洪山区创意产业发展“十二五”规划》。

③ 蔡木子：《洪山区首获创意产业“最佳园区奖”》，《长江日报》2011年11月15日，第7版。

④ 《2009年度全民创业工作先进单位和个人名单》《2012年度纳税先进单位优秀成长中小企业名单》，洪山区政府网站，http：//zfb. hongshan. gov. cn/zfb/zfwj/d9a146aa－5d0d－47b2－aa68－7c42ce1a8bc8/default. shtml。

二　洪山区文化创意产业典型案例

（一）“创意大道”产业聚集区

洪山区“创意大道”的概念始于2006年，洪山在国家工商总局注册了“创意大道”的商标。2008年10月28日，在首届武汉洪山科技一条街IT节开幕式上，全国政协副主席厉无畏先生亲笔题写了“创意大道”并以中国传统印章落印，宣告了洪山区创意大道建设正式启动，也吹响了洪山区创意产业大发展的号角。五年后，创意大道已经发展成为中南地区最大的IT中心，其核心规划“一主线、一核心、四园区”的构建目标正在逐步实现中，即以创意大道为主线，以南湖创意产业园为核心，以武汉大学珞珈创意产业园、武汉创意天地园区、先建村生态创意城、李桥智谷创意产业园为重点发展园区。

除了南湖创意产业园、武汉大学珞珈创意产业园外，武汉创意天地园区是国内新建规模最大的以创意产业为主要服务对象的主题产业园区。武汉创意天地园区坐落于风景秀丽的野芷湖边。项目规划占地面积为353亩，建筑面积28万平方米，预计先后总投资10亿元。创意天地的设计，意在将园区全力建设成为一个集文化娱乐、商业办公为一体的复合型国际化创意产业聚集区，从而形成以工业设计中心等为动力源、以体验中心和相关的商业空间为公众服务的完整产业链条。[①] 先建村生态创意城则是以文化创意产业为主，兼顾旅游休闲、农艺体验、会展服务等的新型产业格局。李桥智谷创意产业园是与联想集团融科智地公司合作建设的智谷创意产业园，总用地面积1265亩，规划总建筑面积89万平方米，预计总投资28.53亿元。园区重点发展网络、软件、新媒体、动漫网游等产业，规划建设创意研发群岛、创意生产基地、会展中心、创意精品商业街、主题文化旅游休闲区、创意人才公寓等主体项目和创意之塔及创意之眼等地标建筑（见图2）。[②]

---

① 张朋：《武汉创意天地开工建设》，《长江商报》2009年12月11日。

② 朱波：《洪山区重点创意产业招商项目》，《长江日报》2009年4月21日，第2版。

图 2　全国政协副主席厉无畏出席洪山科技一条街纪念仪式

（二）南湖创意产业园

南湖创意产业园地处洪山区核心地带，北起湖北省图书出版城、南邻野芷湖、东接南湖水域、西靠武汉理工大学，园区规划建设面积约 3000 亩，实际开发建设面积 1045 亩，产业核心区为北港科技创意园（含省图书出版城）和武汉创意天地园区，是武汉市原创影视动漫两大核心园区之一。

目前，南湖创意产业园区已经形成了一条完整的创意产业链。2009 年，园区就已具备制作三维动画 6000 分钟、二维动画 5000 分钟的生产能力，能接纳 800 人/年的动漫实训规模，仅 2009 年就制作完成三维动画 4165 分钟，二维动画 3555 分钟，累计培养实训人员 320 人。① 原创动漫方面，海豚传媒出品的 126 集原创三维动画电视剧《小鼠乒乒》登陆法国戛纳秋季电视节，继在央视播放后，还在全国 200 余家地方电视台热播，获评国家优秀国产动画片、武汉市名牌产品等称号，是武汉市仅有的 2 个市级名牌文化产品之一，该公司还相继推出周边产品 90 余种；天鹰动漫投资 1000 多万元精心制作了湖北省首

① 《洪山区创意产业发展“十二五”规划》。

部三维动漫电影《熊猫欢欢与箭竹仙子传奇》；蔚上蔚文化传媒公司制作了365集原创动画情景剧《春暖花开》。① 网络游戏方面，意美汇文化传播公司推出的原创漫画杂志《漫画BOX》在全国发行，还开发了湖北首个中式原创动画推广发布平台——“漫画盒子网”，集原创手机动漫作品、漫画资讯、动漫周边产品商城、漫画创作素材总汇为一体；武汉齐进网络技术开发有限公司研发的原创网络游戏《六道》上线运营，被湖北省文化厅授予“全省优秀原创网络游戏奖”；国内最大的网页游戏平台武汉游戏网络公司旗下的“265G网页游戏平台”已落户园区，力主研发移动互联网领域的新产品；武汉点滴网络科技公司不仅与韩国文化观光部下属的韩国电脑游戏开发者协会签订了战略合作协议，还在2012年10月受邀赴韩国领取了唯一由中国企业获得的游戏设计大奖。

此外，两点十分数码公司在不到一年时间内，完成了1250分钟的三维动画片《虫虫计划》的服务外包制作，与台北优加数位股份有限公司签约了《虚拟偶像林志玲》的制作项目；世纪长青文化传播公司承接了动画片《笨笨牛历险记》的整体策划与运营；武汉七彩虹文化传媒公司2012年出品了首部主旋律电影《我想有个梦》。

截至2012年6月，南湖创意产业园已累计完成重点项目投资28亿元，完成建筑面积30万平方米，另有在建面积36.2万平方米，建成丽岛、天宇、洪山CBI等7个创意产业基地，入驻各类科技和文化创意企业合计161家（其中文化创意企业91家、科技企业39家、其他商贸服务类企业31家），吸纳从业人员8560人。2011年，园区完成科工贸销售收入54.5亿元，其中文化创意33.21亿元，同比增长56%；高新技术产值20.03亿元，同比增长7.11%；实现税收2.63亿元，同比增长36%。园区拥有国家及省市级高新技术项目45个，国家文化产业基地1个，省级文化产业基地3个，国家认定的高新技术企业12家，国家认定的动漫企业4家（其中国家重点动漫企业1家），拥有省名牌产品3个，市名牌产品1个，省级企业研发中心2个，知名跨国公司实验室2个，民营研究院1个，甲级建筑设计院1个，教育部教

① 《洪山区创意产业发展“十二五”规划》。

学仪器研究所幼儿园教育装备研究中心1个，上市公司2家，上市后备企业5家。到2012年园区基本建设成为了高新科技和文化创意产业融合发展的新型园区，实现了由工业园区向科技文化创意产业园区的产业结构调整升级的发展目标。①

（三）天兴洲生态绿洲

正在规划中的天兴洲生态绿洲，是武汉市的重大生态文化创意项目，项目规划用地面积约16.06平方公里，位于长江洪山区河段最大的江中之洲——天兴洲。从功能结构上规划为“三园、双核、一区”的基本布局，即打造生态文化园、生态观光园、体育运动园三个功能园区，建设洲头、洲尾两个服务核及天兴洲生态文明示范区。在产业定位上，重点引进农业观光休闲、民俗文化休闲、休闲度假及运动休闲四大休闲娱乐产业，打造特色观光农业、生态湿地园、植物展示园、创意休闲村落、游艇俱乐部、高尔夫球场、人工沙滩等15个重点项目。

天兴洲生态绿洲从太阳能发电、人工湿地、节水排污、水土保持、绿色运营等方面最大限度实现生态资源的价值和生态资源的产业化，从而将其建设成为集生态旅游、园艺展示、体育运动为一体的中国中部地区地标型生态文明示范岛。

三　洪山区文化创意产业发展前景展望

结合《洪山区十二五文化发展规划（2011～2015）》《洪山区创意产业发展“十二五”规划》以及《洪山区创意产业发展规划纲要（2009～2020）》等文件目标，以及洪山区“55211”工程和“一核、八区、五块”的创意产业空间发展布局规划，洪山区在“十二五”期间创意产业发展的总体目标可概括为：基本建成以“武汉·洪山创意大道”命名的全省领先、国内知名的创

① 《洪山区南湖创意产业园文化科技融合发展走在全市前列》，中共武汉市委宣传部网站，http：//www.whxc.org.cn/shownews.asp？news_ id =4239。

意产业集聚带；确立以出版传媒、动漫影视、数字科技、设计，以及创意金融商务、创意要素市场这一“4+2”为主体的产业体系框架；完善政府政策、资金、信息、公共技术综合服务平台；形成以园区为中心、龙头企业为核心的产业集群；集中优势资源，培育一批以科技创新和文化创意为引擎的创业型企业群；政府综合服务进一步完善并发挥突出作用，基本形成主导产业突出、支撑产业完善、外围产业丰富、衍生产业繁荣，具有洪山特点的经济社会发展重要支柱性创意产业体系。

（一）加强文化科技结合，保持优势项目发展速度

文化与科技的有效结合是洪山区发展创意产业的基础优势。武汉大学及华中科技大学等高校和科研机构在软件工程、计算机、电子信息、网络工程、数字技术等科技领域具有领先的学科优势，华中师范大学、中南财经政法大学、中国地质大学、中南民族大学等高校在文学、历史学、民族学、经济学、法学等学科领域又具有独特的文化内容优势。因此，走文化与科技融合的发展路子，既保持动漫、影视制作、图书出版等已经形成的区域创意产业优势项目的发展势头，又能以文化资源作为发展创意产业的重要基础，将科技文化、时尚文化、教育文化、生态文化以及会展文化融入创意产业之中，是洪山区创意产业发展的一大重要举措。

1. 要积极发展数字网络等新兴文化产业

不仅要推动发展数字网络技术创意产业，还要加强技术与创意产业各行业的融合，催生具有高技术特征的创意形态和创意业态。譬如，依托“洪山科技一条街”、“武大珞珈创意园”等数字网络创意产业基地，鼓励网络原创内容，开发各种新型网络信息服务，促进网络传媒、网络视听、网络互动、网络远程教育等服务行业的开发和产业化发展。

2. 要重视创意产业文化底蕴和内容厚度的修炼

依托辖区内中国地质大学、武汉理工大学、湖北工业大学、武汉纺织大学等学科优势，推动以时尚设计为代表的内容产业的发展，尤其是珠宝设计、建筑设计、服装设计、包装设计、室内设计、广告设计、环境设计等行业，推进环中国地质大学珠宝创意产业集聚区、环中南民族大学民族文化创意集聚区的

建设。此外，借力武汉体育学院在体育品牌，以及华中农业大学在农产品品牌上的效应，完善环武汉体育学院奥林匹克体育创意产业街区、天兴洲生态绿洲和洪山菜薹特色农艺创意体验区的建设，依托卓刀泉寺、中国地质大学珠宝博物馆等文化遗迹，推进关公文化旅游街、珠宝奇石文化街等特色街区建设，从而促进文化产业与旅游、体育、信息等产业融合发展。

（二）加大园区集聚力度，完善创意产业服务平台

在建设现有创意园区的基础上，洪山区要加快产业园区中长期规划和建设，加大招商引资的力度，完善创意产业策划、设计、生产、展示、营销、物流的产业链建设，从而实现产业园区的“创意、创新、创业”，从单一型向综合型规模化发展。

1. 依托现有资源重点发展综合性产业集聚区

以北港科技创意园区为例，洪山动漫基地二、三期建设将吸引更多的创意企业入驻，预计“十二五”末期能达到220家，创意基地达到10个，[①] 其中湖北民营出版大厦、中石创意空间二期、南华大华创意街区等项目已经投入建设，这将形成出版传媒、动漫影视、建筑设计创意三大产业的集聚。“武汉大学珞珈创意产业园”在数字动漫产业基础上，致力于“数字乐园、霓裳之都、传媒绿洲”三大主题基地的建设，实现集数字科技、演艺娱乐、动漫影视、时尚设计、出版传媒为一体的综合性产业园区。

2. 构建完善的政策扶持和公共平台

公共建设、公共服务对产业发展有拉动作用。在园区建设基础上还要加快创意产业公共平台和要素市场服务区的建设，包括改进公共财政对公共服务的投入方式，逐步加大“洪山区创意产业发展专项资金”的投入力度，扩大政府面向市场公开采购创意产品和创意服务的渠道。构建创意产业投融资平台，推进投融资政策的创新，完善中小创意企业集合信托贷体系，构建创意产权和版权交易平台，建立健全公共产品和服务采购信息公开发布机制等措施。如筹建中的洪山文化广场、“华中版权交易中心”、“北港科技创意园创意产业基地

---

① 《洪山区创意产业发展“十二五”规划》。

股份有限公司及公募权型创意产业投资基金”，在区域内设立创意产业的博览、会展、体验服务，引导和鼓励优秀创意企业上市。

（三）重视文化品牌影响，提升创意产业就业率

1. 重视龙头企业的领军效应，打出行业联盟组合拳

洪山区在现有创意产业集聚的基础上，既要不断扩大集聚规模，加快北港创意产业园、武大珞珈创意产业基地、武汉创意天地等创意园区及武汉未来城等10个创意产业节点的建设，更要重点培育一批在行业内具有较高知名度的创意名品，建设拥有自主创新能力的大型龙头企业，一方面发挥它们的带动作用，促进产业向高精尖专业化方向发展，另一方面以较高的企业吸引力，推进产业集群和行业联盟的形成。如扶持湖北长江出版集团成为出版行业的龙头企业，突出发展出版传媒、影视动漫、数字科技、时尚设计等产业，并围绕这些形成影视出版的集聚效应，从而带动南湖创意产业园区的发展。

2. 以产业发展拉动就业，实现区域和谐社会的建设

创意产业有着巨大的发展潜力，其人才需求量大，就业前景好。作为内容和科技的结合，洪山区近50万的高校学子为辖区发展创意产业注入了源源不断的新鲜血液。进一步加强同高校、科研院所的互动，除了将知识转化为产业外，还应以解决就业难题、构建和谐社会为产业发展的终极目标。一方面，鼓励和扶持高校毕业生在电子商务、文化策划、休闲娱乐、网络游戏等行业开展自主创业。如华中师范大学就建设了大学生创业文化街；中国地质大学建成了鲁磨路地质大学珠宝一条街；当前正在以黄家湖大学城为中心筹建大学生创业一条街。另一方面，重视创意产业的社会教育和培训工作，在产业发展中拉动就业。武汉大学、湖北长江职业学院等高等院校也纷纷建立动漫产业基地，面向社会开展动漫产业职业培训。“武汉创意天地”能吸引500家左右创意企业入驻，提供5000个以上就业机会，每年培养超过2000名中高级创意人才，实现产值20亿元。①

2008～2012年，洪山区创意产业在5年的时间内取得了令人瞩目的成就，在此难以一一概述。可以说，洪山区创意产业正如一架动力十足的战斗机，正

① 《洪山区创意产业发展“十二五”规划》，第13页。

昂首冲向蓝天，有气冲霄汉之势，满怀凌云之志。可以预测，在区委、区政府有效政策引导下，在辖区内创意产业人才的努力下，在文化与科技高度融合的产业优势下，洪山区的创意产业会循序渐进，实现预期的规划目标，成为洪山区经济发展的支柱性产业，带领区域经济迈上新台阶，最终实现“魅力洪山”、“创意洪山”的城市发展目标。

行业发展篇

Industrial Development

B.6

动漫产业（上篇）

——产业规模扩大，精品力作纷呈

张　敏*

摘　要：

动漫产业是21世纪最具创造力、感召力、带动力和影响力的知识经济的核心产业之一，是IT产业之后最具广阔市场前景和巨大发展潜力的新兴产业。它集资金密集、科技密集、知识密集、人才密集于一体，具有消费群体广、市场需求大、生命周期长、附加价值高、带动作用大、节能环保等特点，是文化产业的重要增长点，日益成为城市综合竞争力和可持续发展能力的关键。武汉动漫行业坚持正确的导向，坚持产业化方向，坚持科学发展，坚持开拓

* 张敏，男，博士、博士后，教授，武汉动漫协会会长，武汉文化创意产业常务副会长、湖北数字家庭产业促进会常务副会长、武汉高科国有控股有限公司副总经理，主要研究方向：文化创意产业、文化科技融合产业发展。

进取，全面推动发展理念创新、体制机制创新、内容形式创新、文化业态创新、发展模式创新和服务体系创新，取得了一系列突破性进展，整体实力和发展水平进入全国前列，呈现出集聚发展、规模发展、特色发展的良好局面。

关键词：

武汉市　动漫游戏业　创新发展　对策

大力发展动漫产业，对于满足人民群众精神文化生活需求、传播先进文化、促进青少年健康成长，对于调整优化产业结构、转变经济发展方式都具有重要意义。在当今经济全球化过程中，动漫产业发挥着越来越重要的作用，日益成为城市综合竞争力和可持续发展能力的关键。

2012 年，国家首次发布了《“十二五”时期国家动漫产业发展规划》，中国动漫产业终于确定了自己的战略地位，明确了发展目标及实现途径，开启了我国“从动漫大国向动漫强国跨越发展”的伟大进程；武汉市委、市政府高度重视发展动漫产业，将动漫产业纳入了武汉市战略性新兴产业振兴计划、文化产业发展规划和国家文化科技融合示范园区建设重要内容，出台促进政策，实施示范工程，引导动漫产业健康发展。

2012 年，武汉动漫行业坚持正确的导向，坚持产业化方向，坚持科学发展，坚持开拓进取，全面推动发展理念创新、内容形式创新、文化业态创新、服务体系创新、体制机制创新，着力构建“大动漫”生态系统，产业规模进一步扩大，产业链条进一步完善，创新能力进一步提升，产业体系进一步健全，发展模式进一步优化，精品力作和知名品牌不断涌现，产量和质量迈上新台阶。整体实力和发展水平进入全国前列，呈现出集聚发展、规模发展、特色发展的良好局面，为引领文化科技融合创新、推动武汉文化产业发展不断取得新的突破、做出新的贡献。

一　武汉动漫游戏产业发展基本情况

2012 年，武汉动漫产业继续保持较快较好的发展局面和势头，产业规模稳步扩大，精品力作集中呈现，产业链条逐步完善，商业模式日渐清晰，整体实力不断提升，发展规模和发展质量均达到历史最好水平。2012 年武汉动漫企业总收入约 40 亿元，创历史新高；全年生产动画电视片 15 部共计 5501 分钟，其中 12 部分别在中央电视台、地方电视台和卫星频道播出；7 部汉产优秀动画作品获得 8 项国家级政府奖项和国家级行业奖项，创历史最好成绩，动画电视片生产数量和获得国家级奖项数量均进入全国前列。2012 年武汉出版发行漫画期刊约 10249 万册，合计发行总码洋 6.15 亿元，发行数量占中国漫画期刊发行总量的近一半，继续保持中国第一，攀升至世界第二。网络游戏产业实现销售收入近 3 亿元，保持快速发展势头。武汉动漫行业深入推进 ACG（动画制作、漫画出版、游戏开发运营）动漫产业创新发展战略，动画制作、漫画期刊、电子游戏产业呈现竞相发展的良好态势。新媒体动漫、应用动漫、工程动漫和虚拟技术在产业发展、城市建设、社会生活中得到越来越广泛的推广和应用。

2012 年，武汉动漫行业整体发展水平迈上新台阶。一批动漫企业以其优异的创新成果、有效的盈利模式、突出的发展能力脱颖而出，全年武汉动漫新增国家文化产业示范基地 2 家、国家重点动漫企业 2 家、国家认定动漫企业 5 家、省级文化产业示范基地 18 家。武汉动漫行业已拥有国家动画产业基地 1 家，国家文化产业示范基地 4 家（见表 1）、国家重点动漫企业 3 家（见表 2），国家级动漫企业 19 家（见表 3），湖北省文化产业示范基地 26 家（见表 4），动漫游戏企业达到 200 余家，从业人员近 10000 人。武汉动漫产业朝着规模发展、特色发展的方向迈进，日益成为文化产业发展的新亮点，成为促进文化科技融合、优化产业结构升级和转变经济发展方式的重要力量。

表 1　国家文化产业示范基地

序号	企业名称	批次	时间
1	江通动画股份有限公司	第二批国家文化产业示范基地	2006 年
2	海豚传媒股份有限公司	第四批国家文化产业示范基地	2010 年
3	武汉亿童文教发展有限公司	第五批国家文化产业示范基地	2012 年
4	湖北盛泰文化传媒有限公司		

表 2　国家重点动漫企业

序号	企业名称	认定时间
1	江通动画股份有限公司	2010 年
2	湖北盛泰文化传媒有限公司	2012 年
3	海豚传媒股份有限公司	

表 3　国家级动漫企业

序号	企业名称	认定时间
1	江通动画股份有限公司	2009 年
2	海豚传媒股份有限公司	2010 年
3	武汉银都文化传播有限公司	
4	武汉诺克斯信息技术有限公司	
5	武汉乐酷网络科技有限公司	
6	武汉普润传媒科技股份有限公司	
7	湖北盛泰文化传媒有限公司	2011 年
8	武汉意美汇文化传播有限公司	
9	武汉东尼文化传播有限公司	
10	武汉玛雅动漫有限公司	
11	武汉天鹰动漫发展有限公司	
12	武汉博润通数码科技有限公司	
13	武汉两点十分数码科技有限公司	
14	武汉全景三维动画有限公司	
15	武汉邦维文化发展有限公司	2012 年
16	武汉漫迪动漫文化传播有限公司	
17	湖北视纪印象科技有限公司	
18	武汉市润天设计有限公司	
19	武汉天娱动画设计有限公司	

表 4　湖北省文化产业示范基地

序号	名称	批次
1	湖北知音期刊出版实业集团有限责任公司	第一批（2010 年）
2	海豚传媒股份有限公司	
3	江通动画股份有限公司	
4	湖北长江出版传媒集团	第二批（2011 年）
5	武汉育童文化服务有限公司	
6	湖北日报楚天 181 文化创意产业园	
7	湖北盛泰文化传媒有限公司	
8	武汉两点十分数码科技有限公司	

续表

序号	名称	批次
9	武汉华侨城实业发展有限公司("欢乐谷"项目)	第三批（2012年）
10	武汉博润通数码科技有限公司	
11	湖北视纪印象科技股份有限公司	
12	武汉浩翰动画有限公司	
13	湖北盛天网络技术股份有限公司	
14	武汉市演出公司	
15	武汉意美汇文化传播有限公司	
16	武汉光谷创意产业基地建设投资有限公司	
17	武汉超玩在线科技有限公司	
18	武汉诺克斯信息技术有限公司	
19	武汉玛雅动漫有限公司	
20	武汉数字媒体工程技术有限公司	
21	武汉银都文化传媒股份有限公司	
22	武汉漫迪动漫文化传播有限公司	
23	武汉全景三维动画有限公司	
24	武汉东尼文化传播有限公司	
25	武汉卡普士动画制作有限公司	
26	武汉市天娱动画设计有限公司	

（一）产业规模快速扩大

2012 年，武汉具有一定实力的动漫制作企业 80 余家、游戏制作企业 40 余家，涵盖了动漫创意、出版发行、动画制作、游戏制作及运营、教育培训、动漫演艺、衍生产品开发生产以及行业服务等动漫产业链主要环节。2012 年，武汉动漫游戏产业实现企业销售总收入 40 亿元，比 2011 年增长近 33%，保持着近年来 30% 以上的增长速度；动漫外包服务业务总量近 2 亿元，工程动漫业务完成量达 1.5 亿元；出口创汇 1000 万美元，创历史最好水平。武汉动漫产业总体发展规模进入全国前列。

武汉动漫产业从无到有、从小到大的发展实践证明，走“企业集聚—产业链条—产业集群—发展基地”的路子，是推动动漫产业融合发展、规模发展的重要途径，有利于促进企业优势互补、良性竞争，有利于形成集合优势、成本优势、效率优势、服务优势，有利于完善产业发展体系，提升整体发展能力。武汉动漫游戏产业从企业集聚向产业集聚的逐步转变和升级推动着武汉动漫游戏产业发展规模不断扩大、发展质量不断提高。

中国光谷创意产业基地是东湖国家文化科技融合示范园区的核心基地，在武汉动漫产业发展中发挥着产业集聚和行业引领的作用。基地成立于2008年，由武汉高科国有控股集团有限公司与曙光集团联合组建，实行市场化、企业化、专业化运营与服务。基地以动漫、游戏产业为核心，融合网络增值服务、数字体验、新传媒、新设计等文化科技融合新兴产业领域，推动动漫创意产业集约化、链条化、规模化发展。到2012年底，基地入驻各类创意企业近百家，集中了武汉市70%的动漫制作企业，成为我国动漫企业最为密集的动漫创意产业基地之一，基本形成了涵盖动漫原创策划、漫画出版、动画制作、衍生产品生产销售以及后期制作、外包服务、人才培训、企业孵化、中介咨询、市场推广、投融资服务等关键环节的动漫产业发展体系，具备了较大的产业规模、较强的创新能力和较完善的服务体系，分别被授予湖北省“科技企业孵化器”和“湖北省现代服务业示范园区”的称号。

洪山创意产业园动漫基地是东湖国家文化科技融合示范园区的重要载体，在漫画图书出版、动画原创制作、网页游戏开发、门户网站运营及工程动画与应用等方面集聚了一批具有一定影响力的企业，形成了鲜明特色。

2012年10月，武汉市委、市政府召开了“全市文化产业振兴暨文化和科技融合工作动员大会”，发布了《武汉动漫游戏产业示范工程实施方案》，明确了2012～2016年实现武汉动漫产业特色化、高端化、规模化发展的战略目标、发展思路、主要任务和保障措施，围绕构建“大动漫”生态系统、完善产业发展环境、增强自主创新能力，启动实施了一批动漫游戏产业重点建设项目和原创动漫游戏开发项目，包括动漫技术研发中心等4个产业基地园区、光谷动漫云技术服务平台等11个产业服务平台建设项目和三维动画电影《闯堂兔2》、网页游戏《神魔三国》等57个动漫游戏原创开发项目。武汉光谷创意产业基地、洪山创意产业园等动漫游戏产业基地、江通动画股份有限公司、湖北盛泰文化传媒有限公司等动漫企业进入了文化科技融合首批试点单位，在动漫创意产业创新发展中将发挥先行先试、引领探索发展的作用。

通过布局和实施动漫游戏产业重大项目，加大对园区基地和骨干企业创新发展的支持和培育力度，加快了构建产业体系步伐，促进了产业链条进一步完善，强化了原创动画和形象品牌的开发力度，推动了动漫游戏产业新平台、新龙头、新业态和新优势的建设发展，为做大做强武汉动漫游戏产业奠定了坚实基础。

（二）精品力作集中呈现

近年来，武汉动漫行业大力实施精品战略，将打造更多的动漫精品力作作为发展动漫产业、确立动漫“武汉出品”的重中之重，在注重动画产品产量规模的同时，更加注重产品质量和创意水平的提升，倾力打造具有思想性、艺术性、创新性和具有品牌化、市场化、产业化价值的动画精品力作，2012 年全年动画产品数量和质量均大幅提升，达到历史最好水平。

2012 年，武汉动漫行业完成制作动画电视片 15 部共计 5501 分钟（见表 5），均比 2011 年增长 2.5 倍，进入全国前八位；动画加工制作能力达到 41000 分钟，保持持续增长势头。15 部动画电视片中有 12 部分别在中央电视台、各地方电视台和卫视频道播出，较 2011 年的 5 部增长 2.4 倍，其中 5 部在中央电视台播出。

表 5　2012 年完成制作动画电视片

序号	作品名	制作单位	播出情况
1	《饼干警长 1、2》	江通动画股份有限公司	2011～2012 年中央电视台
2	《四渡赤水》		2012 年完成制作
3	《饼干警长 3》		
4	《饼干警长 4》		
5	《断尾狗之螃蟹站住》	武汉普润传媒科技股份有限公司	2012 年 2 月地方电视台
6	《万花筒里的世界》	武汉天娱动画设计有限公司	2012 年 3 月地方电视台
7	《小凡工作记》		2012 年 5 月地方电视台
8	《蔬菜宝宝要回家》		2012 年 9 月中央电视台
9	《漫迪英雄之天元斗士》	武汉漫迪动漫文化传播有限公司	2012 年 6 月中央电视台
10	《木灵宝贝之重回帆智谷》	武汉博润通数码科技有限公司	2012 年 7 月地方电视台
11	《花精灵战队》	武汉大海信息系统科技有限公司	2012 年 8 月中央电视台
12	《小鼠乒乒之欢乐无限》	海豚传媒股份有限公司	2012 年 11 月中央电视台
13	《左冲右突糖果虎》	武汉浩翰动画有限公司	2012 年 11 月地方电视台
14	《非常女生媚媚猫》	武汉东尼文化传播有限公司	2012 年 12 月地方电视台
15	《招财童子》	武汉治图文化传媒有限公司	2012 年 12 月地方电视台

2012 年，武汉有 7 部优秀动画作品获得了 8 项国家级政府奖项或国家级行业奖项，是武汉获得国家级动漫奖项最多的一年。在国家级政府奖项方面，武汉博润通数码科技有限公司制作的动画电视连续剧《木灵宝贝之重回帆智谷》获得国家广播电视总局颁发的“2012 动画精品一等奖”，这也是武汉动漫作品第一次获得国家级动画精品一等奖；江通动画股份有限公司的系列动画片《小喇叭之抱抱熊 365 晚安故事》、武汉银都文化传媒股份有限公司的动画连续剧《家有浆糊》、海豚传媒股份有限公司的动画连续剧《小鼠乒乒之欢乐无限》等同时获得“2012 动画精品三等奖”；江通动画股份有限公司的动画电影《民的 1911》、动画电视连续剧《天上掉下个猪八戒》获得文化部、国家广播电视总局、新闻出版总署联合颁发的“国家动画精品工程奖”，《天上掉下个猪八戒》同时还获得国家广播电视总局颁发的中国电视文艺“星光奖”。在国家级行业奖项方面，武汉银都文化传媒股份有限公司的《家有浆糊》获得“第 26 届中国电视金鹰奖优秀动画片奖”。湖北盛泰文化传媒有限公司的动画电视连续剧《阿特的奇幻之旅》和海豚传媒股份有限公司的漫画系列《小鼠乒乒 3》被认定为国家重点动画作品。武汉动画作品构思新颖、主题向上、制作精良，受到业界的关注和观众的喜爱。

教育与娱乐并重，价值观积极向上。武汉动画作品在题材选择上，以儿童为主要受众目标，重视开掘适合未成年的题材，从适合儿童观看的角度进行创意和设计。按照题材划分，童话类题材 7 部，现实类题材 2 部，教育、历史、神话、科幻类题材各 1 部，在呈现题材多样化趋势的同时，童话类题材占到作品总数的一半以上，表明在经历了沿袭说教传统的叙事反思和对国外动画片盲目跟风仿制风潮之后，在内容选择及叙事风格锻造上，武汉动漫开始向更为贴近我国儿童接受心理和审美习惯的民族文化及传统叙事策略回归，并在回归中升华创作理念、创新实践和市场价值。获奖作品《木灵宝贝之重回帆智谷》通过童话奇幻故事，使洋溢着互助、关爱、友谊、毅力和生态理念的主题得到生动诠释和展现。同时，武汉动画作品在克服简单说教方面有了更多进步，寓教于乐，更加生动自然，娱乐的技巧更加高明。《小鼠乒乒》以幽默诙谐的风格，增强了情节感染力。主人公喜欢冒险和探索，待人真诚热心，通过日常生活的点点滴滴和喜怒哀乐传达了真诚、机智、认真、好学的价值导向。

制作技术精良，直逼国际水准。动画不是“运动的画”，而是“画出来的运动”艺术。武汉动画在增强动画“运动感”、“节奏感”、“立体感”意识和实现能力上普遍大幅提升。《木灵宝贝之重回帆智谷》采用二维加三维技术，制作精良，角色醒目，动作流畅，场景唯美；动漫电影《闯堂兔》、动画电视连续剧《小鼠乒乒》采用全新的三维制作技术，造型更具立体感，质感更丰富真实，色彩更清新绚丽，动作也更自然流畅，在造型、光影、人物表情等方面达到了较高的艺术水准；《天元斗士》将玩具工程设计与形象创意设计结合起来，不仅实现了玩具汽车与机器人之间的变形互换，也在机甲类动画制作运用中得到生动展现。

武汉动画不仅在人物造型、场景设计上更加生动、精致，在声音元素的运用以及音乐和歌曲等方面都较以往更为讲究和精彩，武汉动画片服务包括了歌曲、音乐、配乐的创作、制作及录制、音效制作、音频合成、音乐编排等，初步建成了从音乐创作、制作到音效和配音等较完整的业务体系，武汉木菲扬文化传播有限公司、武汉华美铭远广告有限公司在承担武汉大部分动画片的音乐创作、制作及配音业务的同时，还将业务拓展至全国，在国内音乐创作、制作和配音领域开始有了自己的影响和地位。

近年来，武汉共有20余部动画电视片在中央电视台等电视台播出，2部动画电影在国内院线上映，一大批汉产优秀动画作品先后获得了“动画精品奖”、“优秀动画片奖”以及“美猴奖”（金猴奖）、“星光奖”、“金龙奖”等国家级奖项和国际奖项。2012年就有7部汉产动画作品集中获奖，反映出武汉动画电影和动画电视片在思想价值、艺术品质、制作水准等方面所达到的最新高度，代表了武汉打造精品力作推动汉产动画跨越式发展的最新成果，受到了观众的欢迎、业界的肯定和广泛的关注，凸显了汉产动漫精品力作和动漫品牌的崛起，使得“武汉出品”系列动画在2012年崭露头角。

汉产动画在中国崛起的同时，通过海外发行的方式加快了走向世界的步伐。2012年，继《家有浆糊》在泰国中文电视台成功展播后，《小鼠乒乒》系列与马来西亚电视台、越南电视台、新加坡电视台达成合作意向，在马来西亚电视台、越南电视台播出，获得好评。“武汉出品”正在迈向“中国出品”。

（三）漫画出版领先中国

漫画原创及其出版发行是动漫产业链条的关键环节之一，具有引领动画创作、集聚市场资源、获取经济效益、打造动漫产业品牌的重要作用。

武汉漫画期刊出版发行业历史不长，但发展迅速，在市场竞争发展中形成的以湖北知音传媒集团、武汉银都文化传媒股份有限公司等漫画出版发行企业为主体的武汉漫画期刊快速增长态势。2012 年，武汉漫画期刊出版发行总量近 1 亿册，合计发行总码洋 6.15 亿元，发行量继续保持中国第一位；漫画图书发行量约 50 万册，发行码洋 1000 万元。其中，《知音漫客》月发行量 650 万册，全年发行量 7800 万册，较 2011 年增长 15%，位居中国第一，并超过世界排名第二位的日本漫画周刊《少年 SUNDAY》，攀升至世界第二位，成为我国漫画期刊最具影响力的知名品牌之一，领先业界，享誉海内外；武汉银都文化传媒股份有限公司的半月刊漫画杂志《淘漫画》2012 年发行量 209 万册，发行码洋 1000 万元，聚集了大批忠实粉丝，也取得了不俗的成绩，整体市场规模不断扩大（见表 6）。

表 6　2012 年主要漫画期刊发行情况

序号	作品名	制作企业	发行量	备注
1	《知音漫客》	湖北知音动漫有限公司	7800 万册	2012 年
2	《漫客·小说绘》		800 万册	2012 年
3	《漫客·星期天》		480 万册	
4	《漫客·绘心》		360 万册	
5	《漫客·绘意》		360 万册	
6	《漫客·童话绘》		240 万册	
7	《淘漫画》	武汉银都文化传媒股份有限公司	209 万册	

与时俱进地进行战略再造和提升是 2012 年武汉漫画期刊企业发展的显著特点。2012 年，湖北知音传媒集团完成以《知音漫客》为核心的漫画刊群构建工作，形成以《知音漫客》周刊为核心，《漫客·小说绘》动漫文学月刊、《漫客·星期天》少儿类动漫图文周刊、《漫客·绘心》励志类青春绘本月刊、《漫客·童话绘》少儿动漫文学半月刊、《漫客·绘意》青春时尚刊、《漫客九

州志》、《漫客悬疑世界》等为主体的漫客动漫刊群，共8种每月出版13本连续出版物，2012年的发行量为2240万册。主营业务战略架构更加稳固，鲜明的办刊特色、精细的市场划分、有效的营销策略，在青少年中催生了“消费漫客”的文化现象。

与此同时，湖北知音传媒集团加大了对图书出版项目的投入，启动了以期刊为中心的动漫数字出版、动画游戏及其周边衍生产品开发、新媒体运用、电子商城、动漫教育等全产业链的深度开发和运营，知音集团利用资源优势和品牌影响力，丰富期刊价值内涵，扩张企业价值体系，重构起品牌战略高端。

《知音漫客》的巨大成功启示我们：必须坚持内容第一，故事为王，要贴切、真实地反映大众情趣和生活原味；必须坚持整合具有一定号召力和影响力的优秀原创漫画作者，形成期刊核心竞争力；必须坚持全方位为原创漫画作者提供实现作品价值、服务价值增值和价值综合开发利用的良好条件；必须坚持以价值最大化为目标，善于塑造品牌、经营品牌，因为以品牌为核心的全产业链的立体开发才是漫画期刊的发展未来。

武汉银都文化传媒股份有限公司依托漫画出版资源优势，推动企业转型升级，在企业内部不断完善产品链和价值链，向文学杂志、动漫、图书制作拓展，《最推理》已成为国内推理杂志中具有一定号召力的一线品牌；《穿越·COS》杂志融穿越小说、动漫、Cosplay于一体，开国内该类杂志的先河。根据《淘漫画》刊载的优秀原创漫画《家有浆糊》推出的同名动画电视连续剧，在2012年夺得第26届中国电视金鹰动画作品奖和国家广播电视总局“动画精品奖”，相关衍生产品同步进入市场，实现了市场收益的良好开端，为动漫企业成功实践“漫画+动画”的动漫盈利模式提供了最新范例。2012年，武汉漫画期刊的快速发展也带动了原创漫画图书和绘本故事图书出版物的欣欣向荣，《知音漫客》动漫刊群、银都文化推理、穿越系列以及作为引进版权的期刊代表，如《十三宝藏》《疯狂狐狸》《猫武士动物小说》《猫武士森林会》都取得了令人瞩目的成绩与口碑。

漫画图书是漫画出版发行的重要方面。武汉漫画图书近年来发展迅速，成为中国漫画图书出版事业中的一个亮点。湖北海豚传媒股份有限公司以图书出版发行和动漫产品策划、制作及销售为主业，其动漫产品包括了原创漫画类作品和原创动画片类产品。2012 年，湖北海豚传媒股份有限公司漫画图书出版发行迈上新台阶，呈现规模较大、品种较多、效益较好、逐年上升的发展趋势。全年经营原创漫画、插画近 300 个品种，原版引进漫画图书达 400 多个品种，漫画图书销售总额为 1.34 亿元，成为我国最大的漫画图书策划、制作、出版商之一。近几年来，湖北海豚传媒股份有限公司不断扩大国际合作，先后与美泰、迪士尼、CASTERMAN 等国外知名动漫企业达成基于品牌的整体开发合作协议，对授权品牌动画形象进行完全自主的本地化开发，包括与迪士尼合作的《赛车总动员》《白雪公主》《睡美人》《美女与野兽》《仙履奇缘》等公主系列以及 2002 年以来所有三维动画电影的故事改编权；与美泰合作的芭比形象开发以及 2008 年以后全球上映的所有芭比公主系列和仙子系列形象运用；与 CASTERMAN 合作的“玛蒂娜”形象开发等内容。还与多个国家达成了世界著名大师系列绘本原版引进合作意向，奠定了连接全球、品类齐全的优质漫画图书资源优势。

（四）网络游戏快速发展

游戏是数字出版文化和网络出版文化的重要方面，也是具有互动、智力竞技功能的动画形态，是动漫产业链条重要的衍生盈利环节，也是武汉动漫产业实施 ACG 发展战略的重要支撑之一。

近年来，我国游戏产业继续保持快速增长势头，成为文化产业中发展速度最快的产业，呈现出以客户端游戏市场为主体、网页游戏营收增长强劲、移动游戏市场快速崛起的新特点，游戏产业进入全面高速发展期，为我市游戏产业发展带来巨大市场空间和发展机遇。2012 年，武汉游戏产业立足自主创新，打造精品力作，创新发展模式，推动游戏产业上水平、上规模，自主创新能力进一步增强，行业销售收入快速增长，行业发展规模进一步扩大，市场影响力进一步增强。

截至 2012 年底，武汉游戏企业约 40 余家，从业人员约 1000 人，全年企业总收入 3 亿元，较 2011 年增长 30%；全年开发投运原创网页游戏 4 部、手机网络游戏 6 部、手机单机游戏 30 余部（见表 7）。游戏门户网站运营水平不断提高，经济效益显著增长，在网页游戏开发及运营、游戏门户网站运营和电子竞技赛事承办与运营等方面形成了一定的特色和优势，基本形成了以网络游戏、移动游戏研发和运营为主体，客户端游戏、网页游戏、手机游戏的研发和运营、游戏门户网站运营、游戏平台研发与运营、电子竞技赛事承办与运营等相互关联、相互促进的产业形态，涵盖了从游戏原创策划、游戏引擎开发、游戏制作代工、后期音效制作、媒体整合推广到网吧渠道运营等产业链关键环节。

表 7　2012 年上线网络游戏

序号	游戏名	制作公司	类别	上线时间
1	《MK 丢丢堂》	湖北知音动漫有限公司	网页	2012 年 3 月
2	《永久基地》1.2	武汉天赋网络技术有限公司	网页	2012 年 7 月
3	《封魔录》	武汉九逸信息科技有限公司	网页	2012 年 7 月
4	《神兵卷轴》	武汉点滴在线网络科技有限公司	手机	2012 年 7 月
5	《封神使》	武汉点滴在线网络科技有限公司	手机	2012 年 7 月
6	《龙印》	武汉诺克斯信息技术有限公司	手机	2012 年 8 月
7	《Q 将水浒》	武汉鱼之乐信息技术有限公司	手机	2012 年 9 月
8	《招财童子之钓鱼小达人》	武汉治图文化传媒有限公司	手机	2012 年 9 月
9	《超级篮球》	武汉超玩在线科技有限公司	网页	2012 年 10 月
10	《百科砖家》	武汉游易科技有限公司	手机	2012 年 11 月

从整体上看，武汉游戏产业化发展开局良好，在迎来重大发展机遇的同时，也面临着日趋激烈的竞争和挑战。武汉游戏产业规模仍然偏小，行业仍以微小企业和规模不大的研发团队居多，企业资金不足、高端人才缺乏等现象依然存在，严重制约着企业在短期内获得市场地位和快速发展。

2012 年，武汉游戏企业依托自主创新，大力推进产品精品化升级战略，取得明显成效。一年多以前，网页游戏还大都以低成本、小制作的形象出现，只能成为大型客户端网游身边的小角色。2012 年，随着国内 RPG 类网页游戏的出现，武汉网页游戏研发企业加快了游戏新技术开发，提高了汉产网页游戏产品竞争力，在竞争发展中，一批游戏骨干企业快速成长，成为武汉游戏产业的重要支撑。

武汉超玩在线科技有限公司成立不足三年，立足自主创新，重点放在高端游戏产品研发制作上，采取优厚待遇集聚高端人才，投入资金上千万元，开发出具有自主知识产权的游戏开发引擎，从而成功打造了网页游戏《星魂传说》。该产品由我国最大的游戏运营商腾讯公司全球独家代理，成为华中地区游戏产品中唯一一款由该公司全球独家代理的游戏产品，2012 年创收近千万元，相比有些游戏企业动辄花费上千万元购买的只能用于特定游戏开发的国外软件来说，开发效率大幅提高，并能长期支撑高端游戏开发需要。2012 年底，武汉超玩在线科技有限公司采用这套自主游戏开发软件制作完成网页游戏《超级篮球》，产品同样进入了腾讯公司游戏运营平台。与此同时，武汉超玩在线科技有限公司注重打造品牌和市场影响力，利用其在电子竞技及运营方面的优势，开发经营目前中国最大的电子竞技门户网站 SGamer. com，2012 年日均访问用户量超过 120 万，成为华中地区访问量最大的门户网站之一。经过几年的调整和发展，形成了以原创游戏研发为核心，以电子竞技门户网站运营为支撑的业务架构和发展体系。

游戏门户网站的创新发展是武汉游戏产业的突出优势之一。武汉有戏网络科技有限公司（265G. com）创建于 2007 年，已发展成为我国最具影响力的网页游戏资讯门户网站。到 2012 年底，该门户网站共建有 30 余个网站频道，700 多款精品网页游戏专区，与近 200 家游戏企业实行了紧密战略合作，注册用户量超过 2000 万人，日均独立访问用户量超过 100 万，居国内领先水平。强大的信息集聚、整合和运作能力使网站成为百度、Google 等媒体和搜索引擎 365 天不间断的游戏新闻的重要来源。超级在线、有戏科技等武汉游戏企业以高端的技术研发、领先的产品质量、清晰的盈利模式和突出的经济效益成为引领武汉游戏产业发展的领军企业。

2012 年，武汉游戏原创、外包制作及运营取得新进展，武汉拇指通科技有限公司开发运营的棋牌游戏《赖子山庄》以其逐步扩张的区域运营规模、武汉聚网科技有限公司以其国内首款 Q 版变身战斗游戏《多克多比》突出的创新水平和市场影响力、武汉渲奇数字科技有限公司以其参与制作完成世界游戏名品的国际水准、武汉鱼之乐信息技术有限公司以其移动终端游戏与跨平台页面游戏融合创新等突出实力和业绩，凸显了武汉游戏产业充满活力的创新精神和创造能力。

（五）发展模式日渐清晰

2012 年，武汉动漫产业加快了转型升级步伐，动漫企业逐步从动画制作代工为主向动画原创开发转变，并在产业链构建、企业品牌打造、发展模式创新等方面进行了有益的探索，逐步确立起有效的运作模式和盈利模式。

1. “漫画出版—动画制作—电视播出—衍生产品开发生产—消费者”模式

这是国际成熟的动漫营销模式，也是动漫产业发展的基本规律之一，有利于打造形象品牌，大幅降低市场风险，扩大市场影响力，但在我国并没有被广泛有效应用。事实证明，“重动轻漫”、“有动无漫”，或直接进入动画制作，结果往往事倍功半，市场前景充满变数，遵循规律创新发展是动漫产业发展的正确途径。武汉银都文化传媒股份有限公司在企业转型升级中，依托漫画作品资源优势将业务向动漫制作延伸，买断自主经营的漫画杂志《淘漫画》连续刊载人气漫画作品《家有浆糊》的全部版权，将漫画改编制作成26集同名长篇动画连续剧，作品迅即登陆央视，受到观众欢迎，并且先后获得2012年第26届电视金鹰优秀动画片奖和国家广电总局颁发的“动画精品奖”，初步形成了以动漫形象品牌为核心，以“内容创作、媒体播放、品牌授权、产业运营”为内容的产业链条，企业竞争力显著增强。

这一具有普适性的动漫产业运营模式正在武汉动漫产业发展实践中得到丰富和发展，漫画不仅在杂志上连续登载，同时也在互联网、移动通信等新媒体上传播；品牌和形象授权不仅以传统方式，也开始在新媒体这样开放、互动的传播平台上运用和推广。

2. “动漫创意策划—衍生产品制造商投资—衍生产品制造商互动形象开发—动画制作—衍生产品制造—媒体播放延伸产品销售同步—市场消费”模式

该模式的特点是，动漫创意策划以具有市场前景的衍生产品开发为重点，因而较容易获得玩具厂商的认同、投资，一方面一定程度上解决了动画开发制作资金不足问题，另一方面，通过共同完善创意策划，将动画制作与玩具开发结合起来，增强了内容和形象与玩具产品的契合度。更为重要的是，动漫制作企业与有实力的玩具生产厂商紧密合作有利于衍生产品专业化产销、推广及预期收益。2012年，武汉漫迪动漫文化传播有限公司、武汉博润通数码科技有限公司等企业以内容为核心、以形象为驱动、以衍生为导向、以市场为目标、以行业为依托，将动漫创作与衍生营销捆绑运作，为动漫运作模式创新提供了成功的范例。2012年，武汉漫迪动漫文化传播有限公司的《天元斗士》在中央电视台播出，武汉博润通数码科技有限公司的《木灵宝贝》在国内100多个电视台展播，同步进行衍生产品的推广销售，内容进一步渗透到市场上、注入到产品中，在产业链终端获得了可观的经济效益。

3. 以原创动画为核心，以服务外包、版权经营、衍生品生产销售、国内市场和国际市场为支撑的发展模式

以原创动画出品和外包制作服务为主导的全面发展型模式得以成功实施的基本条件是要求动漫企业具有较强的资金实力和企业运作管理能力。江通动画是国家动漫产业基地，以建设技术领先、全面发展的国家动画产业基地为目标，以动画原创为引领，以外包服务为支撑，以构建专业化、高端化、国际化、规模化动漫产业发展体系为特色，着力打造国家动漫产业基地核心竞争力。在动画原创方面，聚焦打造民族原创动画精品，首部国产泥塑动画电视连续剧《饼干警长》、湖北省首部动画电影《民的1911》、动画电视连续剧《天上掉下个猪八戒》《福星八戒》等成为“武汉出品”的重要代表作。《天上掉下个猪八戒》囊括了国家级行业大奖“美猴奖”、“金鹰奖”、“星光奖”，《民的1911》入选“国家动漫精品工程”。在动画外包制作服务方面，服务范围超越低层次动画加工制作的一般动画代工，上升为参与或负责创意策划、为发行商或媒体机构提供完整动画制片服务，并分享相关权益。为此，组建了不逊于原创动画开发要求的外包服务优秀导演团队、制片团队，配备了与国际同步的动画制作设备，在制作品质、总体进度、同步技术等方面，确保满足高端客户要求，逐步形成了国际化、高水平、大规模动画外包服务体系。2012年，江通动画股份有限公司外包服务总收入近千万美元，高品质外包项目的大量实施不仅提升了技术和管理水平、积累了市场经验、获得了资金、培养了人才、奠定了产业发展基础，更为动画原创开发水平的提升及发展奠定了必要的基础，做足了充分的准备。在动漫产业化方面，江通动画股份有限公司以动画制作、媒体播放、品牌授权及推广、图书发行、衍生产品研发、专卖连锁销售为重点，构建了较完整的动漫产业链。在行业服务方面，2012年8月，由政府支持，江通动画股份有限公司主持建设和运作，总投入3000万元的“光谷动漫研发制作公共平台”一期工程完成，初步建成开放、远程在线系统，带动能力进一步增强。

4. “动漫创作—媒体传播—品牌授权与自主经营并重—市场消费”模式

国内外动漫产业发展经验表明，建立成功的动漫品牌是动漫产品价值实现和价值提升的重要途径，也是有效激活动漫产业链，获取经济和社会效益的关键。树立品牌，首要的是开发出具有一定创意和品质的动漫原创作品，并通过科学、有效的市场策划和运作来实现。近年来，武汉动漫品牌逐步崛起，为我国民族品牌的发展做出了有益的探索。2012 年，一批汉产动漫大面积获得各类国家级政府奖项和国家级行业奖项，塑造着武汉数十年来最有影响力的本土动漫品牌，为我国动漫品牌的发展注入了新的活力。

品牌在动漫产业发展中占据着竞争力的地位。然而，动漫品牌有了一定知名度并不等于成功，仍然需要不断丰富品牌的内涵，在品牌经营中寻求新的突围。湖北盛泰文化传媒有限公司将品牌授权与品牌价值的挖掘和运作结合起来，在进行书刊、服装、文具、玩具等传统领域品牌授权经营的同时，率先在动漫舞台剧、动漫主题乐园等领域开展品牌推广应用。2010 年，湖北盛泰文化传媒有限公司制作的原创三维动画《阿特的奇幻之旅》在央视播出，立刻成为广大受众关注的焦点。湖北盛泰文化传媒有限公司借势及时实施了品牌特许授权、项目合作开发、商业利益共享的品牌经营模式，与武汉市演出公司联合推出了同名动漫舞台剧，作为湖北第一部根据本土动画作品改编的动漫舞台剧，首次采用了 3D 立体影像技术，丰富和提升了舞台表现力，获得了全新的动漫舞台效果，赢得观众热烈反响。到 2012 年，《阿特的奇幻之旅》动漫舞台剧在国内演出近百场，在有效拓展作品市场的同时，进一步充实了动漫品牌内涵，增强了品牌影响力。

依托《阿特的奇幻之旅》的品牌效应，湖北盛泰文化传媒有限公司投资建设了“哆乐巴巴”3D 动漫主题乐园。2012 年经过改进和完善，搭建起以动漫特色餐饮、动漫互动体验、动漫 3D 影视为特色的湖北首个自主民族动画品牌主题乐园，开园以来实现销售收入近千万元。2012 年，湖北盛泰文化传媒有限公司被国家文化部认定为“国家文化产业示范基地”、“国家重点动漫企业”；《阿特的奇幻之旅》入选“国家重点动漫产品”，并成为全国首个地方动漫名牌产品——“2012 武汉市动漫名牌产品”。在新的高度上，湖北盛泰文化传媒有限公司形成了以动画原创为基础，以品牌运营为重点，以教育培训为支撑的多元化发展格局。

5. “动漫制作—传统媒体与新媒体传播—动漫形象品牌形成—品牌形象授权营销—动漫衍生产品开发—动漫产品营销与网上交易”为特征的“新媒体动漫”产业发展模式

近年来，互联网、移动通信等新媒体的快速发展，为动漫产业发展提供了更为开放、互动的传播平台。如果说2011年的新媒体动漫还处于起步阶段，那么，随着2012年中国新媒体技术领先企业将动漫作为其未来发展的重要部分进行布局和经营，新媒体动漫平台就得以逐步建立起来。“新媒体动漫”从动漫创意策划、出版发行、生产制作、播映推广、授权经营、产品开发、市场营销等各个环节都兼容了新媒体的特点和市场规律，更加贴近市场需求，降低开发运营成本，成为未来动漫最主要的传播平台和推广方式。

2012年，武汉动漫行业抢抓新媒体动漫发展机遇，积极探索动漫内容，提供和网络增值服务相融合的发展模式。在武汉动漫协会的推动下，光谷创意产业基地、中国电信动漫运营中心及其湖北分公司合作建设了湖北第一个手机动漫公共服务平台——“湖北动漫公共频道”，集动漫内容创作、内容集成与分发、服务管理运营功能于一体，以电信运营为核心、动漫创意为支撑、宽带技术为基础、手机用户为目标，在武汉动漫优势资源与手机终端内容提供商、增值服务运营商之间构建起一个跨行业、跨领域、跨部门的资源共享平台，促进动漫与新媒体的结合。

武汉动漫企业积极融入新媒体动漫发展进程，在动漫作品策划、形象打造、开发制作等阶段，利用互联网和手机移动平台，结合电视和电影院播映，在新媒体上进行形象推广，全方位宣传和塑造品牌；在衍生产品销售阶段，将传统营销与新媒体营销推广结合起来，更加直接和高效地对接消费市场。应当关注的是，目前手机动漫和网络动漫内容大都沿用着传统动漫作品，加快开发专门针对网络和手机等新媒体终端用户受众特点和技术格式的动漫产品，走新媒体动漫个性化发展路线是武汉动漫产业面临的新课题和新机遇。

（六）国际化发展势头强劲

美国、日本、加拿大、韩国等动漫创意先进国家，经过长期发展，形成了领先的发展理念、高超的创意水平、先进的技术手段、深厚的市场基础、成熟的运营系统和巨大的经济效益，使动漫产业成为经济发展的支柱产业，成为国家软实力的重要方面。动漫产业国际合作已逐步成为全球动漫业界的主流动漫制作和运营模式，良好的合作可为合作各方带来诸多好处：降低动漫成本、减少投资风险、丰富发行渠道、拓展衍生开发、整合国际技术优势资源，等等。武汉动漫行业注重学习、借鉴发达国家动漫产业发展经验，积极探索加快动漫产业发展实现路径。2012 年，武汉动漫行业实施创新驱动、外向带动动漫产业发展战略，大力推进动漫产业国际合作交流，通过参展参会国际动漫创意会展及高峰论坛、举办国际创意会展和学术交流活动、加强与发达国家动漫行业联系和项目合作，整合优势资源，借鉴先进经验，提升发展理念，促进合作共赢，推动了动漫产业化、市场化和国际化进程。

举办国际会展活动，搭建国际交流平台。2012 年是武汉举办国际动漫游戏创意展会和学术论坛活动最多的一年，也是国际化进程最有成效的一年。

2012 年 11 月，武汉市政府、相关高校和行业协会联合举办了“武汉第二届国际数字艺术双年展”，以动漫数字作品展示展映及大赛、国际文化精粹暨国际动漫大师原作鉴赏、产学研创新互动交流、动漫人才培养和数字艺术产业发展高峰论坛等为主题和特色，吸引了来自中、韩、日、新、法等国的数字艺术教育和数字创意产业领域的著名专家学者和业界领袖，展示了约 700 件来自各国的动漫数字艺术优秀作品。活动评选出 4 个大类计 40 多个奖项；围绕数字艺术发展规律、人才培养、产学结合和未来趋势进行了深入探讨和经验交流，集中反映了数字创意教育领域和动漫创意产业发展的最新成果。活动吸引了近 4 万名专业人士、数字艺术爱好者和市民的积极参与，搭建起一个广泛参与、传播推广、借鉴交流、融合发展的国际数字艺术交流平台。

同月，“2012 年 IEF 国际数字娱乐嘉年华”在武汉隆重举行。作为中韩两国政府间文化交流合作项目和全球唯一的数字娱乐与数字体育综合赛事，自 2005 年起每年一届轮换在中韩两国举办。“2008 年 IEF 国际数字娱乐嘉年华”活动首次在武汉成功举办后，武汉被两国政府确定为在中国举办的永久地点。

“2012 年 IEF 国际数字娱乐嘉年华”举行了开幕式晚会和微电影展映等文化活动、电子竞技国际总决赛等赛事活动、国际游戏和创意展示等交流互动活动以及国际创意产业投融资高峰论坛和中韩经贸合作洽商活动，这些活动的开展成为促进中韩之间文化科技融合创新、推动产业经济合作交流的盛会，成为国际大型电子竞技的品牌赛事和盛典。

2012 年 4 月，武汉举办了“第五届武汉中日动漫产业沙龙”，日本著名动漫企业代表和武汉动漫界专家学者围绕动漫产业运作模式、商业模式等问题进行了深入交流和探讨，并开展了中日动漫合作项目洽商。在高端人才培训、作品授权出版、品牌国际推广、合作开发原创以及日本动漫游戏改编等方面达成了合作意向。由武汉动漫协会主办的“武汉中日动漫产业沙龙”已举办五届，日本动画协会理事长、手冢株式会社社长松谷孝征等日本动漫界代表人物是沙龙的“常客”。活动以“交流发展经验，探讨发展规律，促进合作交流”为宗旨，促进了武汉与日本动漫界之间的密切交流与合作，已成为武汉与日本动漫界开展合作交流的重要平台。

2012 年 5 月，“光谷动漫节暨第八届光谷 PLAY 动漫游戏嘉年华”在东湖高新区举行，开展了 Cosplay 表演、动漫周边产品展销、个人创意产品 DIY、电子游戏竞技大赛等活动，张扬了动漫文化，为动漫爱好者成功打造了一个充满欢乐的动漫节日。光谷国际动漫节已举办八届，以中、日、韩、新等国动漫创意协会、机构和企业为主体，以动漫游戏电子竞技国际顶级大赛为特色，是中部地区最具品牌影响力的国际动漫游戏产业合作交流盛会之一，观众参与最多时达 10 万人次以上，形成了较好的社会影响力和品牌凝聚力。近年来，随着国内举办的国际动漫展会组织资源和参展资源加速向唯一的国家级动漫展会“杭州国际动漫节”集中，光谷动漫节的规模和影响力都有较大弱化。

参会国际动漫活动，融入动漫发展主流。“东京国际动漫博览交易会”是世界四大动漫博览会中规模最大、水平最高的国际动漫博览会。2012 年 3 月，武汉动漫协会组织湖北武汉动漫企业参展参会了“东京国际动漫博览交易会”，广泛接触动漫业界企业和专家学者，深入考察日本著名动漫企业和创意产业发展基地，共同举办动漫产业研讨会，达成一批合作交流意向。2007 年，武汉动漫协会首次组织武汉动漫游戏行业参展参会“东京国际动漫博览交易会”，武汉动漫游戏首次整体在国际舞台上闪亮登场，与 100 多家业界国际企业、行业协会和知名人士进行了广泛交流。武汉动漫企业积极参与国际各类动漫、影视博览交易和展示活动，开阔了眼界、增进了合作、建立了联系、扩大了影响。

加强行业组织合作，促进行业合作共赢。2012 年初，武汉动漫协会与新加坡漫画协会建立战略合作交流关系，共同成立了中新（武汉）创意产业促进联席会议，初步搭建起中新动漫国际资源共享交流网络平台，共同组织了新加坡动漫企业和机构参展参会武汉国际数字艺术双年展，开展经验交流，推动项目合作；与韩国游戏协会、日本动画协会、日本多媒体协会进一步深化了在参展参会、举办交流论坛、推动原创合作等方面的合作交流。

2012 年，武汉动漫开放的发展意识、活跃的创新氛围、突出的创意成果和良好的发展环境向外界展示着武汉动漫产业强劲的发展活力和巨大的发展前景，吸引了美国、日本、韩国、新加坡、加拿大、法国、中国香港、中国台湾等国家和地区动漫游戏行业的知名企业、教育机构和专家学者前来考察和交流合作，武汉动漫游戏企业对外合作迈出新步伐。4 月，美国皮克斯动画公司导演和制片人专程前来考察武汉动漫产业，与武汉动漫业界就动漫产业发展规律、发展动向、发展经验和发展趋势等进行了深入交流和探讨。皮克斯动画公司的业务模式和运作理念给武汉动漫企业带来许多启示，武汉动漫产业的发展活力、创新成果和发展潜力赢得了世界顶级专家的肯定。

2012 年湖北盛泰文化传媒有限公司、武汉银都文化股份有限公司、武汉漫迪动漫文化传播有限公司等分别与日本著名动画制作和发展商株式会社 GONZU、日本 DAIV 株式会社在动漫人才培养、动画原创制作、漫画作品改编、动漫品牌代理、漫画期刊发行等方面达成合作意向；湖北海豚传媒股份有限公司与美国迪士尼、芝麻街、美泰、华纳等著名品牌企业开展广泛合作，引进国际经典童书在中国进行本土化开发和推广，国际合作动画品牌图书（研发类）和国际合作动画品牌图书（版权引进类）共计实现销售收入 6874 万元，占企业全年销售收入的 41%，企业经济效益和社会效益得到大幅提升。武汉游戏企业与韩国游戏行业在开展游戏开发技术、原创游戏研发及专门人才培养合作方面取得了新进展。

2012 年，在中南财经政法大学建成的中韩国际教育学院，树立了中韩两国高校开展创意人才培养密切合作的重要里程碑。中韩国际教育学院进入合作办学的第二年，依托中南财经政法大学和韩国创意人才教育著名高校东西大学的办学资源和师资优势，采取国内三年、韩国两年的“3 +2”学习模式，以动漫游戏、影像艺术、互联网等为重点，联合培养动漫游戏领域国际化高级专门人才。2012 年，按照国家“一本”标准，招收双学位本科生 250 人；课程设置、体系建设、教学工作按计划顺利进行。作为中部地区唯一的教育部动漫游戏专业双学位国际人才合作项目，将为促进武汉动漫游戏产业发展和提升我国创意人才国际教育合作水平做出积极贡献。

（七）动漫产业发展促进机制充满活力

武汉动漫游戏产业在创新发展进程中，形成了政府支持、企业主体、行业主导、协会服务充满活力的发展促进体系，推动和保障了动漫游戏产业健康、快速、持续发展。

1. 政府支持，政策驱动

武汉市政府高度重视动漫产业发展，将其作为推进文化产业创新发展、优化产业结构、转变发展方式的重要方面，制定发展规划，完善扶持政策，实施示范工程，实施政府引导与行业引领相结合、文化创意与科技创新相结合、自主创新与借鉴经验相结合、经济效益与社会效益相结合的政策，推动动漫产业健康快速发展。

2012 年 5 月，武汉入选首批国家文化科技融合示范园区，迎来了推动武汉文化产业突破性发展的重大机遇。10 月，武汉市召开了《武汉市文化产业振兴暨文化和科技融合工作动员大会》，发布了《武汉市文化产业振兴计划（2012 ~2016）》《武汉市关于加快文化产业发展的若干政策》，以及《武汉国家级文化与科技融合示范基地建设实施方案（2012 ~2015）》，确定了以东湖开发区为核心、以中心城区为依托，推动武汉动漫游戏产业整体发展的总体思路和以动漫游戏骨干企业为主体，以中国光谷创意产业基地、洪山南湖科技创意产业园、江通动漫产业基地等为依托，推动武汉动漫游戏产业跨越式发展的基本布局。政府对文化产业政策支持力度进一步加大，内容涉及财政税收、产业投资、贷款担保、土地资源、人才开发等领域。会议确定了文化科技融合 21 个试点基地和企业，11 家动漫游戏基地和企业进入试点规划，发布了《武汉市动漫游戏产业示范工程实施方案》，以建设国家级动漫游戏产业重要基地为目标，明确了今后一个时期武汉动漫产业发展目标、主要思路、实现路径和保障措施，重点规划和启动了一批动漫游戏基地园区、产业服务平台设施和原创动漫游戏项目。

2007 年，武汉市政府设立了动漫产业发展专项资金 5000 万元，扶持汉动漫产业发展。2010 年制定并实施了《武汉市动漫产业专项资金使用管理暂行办法》，采取对原动漫项目补助、固定资产投资贷款贴息和业绩奖励等方式，扶持动漫产业发展，2012 年，30 余个武汉动漫原创项目和动漫企业得到了政府专项资金的支持。武汉市委宣传部、武汉市文化局在推动动漫产业发展中发挥了重要的组织领导作用，制定发展规划，落实促进政策，指导行业创新，帮扶企业发展。

东湖高新区是武汉国家文化科技融合示范园区核心区，也是武汉动漫游戏产业发展先行区，集聚了武汉市 70% 以上的动漫游戏企业。高新区将发展动漫游戏产业作为国家文化科技融合示范园区建设的重中之重，在全市动漫游戏产业发展中发挥着引领作用。2011 年 4 月，东湖高新区出台了《促进动漫创意产业发展的若干政策》及其实施细则，以动漫游戏原创项目开发、产业服务平台建设和产业发展环境优化为重点，连续 3 年每年给予 3000 万元的财政支持。2012 年，高新区对 40 多个符合条件的动漫游戏原创项目和企业进行了支持，三年来高新区受资助的动漫创意企业和项目达到上百个，有力地解决了动漫游戏行业在发展初期所遇到的困难。从 2012 年开始，高新区每年开展评选高新区动漫创意优秀企业、优秀作品和优秀人才“三优”活动，鼓励和培育了一批领军企业、领军人才和品牌作品。

近几年，武汉市动漫产业一直得到了湖北省委、省政府的高度重视和大力支持。2011 年 8 月，湖北省政府 12 部门联合制定了《关于推动全省动漫产业发展的意见》，自 2010 年起连续 3 年每年安排 3000 万元支持动漫原创和动漫产业公共技术和信息平台建设。湖北省委宣传部和湖北省文化厅将支持重点向湖北省动漫产业主体的武汉动漫企业倾斜，2012 年，支持了 40 余个武汉动漫游戏原创、企业贴息和奖励项目，3 年来得到扶持的武汉动漫游戏企业和项目达到了 150 余个；2012 年由湖北省政府投入上千万元在武汉建立的动漫游戏公共技术服务平台完成一期建设，初步形成了具有开放、远程功能的动漫制作后期处理技术系统，搭建起中部地区功能最强的动漫制作服务中心。武汉动漫成为湖北动漫的发展核心和主体。

各级政府十分注重发挥动漫行业组织在促进产业发展中的组织、协调和服务作用，支持和指导武汉动漫协会有效承担起组织产业发展、制定发展规划、落实促进政策、举办重大活动、开展专业指导的责任和使命，在战略发展、政策促进、社会服务、管理协调等方面构建起一个政府支持、企业主体、行业主导、协会服务、协同高效的动漫游戏产业发展推进机制。

武汉动漫产业的创新发展，得到了党和国家领导人的亲切关怀和肯定，时任国务院总理温家宝，政治局常委周永康，时任政治局委员、中央宣传部长刘云山都曾先后视察了武汉动漫产业发展情况。温家宝强调："我们应该有自己的动漫产业，使中国的动画走向世界，展示中国的软实力，让中国的孩子多看自己的历史和自己国家的动画片。"这就为发展动漫产业指明了前进的方向，鼓舞、鞭策着武汉动漫产业克难前行，创新发展，创造辉煌。

2. 行业引领，创新前行

武汉动漫协会作为政府联系行业和企业的纽带与桥梁，作为政府发展动漫游戏产业的助手和决策参谋，发挥了政府行政管理不可替代的行业组织协调、沟通服务、公正自律的积极作用，真正成为武汉动漫游戏产业快速发展的重要推动力量。

（1）坚持开放理念，聚合行业优势。2007 年，为整合武汉动漫创意产业资源，形成行业发展合力和优势，提升动漫游戏行业服务和发展水平，武汉高科国有控股集团有限公司牵头成立了以武汉动漫游戏及相关创意行业的企事业单位为主体的动漫游戏行业组织——武汉动漫协会。到 2012 年底，协会团体会员从最初的 30 余家发展到 150 家，涵盖了武汉地区动漫游戏产业创意策划、文学原创、出版发行、技术研发、产品制作、影视播映、衍生产销、教育培训、产业运营、投资发展、中介咨询等主要方面，成为湖北武汉地区最具凝聚力、影响力和代表性的动漫游戏行业组织。

（2）坚持正确导向，引领创新发展。在行业创新发展实践中，武汉动漫协会形成了"开放、融合、创新、共赢"的办会理念，以服务政府、服务行业、服务企业为中心任务，以组织产业发展、协助制定规划、落实促进政策、协调相互关系、推进自主创新、举办重大活动、搭建服务平台、推动合作交流、促进资源整合、帮扶企业发展、开展专项业务、加强行业自律等为主要工作，坚持正确导向、坚持服务为本、坚持开拓进取、坚持行业自律，推行“创新、创意、创业、创赢”，凝聚行业力量，服务企业成长，促进产业升级，引领行业发展。

2012 年初，武汉动漫协会召开了第二届理事会第一次会议和 2012 年会员大会，完成了协会换届工作，充实了领导机构，新增团体会员 30 余家，总数达到 150 家。会议全面总结了武汉动漫行业 5 年来的主要成果和发展经验，分析了存在问题和困难，明确了今后一个时期动漫行业发展目标、基本思路、主要任务和工作举措，要求围绕推动湖北武汉文化产业大发展大繁荣，进一步强化机遇意识、发展意识、创新意识和服务意识，进一步“当好参谋、汇聚力量、服务行业、推动发展”。大会表彰了一批优秀作品、优势企业和优秀人才；成立了武汉动漫协会“动漫外包与创新中心”；与新加坡漫画协会和日本、韩国、加拿大动漫创意企业签署了一批有关战略发展、作品原创、品牌代理、人才培训等方面的合作意向。大会强化了共识，明确了方向，振奋了精神，坚定了信心，为第二届理事会在开局之年起好步，推动动漫游戏行业实现跨越发展打下了坚实基础。

2012 年 5 月，武汉获批首批国家文化科技融合示范园区之一。武汉动漫协会积极参与和配合示范园区申报、考察及评审工作，武汉动漫游戏产业以其极具创造力和影响力的产业特色成为武汉文化创意与科技创新融合发展的一大亮点。2012 年 10 月，武汉“全市文化产业振兴暨文化和科技融合工作动员大会”召开，武汉动漫协会组织召开了全行业贯彻落实会议精神动员会，解读形势任务，把握精神实质，落实工作安排，确立了围绕加快实施示范工程建设，提升经营战略、拓展产业链条、创新商业模式，打造武汉大动漫产业生态系统，促进动漫游戏产业转型升级的新目标和新思路，正式启动了示范工程项目建设。

武汉动漫协会积极参与文化科技融合策划、推进工作，协助武汉市委宣传部承担并完成了《武汉市动漫游戏产业发展示范工程实施方案》的研究、起草工作，提出了动漫游戏产业实现创新发展、跨越发展的新目标、新思路和新途径，在武汉市文化科技融合动员大会上正式发布实施，成为今后一个时期武汉动漫产业发展的行动纲领；积极参与了东湖高新区文化科技融合发展规划、武汉市文化五城建设规划和《武汉市文化五城建设空间规划》的制定和完善工作；协助政府组织申报、参与及主持了湖北省、武汉市和东湖高新区原创动漫游戏扶持项目和优秀企业、优秀作品、优秀人才评选工作；协助组织实施了动漫企业申报高新技术企业的相关工作，专业、公正、严谨、负责的工作质量和效果受到各方的好评。

在动漫品牌创新发展中，武汉动漫协会会同武汉市质量技术监督局，共同策划实施了武汉动漫名牌产品评选工作，在全国首次将动漫产品纳入名牌产品评选范围。组织研究制定了全国首个地方“动漫名牌产品评审标准”，并主持了评审工作，汉产动画优秀作品《小鼠乒乒》和《阿特的奇幻之旅》成为我国首批动漫名牌产品。武汉动漫名牌产品的标准制定和成功评选，增强了动漫企业的品牌意识和创新意识，对打造动漫品牌产生了积极作用，为探索我国打造动漫名牌产品实现路径提供了新的思路和示范。2012 年武汉动漫协会表彰了一批“优秀动漫作品”、“优秀游戏作品”、“优秀动漫创意企业”、“最具成长性动漫创意企业”、“动漫创意技术创新大奖”、“动漫创意商业模式创新大奖”、“协会工作贡献奖”，鼓励创新，引导发展，激发激情。

武汉动漫协会积极拓展面向新媒体、新市场的动漫游戏产业发展新空间，探索内容提供商和增值服务商合作共赢创新模式，组织实施了中国光谷创意产业基地、中国电信动漫运营中心和中国电信湖北分公司在网络资源、综合信息服务和动漫创意资源共享上的战略合作，通过合作建设运营“湖北动漫公共频道”，在武汉动漫优势资源与手机终端内容提供商、增值服务运营商之间初步构建起一个跨行业、跨领域、跨部门的资源共享平台。

武汉动漫协会大力推进国际化发展，积极组织开发利用国际国内“两个市场”和“两种资源”，参与策划、承办了光谷国际动漫节、IEF 国际数字娱乐嘉年华、武汉国际数字艺术双年展、中日动漫产业沙龙等国际展会和论坛活动；组织行业参展参会东京国际动漫博览交易会、杭州国际动漫节、中国（深圳）国际文化产业博览交易会，搭建起推动资源集聚、广泛参与、深入互动、融合发展的国际合作交流平台，推动武汉动漫游戏行业融入国际动漫游戏发展大格局。动画片《喜羊羊与灰太狼》创始人——著名文化创意投资发展商、香港文化投资发展公司总经理苏永乐先生，在考察了各地后，更看重武汉的发展理念、务实精神、创新能力和发展势头，于2012年底入驻武汉，带着动漫与新媒体融合产品技术和终端市场开发成果，在动漫游戏企业运作模式、商业模式探索和营销推广方面发挥了积极作用。

（3）增强服务意识，提升服务水平。武汉动漫协会不断增强服务意识，完善服务平台，加强自身建设，提高服务水平。2012年，协会通过换届工作，进一步健全和完善了组织领导机构，加强了专家委员会建设，成立了产学研合作委员会，强化了协会工作计划性、专业性和服务性建设。进一步完善和发挥战略咨询平台、项目孵化平台、融资服务平台、市场拓展平台、人才开发平台、合作交流平台的作用。按照武汉市文化科技融合发展目标要求，协助政府制定动漫创意产业发展规划和促进政策；围绕企业发展的热点、难点和重点问题，深入企业、深入项目、深入过程，与企业共同研究制定和完善企业发展战略、经营方针和项目策划，指导帮助企业进行融资贷款、创新创业、拓展市场、人才开发、整合资源；聚焦促进政策落实，及时向政府有关部门反映企业诉求和行业发展需要，为完善和落实促进政策提出建设性意见和建议，提高政策落实的效率和效果；坚持以会员为本、服务为本，服务政府、服务行业、服务企业，紧密团结和依靠会员共同进步，形成了会员积极参与、共谋发展、热心奉献、务实高效、充满活力的工作氛围，行业资源整合能力不断提高，行业凝聚力、战斗力和影响力不断增强。

B.7

动漫产业（下篇）

——迎接挑战，而今迈步从头越

张　敏*

一　武汉动漫游戏产业存在的主要问题

虽然武汉动漫游戏产业近年来有了快速发展，但综合实力还不够强，产业规模还不够大，尤其缺少具有品牌影响力的龙头企业，核心竞争力尚待进一步形成。中小企业大都面临资金缺乏、高端人才不足、市场拓展乏力的困境，企业经济效益偏低，有效的盈利模式尚待确立。

（1）融资渠道不畅。动漫游戏行业制作周期较长、企业缺少可抵押实物资产，难以获得银行贷款、风险投资和行业外融资。而知识产权质押方式，实际上门槛仍然较高。企业融资难成为困扰企业发展的瓶颈。

（2）高端人才缺乏。武汉动漫游戏行业人才结构性矛盾较为突出，一般制作人才较为丰富，缺乏创意策划、创作指导高端艺术人才和既懂动漫制作又擅长文化企业运营的复合型人才，严重制约了动漫原创水平和企业竞争能力的提高。

（3）产业链条不完善。动漫产业具有高度的综合性，创意策划、动漫制作、出版发行、影视播出、品牌推广和衍生产品开发生产与销售经营等多个不同运营方式的行业和领域，环节互动不畅，专业分工不够，优势资源分散；产业链宏观布局不够，政府各个部门之间发展战略规划和政策协调衔接不力，导

* 张敏，男，博士、博士后，教授，武汉动漫协会会长，武汉文化创意产业常务副会长、湖北数字家庭产业促进会常务副会长、武汉高科国有控股有限公司副总经理，主要研究方向：文化创意产业、文化科技融合产业发展。

致研发、制作、金融、市场、贸易产业链的相互脱节，难以形成配合有序的动漫游戏高附加值产业链。

（4）品牌建设有待加强。总体来看，动漫产业存在的发展问题，根本原因还是动漫品牌缺乏、打造不力，具有一定知名度和品牌影响力的动漫作品和企业较少，难以有效激活产业链。精品意识、品牌意识有待进一步增强，创新能力还有待进一步提高。

（5）促进机制有待完善。与动漫游戏产业发展相关的管理部门涉及文化新闻出版广电与科技、信产、商贸、服务等部门，管理职责有交叉，政策协调性不够，高效、顺畅的发展合力有待进一步形成；虽然政府文化、广电、出版部门在管理层面进行了整合，但在行业和企业层面，资源整合和战略性重组尚待加快。

二　加快发展武汉动漫游戏产业的对策建议

（一）指导思想

深入贯彻落实科学发展观，坚持社会主义先进文化前进方向，积极探索和把握动漫游戏产业发展规律，加强产业发展顶层设计，注重整体发展环境的创建和优化，全面推动和深化动漫游戏产业发展理念创新、体制机制创新、内容形式创新、文化业态创新、服务体系创新，有效探索和确立动漫游戏产业发展模式。以政府为引导，以企业为主体，以园区为依托，以项目为龙头，以完善产业链条、创新发展模式为重点，聚焦提升动漫原创能力、打造动漫知名品牌，推进自主创新，借鉴先进经验，加强国际合作，整合优势资源，完善创新环境，激发创新活力，加强政策支撑，推动创意策划、研发制作、金融资本、市场渠道、中介服务的战略合作和融合发展，确立动漫游戏产业有效运作模式和商业模式，走出一条创新驱动和外向带动相结合的特色化、集群化、规模化、国际化动漫游戏产业发展之路。

（二）战略目标

确立“大动漫”生态发展理念，构建动漫游戏创意、研发、制作、传播、消费、服务和应用的“大动漫”生态系统，力争经过3~5年的努力，培育一批龙头企业，打造一批知名品牌，建设一批高端园区，集聚一批名企名家，发展一批新兴业态，使得武汉动漫游戏发展环境和发展机制得到根本改善，基本建成现代动漫游戏产业体系，成为技术水平先进、产业链条完整、市场导向突出、发展环境优越、创新创业活跃、商业模式清晰、推进机制高效、高端品牌集聚、经济效益良好、示范作用明显的国家重要的动漫游戏产业创新基地。提高武汉市在动漫游戏领域的国际知名度和影响力，在建设国家文化科技融合示范园区，推进武汉优化产业结构、转变发展方式进程中发挥引领作用，成为武汉文化产业发展的重要增长点，成为武汉文化科技融合创新发展的排头兵。

在壮大产业规模方面，力争到2020年实现动漫游戏产业总产值500亿元，动漫游戏产业规模稳居全国排名前列，网络游戏产业总产值200亿元，成为中部地区规模最大的游戏开发运营中心。

在培养市场主体方面，加速培育一批具有自主品牌和核心竞争力的动漫游戏领军企业。“十二五”期间，力争2~3家进入国家重点培育的骨干企业集团，到2020年，培育10家以上国内一流、具有国际竞争力的动漫游戏企业，努力引进和培育500家充满活力和具有发展潜力的中小动漫游戏企业。

在提升创新能力方面，全面提高创意创新能力和技术实现能力，在思想内涵上深入发掘，艺术创作上开拓创新，制作质量上精益求精，推广模式上积极探索。到2015年，打造10部在国际国内有一定影响力的动漫原创精品。发挥比较优势，大幅扩大特色外包服务规模，成为国际动画外包业务中心之一。加快发展网络游戏，积极发展网页游戏，打造更多游戏精品力作，提升网游产业竞争力。

在完善产业链条方面，推动动漫游戏产业融合发展。深入推进ACG发展战略，着力打造集策划创作、出版发行、产品制作、影视播映、动漫演艺、衍生产品开发生产、海外贸易、人才培训于一体的动漫游戏产业集群；在游戏开发、游戏运营、游戏传媒、游戏流通等基本环节上，形成完整的网络游戏产业化体系。

在优化发展布局方面，推进“一区多园”的发展模式，提升现有动漫产业基地园区的管理服务水平，提高孵化、集聚、交易、展示、交流和融资促进功能。建设功能卓著、环境优越、服务一流的动漫游戏产业核心载体，增强武汉动漫创意产业发展载体的系统性、互补性和协同性，推进资源整合、信息共享，促进特色鲜明、优势互补、分工协作、联动发展的产业空间格局。

在完善服务平台方面，按照建设大动漫产业生态系统和完善产业链条的需要，推进先进、适用、高效、开放、协作、共享的技术创新和产业发展与市场服务平台建设，构建完善的创意、研发、制作、传播、消费、服务和应用服务发展平台，形成多层次、网络化的创新创业服务体系。

（三）主要对策

1. 坚持统筹发展，完善机制，在推进体系建设上实现新突破

一是加快服务平台建设。以建设创意、制作、传播、消费、服务和应用相互渗透、相互合作的完善产业链条为目标，加快推进创意策划、技术研发、生产制作、影视播映、出版发行、衍生产品生产经营、会展交易、合作交流、教育培训等服务平台建设，探索政府主导、企业主体、社团服务相结合的开发建设和管理运作新模式。二是加快创新体系建设。健全以企业为主体、市场为导向、政产学研用资介相结合的产业技术创新联盟，研发制定技术标准，承接重大产业化创新项目；建立动漫游戏技术研究院，围绕动画游戏软件开发、虚拟现实技术应用、后期处理技术研发、互联增值服务推广、手机移动技术运用等关键技术问题开展联合攻关，研究制定动漫游戏技术和产业标准，培育一批具有自主创新能力的动漫游戏创新型企业。三是建设推广交易中心。建设中部国际动漫游戏博览交易基地，重点发展动漫游戏展示、体验、交易、拍卖，在交易种类、交易方式、服务规范等方面与国际接轨。四是加快培育新兴市场。大力发展以数字化生产、网络化传播为主要特征的网络动漫游戏、手机动漫游戏产业，将新媒体动漫游戏作为武汉市动漫游戏产业发展新的增长点和提升武汉市动漫游戏产业竞争力的突破口，拉动动漫游戏产业的整体发展。充分利用数字、网络等核心技术和现代生产方式，改造传统的动漫生产和传播模式，促进与CG、移动通信、大容量储存、互联网服务、各类内容载体、软件开发应用等的深度融合，丰富动漫游戏产品结构，满足不同消费层次的需求，培育新兴动漫业态，有效探索和确立动漫游戏产业发展模式。五是加快优势资源整合。

在全球范围内加快整合动漫游戏产业优势资源，在重点环节引进一批名企、名家和名师；推进跨区域、跨行业、跨部门、跨所有制战略性重组，推动创新资源和生产要素向优势企业适度集中，从原创、研发、制作到市场和推广服务，推动武汉文化、出版、广电、渠道、平台、投资等方面实现专业化分工、链条化重组、协同化发展。六是强化行业组织作用。加大支持力度，充分发挥行业组织在协调和服务行业与政府关系、行业内外合作互助和维护企业合法权益等方面的作用，进一步探索和完善政府支持、企业主体、行业主导、协会服务为基本架构的动漫游戏产业促进机制建设。

2. 坚持创新发展，培育品牌，在打造龙头企业上实现新突破

加快培育一批创新能力强、增长速度快、人才集聚度高、市场能力强、在国内外享有较高知名度的大型龙头动漫游戏企业，打造一批知名动漫游戏品牌、精品动漫形象和优秀动漫游戏作品，整体提升动漫游戏产业的竞争力、影响力、辐射力和带动力。一是重点支持江通动画股份有限公司、湖北知音传媒集团有限公司、湖北海豚传媒股份有限公司、湖北盛泰文化传媒有限公司、武汉银都文化股份有限公司、武汉玛雅动漫有限公司、武汉博润通数码科技有限公司、武汉漫迪动漫文化传播有限公司、武汉东尼文化传播有限公司、武汉两点十分数码科技有限公司、武汉全景三维动画有限公司、武汉天娱动画设计有限公司、武汉乐酷网络科技有限公司、武汉治图文化传媒有限公司、武汉视纪印象科技股份有限公司、武汉数虎动漫科技有限公司、武汉大海信息系统有限公司、湖北今古传奇文化发展有限公司、武汉邦维文化发展公司、武汉超玩在线科技有限公司、武汉游戏网络科技有限公司、武汉拇指通科技有限公司、武汉齐进网络技术开发有限公司、武汉诺克斯信息技术有限公司、武汉聚网科技有限公司、武汉麦塔威科技有限公司等增强创新能力，强化品牌建设，探索有效盈利模式，不断做大做强，在重大项目实施、推进自主创新、企业项目融资、创新平台建设、发展空间拓展、开拓国内外市场等方面，进行全方位服务和重点支持，培育一批国家级重点动漫企业集群。二是加大对企业上市和“新三板”后备企业的培育和支持力度，从创业投资和信贷融资、基础研发、成果转化、开拓市场、项目工程等方面给予针对性支持，促进企业快速成长。三是设立市级原创动漫游戏优秀作品、创新企业、创新人物奖项，引导、鼓励企业提升创新、创意水平，打造和宣传知名品牌。四是积极筹备开办开播武汉数字电视动漫频道，充分利用武汉广电少儿频道、武汉教育电视频道等媒体资源，向社会宣传推介武汉市原创动漫优秀作品和优秀企业。五是鼓励和支持武汉市动漫游戏企业申报各类国家和国际动漫游戏领域的重要奖项。

3. 坚持集约发展，软硬兼施，在园区建设发展上实现新突破

以动漫游戏产业园区基地为载体，在孵化加速、招商引资、专业服务、平台搭建、空间规划建设中，加速人才、资本、技术等创新要素集聚，大力推动创新型动漫游戏产业集约发展，不断优化和提升产业发展载体建设，打造功能强大、设施齐全、优势互补、分工协作、服务一流的动漫游戏产业园区。

实行政府引导、企业运作、市场导向、专业服务，加快中国光谷创意产业基地二期规划建设，按照特色发展、集群发展、规模发展、高端发展要求，以动漫游戏行业骨干企业和文化科技服务机构为主体，推进专业分工和协作配套，鼓励和引导创新中心、研发机构、融资担保机构加强合作，打造以产业链条完善、功能设施一流、知名品牌聚集、集群效应显著、国际化发展领先为特色的武汉动漫游戏产业发展中心，成为具有一定规模的新艺术、新媒体、新科技、新业态的动漫游戏创新、创意基地，发挥其集聚、先导、辐射和示范作用，提升武汉动漫游戏产业的整体实力和水平，成为中部地区动漫游戏产业发展最快、水平最高、规模最大、辐射最广的国家级动漫游戏产业发展基地。

加快完善洪山创意产业园空间布局和功能建设，以创业、孵化、加速服务为重点，强化集创业服务、技术研发、平台建设、市场拓展于一体的产业服务体系建设，积极推进产业资源整合，形成武汉市动漫游戏产业园区竞相发展的良好发展格局。

4. 坚持开放发展，合作共赢，在国际合作交流上实现新突破

借鉴国际先进经验，引进世界创意资源，积极探索发展模式，开拓国际市场空间，促进动漫游戏产品和发展方式与国际接轨，培育具有国际竞争力的外向型动漫游戏企业，融入世界动漫产业发展大格局。一是鼓励和支持武汉市动漫游戏企业与海外有实力的动漫游戏企业和机构在创意策划、项目开发、人才开发、高端制作、技术创新、市场拓展、品牌授权、项目融资等方面开展多种形式的合作；二是积极实施动漫游戏产品和服务“走出去”战略，制定“走出去”政策措施，大力推动版权贸易，继续扩大手机游戏出口，推动动漫图书、期刊、音像制品、电子出版物等开拓国际市场；三是大力支持企业开展国际外包服务，鼓励申报重点文化出口企业名录，落实重点文化出口和服务外包优惠政策；四是鼓励和支持动漫游戏企业参展参会海外国际动漫游戏重要会展和论坛活动，增进合作、扩大影响；五是积极支持办好“中国青少年数字创意节”、“IEF 国际数字娱乐嘉年华”、“中日韩数字艺术双年展”、“光谷国际动漫节”、“中日动漫产业沙龙”等国际性展会和论坛活动；六是发挥武汉市对外合作部门、贸易促进机构和行业协会组织在推动对外交流、招商引资、行业合作交流等方面的作用。

5. 坚持高端引领，引培结合，在人才建设机制上实现新突破

创新科学的人才培养、使用和引进机制，构建一支门类齐全、结构合理、梯次分明、素质优良的动漫游戏产业高端人才队伍。一是实施“动漫游戏英才工程”，到 2015 年培育和引进 300 名具有创意策划、创作指导、技术研发、经营管理等能力的高端创意型、技术型和复合型人才；二是创新高等院校、职教机构、动漫游戏企业三位一体，学历教育、职业教育、教育实训相结合的人才培养体系，完善以法律契约为保障，市场导向、优势互补、互惠共赢的人才开发合作机制；三是支持高等院校设置和提升动漫游戏创意策划、创作指导、技术研发、企业管理和市场营销等专业课程，将动漫游戏开发和文化产业经营作为重点学科加快建设；四是支持人才培养国际合作，通过“引进来”和“送出去”，集聚一批通晓海外动漫游戏企业运作的创意、研发、管理和市场高端人才，积极支持中外合作办学，加强人才交流，创新教学理念、教学方法、教学体系和教学实践；五是鼓励创新、支持创业，用足用好“3551”和“黄鹤英才”人才计划政策，引导和鼓励既通晓动漫游戏产业内容，又擅长企业经营管理的优秀人才在动漫创意产业领域施展才干；六是建立动漫游戏产业高端人才库，完善人才选拔、聘用、激励机制，对促进动漫游戏发展做出突出贡献的集体和个人给予表彰和奖励。

6. 坚持政策导向，优化环境，在产业发展支撑上实现新突破

动漫游戏产业具有高投入、高成本、高科技、高风险、高收益和长周期等特点，处在产业化发展初期阶段的动漫游戏产业需要不断完善的发展环境，更离不开政府的大力支持。今后3~5年是武汉动漫游戏产业实现跨越发展的关键时期，政府保持足够的战略规划和政策促进的前瞻性和连续性，对于推动动漫游戏产业健康、快速、持续发展至关重要。通过不断完善和提升有利于动漫游戏产业发展的政策环境、市场环境和服务环境，综合运用规划引导、财政扶持、资源配置等手段，进一步发挥产业主体、市场主体积极性，是实现动漫游戏产业跨越发展的根本保障。

加大促进政策支持力度。一是进一步完善和落实动漫游戏产业促进政策，加大财政、税收、金融、用地等方面对动漫游戏产业的政策扶持力度。发挥武汉动漫产业发展专项资金作用，聚焦重点企业、重大项目、优秀作品、会展活动、国际合作、创新型人才培养、基地园区及公共平台建设，延长政策期限，提高支持额度，扩大使用范围；将动漫游戏科研开发纳入科技创新扶持政策适用范围，适当延长对中小动漫企业税收优惠政策的扶持周期。二是支持动漫游戏企业申报高新技术企业；加大对取得一定成绩的动漫游戏企业进行重奖，对销售收入、企业纳税达到一定额度的动漫游戏企业，按一定比例给予奖励和市区级税收返还。三是加大对出口企业和重点项目的支持力度，适当降低企业出口的奖励起点数；支持利用“武汉市中小企业国际市场开拓资金”参展参会重大国际动漫游戏展演、交易和商贸活动，参与国际竞争和市场开拓；落实国家对用于自主开发、生产动漫直接产品，进口商品免税政策。

加快公共服务平台建设。一是推进动漫游戏创新资源平台建设，采取政府扶持、市场化运作模式，重点扶持公共技术服务、产业项目投融资、高端创新人才集聚、交易推广、中介服务、展演展示等服务平台建设发展；二是建立和完善市场导向、企业主体、产学研相结合的自主创新体系，支持产学研合作基地建设和发展，促进创新资源共享和成果转化；三是加快建设公共传播服务平台，综合利用广播电视、书籍报刊、网络、手机、移动电视等各类媒体，支持新媒体动漫发展平台建设，构建武汉市原创动漫作品传播服务体系；四是加快建设投融资服务平台，加强与金融及担保机构合作，推进园区企业通过多种途径向社会融资，充分发挥行业组织作用，策划发展思路，打造产业链条，组织合作交流，健全信息服务、产业配套、市场渠道、人才培训、合作交流、投资融资等方面的协调服务体系。

推动投融资创新发展。创新文化产业投融资体制，健全文化产业与金融机构的合作机制；扩大动漫游戏产业投资基金规模，支持文化产业投资基金加大对动漫游戏产业的支持；大力推行知识产权质押形式的融资担保，切实降低融资门槛，提高融资实效；支持面向中小微型动漫游戏企业推广集合贷款、集合债券、集合租赁、集合票据、集合信托等集合融资产品；积极组织动漫游戏企业项目推介和银企对接活动；对银行、担保机构为动漫游戏企业提供科技信贷服务形成的本金损失，给予一定的风险补偿；完善扶持项目的申报评审、检查指导和业绩考核工作。

强化政府指导和支持。一是武汉市宣传文化新闻出版广电部门要进一步加强对动漫游戏产业规划制定、政策落实、重大项目建设以及作品原创的协调和支持，加强文化市场管理，支持动漫产品市场开拓和产业化发展；二是发改、经信、科技等部门要加强对动漫游戏产业基地和公共服务平台建设的支持，支持关键技术研发和产业推广应用；三是出版、工商、知识产权等部门要加强动漫游戏知识产权创造能力、管理能力、保护能力和运用能力建设，鼓励和加强动漫游戏产品、形象的专利申请，著作权登记和商标注册工作，加大国产原创动漫形象、品牌和衍生产品的知识产权保护力度，有效促进专利技术向现实生产力转化；四是加强对动漫游戏示范工程项目实施的指导和支持，建立由武汉市委宣传部牵头、相关政府部门和行业协会参加的示范工程项目推进工作办公室，指导督促项目实施，协商解决重大问题，建设具有网上项目申报审核、数据收集分析、后续管理服务等功能的综合管理服务系统，提高管理水平和效率。

B.8

新闻出版业

——汇时代之音，塑文化经典

马培红*

摘　要：

武汉新闻出版业在全国享有盛誉。目前，武汉新闻出版业已基本形成了包括报纸、期刊、图书、音像制品和电子、网络出版等多门类、多业态的产业体系。在新闻出版公共服务建设、出版改革、现代内容产业等方面获得了较大的发展。本文从宏观和微观两个角度分析武汉新闻出版业的现状，并指出其中的问题所在，最后有针对性地提出几点建议，旨在促其获得更好的发展。

关键词：

武汉市　新闻出版业　现状分析

2012年，是党的十八大召开之年，也是武汉市文化产业振兴计划的开局之年。武汉市新闻出版业在党的十八大精神的指引下，继往开来，迅速发展。新闻出版业基本分类包括六种出版物类型：图书、报纸、期刊、音像制品、电子出版物、网络出版物；产业链包括编辑出版、印刷、发行、流通、销售等。① 武汉市新闻出版业总体来说呈现良好的发展态势，主要表现为：新闻出版公共服务建设不断扩展，出版改革不断深化，现代内容产业发展不断推进。这种强劲的发展势头，为武汉经济的发展做出了突出贡献，提高了武汉市文化软实力、扩大了武汉文化影响力，对于打造“文化五城”、建设文化强市和国家中心城市、复兴大武汉都具有重要意义。

---

* 马培红，华中师范大学国家文化产业中心硕士研究生，研究方向：文化资源与文化产业。

① 叶朗：《中国文化产业年度发展报告（2012）》，北京大学出版社，2012，第49页。

一 新闻出版业的整体发展情况

目前武汉新闻出版业已基本形成了包括报纸、期刊、图书、音像制品和电子、网络出版等多门类、多业态的产业体系。截至2012年11月，全市新闻出版总产值达118亿元。总体规模居广州、深圳之后，列全国第三位。[①] 武汉新闻出版业整体上呈现出良好的发展态势，促进了武汉文化产业的不断发展。

（一）不断加强新闻出版公共服务建设，保障人民群众基本文化需求

新闻出版公共服务建设作为公共文化服务体系的重要组成部分，对群众的精神文明建设起到重要作用。针对武汉市人民群众精神文化需求的多样化、多层次特点，文化惠民工程活动继续开展，丰富了市民的精神文化生活，加强了社会主义精神文明建设。

1. “读书之城”建设工程逐步展开

自2011年12月武汉市率先在全国提出建设“读书之城”后，其建设工作便有序进行。2012年4月，“读书之城”活动拉开帷幕。2012年5月11日，中共武汉市委宣传部制定了《市委宣传部关于武汉读书之城建设实施方案》，为“读书之城”建设进一步明确了方向和目标。2012年全市建设的第一批25个24小时自助图书馆，已正式投入使用。全市设立了有统一标识的近200个图书漂流点位，目前已全部对市民开放。[②] 全面启动“全民阅读进村塆”系列活动，增加了农民的知识，丰富了农民的精神文化生活，为精神文明建设提供了精神动力和智力支持。2012年武汉图书馆继续推选了100本优秀图书书目并评选出了2012年最喜爱的十本书。

2. 农家书屋工程继续进行

农家书屋工程作为重大公共文化服务工程，自2008年全面展开以来，取

---

① 中共武汉市委宣传部：《2012年武汉文化发展蓝皮书》，武汉出版社，2013，第44页。

② 中共武汉市委宣传部：《2012年武汉文化发展蓝皮书》，武汉出版社，2013，第88页。

得了明显成效。武汉市蔡甸区的农家书屋建设建立了以财政保障为重点的农家书屋长效管理机制，初步形成了“政府主导、社会参与、自主管理、村民共享”的农家书屋建设管理体系，创新了管理员筛选制度，通过几年的尝试，全区农家书屋的群众满意率达到97%。[①] 农家书屋成功推出的“蔡甸模式”，是在公共文化建设方面进行的有益尝试，为其他地区的农家书屋建设提供了经验借鉴，为群众营造了良好的阅读环境，丰富了农民群众的业余生活，增加了农民群众的文化福利。武汉现有2157个农家书屋，2012年以来，农家书屋工程财政投入保障力度明显加大，补充更新图书达到11.6万册，比2011年增加了50%。[②]

除此之外，报刊亭建设取得新的进展。武汉经济技术开发区统一兴建首批15个报刊亭，率先投入使用。报刊亭除销售报刊外，将逐步开展综合性便民文化服务。书报亭的建设工作将在试点的基础上，逐步向各区展开。

（二）不断深化改革，促进新闻出版业可持续健康发展

改革是进一步发展的动力，有效的改革将会推动新闻出版业的快速发展。2012年，武汉市被评为全国文化体制改革先进地区、全省文化体制改革先进地区；武汉东湖国家级文化和科技融合示范基地荣获“全国文化体制改革先进单位”称号。[③] 为了新闻出版业能有更好发展，武汉市新闻出版局政务微博正式上线。目前文化体制改革工作仍在有序进行中，这将进一步改善新闻出版业的运营环境。

1. 完成第一批非时政类报刊单位改革

2012年，武汉市属第一批30家非时政类报刊出版单位已完成转企改制工作。武汉市于2012年6月下发了《武汉市属非时政类报刊出版单位体制改革工作方案》，明确提出，到2012年6月30日前，完成第一批改革工作任务。武汉市45家非时政类报刊中有30家被列入第一批转改报刊名单。6月5日，

① 《特色书屋　书香村组》，长江网，2013年2月24日，http：//zt. cjn. cn/zt2013/dszc/ppdshd/201302/t2222229. htm。

② 钟磬如：《武汉现有2157个农家书屋》，《武汉晚报》2012年12月20日。

③ 中共武汉市委宣传部：《2012年武汉文化发展蓝皮书》，武汉出版社，2013，第31页。

转企改制工作进入全面实施阶段。目前，30 家报刊已全部领取工商执照。经过改制，原来的 30 家报刊出版单位精简到 13 家，武汉长江日报传媒集团有限公司、武汉新闻传媒有限公司、武钢集团传媒分公司等 3 家出版单位负责 19 家报刊的出版，较好地实现了改革提出的“整合出版资源、减少出版单位”的任务目标。[①] 改革取得初步成效，促进了出版资源的集聚化发展，加强了出版单位的规范化管理。

2. 出版企业文化体制改革成效显著

自国家实施经营性出版单位转企改制以来，武汉市一批出版单位就开始有序地推进改革，成效显著。2010 年，武汉地区的出版社基本完成转企改制，尤其是知音集团，为彻底解决束缚其发展的体制瓶颈问题，他们在全国新闻出版界首次实现管理层及业务骨干持股，对采编、发行等业务环节实行整体改制，建立起股权多元、法人治理结构完善、经营机制灵活的股份制集团公司。目前，知音传媒集团已顺利完成整体改制，湖北知音传媒股份有限公司准备在上海证券交易所上市，目前正处于初审之中，如果最终能够成功上市，知音就将成为国内第一家登陆 A 股的期刊传媒公司。[②] 2012 年，知音集团荣获“全国文化体制工作先进单位”称号。2012 年，湖北长江出版传媒集团借壳上市，成为湖北文化产业的重要推动力。2012 年，《武汉市经营性文化事业单位转制为企业享受税收优惠政策管理办法》出台，加快了经营性出版单位改制的步伐。这些与时俱进的不断改革，促进了新闻出版业的不断发展。

（三）不断推进现代内容产业发展，推动新闻出版业的优化升级

1. 现代内容产业多元化发展

新媒体、新技术的不断出现，对传统出版业产生了巨大冲击，不少出版单位打破传统观念，推动出版单位从原来的传统运作向现代化的内容产业运作转变，力图以新的形式立足于社会，实现新闻出版业的现代化转型。知音集团、长江出版传媒集团、武汉出版集团等一批单位在原有书刊报业的基础上，不断

---

① 中共武汉市委宣传部：《2012 年武汉文化发展蓝皮书》，武汉出版社，2013，第 33 页。

② 《知音传媒整体改制有望成为国内期刊传媒第一股》，中国广播网，2012 年 3 月 26 日，http://news.163.com/12/0326/20/7TI2VVT300014JB5_all.html。

向印务、物流等方向延伸拓展。例如，湖北长江出版传媒集团在原有图书、期刊的基础上，向影视、网络、地产等领域延伸，现有成员单位27家。又如知音集团，从一本《知音》杂志起家，现已成为一个跨行业、跨媒体经营的大型传媒集团，综合实力位居全国期刊集团前列。这种经营的多元化为企业的进一步发展壮大奠定了基础，形成了相对完整的产业链，促进了大型出版集团的产生。

2. 新兴行业不断涌现

新技术催生新行业，新思维创造新局面。近几年，湖北知音传媒网络有限公司、武汉长江互动传媒有限责任公司、武汉传神联合信息技术有限公司、湖北科创高新网络视频股份有限公司等企业如雨后春笋般涌现并不断发展壮大，为新闻出版业的发展提供了科技支撑，促进了出版形式的变革创新。例如武汉长江互动传媒有限责任公司，其主要经营的就是互联网信息服务、网络报纸、网络期刊、计算机软件开发等，为出版发行提供了新的网络平台，其中计算机软件开发又为新闻出版发行提供了无限可能，促进了传统出版业向多媒体网络化发展。

二　新闻出版业发展具体行业情况分析

武汉新闻出版业不断发展，形成了一批在全国有影响力的新闻出版品牌。同时，打造了长江出版传媒集团、知音集团等一批具有影响力的大型出版集团，为新闻出版业的发展整合了资源，提高了效益。2012年，武汉市出版物市场销售总额10.7亿元（其中，国有5亿元，民营5.7亿元），年销售图书、报刊、电子、音像等各类出版物7740余万册（盘、份）。①

（一）图书出版业

图书出版业健康发展。2012年武汉出版社全年新出版和再版各类图书达784种，比上年增长8.7%，出版各类图书1230万册，比上年增长8.7%。2010~2012年具体出版情况如表1所示。

① 中共武汉市委宣传部：《2012年武汉文化发展蓝皮书》，武汉出版社，2013，第44~45页。

表 1　2010 ~ 2012 年武汉出版社出版图书情况

年份	类别	种数	册数（万册）
2010	19	693	1085
2011	20	721	1132
2012	19	784	1230

资料来源：《武汉市国民经济和社会发展统计公报》（2010 ~ 2012）。

由武汉大学文学院古籍研究所独立编纂完成、湖北教育出版社出版的国家“十一五”重大文化出版工程《中华大典 · 语言文字典 · 音韵分典》正式出版发行。① 为纪念辛亥革命 100 周年，出版了《辛亥革命史事长编》《辛亥革命辞典》等图书，其中《辛亥革命史事长编》被列入纪念“辛亥革命 100 周年”重点项目，是重点目标项目中唯一的图书出版项目。第十一届华中图书交易会有湖北教育出版社、湖北少儿出版社、湖北科技出版社、崇文书局等在书会上搭建了展台，推出优秀图书和精品图书。2012 年，新闻出版总署继续向全国青少年推荐百种优秀图书，湖北少年儿童出版社的“大科学小实验”（4 册）系列入选。同时，长江出版传媒下属出版社有 10 本图书获得“第二届湖北出版政府奖”。另外，武汉大学出版社和华中师范大学出版社年发售码洋均过亿元，成为大学出版社中的中坚力量。

在图书立体化方面进行探索，开辟一条图书销售新途径。2012 年，湖北教育出版社推出了国家“十二五”重点出版规划项目《正启蒙》，并将《正启蒙》产品制作成一个个精美的 APP 应用，给读者提供了不同的阅读体验。目前，已推出《正启蒙》安卓平台应用系列共计 15 个，其中免费试用的 7 个已上线，首日下载量就突破了 300 次。今后，还将推出苹果 IOS 版、精讲版等后续产品，以期开辟一条图书销售的新途径。②

（二）报刊业

报刊业的整体竞争力在逐步增强。市属期刊市场份额不断提高，2011 年

① 夏静：《〈中华大典 · 语言文字典 · 音韵分典〉正式出版发行》，《光明日报》2012 年 11 月 17 日。

② 《湖北教育社：加大图书立体开发力度探索图书销售新途径》，湖北长江出版集团网，2012 年 9 月 29 日，http：//www. cjcb. com. cn/news_ jtjxshow. asp? id = 2671。

发行总收入为1600万元，2012年达到2549万元，上升了59.1%。① 武汉出版的报纸情况呈上升势态，具体情况如表2所示。

表2　2009～2011年武汉出版社出版报纸情况

年份	报纸数量(亿份)	杂志数量(亿册)
2009	6.02	—
2010	6.63	—
2011	6.11	7.90

资料来源：《武汉市国民经济和社会发展统计公报》(2009～2011)。

报刊业发展迅速。由长江日报报业集团创办的全英文报纸《长江周报》(*Changjiang Weekly*) 出版发行，成为当代武汉首份面向外籍人士的英文报纸。② 长江日报报业集团收入持续增长，实现“五连增”。《小学生天地》、《湖北教育》和《学校党建与思想教育》作为武汉报刊业的重要品牌，在全省乃至全国具有一定影响力，这些刊物为新闻出版业的发展繁荣做出了积极贡献。

报刊业成就不凡。《学校党建与思想教育》入选《中文核心期刊要目总览》2011年版（即第6版）之教育类全国中文核心期刊。③ 湖北知音传媒股份有限公司获得“2011年度湖北省新闻出版突出贡献奖”荣誉称号。湖北教育报刊传媒有限公司坚持开展“优秀少儿期刊公益行”活动，每年向省内外贫困学生赠阅数万册《小学生天地》和《初中生天地》等优秀学生期刊。④

（三）印刷发行业

印刷发行业发展加快。印刷发行业作为新闻出版业的重要组成部分，获得

① 中共武汉市委宣传部：《2012年武汉文化发展蓝皮书》，武汉出版社，2013，第44～45页。

② 胡楠：《武汉首份英文报〈长江周报〉今日创刊》，《长江日报》2012年4月27日。

③ 《〈学校党建与思想教育〉入选2011年版全国中文核心期刊》，《学校党建与思想教育》2012年第14期。

④ 肖昌斌、王玉梅：《湖北教育报刊传媒有限公司开展“优秀少儿期刊公益行”》，《中国教育报》2012年4月7日。

了持续快速发展。全市共有印刷企业 967 家，全年销售收入达到了 95.7 亿元。[①] 武汉印刷企业众多，规模较大，已产生多家大型印刷企业。2012 年中国印刷企业 100 强的上榜企业中，湖北省共有 6 家，除了位于宜昌的湖北金三峡印务外，另外 5 家全部位于武汉地区。[②] 湖北知音印务有限公司获得“第四届湖北印刷企业 50 强”荣誉称号。

武汉市“十二五”规划明确将包装印刷业纳入武汉市的十大制造业之列，力争将武汉包装印刷业打造成千亿元产业，使其成为武汉市的支柱产业。武汉市包装印刷业呈现出“一东一西”两大产业组团。东部包装印刷组团位于东湖国家自主创新示范区，年产值达 1000 亿元；西部是印刷科技产业园，项目总投资达 3.2 亿元，具备国际竞争力。武汉印刷包装基地也于 2011 年落户武汉市新洲区阳逻街，承接区域印刷包装业务，同时辐射华中乃至整个中部地区。[③] 其中，湖北知音印务有限公司除承担《知音》、《知音漫客》、漫客单行本的制作生产之外，还面向社会承接了《中国监察》、《学习方法报》及人民教育出版社教辅教材等 20 余家书刊报的制作业务，成为武汉市乃至湖北省最大的期刊印刷基地。

在发行方面，大力开展连锁经营，大众图书销售大幅增长，全年实现销售收入 113.6 亿元。华中图书交易中心成绩显著，现有发行单位 240 余家，年销售出版物 927 万册（份、盘），销售收入 6109 万元。[④] 华中图书交易中心销售覆盖整个中南地区，在全国具有一定的影响力。

（四）数字出版业

数字出版发展迅速。数字出版代表着未来出版业发展的方向。武汉市数字出版起步早，发展快，不断成熟，逐步形成产业链。

国家级数字出版基地——华中国家数字出版基地是目前国内首个以“打造产业生态”为概念、与国际接轨的数字出版产业园区，其中“政府主

① 中共武汉市委宣传部：《2012 年武汉文化发展蓝皮书》，武汉出版社，2013，第 56 页。
② 陈勇：《武汉地区印刷行业职业教育与职业培训现状研究》，《广东印刷》2013 年第 2 期。
③ 陈勇：《武汉地区印刷行业职业教育与职业培训现状研究》，《广东印刷》2013 年第 2 期。
④ 中共武汉市委宣传部：《2012 年武汉文化发展蓝皮书》，武汉出版社，2013，第 56 页。

导，企业开发”的模式属于全国首例。目前湖北省和该基地所在的武汉经济技术开发区已相继采取了一系列扶持措施，并设立了每年2000万元的湖北数字出版专项资金。由省新闻出版局牵头，武汉经济开发区、省内各相关部门和基地建设单位共同组成的专业化、规范化数字出版管理机构和团队也已建立。此外，地方政府大力支持数字出版业。“十二五”期间，武汉经济技术开发区每年投入3000万~5000万元，支持入驻华中国家数字出版基地企业发展。[1] 此举带动了省内及周边地区一大批数字出版产业园区的建设发展。光谷创意产业基地积聚了各种数字出版企业80多家。《长江周报》数字报正式上线。现有的3万多家网站中，也有300多家将目光瞄向了数字出版行业。

数字出版业成果丰硕。湖北九通电子音像出版社的音像出版物《阿特的奇幻之旅》获“第二届湖北出版政府奖”，其《新四军资料数据库》和《百年高校校报数据库》两个项目在《关于调整“十二五”国家重点图书、音像、电子出版物出版规划的通知》之列，同时其出版的《快乐童声——新中国60年儿童歌曲》也荣获“湖北出版政府奖荣誉奖”。2012年其成功研发的长江网移动智能报刊信息发布云平台（VER. 1.0）软件，是武汉数字出版技术的崭新应用。在教育部公布的2011年度高等学校本科专业设置备案或审批结果中，武汉大学新增5个本科专业，其中数字出版作为新兴专业名列其中。围绕“读书之城”建设目标，地铁阅读、移动阅读、电视阅读获得快速发展，丰富了人们的阅读体验。数字出版为武汉经济注入了新的活力，已经成为武汉经济新的增长点。

三　新闻出版业发展中存在的问题

武汉新闻出版业成果丰硕，不断发展，繁荣了一方经济，为武汉市的整体发展提供了经济支持，特别是数字出版业的发展，势头强劲，但是其发展过程中仍然存在着很多的问题，主要表现在以下几个方面。

---

① 姚德春、沈文：《7大税收优惠政策支持数字出版企业》，《长江商报》2012年12月9日。

（一）产品结构性重复，不利于企业发展

企业内部产品定位不明确。比如，不少报刊在产品的定位上缺乏准确的认识，致使相关报刊的同质化现象严重，造成资源浪费。准确的定位是报刊立足于市场的关键，是区别于其他报刊的重要标志。《知音》之所以在报刊领域取得巨大的成功，就是因为它有着“深入家庭、深入生活、深入心灵”的精准定位。《楚天都市报》《武汉晚报》《长江商报》三家报纸，是相互竞争的态势，不免存在内容上的交叉重复，而同属于湖北日报传媒集团的《湖北日报》《楚天都市报》《楚天金报》三份报纸，虽实行各有定位的错位发展，但是这种定位的差异化界定并不明显，有时会出现雷同现象，造成资源的浪费。三份报纸应该是各领一方，整合资源，共同发展，最终实现利益最大化。同家单位的三份报纸在内容上的重复，会造成单位内部资源的混乱，也说明单位内部的机制体制方面存在一定的问题，不利于报纸的长远发展。

另外，武汉社会生活类报纸居多，专业性报刊相对较少。这些都容易造成产品的重复，不利于企业的进一步发展壮大。因此，武汉报刊的产业结构还需要进一步完善，应多开拓其他门类报刊以丰富武汉报刊的类型。

（二）数字出版人才匮乏，不利于出版产业创新

近几年来，随着新媒体的兴起，武汉的数字出版获得快速发展，但是依然存在着各种各样的问题，特别是人才相当匮乏。既懂出版又懂数字技术的复合型人才的匮乏成为制约数字出版进一步发展的瓶颈。市场竞争归根到底是人才的竞争，人才的匮乏直接影响数字出版的良性发展。武汉有多所985、211院校，拥有丰富的人才资源，是创意的会聚地，但是在数字出版上，仅有武汉大学在2011年新增了数字出版的本科专业。高校新专业建设的滞后致使在数字出版人才培养方面存在严重不足。提高出版文化软实力，人才资源是第一资源，是企业发展的关键。同时有不少高级人才在武汉受过教育后又到其他地方工作，人才流失现象严重。

数字出版是未来出版业发展的方向，但是目前文化与科技的结合仍然十分薄弱。华中数字出版基地的建设，固然会对武汉数字出版产生重要影响，但它

仍是一个个竞争单位的空间聚集，并未实现深度的有机联合与合作。两个单位不是只有竞争才会产生效益，合作共赢是永恒的道理。文化科技相融合，才能打造数字新平台，要想真正实现复合型人才的培养，还有很长的路要走。

（三）出版品牌建设不足，不利于企业集团化发展

武汉虽有一批著名的出版企业品牌，如长江出版集团、湖北知音传媒集团等，但是品牌建设缺乏对小型出版企业的连带作用。分散的报刊出版单位在品牌建设上就不如大型集团的品牌。例如湖北知音传媒集团，其前身知音杂志社是全国报刊出版界第一个转企改制的单位，早期的改革使得知音集团抓住机遇，塑造了知音品牌，奠定了如今期刊界不容小觑的地位，其创造的知音管理模式更为其他出版单位树立了榜样。经过 20 多年的不断改革和创新，知音杂志社已发展壮大成为下属有 10 刊 2 报、7 个子公司、2 个网站和 1 所大学，涉足期刊、报纸、图书、广告、印刷、数字媒体、动漫开发、影视制作、家政服务、职业教育等多元多层次的综合型文化产业集团，总资产 8.6 亿元。[①]《知音》的月发行量在 600 余万份，覆盖到了路边的书刊报亭，具有很强的影响力。但大量小型出版单位尚未形成品牌，在竞争中处于不利地位，影响了武汉出版业的整体实力。

（四）市场监管力度不足，不利于出版市场发展

虽然市场监管的力度在不断加大，但是仍显不足，有待进一步提高。相关部门“扫黄打非”活动常抓不懈，但是各种出版违法犯罪活动仍然不止。盗版盗印、非法出版期刊等行为严重阻碍出版市场的发展，这是法律法规的不健全所致，市场监管有待进一步加强。

市场监管中，版权保护方面问题众多。2012 年第一季度，武汉市中院已收审 1400 余件知识产权纠纷案，其中 800 余件为著作权纠纷；2011 年全年，武汉市中院知识产权庭共收审知识产权纠纷案件 1600 件，其中著作权纠纷约

---

① 梅学书、江志国：《文化产业改革发展的一匹“奇骏”——湖北知音集团发展壮大的经验与启示》，《政策》2012 年第 5 期。

800余件；2012年第一季度知识产权案件收审总数已超过该类案件2011年全年收审数，其中著作权纠纷占据武汉全年知识产权纠纷案半壁江山。[①] 在武汉市2011年保护知识产权十大事件中，批发销售盗版音像制品大案名列其中。武汉中院开庭审理武汉影楼老板状告淘宝网涉嫌侵犯著作权一案等，都说明了版权保护力度不够，仍存在诸多不足，为人民生活带来了相当多的麻烦，也说明人们的版权意识有待进一步提高。

四　对新闻出版业进一步发展的建议

武汉新闻出版业在全国享有盛誉，特别是知音集团，塑造了经典的知音品牌，其发行量之大是许多报刊都无法匹敌的，各类知音体的流行，更说明了知音的魅力所在。武汉新闻出版业的发展离不开政府的政策支持，若想更进一步发展，除了新闻出版公共服务体系建设外，必须在品牌建设、人才建设等方面继续努力。具体应从以下几个主要方面着手。

（一）加强新闻出版业的体制机制改革

改革是新闻出版发展的动力，将为其注入新鲜活力。在现有基础上，继续做好报刊出版单位的转企改制工作，实现资源的汇聚整合，凝聚企业实力，提高企业核心竞争力。政府应该多制定各种优惠政策，促进单位的发展，对企业之间的兼并联合应顺应市场发展规律，发挥市场在资源配置中的基础性作用。

有效的改革是企业发展的助推器。现在不少大型出版集团都形成了产业化发展体系，拥有不少出版社、多家报纸，这就要求企业必须明确每个子出版社、子报纸的定位，只有精准的定位才能将它们区分开，避免重复定位、内部竞争，造成资源浪费。在出版产品定位方面，实现媒介差异化。《知音》成功的关键是实行市场机制，自负盈亏，形成独具特色的知音管理模式。深入解读，增加可读性、耐读性，是纸质媒体的一大优势。要充分利用这一优势，传

① 蒋晓达、于姝楠：《武汉：著作权纠纷占知识产权纠纷案半壁江山》，中国日报网，2012年4月17日，http：//www. chinadaily. com. cn/dfpd/2012－04/17/content_ 15070954. htm。

播正能量，弘扬主流价值观。另外还需与时俱进，推动出版形式、出版内容等方面的创新。

（二）加强新闻出版业的品牌建设

品牌是企业的无形文化资本，强化品牌意识将会推动企业发展。当原有品牌发展达到一定规模和实力时，品牌内涵需要进行重新定位，以求得更广阔的发展空间。①

积极推进出版企业以品牌为核心，以市场为导向进行跨行业、跨地区的联合，促进产业结构优化升级，培育一批大型出版传媒集团，走出武汉、走向中国、走向世界，参与到国际竞争中去。联合、兼并小单位，扩大企业实力，提升知名度和影响力，打造有特色的企业品牌，通过新品牌建设，进一步丰富品牌内涵、完善品牌结构、创新品牌系列，打造一批市民愿看、报刊亭愿卖、企业愿发行的优质报刊，提高报刊业的核心竞争力。利用新闻出版资源，鼓励出版集团、报刊集团、发行集团之间进行跨地区、跨行业的联合，实现利益的最大化，提高集团的核心竞争力和产业活力。

（三）加强数字出版人才队伍建设

数字出版作为新兴行业，人才匮乏，要开发电子书、网络出版物、数据库出版物、数字报刊等新兴出版产品，就必须加强数字出版人才建设，为武汉数字出版的发展提供人才支撑和智力支持。

要做好数字出版人才培养工作，需从以下几方面着手：一是充分利用科教资源培养专门人才。武汉的高校和科研院所数量仅次于北京、上海，居全国第三位，拥有武汉大学、华中科技大学等著名高校，在校大学生数量位居全国第一。② 要充分利用人才优势，构建产学研一体化的人才培养模式，支持高校的出版人才队伍建设；在武汉多所大学设置数字出版的本科专业、硕士专业、博士专业，形成一条龙式的培养模式，最后直接服务于数字出版领域。二是建立

① 王芳：《谈出版品牌建设的五个环节》，《出版研究》2010 年第 4 期。

② 王海燕：《武汉城市圈文化创意产业知识产权战略分析》，《科技进步与对策》2011 年第 11 期。

数字出版培训基地、建立新闻出版人才培训基金和交流平台、建立数字出版培训中心，专门培训一批数字出版工作的专门人才，也是为华中数字出版基地做好准备。借鉴广州、深圳的经验，定期组织人员去其他数字出版单位学习。三是引进人才，支持发展。鼓励支持企业面向国内外引进一批高层次、高技能的既懂文化、又懂科技的复合型高级人才。对新型人才实施优惠政策，加大支持力度。

只有加强人才队伍建设，才能进而开展数字出版、数字版权等技术研究，才能构建要素完整、不断发展、多方共赢的数字出版产业新格局。

（四）加强新闻出版精品工程建设

新闻出版精品工程建设将会对武汉出版业发展起到示范效应，产生辐射作用，推动新闻出版业的发展，终将会促进武汉经济的发展。

积极推动精品出版物建设。武汉地处武汉城市圈、荆楚文化圈，应借地域文化优势，推出具有地方特色、体现荆楚地方文化的重点出版物，发布关于出版的荆楚文化的课题，鼓励学者研究荆楚文化，刊发精品读物。

实施重大项目示范工程。华中国家数字出版基地，作为中部唯一一个国家级数字出版基地，应发挥武汉区位优势，调整产业结构，优化资源配置，可以广泛聚集华中地区数字出版资源，将华中国家数字出版基地建成全国出版产业的先行示范点。武汉出版文化产业园应作为重点建设项目，对周边的发展产生示范效应，楚天传媒产业园、长江数字报业科技园等项目亦要加强建设，共同推动新闻出版的精品工程建设。

（五）加大出版物市场监管力度

出版产业的良好发展离不开市场监管，强有力的市场监管有助于保护版权不受侵犯，保证出版业的健康发展，创造良好的文化环境。

构建完备的出版物市场监管体系。加强对各类出版物的监管，规范出版物市场；加强对数字出版市场的监管，加强对网络游戏非法出版活动的监管，加大对互联网低俗之风和手机网站传播淫秽色情信息的打击力度；重点打击网络环境下的侵权盗版行为，加强对侵害知识产权的犯罪行为的打击力度，坚决销毁盗版出版物，确保数字出版产业健康有序发展。

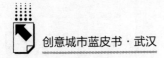

构建版权保护系统。以大型出版集团为试点，创建版权保护示范基地；对涉及版权的著作和软件，切实做好登记工作；积极研发新技术，新软件，提高版权保护水平；鼓励单位和个人使用正版软件；健全法律法规制度，建立相应的版权监督机制，严厉打击盗版行为；在版权日活动加强宣传力度，提高民众的版权意识；鼓励学校、单位开展多种形式的版权保护活动。

武汉的新闻出版业，在“十二五”规划的宏大篇章中，锐意进取，取得了不俗的成绩，在武汉文化产业发展中占有重要地位。在现有发展成果的基础上，要积极探索，开拓创新，激流勇进，加快出版企业的集团化运作。在发展模式上不断创新，在发展思路上不断探索，在发展规模上不断壮大。敢为人先、追求卓越的武汉精神将会引导着一批又一批的仁人志士共同致力于武汉新闻出版业的发展，为武汉新闻出版业创造出更加美好的未来。

B.9
影视业

——机遇与挑战并存，特色与创新共进

侯顺　殷作钰*

摘　要：

近年来，武汉市影视业发展迅速，在产量提高的同时质量上不断追求卓越。本文从电视频道、节目质量及经营手段等方面详细阐述了武汉市影视业发展的基本情况，分析了武汉影视业存在的问题，并有针对性地提出了对策，以利于武汉市影视业的发展。

关键词：

武汉市　影视业　发展状况　突出问题　对策

一　武汉市影视业发展状况

2012年，武汉市政府出台《武汉市文化产业振兴计划（2012～2016）》《武汉市关于加快文化产业发展的若干政策》和《武汉国家级文化与科技融合示范基地建设实施方案（2012～2015）》三个纲领性文件，并颁布了30条优惠政策助推文化产业发展，促进文化与科技融合。在政府大力支持和推进下，武汉市2012年影视业又迈上新台阶。

（一）武汉市电视业发展状况

武汉作为湖北省的省会，电视业发展历史悠久，既有省级电视台，也有地

---

* 侯顺，华中师范大学国家文化产业研究中心博士研究生，讲师，研究方向：文化产业研究。殷作钰，湖北省旅游学校。

方台，还有专业电视台。位于武汉市的省级电视台——湖北电视台于1960年12月1日开播，是我国成立最早的省级电视台之一，目前有11个频道；地方台武汉电视台于1983年试播，1984年1月1日使用19频道正式播出，2000年10月，武汉电视台和武汉有线电视台合并，合并后统一名称为武汉电视台，目前有9个频道；创建于1994年的武汉教育电视台则是经中华人民共和国教育部审批、国家广播电影电视总局核准的教育专业电视台，目前有1个频道。

近年来，在经济发展和科技进步的助力下，武汉的电视业得到了前所未有的发展，呈现出一派欣欣向荣的景象，尤其是作为武汉电视业的主流媒体，湖北电视台和武汉电视台都坚持特色化定位、差异化发展及品牌化竞争的发展道路，传播力、影响力、公信力和竞争力不断提升。同时，武汉电视业加快数字网络建设的步伐，实现了武汉电视网络由小网向大网、由模拟向数字、由单向向双向、由用户“看电视”向“用电视”转变，电视业得到快速发展，并且已经形成了自己鲜明的特色。

1. 武汉市电视业发展基本情况

（1）电视频道不断增多

湖北电视台立足武汉市，下设湖北卫视频道、湖北综合频道、湖北经视频道、湖北公共频道及湖北美嘉购物频道（原湖北都市频道）等11个频道，另外还开办3个收费数字电视频道，即孕育指南频道、碟市频道和职业指南频道。除此之外，还开办了湖北省视频点播业务。武汉电视台有新闻综合频道、文艺频道（高标清同播频道）、科技生活频道、影视频道、体育休闲频道、海外频道、少儿频道、消费指南频道及晴彩武汉9个电视频道（见表1）。

表1　湖北电视台和武汉电视台电视频道统计

电视台	频　道	电视台	频　道
湖北电视台	湖北综合频道	武汉电视台	新闻综合频道
	湖北卫视频道		文艺频道
	湖北经视频道		科技生活频道
	湖北影视频道		影视频道
	湖北体育频道		体育休闲频道
	湖北公共频道		海外频道

续表

电视台	频　道	电视台	频　道
湖北电视台	湖北教育频道	武汉电视台	少儿频道
	湖北美嘉购物频道		消费指南频道
	湖北垄上频道		晴彩武汉
	湖北城市电视频道		
	移动电视频道		

资料来源：湖北电视台官网，http：//www.hbtv.com.cn/；武汉广电网，http：//www.whbc.com.cn/。

在收视份额方面，央视索福瑞公司发布的2012年度收视率排行榜显示，2012年，湖北卫视收视率为0.152%，市场份额1.19%，较2011年分别提升58.3%和55.1%，排名从第16位提升至第11位，是省级卫视中收视提升最大的频道。另外，武汉电视群收视份额20.63%，位列省会城市台第一方阵。

（2）电视剧产量不断增长，电视剧创作局面繁荣

2012年，武汉市各类电视剧制作机构共计生产完成并获准发行12部国产电视剧（见表2），各机构申报拍摄制作的电视剧为24部（其中当代题材13部、古代题材3部、近代题材6部、现代题材2部）（见表3），武汉广电还参与拍摄了《旗舰》《南下南下》等一批具有全国影响力的影视剧。

表2　2012年武汉市各类电视剧制作机构共计生产完成并获准发行的国产电视剧统计

序号	申报机构	剧名	集数	许可证号	发证日期
1	武汉流金文化传媒有限公司	从军记	38	(鄂)剧审字〔2012〕第001号	2012.2.28
2	武汉天九文化发展有限公司	奸细	40	(鄂)剧审字〔2012〕第002号	2012.5.14
3	武汉华旗影视制作有限公司	汉阳造	46	(鄂)剧审字〔2012〕第003号	2012.5.14
4	武汉流金文化传媒有限公司	女人的颜色	36	(鄂)剧审字〔2012〕第004号	2012.6.19
5	武汉流金文化传媒有限公司	女人的抉择	34	(鄂)剧审字〔2012〕第005号	2012.6.20
6	武汉青雨影视文化有限公司	民国恩仇录	30	(鄂)剧审字〔2012〕第006号	2012.6.26
7	扬子江音像出版社	宝贝计划	32	(鄂)剧审字〔2012〕第007号	2012.8.2
8	武汉青雨影视文化有限公司	孤岛飞鹰	40	(鄂)剧审字〔2012〕第008号	2012.9.29
9	武汉传奇人影视艺术公司	陪你到老	34	(鄂)剧审字〔2012〕第009号	2012.11.6
10	武汉青雨影视文化有限公司	平原烽火	40	(鄂)剧审字〔2012〕第010号	2012.11.20
11	湖北依品传奇广告文化公司	大武当	25	(鄂)剧审字〔2012〕第011号	2012.12.10
12	湖北华语广电传媒有限公司	特别使命	29	(广)剧审字〔2012〕第039号	2012.6.18

资料来源：国家广电总局公布数据。

表3　2012年武汉市各类电视剧制作机构申报拍摄制作电视剧统计

序号	剧名	题材	制作机构	申请时间
1	马啸情长	近代都市	武汉楚天寒青影视文化艺术有限公司	2012. 1
2	英雄的黎明	古代传奇	湖北电影制片厂	2012. 1
3	抹布女也有春天	当代都市	武汉流金文化传媒有限公司	2012. 2
4	清水丹心	当代其他	湖北中部影视有限公司	2012. 2
5	父爱	现代其他	奥山影视文化湖北有限公司	2012. 3
6	生米遇上熟饭	当代都市	湖北新原野影视制作有限公司	2012. 3
7	血誓	近代传奇	武汉紫环文化发展有限责任公司	2012. 4
8	红安娃子	近代革命	湖北电视台	2012. 4
9	女大学生宿舍	当代青少	湖北依品传奇广告文化有限公司	2012. 4
10	关公	古代传奇	武汉影视艺术传媒有限公司	2012. 4
11	火线英雄	当代军旅	湖北长江文化传播有限公司	2012. 5
12	青苹果	当代青少	湖北长江文化传播有限公司	2012. 6
13	大武当	当代其他	湖北依品传奇广告文化有限公司	2012. 7
14	领养	当代都市	湖北电视台	2012. 7
15	大漠枪神	近代其他	武汉青雨影视文化有限公司	2012. 7
16	城中计	当代涉案	湖北华语广电传媒有限公司	2012. 8
17	跨越	当代都市	湖北长江文化传播有限公司	2012. 8
18	中国侨民	近代传奇	武汉楚天寒青影视文化艺术有限公司	2012. 9
19	真假江湖	古代传奇	武汉青雨影视文化有限公司	2012. 10
20	关花	当代涉案	湖北鑫盾影视传媒发展有限责任公司	2012. 10
21	垄上英雄	当代农村	湖北红色世纪影业有限公司	2012. 10
22	老汤家的掌门人	当代都市	武汉青雨影视文化有限公司	2012. 12
23	还我河山	近代其他	长江万里国际影视文化传播有限公司	2012. 12
24	老家	现代其他	湖北楚圣影视广告传播有限公司	2012. 12

资料来源：国家广电总局公布数据。

（3）地方台高清频道播出，三网融合业务开展顺利

武汉电视台是全国首批获准开播高清频道的两家省会城市台之一，武汉文艺频道高清频道于2012年正式播出，武汉广电由模拟、标清迈入高清电视时代；高清转播车、13讯道转播车、微波车、数字电视机房、电视硬盘播出系统、IBC信息系统、广播制播系统、新闻媒资系统、开放式400平方米新闻演播厅等一批技术装备达到同行先进水平；互动电视、高清电视、3D电视、存储电视、宽带上网、可视电话和医疗、教育、金融、水电煤气缴费等一批数字

网络新业务新服务走在全国前列。

同时，武汉市成为国家批准的第一批三网融合的试点城市之一。武汉广播电视总台为顺利推进三网融合出台了《武汉广电网络三网融合试点建设实施方案》和《武汉广电数字网络公司开展电信业务实施方案》。截至目前，武汉广播电视总台已开展7类三网融合业务，它们分别是广播电视类业务、互动电视类业务、基于有线电视网络的网络服务业务、基于有线电视网络的互联网接入业务、基于有线电视网络的互联网数据传送增值业务、基于有线电视网络的多媒体通信业务和媒体中心服务业务。由武汉广播电视台全新打造的《晴彩武汉》频道节目在有线电视、手机电视、车载电视三大平台同步播出。

（4）新闻专业队伍扩大，报道水平不断提高

武汉广电坚持新闻立台，建设了一支600余人的编辑记者队伍和近100人的播音主持队伍，11年来共有19件作品（2012年2件）获得中国新闻界最高奖“中国新闻奖”，中国播音主持最高奖“金话筒奖”获得者有4人。电视新闻每天直播235分钟，直播时间居全国省会城市台之首。2012年组织“喜迎十八大　争创新业绩”、“科学发展　成就辉煌”、“建设国家中心城市复兴大武汉”、“武汉精神”、“工业倍增”、“城管革命”、“治庸问责”及“文化五城”等10多项有影响的主题宣传。2012年，武汉广电获“2011～2012中国品牌媒体百强”、“2012年中国十大影响力城市电视台”等称号。

2. 2012年武汉市电视业发展特色

（1）频道专业化

武汉电视业的频道专业化不仅仅用合并同类的方法把相同类的节目放到一个频道里播放这种浅层次的频道专业化，而且在经营管理频道时引入先进的现代企业经营管理理念，把为特定受众群体服务作为专业化频道最高任务，创造出较好的社会效益和经济效益，最大限度地满足广大受众多方面、多层次、多样化的需求。比如，湖北电视垄上频道就是专业对农宣传电视频道，自2011年开播一年多来已逐渐成熟，特色鲜明。垄上频道以服务“三农”和新农村建设为宗旨，有效聚合对农宣传资源，确保节目服务“三农”，为农村观众提供相关政策、资讯服务及富有本土特色的文化娱乐服务。

（2）栏目个性化

1997年播出的湖北卫视频道覆盖人口8亿，2012年，围绕“中国心·世界观”频道理念，以长江形象设计新台标，展现长江奔腾之势、两江汇流之意、湖北跨越之姿。2012年湖北卫视全面改版，全新推出《我爱我的祖国》等11档节目，改造提升《天生我财》等4档节目，形成“重导向”的新闻节目带、“提品质”的人文节目带、“显特色”的综合节目带、“讲贴近”的生活节目带和“求文化”的大型周末娱乐节目带。

武汉电视台《科技之光》栏目是全国城市台在央视开播的唯一栏目，获“全国科普先进单位”、“2011～2012中国最具品牌价值电视栏目”称号。2012年全国15家城市台加盟汉产电视栏目剧《街头巷尾》，并在全国10个省会城市台常年播出；推出《一飞冲天》等24档广播电视创新节目，大型公益文化栏目《周末文化客厅》填补了武汉地区大型电视文化栏目的空白；此外还有60件作品荣获国际国内大奖，其中一件作品获中国广播影视大奖评论奖，一件作品获意大利CJ国际儿童电视节大奖；《姹紫嫣红中国年》获全国春晚最佳作品一等奖，《街坊那些事》获中国栏目剧“金骐奖”最佳栏目奖。

（3）节目精品化

2012年，武汉电视台“电视问政”节目在全国反响强烈，上下半年共10场“电视问政”直播，61名官员接受现场问政，1000位市民直接参与，近5000名各级干部现场观看，4000多个电话诉求得到回应。“电视问政”开全国之先河，引起各大媒体广泛关注，央视致函肯定“电视问政”，央视《对话》栏目来汉专访“电视问政”经验，北大等知名高校、研究机构一致推举其为2012年中国电视六大“掌声”之一，评委白岩松评价电视问政：媒体一小步，民主一大步。

（4）经营多元化

作为传媒产业重地，武汉广电坚持多元经营，广告、数字网络、电影、影视剧、地铁电视、手机电视及网络电视等产业集群发展。武汉广电下辖数字网络公司、电影公司、影视传媒公司、电视广告传媒公司、地铁电视公司、网络电视公司及手机电视公司等10多家文化企业；2012年广告收入达4.3亿元，创历史新高；电影产业收入突破2.6亿元，同比增长26%；武汉数字网络承接全国下一代广电网（NGB）及全国三网融合试点第一批试点，拥有用户260万户，数字电视用户200万户，高清互动电视用户25万户；武汉广电成为省网重组中的第二大股东、独立法人，直接持股5600万股。地铁电视1号线顺利运营，地铁电视2号线2012年底开通。手机电视用户25万户，位居全国同类城市前列。武汉广电总资产达35亿元，2012年收入达18亿元，年利税突破1.5亿元，位居省会台前列。

（二）武汉市电影业发展状况

随着社会经济的发展，人们对影视娱乐和文化内容的需求远超从前，同时随着日益普及的宽带网络和无线应用，我国网民规模为5.64亿，网络视频用户达到3.72亿，越来越多的影视文化产品随着互联网走入千家万户，适于网络用户享用的电影、电视剧、音乐、实况转播等音像内容在网上急剧增加，在大大增强了中国影视文化产业总体实力的同时，对电影院实体也产生了巨大的冲击。在这种形势下，武汉市电影业依然稳步发展，影院、票房及观影人数稳步上升。

1. 武汉市电影业发展基本状况

（1）影视业硬件设施逐步完善

目前，武汉市现有来自全国10条院线的44座影院，其中2012年新增5座，新增座位数4928个（见表4）。同时，在IMAX银幕方面，继武汉环艺电影城、万达影城（经开店）之后，武汉金逸影城（销品茂店）IMAX影厅于2012年12月20日启幕，至此，武汉市共拥有三块IMAX银幕。

表4 2012年武汉市新增影院统计

影院名称	影厅数(个)	合计座位数(座)	开业时间
武汉金逸影城(杨汉湖店)	6	942	2012.10.18
武昌横店电影城(首义路店)	7	1285	2012.6.22
华谊兄弟武汉光谷天地影院	9	1271	2012.3.31
武汉亚瑟影城	5	584	2012.8.23
银兴乐天影城(江夏店)	5	846	2012.4.4
合　计	32	4928	—

资料来源：湖北电影总公司数据。

另外，2013 年即将开业的光谷巨幕影城总投资 7000 多万元，面积达 16873 平方米，共设 11 个影厅，约 2500 个坐席，其中 1~8 号厅为巨幕厅，最大银幕宽 23 米、高 13 米，采用进口高端增益金属幕，并配有目前世界上亮度最高的比利时 Barco 数字放映机。除了传统 2D 电影外，观众在影城里可选择观看巨幕、3D、4D、IMAX 等多种类型的电影。天河院线在光谷步行街三期建设的新影城，也将是一座包含 IMAX 银幕的 9 厅影城，预计 2014 年开业，表明武汉市影院硬件设施又上新台阶。

（2）观影人数和影片票房持续增长

2012 年中国全年累计上映影片 289 部，全国电影总票房达到 170.73 亿元，同比增长 30.18%；其中国产影片票房 82.73 亿元，占全部票房总额的 48.46%。其中，武汉市的票房高达 5.6 亿元（见表 5），同比增长近 28%，位列全国城市票房第五。[①] 武汉市影城票房排名前 5 位的为：光谷中影天河影城年票房突破了 5300 万元，单影城票房在武汉名列第一；其次则为万达国际影城江汉路店、菱角湖店、金逸影城徐东店和武商摩尔城。

表 5　2012 年武汉市各影院全年票房统计

影院名称	所属院线	场次	总人数	总票房
武汉中影天河	武汉天河影业有限公司	17793	1358867	53017803.7
武汉万达国际影城	万达电影院线股份有限公司	21024	1400887	49955218
武汉万达国际影城(菱角湖)	万达电影院线股份有限公司	20456	1147626	43635367
武汉金逸影城(杨汊湖店)	广州金逸珠江电影院线有限公司	23229	1077386	41145397.5
武商摩尔国际电影城	湖北银兴院线影业有限责任公司	21423	872377	32693860.5
武汉金逸影城(王家湾店)	广州金逸珠江电影院线有限公司	23200	811582	26578985.2
湖北省武汉横店影视电影城	浙江横店电影院线公司	23931	779619	23636954
江汉环球电影城	湖北银兴院线影业有限责任公司	17425	696425	23628448
洪山天河国际影城	武汉天河影业有限公司	14717	539123	17760249.8
武汉市金逸影城(南湖店)	广州金逸珠江电影院线有限公司	12272	481871	17457715
武汉环艺电影城	武汉天河影业有限公司	13425	490647	17068695.5
武汉环银电影城	湖北银兴院线影业有限责任公司	12313	608373	16735571.9
武汉万达国际影城(经开店)	万达电影院线股份有限公司	18633	444273	15769984
武汉万达国际影城(汉商店)	万达电影院线股份有限公司	21668	471954	14680496
湖北武汉希杰星星影城	武汉天河影业有限公司	13175	426947	14511436.2

① 《武汉电影票房年收 5.6 亿》，《长江日报》2013 年 1 月 16 日。

续表

影院名称	所属院线	场次	总人数	总票房
湖北亚贸兴汇影城	湖北银兴院线影业有限责任公司	14724	369441	13689448
湖北省武汉市西园电影城	湖北银兴院线影业有限责任公司	20707	440612	13112816
华谊兄弟武汉光谷天地影院	中影数字院线(北京)有限公司	15462	352833	12620474.2
武汉万达国际影城(春树里店)	万达电影院线股份有限公司	17422	367767	11754263
武汉光谷正华银兴电影城	湖北银兴院线影业有限责任公司	12827	349417	11495748
汉阳天河国际影城	武汉天河影业有限公司	17892	369863	11349036
武汉市青山天河国际电影城	武汉天河影业有限公司	13408	376136	11073806
武汉市中影环银电影城	湖北银兴院线影业有限责任公司	11890	378103	10252821
华谊兄弟影院武汉黄陂店	中影数字院线(北京)有限公司	15558	190962	5928114
大地数字影院—武汉五环峰	广东大地电影院线有限公司	7573	205613	5292231.5
武汉天汇影城	武汉天河影业有限公司	14396	155250	4543557
武昌横店电影城	浙江横店电影院线公司	7186	158975	4432195
武汉市洪山礼堂银兴电影城	湖北银兴院线影业有限责任公司	5373	151138	4294222
天河国际影城(后湖店)	北京华夏联合电影院线	13015	145804	4245977
银兴乐天影城(江夏店)	湖北银兴院线影业有限责任公司	5900	121018	3521677
大地数字影院—武汉湘隆时代	广东大地电影院线有限公司	9434	129148	3308944.5
湖北银兴艺术影城	湖北银兴院线影业有限责任公司	7167	103989	3211378
湖北鑫乐银兴电影城	湖北银兴院线影业有限责任公司	8231	108515	3114915.5
大地数字影院—武汉沿江	广东大地电影院线有限公司	11083	120869	3036941.5
武汉市湖北剧场电影城	湖北银兴院线影业有限责任公司	6609	104893	2767579
武汉市武汉影城	武汉天河影业有限公司	8285	92805	2536960.4
武汉金逸影城(南国北都店)	广州金逸珠江电影院线有限公司	3154	58428	1786085.5
武汉宝丰影城	北京时代华夏今典电影院线公司	5753	42883	1085654.45
湖北省武汉市汉南影城	北京华夏联合电影院线	6015	24549	746628.5
湖北武汉亚瑟影城	广东大地电影院线有限公司	4594	25211	583640
武昌八一电影院	湖北银兴院线影业有限责任公司	339	8308	237955
新洲横店影城	浙江横店电影院线公司	1679	6466	210297
藏龙天利影城	湖南潇湘影视传播有限责任公司	1585	7597	210018
武汉市锦绣龙城社区影院	湖北银兴院线影业有限责任公司	267	515	10300
合　计		542212	16575065	558729865.4

资料来源：湖北省电影总公司。

（3）电影创作不温不火，缺乏有影响力的作品

2012 年武汉市各类影视制作机构共申报了 15 部电影剧本（梗概）备案（见表 6），创作数量在全国各省市中居中。

2. 2012 年武汉市电影业发展特点

（1）影城竞争渐趋激烈

武汉市影城扎堆建设的现象突出，比如万达影城与横店影城只有几十米之

表6　2012年武汉市各类影视制作机构申报电影剧本（梗概）备案统计

序号	备案立项号	片名	备案单位	备案时间
1	影动备字〔2012〕第010号	闯堂兔2	武汉玛雅动漫有限公司	2012.2
2	影剧备字〔2012〕第276号	拐杖老师	湖北中盟影视有限公司	2012.2
3	影剧备字〔2011〕第2115号	筒子楼8号	武汉数字领海电影科技有限责任公司	2012.2
4	影剧备字〔2012〕第452号	香水湾美丽心愿	奥山影视文化有限公司	2012.3
5	影纪备字〔2012〕第008号	清江	武汉春晓文化传媒有限公司	2012.3
6	影剧备字〔2012〕第188号	桃花夫人	武汉市城市理想文化投资有限公司	2012.4
7	影剧备字〔2012〕第003号	单翅蝶	武汉一代文化传播有限公司	2012.4
8	影剧备字〔2012〕第856号	我的渡口	湖北电影制片厂	2012.4
9	影剧备字〔2012〕第879号	对你说	湖北远东卓越影视传媒有限公司等	2012.5
10	影剧备字〔2012〕第1040号	野人谷	武汉华语文化发展有限公司	2012.7
11	影剧备字〔2012〕第1533号	生命线	湖北大象影视传媒有限公司	2012.7
12	影剧备字〔2012〕第1560号	高山流水	武汉楚天寒青影视文化艺术有限公司	2012.7
13	影剧备字〔2012〕第1530号	离开校园的日子	武汉银河星空文化传播有限公司	2012.8
14	影剧备字〔2012〕第1754号	顺风车	武汉世纪恒星影视文化发展有限公司	2012.8
15	影剧备字〔2012〕第2479号	班主任	武汉白百合影视文化传媒有限公司	2012.12

资料来源：国家广电总局公布数据，http：//www.sarft.gov.cn/。

隔，与环艺影城也相邻甚近，都处于江汉路的商业圈内。光谷地区则有中影天河、正华银兴影城、华谊兄弟影城、巨幕影城等争夺附近百万大学生市场。

另外，万达影城的老大地位目前稳固，横店影城具有浙江横店影视基地的招牌，环艺目前有武汉最大的IMAX银幕，都各有优势，影城之间竞争激烈。

（2）创作上缺乏创新精品

数字上的繁荣，并不能掩饰武汉市电影产品在市场和艺术上所面临的双重危机。刚刚过去的2012年，武汉市电影在艺术创作上缺乏创新精品，没有能在全国产生影响力的作品，市场惨淡。

（3）影视业发展前景广阔

2012年12月18日，由中央新影集团、湖北碧海置业公司以及武汉市新洲区共同打造的“中央新影华中影视文化产业园”在武汉新洲陶家大湖奠基（见图1）。产业园将利用陶家大湖东西两岸5300亩的地块和5000亩的水域，建设华中乃至全国规模最大、专业水准最高的影视拍摄、研发、教学和展映基地及影视主题公园。产业园由中央新影集团和湖北碧海置业有限公司强强联合，共同组建的新影华中影视文化投资有限公司运营管理，将立足于文化产业发展的国策，依托中央新影集团影视摄制团队和国内一流规划设计机构的专业素质，倾心打造中央新影华中影视文化产业园。

产业园的最大特色是将重现老武汉风情。产业园东岸的拍摄基地，将分为楚文化建筑群，中国近代工业建筑、民居、公共建筑，大型摄影棚，产业园服务中心四部分。其中中国近代工业建筑、民居、公共建筑部分，将以民国时期的老武汉为蓝本，重现汉口沿江大道租界区风貌、汉阳铁厂、铁路线、武汉码头等场景，项目主体预计在2016年建成。目前，我国有无锡、横店、宁夏、涿州等影视基地，分别以三国水浒、先秦后现代、西部风情等特色为主题。华中影视城以民国特色为主，将在国内独树一帜，成为我国最大的民国风情影视基地。影视基地运营后，预计5~7年内年产值可达到100亿元，形成300家以上配套企业入驻，社区常住人口3万~4万人，日均客流5000~8000人的规模。同时基地月平均接待剧组25个以上，年旅游接待能力1000万人次左右。此外，该项目预计带来就业机会2万余个，其中提供群众演员岗位约1500个，或由此产生“汉漂”一族。同时，未来在文化产业园内还将建设国内唯一设置在外景基地的高等学府，培养影视科技人才。产业园建成后将带动武汉及华中地区的影视制作上一个新台阶。

图1 “中央新影华中影视文化产业园”效果图

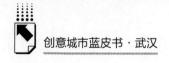

二 阻碍和制约武汉影视业发展的突出问题

（一）规划滞后，经营分散

武汉市影视业宏观管理上尚未形成全面系统的影视业政策体系，发展上缺乏整体规划，产业布局和产业结构不尽合理，产业发展带有一定的盲目性和随意性，经营相对分散。文化企业总体上仍处于粗放式经营阶段，规模小、效益低，一体化和市场化程度比较低，阻碍了影视业的发展。尤其缺乏综合实力强的骨干文化企业集团和大型综合文化项目，影视制作单位创新能力不足，缺乏核心竞争力，市场竞争力弱，影视业市场相对零散分割，流通渠道不畅，难以形成统一的市场网络，营销手段单一、衍生产品开发不够。

（二）投入不足，人才匮乏

影视业的投融资体制尚未形成，投资主体和渠道单一，投入产出失衡，市场的资源配置作用没有发挥出来。财政投入明显不足，吸纳民间资金办法不多，金融政策和资本市场支持不够，导致大型影视业集团难以形成。影视业从业人才匮乏，从业人员整体素质不高，尤其是高级经营管理人才、专业技术人才和复合型人才奇缺，制约了影视业的发展。

（三）资源闲置，特色不明

广袤的土地和悠久的历史形成了武汉市多姿多彩的文化类型，如历史文化、革命文化、市民文化等，这些文化对于现代影视媒体来说是取之不尽用之不竭的宝贵资源，尤其是对于武汉电视台这样的地方电视台而言，最大的优势就在于拥有丰富的本土文化资源，能够从地理上、心态上充分地迎合本地观众。但是武汉影视业对武汉市文化资源的使用是有限的，武汉本土特色尚未彰显，资源优势尚未发挥，文化资源难以有效整合、优化变现，整体开发滞后，利用率低，造成文化资源大量闲置和浪费。

三　发展武汉影视业的对策和建议

大力促进文化产业的发展已被提升到国家的战略高度，而影视文化产业在各类文化产业的发展中独占鳌头。尽管武汉市影视业发展面临重重困难，但机遇与挑战并存，武汉影视业应努力从转变发展方式中获得新的推动力和增长空间，用特色和创新走出自己的发展之路。

（一）加快体制创新，深化机制改革

进一步转变政府职能，理顺体制，真正实行政企分开、政事分开、管办分离。培育和发展竞争性市场，优化配置文化资源，营造有利于影视业发展的体制环境，基本清除行政性壁垒，尽快制定符合影视业发展内在规律的规章制度，按现代企业制度建立影视企业。加速构建影视业多元化格局，尽快建立平等、公正的市场竞争机制，形成武汉影视商品大流通格局。要培植一批投资主体多元化、完全依托市场运行、社会效益和经济效益良好的文化企业。

（二）实行扶持政策，完善资金市场

加大财政对影视业的投入力度，每年增长幅度应高于经常性财政支出的增长幅度，起到促进影视业发展、增强调控能力、保证重点需求、规范资金管理的作用。在用地政策上，把影视业重大项目用地和相应的公共设施建设纳入城市建设的中长期规划之中。

同时建立以政府投入为导向、企业投入为主体、金融机构投入为支撑、外资和民间投入为重要组成部分的投融资机制，不断完善资金市场。鼓励多渠道资金投入，尤其是充分利用民间资本发展影视业，这也是增加就业的一项重要途径。我国一些沿海地区在利用民间资本发展文化产业方面有很多成功的例子，武汉市也有充裕的民间资本，加上丰富的文化资源和巨大的消费市场，因而具有吸收民间资本发展文化产业的有利条件。所以，在制定文化产业政策时要充分考虑到这一特点，进一步开放个体、私营企业、民营企业

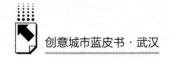

等非国有经济进入影视业领域，把发展影视业作为调整产业结构、增加就业的一项重要途径。

（三）培养专业人才，引进优秀人才

充分重视影视业人才的规划、培训和开发工作，建立科学的人才培训机制。利用武汉市高校云集的教育资源，开办媒体传播、影视艺术职业学院和特色专业，使之成为武汉本地影视业人才培养的重要基地。

定期选拔富有潜力的中青年文化人才，赴国内外大型媒体和文化集团进行研修、考察或深造，造就一批熟悉国际影视业运作和掌握影视业高新技术的专门人才。同时强化影视业人才的引进机制，改进人才管理和使用制度，建立规范的柔性人才流动管理机制，有计划地吸引、聚集国内外优秀文化人才，并吸引优秀文化企业家来汉投资创业。

（四）优化资源配置，组建产业集团

现代国际竞争的发展趋势就是大集团、大公司的竞争。国际上文化产业发展的实践也证明：产业化的运作，离不开对资源的开发和争夺。资源的垄断和竞争、开发和重组，已经成为国际文化产业竞争的一个重要方面。因此应充分发挥政府推动和市场导向两个方面的作用，调动各类社会资源，形成发展合力。以资产为纽带，打破行业的界限，进行影视生产要素如资金、人才、设备、项目和品牌的重组，优化结构，建立产品和服务的优势，以做大做强的姿态参与国内外竞争。

学习国际大型影视企业，西为中用。国际上很多大型文化企业具有巨大的融资投资能力、国际化的文化营销能力和丰富的知识产权保护能力。据统计，美国最富有的400家公司中有72家是文化企业，美国的视听产品已成为仅次于航天航空产品的第二大出口产品。许多竞争力强的文化企业集团不但拥有强大的资金，而且是上市公司中的“绩优股”，比如美国的维亚康姆公司、有线电视巨头CNN公司等。因此，武汉市应该很敏锐地意识到这一点，大胆地学习、引进外国的资本要素、技术要素和管理要素，

高起点地开发武汉市的影视业，迅速提升武汉市影视产品和服务的市场竞争能力。

（五）立足本土市场，开拓国内外市场

在新闻节目资源匮乏、国内外优势媒体的双重打击下，地方电视台应该坚持本土化策略，充分利用本土资源，增强新闻的贴近性，以生动活泼的形式向本地观众传播富有本地特色的新闻信息，进行立足于本地的电视文化活动，满足本地观众的收视需求，实现地方电视台的本土化。

同时，由于武汉地区的市场规模是有限的，要求影视业的大发展，必须开拓国内外市场。在立足本土的基础上，开发国内市场，并关注和瞄准国际市场。首先在市场调研的基础上，针对各地区特点，开发不同产品。其次是集中力量制作品牌产品。比如，武汉电视台承办的大型电视科普节目《科技之光》等名牌产品为增进武汉市的文化产业实力、提升大都市的形象发挥了重要作用。最后要积极开展跨地区甚至跨国的生产合作。逐渐增加与其他地区和其他国家“共同制作”的产品，在合作的过程中解决资金不足的问题，同时学习国内外先进技术，然后再打入国内外市场。还可以通过举办和参加国内外展销洽谈、大型文化节会活动进行招商引资，利用先进的网络传播构筑国内外营销网，逐步构建起国内外影视产品的营销网，加强市场运作。

（六）加强产权保护，强化营销手段

影视业产品与知识产权有着密切的关系，因此保护知识产权、激发文化原创精神就显得十分重要。当前特别要重点打击非法出版、侵犯知识产权的影视产品传播活动，整顿和规范影视业市场秩序。

另外，以产业化振兴影视业。影视产品必须在拍摄前、拍摄中、拍摄后全过程加强营销策划，树立营销意识，采取品牌营销、粉丝营销、特色营销、档期营销、话题营销、网络营销等多种营销手段，向市场寻求销路。

楚文化源远流长，武汉是近代以来华中政治经济和文明发展的中心，也是影视资源开发、影视产品拍摄以及影视人才教育培训的绝佳之处。国家战略决

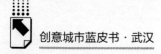

策的适时推出与大力倡导，加上人文历史自然地理上得风气之先，为武汉市影视行业及其他行业实现强强联合、优势互补的跨界合作提供了机遇。机遇面前，更要争取资源，立足武汉特色，创新影视业发展模式，提高武汉市影视业规模化、集约化、专业化水平，加快影视产业升级，进而促进武汉市文化产业发展。

B.10
文化旅游业
——文化旅游相融合，服务品质共提升

李林　王月月*

摘　要：

2012年，武汉市文化旅游业呈现出良好的发展态势。文化旅游业规模不断扩大，文化旅游资源开发朝多元化方向发展，服务品质不断提升，实现了全国旅游标准化示范城市和国家智慧旅游城市“双试点”创建工作的良好开局。然而，交通设施滞后、文化旅游精品缺乏、管理体制僵化等问题，也成为制约其发展的瓶颈。武汉市文化旅游业还需要在建设现代旅游产业体系、打造文化旅游精品等方面做出努力，以取得更快更好的发展。

关键词：

文化旅游业　产业体系　发展模式　旅游精品　人才素质

“文化旅游业”一词最早出现于20世纪90年代，而其快速发展则出现在近几年，全国不少省市纷纷将“文化旅游业”列为带动当地经济发展的支柱性产业。文化旅游业与传统旅游业既有区别又有密切联系。从广义上讲，任何旅游过程中都伴随着文化消费，文化旅游业也就是旅游业；而从狭义上讲，文化旅游业是旅游业的一个分支，相对于传统旅游业有其独特之处。文化旅游业是以体验自然和人文文化为核心，以创意为灵魂，以旅游为载体，带动餐饮

* 李林，华中师范大学国家文化产业研究中心，副教授，硕士生导师，研究方向：文化遗产保护与开发、文化产业；王月月，华中师范大学国家文化产业研究中心硕士研究生，研究方向：文化资源与文化产业。

业、饭店业、交通业、娱乐业、演艺业等相关文化产业全面发展的综合型产业。文化旅游业的发展对于提升城市经济实力、塑造城市文化形象、增强城市文化软实力和综合竞争力都发挥着至关重要的作用。

武汉市是湖北省的省会，是国家历史文化名城，拥有多元的文化旅游资源和较强的经济实力。在国家旅游局和武汉市委、市政府的积极关注下，近年来武汉市文化旅游业取得了长足发展，文化旅游业规模不断扩大，旅游资源开发逐渐多元化，城市服务功能不断健全，旅游服务品质不断提升，有力地促进了武汉经济的发展和江城文化的弘扬，为武汉建设"文化五城"和"国家旅游中心城市"奠定了良好的经济文化基础。本报告以武汉文化旅游业总体发展为研究对象，对武汉市2012年文化旅游业发展概况进行分析总结，并对推动其发展的具体路径提出有效建议。

一　武汉市文化旅游业发展概况

2012年，适逢创建全国旅游标准化示范城市和国家智慧旅游城市"双试点"的重大机遇，武汉市文化旅游业的发展呈现出欣欣向荣的景象。武汉市以大产业、大服务、大市场、大环境的要求来全面谋划旅游业的发展，从组织领导、政策措施和管理服务上大力支持文化旅游业。武汉市传统旅游内涵不断拓展，旅游监管向纵深覆盖，旅游标准化体系不断完善，公共服务平台全面构建，品质服务深入人心，城市形象更加鲜明。

（一）政府逐步重视，主导作用增强

国家旅游局、湖北省政府及武汉市政府相关部门都较为重视和关心武汉市文化旅游业的发展，相继出台了多项政策，从政策、资金方面给予大力支持，加强了政府的主导作用，对文化旅游业的发展提供规划和引导，政府的服务职能逐渐增强，积极推动了文化旅游业的发展。

1. 出台政策法规，强化资金支持

国家旅游局和湖北省委、省政府十分重视和关心武汉市旅游业的发展，积极出台各项政策保障旅游业的发展，为武汉市发展文化旅游业提供了重要的政

策保障。早在2008年12月，国家旅游局便与湖北省人民政府签署了《关于湖北省旅游产业发展的合作协议》。湖北省政府出台了《省人民政府关于促进服务业加快发展的若干意见》，提出“充分挖掘荆楚文化资源，发挥自然资源优势，……大力发展红色旅游、三国文化旅游、休闲度假等专项特色旅游”。武汉市委、市政府也相当重视文化旅游业的发展，出台《市人民政府办公厅关于优化市场环境支持旅行社发展的意见》（武政办〔2005〕143号），为旅行社的发展提供优良的市场环境支持其快速发展；出台《中共武汉市委、武汉市人民政府关于进一步加快旅游业发展的意见》（武发〔2009〕20号），成立旅游产业发展委员会，大幅度地增加了旅游宣传促销经费。① 武汉市旅游局出台了《武汉市旅游条例》《武汉市“一日游”管理办法》等条例保证旅游业的良好运转；市旅游局和财政局还联合印发了《关于支持旅游企业发展和促进武汉市旅游目的地建设具体奖励资助办法的通知》（武旅〔2011〕93号），鼓励旅游企业的大力发展。

抓住创建“全国旅游标准化示范城市”的契机，武汉市为鼓励旅游企业单位积极参与旅游标准化试点工作，市级财政投入9000万元用于支持和推进全市旅游标准化创建工作。武昌区作为文化旅游资源大区，投资2亿元成立武汉武昌文化旅游发展有限责任公司，为武昌文化旅游产业发展助力。②

2. 加强规划引导，保证发展方向

武汉市及各区政府重视文化旅游业的发展，将文化旅游业列为重点发展领域，并制定多项规划引导文化旅游业的发展。《武汉市“十二五”规划纲要》提出要“加快发展旅游业，打造国际国内旅游重要目的地和集散地”。2012年10月29日，武汉市政府出台的首部《文化产业振兴计划（2012~2016）》中，便将文化旅游业列为八大重点发展产业之一。早在2008年，武昌区发展和改革委员会便率先制定了《武昌区文化及旅游业发展规划》，提出要“建立创建全国知名的武昌特色旅游品牌”，并将文化旅游业列为重点发展行业之一。

---

① 张俠：《武汉市人民政府关于旅游业情况的发展报告》，2012年6月27日武汉市第十三届人大常委会第三次会议。

② 武昌区旅游局：《武昌区投入2亿成立公司促文化旅游产业发展》，武汉旅游政务网，2012年5月23日，http：//www. wuhantour. gov. cn/list. asp？articleid＝42423。

2012年9月18日，武昌区民宗旅游局发布了《武昌区“十二五”旅游发展规划》，力争“将武昌建设成国家级都市文化旅游示范区”。目前，按照“十二五”武汉旅游发展总体规划，武汉旅游局编制完成了《黄陂区胜天农庄旅游规划》《黄陂区姚家山旅游区总体规划》《西藏印象唐古拉企业发展战略规划》等6个重点区域旅游发展规划。在“智慧旅游”的建设方面，武汉市编制完成了《武汉市智慧旅游总体规划与建设方案》，确定了全市智慧旅游建设的八大重点项目。

武汉市各级政府部门在武汉市旅游形象的定位中起到了重要的引导作用。武汉市的旅游形象定位曾经长期处于模糊状态，其宣传语也长期处于摸索状态。前些年提出了“白云黄鹤、知音江城”的宣传语，吸引力并不是很强，之后又提出“精彩武汉、魅力江城”的宣传口号，仍然是没有很好地突出武汉的特色。2008年，武汉市旅游局面向全社会公开征集旅游主题形象口号，初步确定了“大江大湖大武汉”这一口号，使用一段时间后，取得了社会上积极反响，游客高度认同，2010年5月正式确定“大江大湖大武汉”为武汉旅游形象口号。这一口号充分考虑了武汉自身独特的自然条件和历史文化环境，结合了旅游者、本地市民对武汉的感知形象，体现了旅游资源的特色和精髓，强调了城市的个性要素，提升了城市的旅游吸引力。2012年8月，在“第四届亚洲城市论坛·武汉论坛”上，“大江大湖大武汉”的形象得到了专家的高度认可和进一步诠释。[①] 目前，根据创建旅游标准化示范城市的总体部署，武汉市将在两年内打造成“具有滨江滨湖特色的旅游目的地”。至此，武汉市的旅游形象正式确立，定位更加明确，为武汉市文化旅游业的发展指明了方向。

（二）宣传力度增大，客源市场拓展

2012年，武汉市客源市场规模扩大。据武汉市统计局统计，2012年武汉市共接待海内外游客1.42亿人次，比上年增长21%。其中，国内旅游人数

① 胡静：《武汉城市旅游形象探析》，《中国旅游报》2012年9月7日，http://www.ctnews.com.cn/zglyb/html/2012-09/07/content_62016.htm?div=-1。

14067.7万人次，增长20.9%；海外旅游人数150.89万人次，增长30.2%。实现旅游总收入1396亿元，增长32.4%。其中，国内旅游收入1342.17亿元，增长32.3%；国际旅游外汇收入8.52亿美元，增长40.7%。[①] 每年来武汉旅游的游客持续增加，武汉市的旅游收入也逐年增加，武汉市已成为全国重要的旅游目的地。随着国家法定节假日公休制度的不断完善，人们生活水平的提高，消费观念的逐渐转变，假日外出旅游成为越来越多的人选择的度假方式。春节、清明节、“五一”劳动节、端午节、中秋节、“十一”国庆节等节假日，都为上班族、学生族、探险族等游客远途、近足旅行提供了旅行契机。由表1可以看出，2012年武汉市各主要节假日期间接待游客人次和旅游收入都较上一年有了不同程度的增长；节假日期间接待游客人次占到全年接待游客人次的13.7%，收入占到全年总收入的4.8%。节假日全部相加未达一个月，旅游接待人次和收入所占比重相比来说已较大。游客的增加刺激了住宿业、餐饮业、零售业的消费，武汉商场、中心百货、武商等大型卖场和楚灶王酒楼、百胜酒楼等大型餐饮店都获得了可观的营业收入。“假日经济”在武汉市整个旅游产业经济中的带动作用逐渐增强（见表1）。

表1　2012年武汉市主要节假日接待情况

节　日	接待游客人数(万人次)	同比增长(%)	旅游总收入(亿元)	同比增长(%)
春节	336.88	52.31	12.66	62.12
清明节	287.52	30.69	7.19	35.92
“五一”劳动节	273.54	17.5	7.58	24.26
端午节	199.33	32.97	5.04	38.08
“十一”国庆节	851.24	29.49	34.56	50.43
总　计	1948.51	—	67.03	—

资料来源：武汉市旅游局假日办。

节庆活动的开展为武汉文化旅游的宣传起到了重要作用。节假日期间，各大景区都举行了不同类型的节庆活动。春节期间，武昌区在户部巷、楚河

① 武汉市统计局：《2012年武汉市国民经济和社会发展统计公报》，《长江日报》2013年3月4日，http://cjmp.cnhan.com/cjrb/html/2013-03/04/content_5128458.htm。

汉街举办了汉味文化活动，汉阳区举办了“知音传情　石来运转”文化游；东湖风景区举行了中国武汉东湖梅花节赏梅活动；黄鹤楼公园则举办了“鹤迎新春”的文化游园活动。清明节小长假期间，樱花节与梅花节叠加，更是吸引了不少游客；第一届“武汉·成都国际熊猫灯会节”展现了两市的历史和文化，也成为一大看点。“五一”劳动节期间，武汉市举办了异彩纷呈的“大江大湖大武汉——文化武汉欢乐游”主题旅游活动。端午节期间，武汉市作为楚国故地，举办了品粽子、观龙舟的各种端午文化活动。“十一”期间，汉味体验游、乡村休闲游及红色文化游等主题文化旅游活动备受游客青睐。

客源市场规模的扩大离不开武汉市的宣传促营销战略。2012 年，武汉市旅游局以“大江大湖大武汉”的旅游整体形象为核心，拍摄了新版旅游宣传片；参与摄制《过江》《茶叶之路》等武汉文化旅游纪录片，多渠道、多层次地宣传黄鹤楼、东湖等传统观光产品，全面推介赏梅看樱、乡村休闲等度假旅游产品，重点营销欢乐谷、极地海洋世界、楚河汉街、吉庆街等新型旅游产品，不断增强武汉城市的知名度和吸引力。旅游局赴全国各大省市，以及欧美、日韩、东南亚等国举办旅游推介会，文化旅游产品得到了有效推广。旅游局举办了中国旅游日、中国武汉国际旅游节等节庆活动，承办了第六届华中旅游博览会，激发了城乡居民的旅游休闲热情。近年来，微博、微信、手机快讯、手机互联网站、APP 客户端等新媒体手段信息技术不断涌现，智能手机、3G 移动互联网快速发展，为游客在旅程中获取信息提供了方便，也为文化旅游业的宣传带来了一次崭新的机遇。[①]

（三）接待体系完善，服务品质提升

据武汉市旅游局统计，至 2012 年末，武汉市共有 1600 家旅游基本单位；有 24 个 A 级景区，其中国家 5A 级景区 1 个、4A 级景区 15 个；有 6 家旅行社集团；有星级饭店 100 家，五星级饭店 13 家，四星级饭店 32 家；有 6 个市级旅游名镇，3 个市级旅游名村，6 个市级旅游名街；有 138 个星级农家乐，其

① 叶朗：《中国文化产业年度发展报告（2012）》，北京大学出版社，2012，第 236 页。

中，五星级农家乐14个，四星级农家乐15个；有281家旅行社，其中，具有出境组团资格的旅行社30家，全国百强1家，5A级旅行社8家，4A级旅行社5家；直接从事旅游的人员约12万人，间接从事旅游业的人员超过55万人。武昌区的产业配套设施逐步完善，星级饭店达到32家，其中五星级2家、四星级6家、二星级8家，占全市总量的30%，客房3000多间，床位近7000张，餐饮接待能力约2万人。[①] 2012年全年新增4A级旅游景区2家，3A级旅游景区1家；新评五星级饭店1家，四星级饭店2家，三星级饭店2家；新增5A级旅行社1家，4A级1家，3A级2家，A级旅行社总数达40家，数量、规模居全省之首。省中旅、中南国际旅游公司入围全国百强旅行社，长江轮船海外旅游总公司入围全国利税十强旅行社。全市营业收入过亿元的旅行社达12家。武汉市的对外、市内交通条件也有了很大的改善，尤其是对外交通方面。据《2012年武汉市国民经济和社会发展统计公报》统计，2012年末民用航线203条，其中，国际航线19条，国内航线184条，通达国内城市和地区76个，通航国家和地区9个；航空旅客吞吐量达1398万人。目前，全市有武汉、武昌、汉口三个火车站，尤其是武汉火车站的投入使用将武汉带入“高铁时代”。水运已形成“干支一体，通江达海”的客货运网络。武汉市市区已开通地铁1号、2号线，大大缓解了市内公交压力，方便了游客的市内旅行。武汉市各旅游单位在数量、品质上都有了较大提高，推动了产业规模的扩大。

2012年第一季度，在中国旅游研究院发布的60个旅游城市游客满意度排行榜中，武汉综合排名第7位。武汉市旅游服务声誉提高，成为游客再度旅游的重要条件。武汉市实施了旅游服务质量提升计划，开展“品质旅游”评选，选出了13家“业内认可、游客满意”的旅行社。全面实施旅行社责任险、意外险统保，投保率达100%。完善旅游市场整治广告监控、信息分析、成本核算、违规查处的“武汉模式”，打击“强迫或变相强迫购物”行为，规范了旅游市场秩序。狠抓旅游行业安全工作，对旅游单位进行了各种形式的检查，清

---

① 武昌区发改委：《武昌区文化及旅游发展规划》，武昌区政府网站，2012年10月30日，http：//www. wuchang. gov. cn/ztgh/1046165. jhtml。

除旅游活动中的安全隐患。深入推行旅游业精神文明建设，征集“微笑武汉”旅游服务志愿者，在旅游公共场所为游客提供文明引导，进一步树立了武汉市旅游服务系统的良好形象。

（四）资源开发多元化，产品类型主题化

两江交汇、龟蛇对峙、三镇鼎立等诸多特色景观使武汉市成为我国旅游城市中独具“水、桥、山、楼、塔、湖、寺”等多元文化旅游资源组合的城市。在山水文化旅游资源方面，有磨山、珞珈山、黄陂区木兰山、木兰天池、东湖、梁子湖等山水文化景观。在社会人文旅游资源方面，有历史文化类、建筑类、宗教类及现代都市类等丰富独特的文化旅游资源。历史文化类资源有为历代文人墨客所敬仰的黄鹤楼，近代工业遗产“汉阳造”，红色文化旅游地的辛亥革命博物馆、中山舰、八七会议旧址、农民讲习所旧址等；建筑文化类资源有归元寺、宝通寺等寺院，有辛亥首义烈士陵园、黎元洪墓，有江汉路民国古街区；民俗文化类资源有汉绣、楚剧、面塑等非物质文化遗产，有吉庆街、户部巷等代表武汉饮食文化的美食街，有舞高龙、舞滚龙的节庆习俗等；宗教文化类资源有依托归元寺、宝通寺的佛教文化和依托长春观的道教文化；现代都市文化资源类有东湖、木兰山等现代生态休闲文化景区，有武汉光谷科技会展中心等现代商务会展文化；科教旅游有武汉大学、中国地质大学、武汉植物园等景观。

截至目前，武汉市根据旅游资源的不同类型进行开发，使旅游景区朝着主题化方向发展。磨山、木兰山、东湖等以山水为主题的旅游满足了旅游者对山水生态休闲文化的体验需求，黄鹤楼公园、湖北省博物馆、红楼等以历史文化为主题的旅游满足了游客缅怀历史文化的需求，宝通寺、归元寺、长春观等以宗教文化为主题的旅游则满足了游客对宗教文化的膜拜需求，武汉大学、武汉植物园、武汉光谷会展中心等以现代科教为主题的旅游满足了人们追求现代都市文化、体验科教文化的需求。

（五）人才素质提升，项目带动发展

通过人才策划、实施大项目，武汉市文化旅游业的发展模式由观光旅游的

传统模式向注重旅游产品开发、项目带动发展的现代化模式转变。武汉市越来越重视人才素质的提高，旅游局不仅致力于提高业内管理人员及机关干部的素质，还重视实施与高校的人才对接工程。首先，举办旅行社总经理、饭店总经理、乡村旅游从业人员、A 级旅游景区管理人员、红色旅游讲解员主题培训班 5 期，培训从业人员 5000 余人次。开办了武汉旅游网上教育学院，聘请相关名师、名导录制了《荆楚文化与武汉精神》《导游服务礼仪》《导游人员职业道德与行为规范》《旅游心理学》等一系列的网络视频培训课程，课件总数达 84 个，导游人员在线学习累计达 19 万个课时。其次，以“强素质、转作风、树形象”为目标，先后举办了 2 次专家讲座、6 期机关大讲堂，不断引导干部解放思想、开拓视野、增长技能、丰富知识。最后，积极推进旅游协会饭店分会与江汉大学、武汉商务服务学院、航海职业学院等旅游院系的合作，帮助企业吸收引进了大批旅游服务人员和专业管理人才。

旅游局不仅重视人才素质的提高，还注重引进重大文化旅游项目，以项目带动文化旅游业的发展。2012 年，武汉市旅游局组织开展了 6 批次境内外客商考察活动，签约引进了黄陂姚家山红色旅游区、蔡甸龙巢飞禽公园、江夏鑫农湖荷花湿地公园 3 个重大项目，总投资额约 15.9 亿元。实施重大项目领导包挂制度，协调推进了华侨城、武汉中央文化区等 24 个重点旅游项目，全年完成旅游固定资产投资 105.87 亿元，同比增长 21.16%。同时，武汉东湖中央文化旅游区二期工程、张之洞与近代工业博物馆、华中影视文化产业基地项目 3 个项目开工兴建。欢乐谷、玛雅海滩公园、麦鲁小城和黄陂大余湾景区建成营业。武汉市还积极推进“智慧旅游”建设，黄鹤楼公园、东湖风景区和木兰天池被选为武汉智慧旅游示范单位，重点建设景区智能导游服务系统、智慧旅游体验中心、智能监控系统和综合管理调度系统。武汉市的文化旅游业不再沿着传统粗放型的道路发展，而是有计划、有步骤地朝着集约化的现代模式推进。

二　武汉市文化旅游业发展中存在的问题

武汉市文化旅游业在过去的一年中取得了诸多成就，然而由于开发起步晚等原因，依然存在制约文化旅游业发展的深层次问题。随着游客人数的逐年增加，武汉市的基础设施面对人口的压力仍显滞后。文化旅游资源整合不足，武汉市还未打造出几项极具吸引力的文化旅游精品，品牌化建设步伐亟须加快。客源结构不平衡，港澳台同胞占海外游客的比重不高，而且对一些海外国家的客源市场开发不足。文化旅游业的产业链中还存在着不完善的地方，管理体制也亟须创新，发展文化旅游业急需的专业高素质人才目前也比较匮乏。这些问题都严重制约着武汉市文化旅游业的健康、快速发展。

（一）景区交通设施尚不够完善，服务功能有待增强

旅游目的地旅游交通设施的完善与否是影响游客如何抉择的重要因素，旅游活动的质量好坏很大程度上取决于旅游交通的质量。武汉市旅游交通设施不够完善，主要体现在旅游景区通达度差和旅游景区停车场紧张等方面。旅游景区交通设施的不健全严重影响了旅游景区的吸引力，影响了武汉市的旅游服务功能。

目前，武汉市市内旅游巴士仅有 2 条，分别是 401 旅游线路和 402 旅游线路，基本连通了武汉市内各大著名景点，然而每逢节假日期间，两路公交车上人满为患，很多游客对此心存不满。郊区旅游巴士有 4 条旅游专线，起点都是武汉港，分别到达黄陂木兰山风景区、木兰湖旅游度假区、新洲道观河风景区、蔡甸野生动物园、武汉民族文化村、江夏龙泉山风景区。郊区旅游巴士起点距离武昌区、江夏区等其他区较远，给游客造成诸多不便。2012 年底开通的轨道交通 2 号线沿线经过金银湖湿地公园、东方马城、武汉博物馆、江滩、江汉路步行街、武汉大学等景点，然而这些已开通及规划中的轨道交通线并未将市内著名旅游景点串联起来，未形成一个方便游客旅行的旅游交通网，影响了游客的市内、市郊旅行。

武汉市的旅游景点位于主城区的较多，由于市内拆迁成本较高等原因，旅游景区停车场的建设未能及时跟进，造成了部分景区停车困难。以武昌区为例，除黄鹤楼景区、首义文化区可以满足游客停车外，长春观、户部巷及昙华林等著名文化旅游景点缺乏停车场等配套设施，交通通达度都难以满足游客需要。

（二）旅游资源整合不足，亟须打造旅游精品

武汉市虽然拥有多元的文化旅游资源，然而缺乏吸引力较强的品牌，在激烈的旅游城市竞争中缺乏优势，旅游精品的打造势在必行。武汉市文化旅游资源丰富，但分布较为分散，尚未制定出合理的中长期规划来统一调度整合市内各大景区的资源，影响了资源优势向产业优势的转变，大大削弱了武汉市的旅游竞争力。中心城区武昌区、汉口区、汉阳区三大核心区的文化旅游景点相对集中，远城区则显得更加分散。如武昌区的黄鹤楼、红楼、户部巷、首义门等文化旅游景区较为集中，而距离湖北省博物馆、东湖风景区、武汉植物园、中国地大逸夫博物馆等景点较远，未能形成区内文化旅游资源的有效联合。汉口区、汉阳区也存在同样的情况。黄陂区的木兰景群中各景点分布集中，然而与中心城区距离较远。江夏区、蔡甸区等不仅与中心城区景点距离较远，而且区内景点也不集中。由于缺乏有效的资源整合，武汉市这一“资源巨人”未能成功地实现产业效益最大化，影响了武汉市文化旅游精品的打造。尽管黄鹤楼已成为武汉市的标志性名片之一，东湖风景区也渐渐成为武汉市的地标性景点，然而它们较集中地分布在大黄鹤楼景区、大东湖景区，且两者均位于武昌区，并没有对全市的文化旅游资源起到应有的辐射带动作用。而汉阳近代工业遗址、红楼、归元寺、木兰天池、户部巷、欢乐谷、极地海洋世界等，在全国也都尚未形成极具吸引力、代表武汉特色的文化旅游精品。文化旅游品牌的缺乏，使武汉市缺少了足以吸引游客旅游的富有特色的吸引物，影响了武汉市文化旅游的知名度。

（三）客源结构不够平衡，市场辐射力不足

武汉市接待入境游客人次逐年增多，然而客源结构上存在着不平衡的问题，与全国一线旅游目的地城市北京、上海等城市差距甚大，即便是与同类城市南京相比，武汉市客源结构上也存在着明显的不平衡。从表 2 中可以看出，武汉 2012 年接待的海外入境游客中，香港、澳门、台湾同胞与外国人所占比重的差距明显大于南京市；武汉市外国入境游客所占比重是香港、澳门、台湾同胞所占比重的近 3 倍。这说明，目前武汉市在香港、澳门和台湾的客源市场开拓上还存在着明显不足。

表2　2012年南京市、武汉市入境旅游接待情况对比

	接待入境游客总人次(万)	外国人		香港		澳门		台湾	
		人次(万)	占入境接待总量的比例(%)	人次(万)	占入境接待总量的比例(%)	人次(万)	占入境接待总量的比例(%)	人次(万)	占入境接待总量的比例(%)
南京	162.71	107.73	66.21	21.36	13.13	1.36	0.83	32.26	19.83
武汉	150.89	114.17	75.66	18.14	12.02	0.27	0.18	18.31	12.14

资料来源：《2012年1～12月主要城市接待情况（一）》；《2012年南京市旅游经济发展统计公报》；武汉市旅游局。

从表3所显示的主要客源国接待情况来看，武汉市客源国接待位于前10的分别有日本、美国、德国、法国、英国、加拿大、澳大利亚、韩国、马来西亚和新加坡。其中，日本所占比重最高，占到近1/5；美国次之；德国、法国紧随其后；其余6国总共不及日本一国所占比重。日、韩与中国相邻，韩国的客源市场却远远低于日本，这说明日、美、德客源市场开发相对较好，而中国的邻国韩国，相邻地区东南亚，远地区北美洲、西欧等国家和地区客源市场开发还较弱。客源国市场的开发仍然任重而道远。

表3　2012年主要客源国接待情况

国　别	人次	占海外游客比例(%)	国　别	人次	占海外游客比例(%)
日　本	270216	17.91	加拿大	54134	3.59
美　国	173779	11.52	澳大利亚	37998	2.52
德　国	138588	9.18	韩　国	37806	2.51
法　国	81973	5.43	马来西亚	36538	2.42
英　国	55309	3.67	新加坡	35492	2.35

资料来源：武汉市旅游局。

（四）产业链条衔接不足，相关环节有待完善

武汉市文化旅游产业还处在旅游经济发展的初级阶段，无论是从纵向上还是横向上来看，产业链上都存在明显不足。首先，从文化旅游业纵向产业链来看，文化旅游资源的规划、开发这一上游环节正在逐步走向正轨，文化旅游产

品的开发、文化旅游服务的运营这一中游环节稍显滞后，品牌包装及产品营销的下游环节明显不足。其次，从文化旅游业横向产业链来看，武汉市文化旅游业与制造业、通讯业、影视业、出版业、文化艺术业等相关产业的关联度还不够高。文化旅游景区、旅游集团这些文化旅游产业链的核心企业在文化旅游市场中的主体地位尚未确立，创新性不足，影响了文化旅游业内生动力作用的发挥。①

（五）资源开发缺乏联动，管理体制亟待创新

目前，武汉市文化旅游资源开发的统一管理机构尚未建立，景区间的规划不能很好地形成联动机制。旅游景点的管理一般分属于旅游、文物、宗教、国土资源等多个部门管理，在景区开发过程中主体性不突出，影响了景区的开发进程。在武汉市文化旅游产业如何发展的问题上，市内各景点开发经营相对分散，景区间联动不足，影响了旅游资源的整体开发，效益不高。管理体制的不完善影响了旅游资源的整合、旅游精品的打造、旅游产品的营销，也影响了旅游行业行政管理机关对重要文化旅游资源的直接管理和大型文化旅游项目的规划实施。②

（六）高素质人才较缺乏，亟须专业智囊团队

文化旅游业的发展离不开专业人才。武汉市高校众多，并且很多高校都开设有与旅游业相关的专业，然而真正从事文化旅游产品策划、生产、开发、包装、创意设计、宣传、营销等的专业高精尖人才比较匮乏。旅游业从业人员的综合素质尚未得到大幅度提高，影响了文化旅游景区的办事效率。目前，旅游业总体来看仍然属于劳动密集型产业，尽管导游队伍有所扩大、素质有所提高，仍然弥补不了缺乏具有开发、创意设计、策划、管理、营销专业技能的高精尖人才的弊端。智囊团的缺乏限制了文化旅游产业品牌的开发力和创新力，使得武汉市长期以来未开发出具有武汉旅游特色的文化精

---

① 张广海、孙春兰：《文化旅游产业融合及产业链构建》，《经济研究导刊》2012 年第 12 期。

② 区民宗旅游局：《武昌区“十二五”旅游发展规划》，武昌区政府网站，2012 年 9 月 18 日，http：//www. wuchang. gov. cn/zxgh/1074320. jhtml。

品，文化旅游产品无法快速地打开客源市场，使武汉市的文化旅游资源对游客不能形成长久的吸引力。

三 武汉市文化旅游业发展的对策与建议

文化旅游业作为新型的朝阳产业，发展前景广阔。武汉市作为中部大省的省会城市，拥有多元的文化旅游资源、便捷的对外交通、雄厚的经济基础等发展文化旅游业的优势条件。为尽快将武汉市打造成全国最佳旅游目的地城市，武汉市政府还需要在多方面加以重视。加快建立完善的现代文化旅游产业体系、服务体系，提高游客对景区的满意度，完善城市的旅游服务功能；着力整合文化旅游资源，打造具有武汉特色的文化旅游品牌；扩大宣传力度，提高武汉市文化旅游产品的知名度，吸引更多的海内外游客，优化客源结构；实施人才素质提升计划，培养更多的高素质专业人才服务于文化旅游业的发展，推进文化旅游业的高效发展。

（一）进一步转变政府职能，创造良好的服务环境

政府的扶持是旅游景区正常运行的重要保证。武汉市政府不仅要在产业政策上给予支持，而且还应在资金财政上给予大力支持。首先，在产业政策支持方面，市政府应该鼓励成立文化旅游公司，并对业绩较好的公司给予适当奖励，对业绩较好的文化旅游景区、旅行社、星级饭店等旅游企业在税收上给予优惠。其次，加大文化旅游市场的检查力度，强化对文化旅游市场的监管。紧密结合《旅游法》的实施，积极推进《武汉旅游条例》的立法调研；定期开展“品质旅游产品（线路）”评选活动；依托市民旅游学校，开设“武汉旅游质量”大讲堂；加大市场检查执法力度，定期发布文化旅游市场“红黑榜”，并面向社会聘请文化旅游服务质量义务监督员。再次，高度重视旅游景区的安全工作，加大对文化旅游景区安全工作的检查力度。通过明察暗访等多种途径，积极督促文化旅游业各单位加大自查自纠和隐患排查的力度，切实抓好安全生产责任制，认真贯彻落实《武汉市旅游突发公共安全事件应急预案》；进一步健全和完善全行业预案管理体系和机制建设，形成“覆盖全面、相互衔

接、运转高效”的全市文化旅游应急管理体系；进一步加强与市公安、消防、质检、卫生、交通、安监等部门的联系和配合，组织开展行业安全管理培训，加强检查和督察，进一步提升安全生产管理水平，完善各项安全措施，确保旅游景区的安全。

（二）整合文化资源，加大宣传力度，塑造文化旅游精品

品牌的作用无处不在，文化旅游业也一样，品牌是吸引游客的重要条件。武汉市可以借鉴上海市的文化旅游发展经验，提升品牌战略，着力打造如上海城隍庙、金山寺等文化精品景区具有市场吸引力的文化旅游产品和品牌。武汉市具有多元的文化旅游资源，可根据资源的不同特点、不同类型，以创意为核心，整合全市的文化旅游资源，塑造出几大具有武汉文化特色的旅游品牌，着力打造几条主题旅游精品路线。如以黄鹤楼为中心形成大黄鹤楼景区，以东湖为中心形成大东湖景区等特色品牌，依托这两大高品质文化旅游景区，联合各区旅游景点，增强武汉市文化旅游产品的竞争力，将武汉市打造成华中地区最具吸引力的文化旅游城市，成为真正的“大武汉”。立足武汉市文化旅游资源优势，深挖文化资源内涵、凸显旅游资源特色，提升文化旅游资源的品位，增加对海内外游客的吸引力，在与东部、西部特色旅游资源的竞争中，提高竞争能力。

特色文化旅游品牌的打造离不开对外宣传，不仅要注重拍摄宣传片、举办推介会，还要举办文化节。制作文化旅游主题宣传片，并争取在中央电视台等高端媒体投放，提高武汉文化旅游品牌在全国的知名度。继续在《中国旅游报》《中国旅游宣传年册》等旅游行业高端媒体上宣传武汉市的文化旅游业，增强武汉旅游在旅游行业的影响力。加强与知名网络公司如携程旅行网、艺龙旅行网、同程网等旅游网站的通力合作，拓展视频、手机媒介等营销手段，提高武汉旅游的网络影响力，推进武汉市文化旅游形象的整体宣传。

加强海内外文化旅游市场调研分析，国际、国内客源市场齐并进，打造武汉文化旅游系列产品品牌。在国内，利用进入“高铁时代”的契机，在保持既有的华东、华南客源市场的基础上，进军华北、西部市场，主推都市旅游

（樱花游、滨水游、名胜游、首义游、红色旅游、科教游、木兰游等）、三国文化、长江三峡等文化旅游精品线路，积极打造具有滨江滨湖特色的旅游目的地。在国际，依托已开通和即将开通的国际航线，加强与欧美、日韩、东南亚等国家的旅游合作，拓展法国、加拿大、俄罗斯等新兴市场。深入推进对外旅游宣传，推进旅游目的地的整合营销。发挥政府旅游产业发展协调机构作用，统筹全市资源共同参与城市旅游宣传推广；加强跨行业旅游合作，与相关媒体和负责交通客运、商务会展、文明创建等城市相关机构共同策划主题宣传活动；举办大型旅游节庆活动，整合媒介推广，发挥节庆综合效应；加快推出新型的文化旅游纪念品，丰富旅游的对外宣传。

（三）建立完善的服务接待体系，提升城市的旅游功能

完善的公共旅游服务接待体系是旅游活动形成的基础性条件。武汉市应当高度重视公共服务体系的建设与完善。第一，武汉市应该相应地增加旅游专线。中心市区增加到达各主要文化旅游景点的地铁，远城区增加从中心城区到达远市区各文化旅游景点的旅游专线。第二，注重公共厕所、停车场和标志牌等服务设施的建设。新建、扩建多座星级旅游厕所；加强集散中心、旅游道路标志、咨询服务中心的建设，加快提升和完善旅游标志体系建设，在市区和外环道路设立旅游行车、行人导向标志，完善旅游公共服务体系。第三，加强景区周围的通讯设施建设，以配合“智慧旅游”现代旅游方式的建立，加强利用网络等新兴媒体进行旅游咨询服务，确保自助游、自驾游信息服务的准确性、全面性和及时性。第四，继续优化酒店、旅行社业已初步形成的高、中、低不同档次的完整体系，以适合大多数消费游客人群的旅行消费，增加游客的停留时间，提高景区周围的游客消费水平和影响力。第五，旅行社的服务职能需要进一步优化。市旅游局对旅行社满意度的测评工作仍要定期举行；鼓励旅行社向规模化、网络化、多元化、品牌化发展，推动旅行社做强做大。第六，就文化旅游景点而言，应该对景区从业人员进行定期培训，不断提高他们的文化涵养，力争培养出更多的高层次人才和实用型人才，以更好地为游客服务，引导游客体验景区文化。积极落实全市旅游培训计划，继续开展旅游行政人员、企业中高级管理人员和导游人员的分级分类培训；加强导游队伍建设，重

点在导游管理体制改革、导游日常监管、导游保障机制建设等方面下功夫，规范各景区导游的从业行为，改善导游的工作环境；完善现代文化旅游接待服务体系，培育具有成长潜力的集群“大企业”，鼓励文化旅游景区引入职业经理人或专业景区管理团队，提升景区品质。

（四）构建现代文化旅游产业体系，完善产业链

完善的现代文化旅游产业体系是旅游经济运作的重要条件。武汉市要抓住创建“全国旅游标准化示范城市”的契机，建立基本覆盖“食、住、行、游、购、娱”等要素及城市服务功能的标准化的现代文化旅游服务规范体系。第一，继续推进文化旅游标准化试点工作，带动全市文化旅游企业严格执行国家、行业、地方标准，规范服务行为；积极开展文化旅游服务质量提升活动，逐步建立和完善文化旅游质量评价、考核规范，提高游客的满意度。第二，继续实施重大文化旅游项目带动战略，积极引进和推动重大项目在汉建设。对各区规划建设的项目建立项目数据信息库，统一管理；充分利用华创会、中博会、台湾周等平台，举办高层次的旅游项目专题推介会，吸引投资。第三，根据《长江中游城市集群旅游产业发展合作协议》，强化长江中游城市集群区域的合作，围绕长江、红色经典、禅宗、都市休闲等主题打造精品旅游线路，加强武汉与长沙、合肥、南昌的合作，在四市间建立协调有序、高效运转的文化旅游应急机制，鼓励跨区域的大型文化旅游集团的建立。第四，旅游企业应致力于旅游景区规划的创新，把景点打造得更具特色，包装特色品牌，重视产品的营销策略，更好地将资源优势转化为产业优势。第五，继续补充产业链源头，大力支持生产旅游纪念品的企业落户武汉，将特色文化旅游产品与制造业相联系，生产出既具有地方特色、景点特色和文化内涵又精致美观，同时集观赏、实用、纪念于一体的旅游纪念品，推动旅游商品市场的快速发展，拉动零售业等关联产业不断壮大。[①] 第六，文化旅游产品除了与传统制造业相联系，还可以与出版业、影视业、通讯业等相关产业相联系，通过印发图书、旅游地

① 武昌区发改委：《武昌区文化及旅游发展规划》，武昌区政府网站，2012 年 10 月 30 日，http：//www. wuchang. gov. cn/ztgh/1046165. jhtml。

图、影视拍摄、广告传媒等形式扩大宣传，以此来提高景区的知名度和影响力，增加景区的吸引力，吸引更多的游客前来旅游，推动产业链的高效运转。

（五）继续实施人才素质提升计划，培养专业的高端人才

高素质的专业人才在文化旅游产品创意设计、开发、策划、包装与营销中处于核心地位。目前，武汉市诸多高校设有旅游管理及其他旅游相关专业，各高校可在原有专业的基础上增加文化旅游产品设计方面的新专业。例如，华中师范大学可依托中国旅游研究院武汉分院这一重要旅游产业研究机构，培养高质量的文化旅游产业产品开发的专门人才。各高校之间可互相借鉴经验、共同协商，建立合作伙伴关系，共同培养武汉市、湖北省乃至全国文化旅游产业方面的拔尖人才。教育部门也应该对各高校进行引导，合理设置专业和课程，实现教育部门与高校的协同合作，共同促进武汉市文化旅游业的发展。积极实施人才引进计划，引进较多的文化旅游产品策划创意、规划设计、市场营销人才，重大文化旅游项目运作人才，文化旅游业高端管理人才，打造武汉市的文化旅游精英智囊团。充分发挥文化旅游专家库的作用，聘请国内外知名文化旅游专家担任旅游发展顾问，为武汉市文化旅游业的发展出谋划策。积极完善人才交流计划。积极打造武汉市文化旅游人才的交流平台，深入推进人才对接工程，继续加强与武汉市各旅游院校的通力合作，实现旅游院校与旅游企业的有效对接，进一步提高院校培养的针对性和旅游专业学生的就业率。

B.11
演艺业

——乘风破浪除旧弊，扬帆远航启新程

蒋海军*

摘　要：

演艺产业作为文化产业的重要组成部分，其发展受到国家及省市相关部门的重视，武汉市也相继出台了鼓励演出行业发展的政策。武汉演艺市场在2012年虽然星光璀璨，取得了骄人的业绩，但整体的发展和实际经营状况仍不甚理想，依然处于二线城市行列。民营演艺厅经营发展较好的为数不多，同质化现象依然严重。国有老牌传统剧种演艺团体虽改制基本完成并在市场方面有一定起色，但大多仍依靠国家拨款或其他一些微薄收入惨淡经营。本文分析了武汉演艺业的现状，指出其发展面临的问题，并对如何在新时期提升武汉演艺产业竞争力给出了选择路径。

关键词：

武汉演艺业　转企改制　振兴计划　提升路径

演艺产业作为文化产业的重要组成部分，其繁荣和发展不仅体现在对经济的直接贡献上，更重要的是在很大程度上体现了城市形象，特别是对城市文化品位的确立能起到十分重要的作用。改革开放以来，特别是近10余年来，武汉演艺业得到了较快的发展，发展了一批具有国家水准、武汉地方特色和民族特色，有一定示范性和代表性的艺术表演团体；涌现出一批面向市场的演艺娱乐企业和大型演艺娱乐项目；培育了一批演出经纪机构和专业人才；基本形成以专业演艺娱乐单位为主、社会民间为辅，国家、集体、个人共同依法经营演

---

* 蒋海军，华中师范大学国家文化产业研究中心博士研究生，研究方向：文化资源与文化产业。

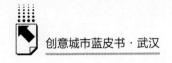

艺市场的格局，较好地促进了产业发展，提升了城市形象，满足了人民群众不断增长的精神文化需求。

一 武汉市演艺业发展现状

近年来，在国家文化大发展大繁荣、人们文化消费需求提升的大背景下，武汉也正在大力发展演艺文化产业，推进文化民生建设，建设文化艺术之城，并于2012年2月28日专门出台了《关于打造“文化五城”建设文化强市的意见》，提出要以武汉国际杂技节、琴台音乐节及“武汉系列文艺创作”为抓手，打造一批国内外知名文艺品牌。由于恰逢党的十八大召开，北京的五月天演唱会等众多项目转往武汉，加之全球经济的不景气及演艺消费市场的疲软，使得很多国内外大牌明星放下身段，转向二三线城市，这些都造就了武汉演艺业在2012年群星璀璨的喜人局面，曾经被业内人称为“10演8赔1平1赚”的武汉演艺市场也在2012年引来众人垂青。总体来看，一方面武汉市国有剧团基本完成了改制，演出市场在坚守中探索，并依靠创新不断前行。在整合国内外演出资源、建立中部三省及武汉地区院线联盟以及国有演艺剧团转企改制等方面有了实质性的进展，琴岛之夜等民营或外来的演艺机构在武汉演艺市场中的地位日益显现。另一方面武汉演艺业原创方面依然表现不足，在全国有影响的并具有武汉特色或荆楚文化底蕴的优秀作品依然不多。

武汉近年提出建设国家中心城市和复兴大武汉战略，武汉的演艺硬件设施及场馆、酒店、交通等配套设施发展迅速，沌口体育馆、光谷体育馆、琴台大剧院、汉秀剧场等优秀的硬软件设施为武汉商演提供了坚实的基础。此外，九省通衢的地理位置，让巡演路线更加经济合算，这也是国内外演艺商瞄准武汉市场的重要原因之一。

（一）演出数量攀升，演艺市场规模不断扩大

2011年，武汉市吹响了“建设国家中心城市”的号角。2012年，武汉启动“文化五城”建设，打造艺术之城，把提升武汉软实力作为重要工作提上了日程。武汉市文化演艺市场在政府调控和市场规律的双重作用下日趋活跃，

全市演艺业始终保持着竞争有序、繁荣发展的良好态势。据初步统计，截至2012年底，武汉市登记在册的娱乐经营单位有732家。其中，歌舞娱乐场所448家、游艺娱乐场所278家，营业性演出团队52家，演出经纪机构40余家，总投资额17亿元，从业人员1.2万余人。全市现有6个以综艺晚会为主要形式的演艺场所，总投资超过1亿元，经营面积1.5万平方米。2012年全市开展群众广场文化活动和各类展览410场，达到全年目标值的137%。[①]超额完成了市委、市政府在2012年“十件实事”中所提出的300场的目标。此外，以滚石音乐台、蓝天歌剧院、琴岛之夜为代表的演艺厅极大地丰富了广大市民的文化生活，也吸引了越来越多的各方宾客。

武汉市艺术表演已经形成以专业艺术表演团体为主、社会民间艺术团队为辅，国家、集体、个人共同依法经营演出的市场格局。专业文艺院团不断挖掘本土演出市场资源，积极开拓外地演出市场，年均演出达2000余场，演出收入逐年递增，涌现出一批经济效益、社会效益俱佳的优秀剧目。在全国经济运行趋紧、增速放缓的大背景下，改制后的湖北演艺集团2012年总收入就达1.39亿元，其中经营收入为6243万元，同比增长21%；集团演出经营单位和三大院团所属8个演出团体共完成演出1205场，同比增长49.7%，集团演艺事业和产业发展成效卓著。[②] 2012年武汉市统计局发布的统计年鉴显示，2011年武汉市文化部门16个表演团体全年演出剧目33个，国内演出3190场，观众371万人次，本年度收入2.5亿元，支出2223万元。[③]

2012年武汉民营演艺业的市场不断扩大，社会影响日益增强，成为武汉文化产业发展的新亮点。武汉最老牌的夜场——新中原演艺会于2011年并入蓝天歌剧院后，蓝天歌剧院、滚石（武昌）演艺厅、滚石（汉口）演艺厅、新康霸大歌厅及武汉·琴岛之夜（2011年由湖南琴岛文化娱乐传播有限公司出资6000万元打造，在田汉大剧院开业）这五家形成新的“五强鼎立”局面，即“新五强争霸”模式正式形成。在文化部门的扶持与管理下，武汉演艺业得到健康、有序的发展，一方面呈现出向全国辐射、连锁经营的发展趋

① 本数据由武汉市文化电视广播新闻出版局产业处、市场处友情提供。

② 别鸣、刘明：《省演艺集团改革释放文化能量与自信》，《湖北日报》2013年3月14日。

③ 武汉统计局：《武汉统计年鉴（2012）》，中国统计出版社，2012。

势，如蓝天歌剧院走进重庆，斥资千万元打造重庆的“红磨坊”；另一方面，不断创新管理机制，形成投资主体多元化、人员管理市场化格局。

琴台大剧院、琴台音乐厅等陆续引进了傅聪、殷承宗、陈萨、李云迪、杨丽萍等一批名家，伦敦爱乐乐团、伦敦交响乐团、美国欧柏林交响乐团、中国爱乐乐团、中国总政歌剧团等一批名团，芝麻街、丝路花雨、歌舞青春、云南映象等一批名剧，使广大市民在家门口就能亲身体验世界级名家、名团、名剧带来的视听盛宴。不仅提升了琴台大剧院、琴台音乐厅的美誉度，也实现了由节目引进向市场价值的转换。

此外，武汉市首家民营小剧场“光谷客 17 排剧院”于 2012 年 12 月 20 日正式对外营业，填补了武汉市文化市场的空白，也开了民间资本进入话剧演出产业的先河，更预示了文化产业在未来的广阔投资前景。创造了多项世界及国内之最的汉秀剧场于 2012 年在武汉启幕，被誉为中国文化产业的里程碑事件，标志着武汉演艺业步入一个新的时代。①

2012 年武汉演艺业星光璀璨，精彩缤纷，经典好戏连轴转。各路明星演唱会热力开唱，名导名角领衔经典话剧不断上演，魔术表演、音乐会、儿童音乐剧、人偶舞台剧以及芭蕾舞剧等在儿童艺术节亮相，红色主题缔造永恒经典、最炫中国风为武汉市民带来了国内外经典歌剧唱段及名曲等高品质的艺术听觉盛宴，全球四大英文原版音乐剧《巴黎圣母院》及爱尔兰踢踏舞鸿篇巨制永恒经典《大河之舞》等世界顶级音乐舞蹈也于 2012 年首度震撼来袭，风格各异的演出让不同的消费群体总能找到自己中意的“那杯茶”。据湖北省文化厅统计，2012 年前三季度武汉举行大型商业演出的涉外项目达 22 个，创历史新高，而之前从来没有一年超过 20 场的情况。②

据有关统计，武汉市演艺产业总收入较之十年前翻了 10 倍，达到 3 亿元，进入了快速发展期，缩短了与北上广等一线城市的距离，武汉也逐步成为中部演艺新中心。③

---

① 《汉秀剧场：万达文化产业里程碑》，《湖北日报》2012 年 6 月 19 日。

② 程凤、吴诗诗：《2012 武汉星光璀璨》，《湖北日报》2012 年 8 月 29 日。

③ 梅冬妮：《武汉渐成中部演艺新中心》，《武汉晨报》2012 年 9 月 20 日。

（二）演艺企业转企改制进程加快，成效显著

随着市场经济的深入发展和人民生活水平的提高，国有体制的演艺机构改革进入了深水区。2011年8月7日，湖北省人民政府下发《关于组建湖北省演艺集团有限责任公司的通知》。当年11月3日，新组建的湖北省演艺集团正式成立。集团由湖北省歌剧舞剧院有限责任公司、湖北省戏曲艺术剧院有限责任公司、湖北长江人民艺术剧院有限责任公司、湖北省演出有限责任公司、湖北剧院有限责任公司、湖北省文化艺术器材有限责任公司、湖北音像艺术出版社及湖北省江汉环球影城有限责任公司8家实体公司组成，是集创作演出、策划营销、剧场影院经营、音像出版、舞美工程、资本运作等多功能于一体的省属大型国有独资文化企业，具有独立的企业法人资格。

2012年集团转企改制基本完成，改革发展成效显著，集团市场意识显著增强，艺术生产和产业发展活力勃发，荣获“中宣部全国文化体制改革先进单位”、“文化部国有文艺院团体制改革工作突出贡献单位”荣誉称号。

武汉市文化体制改革由来已久，武汉市委、市政府在2003年就研究制定了《武汉市文化局直属文艺院团体制改革方案》。[①] 在2009年，由武汉歌舞剧院控股、联合美国和香港的知名企业参股，武汉歌舞剧院成立武歌文化艺术有限责任公司，打造出“中国光谷组合”等演艺品牌，文化体制改革走在全国前列。2012年，市属国有文艺院团体制改革终于迈出了实质性步伐，除了武汉爱乐乐团1家继续保留事业体制，撤销武汉汉剧院1家院团体制并转为保护传承机构外，对武汉京剧院、楚剧院、歌舞剧院、人民艺术剧院、杂技艺术中心、说唱团6家院团实行转企改制。时任武汉市文化局局长的和晓曦表示，改革的最终目的就是要出精品、出人才，生产出更多更好的能够满足人民群众需要的文艺产品。武汉市将对经历改革期的文艺院团实施相关配套政策，从新老人员安置、财政税收、土地资产处置等方面给予支持。[②]

---

① 樊小林、庞佳：《丽江、武汉、杭州三市专业艺术表演团体体制改革调研报告》，中国江苏网，2009年7月27日，http：//news. jschina. com. cn/4979/200907/t126472. shtml。

② 俞俭：《武汉市六家国有文艺院团转企改制》，2011年12月19日，新华网，http：//news. xinhuanet. com/local/2011 －12/19/c_ 111256536. htm。

武汉市6家国有文艺院团转企改制后，演出场次、演出收入等方面增长明显，企业经营、市场运作所带来的红利已让各剧团尝到了改制的甜头。根据武汉市文化局艺术处新近出炉的一份统计，2012年武汉的剧院票房约7000万元，大幅超越以往，出人意料地成为武汉文化产业生力军。

2012年演艺汉军成果颇丰。汉剧《宇宙锋》、楚剧《回乡过年》、方言剧《一枪拍案惊奇》分别获得第十届楚天文华大奖和优秀剧目奖。2012年，武汉说唱团投资80余万元，打造出中国首部汉派降压喜剧《海底捞月》，短短六个月，演出90余场，票房收入1500余万元。《海底捞月》成为舞台剧中的“泰囧”，1500万元使其一跃登上“中三角”地区舞台剧票房之首。在市演出公司的打造下，该剧面向外地观众又推出普通话版，依靠“零场租、零演出费”的“双零模式”走向祖国大地。① 武汉说唱团的小品《密码》也获得中国中部曲艺大赛一等奖。

2012年武汉人艺大型历史话剧《裂变·1911》获第八届话剧“金狮奖”剧目奖、第十届楚天文华大奖及中宣部“五个一工程奖”。此外，该院演员胡涛、刘莉、吴恒分别凭借节目《长袖舞》《化蝶》《钟馗》获“金狮奖”第四届全国木偶皮影中青年技艺大赛优秀表演奖。这是武汉木偶演艺20年来参加业内国家级赛事首次获奖，是该剧院20年来的一次新飞跃，对于武汉木偶表演艺术的发展有着重要意义。

据统计，2012年末市属艺术表演团体机构数为8个，全年新排上演剧目28台；专业剧团获国家奖8个，获省级奖38个。②

（三）演艺与科技及其他业态融合增强，创新赢得市场

武汉2012年演艺业显著的特点是演艺品牌影响力有了很大的提升，科技与文化融合进一步增强。随着新光电技术的不断发展，观众对演出表演形式、表演效果提出更高的要求，演出场地、演艺科技设备呈现出新的发展趋势，科技设备与演出的内容更加紧密地融为一体。2011年11月29日从长沙登陆武汉的《武汉·琴岛之夜》，斥资6000万元重塑田汉大剧院之风，引进国际秀场声、光、

---

① 徐坚、罗萍等：《武汉市深化文艺院团体制改革纪实》，《中国文化报》2013年7月10日。

② 武汉市统计局：《2012年武汉市国民经济和社会发展统计公报》，《长江日报》2013年3月4日。

电、视频及舞台机械顶尖技术，使《武汉·琴岛之夜》的舞台效果达到国际化、专业化、科技化水平的同时，更开荆楚舞台艺术的先河，这样的硬件配置，在刺激武汉市民眼球的同时，也进一步提升了市民的观赏水准。这种集外来的“新思路、新模式、新概念”于一体的演艺盛宴很快成为武汉演艺业一张亮丽的名片。

武汉杂技艺术中心自身筹资数百万元打造现代马戏新作《秘境奇光》，引入3D激光设备，并在国内首次将激光与杂技融合，打造出一台文化与科技融合的大型节目，深受观众喜爱。合作过《吉庆街生活秀》《水上灯》两部大戏之后，2012年5月8日，著名老生演员关栋天在汉出任武汉京剧院艺术总监，这也是他28年后再度和武汉京剧院携手。① 武汉人艺与国外公司联手打造了童话音乐剧，2012年又推出3D背景画面的音乐童话剧《小蝌蚪找妈妈》，为武汉的小观众们带来了一场妙趣横生的情感体验。

此外，武汉旅游演艺等也有了较大的突破。2012年5月1日正式营业的武汉欢乐谷为广大市民带来了文化演艺的“华侨城模式”，除了能体验到全球顶尖的高科技游乐设备，还可以欣赏到精彩纷呈的文化演艺精品。其中，欢乐江城主题区上演的《打码头》实景剧，就是武汉欢乐谷以巨资打造的展现武汉近现代本土文化特色的大型实景特效演出，真实再现了老武汉的码头风云。整个园区内，街头表演、极限表演、滑稽互动秀、异域风情表演、大型互动情景剧等一系列精彩的演艺节目，分别是结合不同主题而进行设计的，展示了其演艺体系的巨大实力。其国际演艺中心是文化旅游演出的梦幻舞台，同时集大型宴会、商务会议和展览等多种功能于一体，由华侨城大剧院和凯撒宫组成，核心部分华侨城大剧院，是华中第一个兼具杂技博物馆功能的大型剧场。世界顶级演艺剧场——汉秀剧场的启幕，将为中国演艺业文化与科技融合提供新的标杆和模式，被誉为中国文化产业的里程碑。楚天激光成功用创意激光打造文化演艺精品的激光秀，继在恩施腾龙洞、月湖知音琴台成功上演后，又在2012年江汉路的跨年夜晚会上，成功上演了一场“建筑3D皮肤秀”。武汉激光演艺产品已占据国内激光秀市场的绝对份额。② 湖北博物馆和黄鹤楼的编钟

① 徐坚、罗萍等:《武汉市深化文艺院团体制改革纪实》,《中国文化报》2013年7月10日。
② 黄帅:《楚天激光：创意激光打造文化精品》,《长江日报》2012年5月15日。

表演、古琴台的古乐演奏，东方赛马城的大型古装马术剧《三英战吕布》等经典旅游演出剧依然有很强的生命力。随着武汉到各地高铁的陆续开通及市内地铁轨道交通等的建成，武汉旅游演艺业迎来了新的发展空间。

（四）文化演出“走出去”步伐加快，演艺文化交流增多

文化输出体现一座城市的软实力和影响力，近年来武汉对外演出和文化交流也越来越多，汉派剧目、歌舞、杂技等表演在外地受到欢迎，方言贺岁喜剧的成功模式被外地剧院纷纷复制，这一切都体现出荆楚文化强大的实力和影响力。

2012 年春节期间，湖北省文化厅组织黄梅戏表演艺术家杨俊和湖北青年艺术团参加国侨办“文化中国·四海同春”访演团赴美国、加拿大进行慰侨巡演，历时 20 余天，演出 7 场，现场观众达 2 万余人，受到华人华侨留学生、美加政要、友好人士和新闻媒体的热烈欢迎和高度赞誉，有力配合了国家侨务工作。华中师范大学利用自身优势组织大学生艺术团赴美国、加拿大孔子学院演出，通过艺术这座桥梁向世界传播荆楚文化。

2012 年的台湾·湖北（武汉）周文艺演出活动大放异彩。武汉组织精品剧目《家住长江边》在台湾连演两场，场场座无虚席，谢幕长达 15 分钟，产生轰动效应，湖北省省长王国生对活动给予高度肯定。庆祝香港回归 15 周年及湖北舞台艺术精品演出周活动圆满成功。京剧《建安轶事》、黄梅戏《妹娃要过河》、歌剧《洪湖赤卫队》等剧目演出，受到香港各界人士的热烈欢迎和广泛赞誉。

在全国处于同行业前 3 位置的武汉激光，再次走出武汉，2012 年在上海表演 3D 激光秀，该公司年赚 6000 万元，激光舞表演炫动文化科技，创意激光前景诱人。①

近年来武汉歌剧院推出的大型都市风情音画《水墨江城》、舞蹈《过早》《火炉印象》等演绎出武汉独特的民俗神韵，在国内外演出均受到热烈欢迎。武汉爱乐乐团走出国门，在日本等地演出，受到交响乐迷的追捧。武汉人艺的木偶剧《长袖》《中国的罗密欧与朱丽叶》（即《化蝶》）等蕴含中国传统文化的音

---

① 黄帅：《楚天激光：创意激光打造文化精品》，《长江日报》2012 年 5 月 15 日。

乐和表演，在欧洲演出吸引了大量市民和游客。武汉杂技团位居全国前3，近5年来在国外演出2000多场，全团2/3的演出在海外，其借鉴欧洲海盗文化、穿插中国文化元素编排的《海盗》杂技晚会在西班牙巡演一年，很受欢迎。《梦幻九歌》（中国对外文化集团公司将它更名为《中华风韵》）也在2012年名扬海内外，在美国、加拿大巡回演出94场，上座率基本都在80%～90%。2012年武汉说唱团创作演出的《海底捞月》，以“双零模式”探索出一条全国巡演的路子。

此外，武汉演艺业“软”、“硬”兼备的超品质，引得名牌纷至。耗资15.7亿元的琴台大剧院，曾经是中国第八届艺术节主会场，设备档次均为国内一流。过硬的设施和武汉巨大的消费市场让琴台大剧院陆续迎来了音乐剧《猫》、明星版《暗恋桃花源》《四世同堂》等对舞台要求极高的剧目，《巴黎圣母院》的全国巡演仅到4座城市，武汉便是其中之一。法国团亲自到琴台大剧院考察，不仅对琴台大剧院的硬件条件给予了高度评价，更将武汉作为中部地区上演该剧的唯一城市。2012年武汉的演出市场让人目不暇接，而且都是一线大牌。抢滩武汉的“全明星”阵容中，既有“大咖”装点城市“星味”，又有国际顶尖乐团提升城市文化品位。伦敦交响乐团、中国爱乐乐团、悉尼交响乐团、北京京剧院等国内外知名院团会聚首届琴台音乐节……名团名家的助阵无不预示着武汉在文艺演出上进入了新纪元。

为鼓励院团“走出去”勇闯市场，武汉市每年投入1300万元专项经费，支持各剧团打造艺术精品，并通过补贴和奖励等办法，协助把武汉原创的优秀演艺作品推向国内外市场。为了让武汉观众有机会在家门口欣赏到更多精彩的演出，同时把武汉本地的艺术精品“推出去”，武汉市对演出机构进行补贴。此外，演艺产品在参与国际双边、多边事务时发挥着越来越重要的作用。武汉的演艺机构通过官方或民间渠道走出国门，积极参与海外各类艺术节、艺术比赛和演艺交易会，使武汉演出团体和演艺经纪机构的国际竞争力不断增强。

（五）文化产业政策及艺术节等重大活动为演艺市场创造了良好氛围

武汉演出市场日益繁荣的背后，离不开主管部门的大力支持。2012年，武汉市政府常务会议讨论并原则通过了《武汉市文化产业振兴计划》《武汉市关于加快文化产业发展的若干政策》和《武汉国家级文化与科技融合示范基地建设实施方案》等相关文件，把演艺产业列为重点发展的八大文化产业门类之一。《武汉市文化产业振兴计划》提出，到2016年，武汉文化及相关产业总收入突破3000亿元，增加值突破1000亿元，文化产业增加值占地区生产总值的10%以上，年均增长速度高于30%，成为全市先导性、战略性、支柱性产业。该计划还提出加快发展演艺娱乐、创意设计、传媒出版、文化旅游、动漫游戏等八大产业门类。《武汉市关于加快文化产业发展的若干政策》涉及财政税收、投融资、自主创新、招商引资、资产土地、贸易消费、知识产权和工商及文化人才等方面的政策。武汉市拟出资设立市文化产业发展专项资金，为市场发展前景好、科技含量高、带动作用强的文化产业项目提供资助，为中小文化创意企业提供贷款担保。①

此外，各类国际国内的艺术节活动，为武汉演艺产业的迅速发展打造了宽阔的舞台。2012年在武汉举办的重大文化节庆演艺活动有：第十届中国武汉国际杂技艺术节、第一届湖北艺术节、世界华人京剧票友艺术节、全国戏剧文化奖话剧金狮奖颁奖盛典、中国武汉国际旅游节、武汉欢乐谷首届国际魔术节、第八届中国国际动漫节、2012中国国际啤酒节暨食品节、首届琴台音乐节、武汉之夏群众艺术节等。金狮奖等首次融入商业元素，采取了中央、地方政府资助与商业化运作相结合的模式，以市场化合作的方式提高颁奖盛会的规格和知名度，既给承办商和举办城市带来可观的经济效益和社会效益，又为武汉各类优秀艺术演出项目和演艺经纪机构提供了展示和交易的平台，从而带动了演出市场的繁荣与发展。“全国戏剧文化奖·话剧金狮奖”颁奖盛典首次选址武汉，也是对湖北武汉近年来不断增强的城市整体形象、话剧艺术发展水平和演艺综合文化实力的认可。

以举办第一届湖北艺术节、参加第十届中国艺术节为契机，武汉市大力实施文艺精品创作工程，推出了京剧《青藤狂士》、汉剧《宇宙锋》、楚剧《冬日荷花》、黄梅戏《李时珍》、东路花鼓戏《西风秋月》、郧阳二棚子《我的汉水家园》、歌舞《白云黄鹤是故乡》等一批新创优秀剧目，部分剧目在第一

① 瞿凌云、林梓：《首部文化产业振兴计划将出台》，《长江日报》2012年10月16日。

届湖北艺术节上获得楚天文华大奖。湖北省经典剧目京剧《徐九经升官记》、歌剧《洪湖赤卫队》获文化部优秀保留剧目大奖。音乐作品《美酒喷喷香》、舞蹈作品《响、想、享》等一大批新创群文剧（节）目也受到群众欢迎；省群艺馆主创的《追爱》亮相央视春晚，歌舞诗剧《嗯嘎·女儿会》参加第四届全国少数民族汇演获“表演金奖”，叫响了群众文艺“武汉制造”品牌。

2012 年也是湖北省演艺集团正式组建运营的第一年。在湖北省委省政府和省委宣传部的正确领导下，解放思想、转变观念，创新体制机制，激发艺术活力，砥砺奋进，集团开局工作亮点频出，得到各级领导、专家和社会公众的广泛认可。民族歌剧《洪湖赤卫队》荣获全国第二届优秀保留剧目大奖；土家风情黄梅戏《妹娃要过河》入选文化部 2011～2012 年度国家舞台艺术精品工程年度资助项目。

（六）院线制取得新突破：打造武汉演艺市场新引擎

演出场馆是演艺企业发展的重要物质基础，而先进的演出场馆更是演艺业产业持续发展的动力源泉，也是地方和城市文化的重要标志。2012 年 5 月 10 日国家出台的《文化部“十二五”文化改革发展规划》将“文艺演出院线建设工程”作为九大文化产业重点工程之一，提出要“打破地域界限、市场分割，降低演出流通成本，推动主要城市演出场所连锁经营，实现演艺产业规模化、集约化和高科技化”。

琴台大剧院和琴台音乐厅在 2007 年建成后，经武汉市政府授权，加盟全国知名的保利院线，标志着武汉演出市场引进了一个全新的模式，这种尝试也远远早于国内大多数二线城市。多年来，琴台大剧院坚持文化服务，提高市民素养，据统计每年已达到约 24 万人次不同职业和层次的观众来剧院欣赏高雅艺术。实践证明，这种院线制的直营模式，提升了武汉的演艺业经营管理水平，既保证了国有资产的充分利用，又能够让老百姓以相对低廉的票价欣赏到国内外一流的表演。

随着武汉市民营演艺机构的重新洗牌和国有演艺机构的改制，武汉演出产业布局不断优化。由武汉剧院联合江西艺术中心、湖南大剧院发起的“中三角”演艺联盟暨武汉地区演出院线联盟于 2012 年 4 月 18 日在武汉正式成立，其目的是为了实现资源共享及演艺市场一体化的形成，以规模化经营吸引国内外演出商，盘活演出市场各方面的资源，推动演艺业科学化运营和规范化管理，最终实现共同发展。

2012年武汉市文化演艺产业发展示范工程方案提出，将依托武汉地区演出院线联盟和中部“中三角”演艺联盟，充分利用“智慧文化”服务平台和“武汉通”技术，实现演艺信息网络共享和购票智能化服务，推出文化消费“艺卡通”，培养市民文化消费习惯。凭“艺卡通”，市民可在全市任何一个剧场实现无障碍刷卡购票消费，并享受刷卡购票优惠。该工程从2013～2015年实施，每年推出10万张面值100元的市民文化消费“艺卡通”免费向市民发放；待运营成熟后，这一模式将推广到武汉周边“1+8”城市圈，进而通过“中三角”演艺联盟平台，拓展到湖南、江西，实现三地任何一地无障碍刷卡购票消费，最终建成全国一流的文化演艺产品网络推广营销中心。①

二　武汉市演艺业发展面临的问题

市场机制的改革让武汉演艺业逐步复苏，重新步入了发展快车道。但是，武汉演艺产业的发展总体上还处于培育阶段，市场化程度与北上广等一线城市相比还有很大的距离。目前武汉演唱会市场60%以上的项目仍然是由外地公司直接操作，武汉目前虽有40多家演出公司，但尚未有一家上市演艺公司，能够达到较大规模的也不到5家。几家大型的民营演艺机构，比如已有10年历史的武汉新健演出公司等，仍坚持着当初“只经营不投资”的理念，即只做演出代理，不自办大型商业演出。② 因此，武汉演艺还存在缺乏原创的优秀节目及艺人培养机制，节目抄袭模仿现象严重等问题。

所以，从总体上看，武汉市演艺业发展速度较快，但仍处于培育阶段，演艺娱乐消费市场不旺、契合度不高、主体活力不强、优势资源整合不力、产业集团效益不大，产业化程度较低，与全国主要城市相比差距还比较大。

---

① 叶纯：《十大示范工程推出让市民乐享便利》，《楚天金报》2012年10月30日。

② 程凤、吴诗诗：《2012武汉星光璀璨》，《湖北日报》2012年8月29日。

（一）创意不足，缺乏能在国内外市场上有一席之地的演艺品牌

2012年，武汉演艺业虽然发展势头良好，但总体来看，依然缺乏创意，缺乏叫好又叫座的精品，真正的演艺品牌太少，尚未形成能真正提升品牌价值的演艺产业链。打造精品是演艺业发展的目标和要求。武汉作为历史文化名城，有着极其丰富的文化资源，然而武汉文化旅游开发仍处于起步阶段，丰富的历史文化资源没有得到很好的挖掘和演绎，目前部分旅游景点配套的演艺节目形式简单、缺乏创新和文化内涵，对外也缺乏宣传，根本没有发挥其应有的文化产业品牌效应，缺乏具有震撼意义的旅游演艺品牌支撑。此外，武汉很多演出团体根本不具备创作能力，只是一味模仿他人作品支撑演出，缺乏原创品牌。迄今为止，尚没有一个能代表武汉城市形象的综合性国际艺术节，以及一台类似《印象·刘三姐》这样传统文化与“声、光、电”等高科技手段相结合的既具有本土特色又能够冲击世界市场的演艺品牌产品。

（二）思想观念陈旧，市场机制不健全

部分国有传统剧团受计划体制的影响，缺乏市场意识，对政府依赖性很强，这种方式严重阻碍了演艺业的转企改制和真正走向市场竞争。另外，文化产业与文化事业界定依然不清，一些转为企业法人的国有文化单位依然缺乏市场意识和自我造血功能，演出活动依然靠政府埋单，局限于节假日的庆祝和下乡慰问演出，缺乏进军市场的主动性，缺乏创意并且经营能力差，科技含量低。改制虽然基本完成，但现代企业制度在很多剧团依然尚未完全建立，仍然无法完全按市场方式来管理和经营，缺乏演艺管理经营方面的复合型文化产业专业人才。

（三）高票价发展模式的怪圈依然存在

和全国大多数城市一样，武汉商业演出由于制作成本高、场馆租金高、票务代理环节多、赠票多等多种因素，导致演出票价虚高，让很多普通百姓无法负担，造成了“票价高、观众不够，然后减场次、增加成本、提高票价”的恶性循环，这也导致了演艺产业生存艰难的现状。据统计，国内平均演出票价几乎占人均月收入的两成左右，王菲2011年在汉开唱创下“最低票价500元，

最高票价3000元”的纪录，同年王菲台北演唱会最高票价为8800新台币（人民币约1800元），香港站最高票价仅为980港币（人民币约800元），2012年陈奕迅武汉演唱会最高票价为1600元，而香港演唱会最高票价仅为680港币（人民币约550元），媒体曾戏称“江城文艺演出票价世界最高”。[①]

武汉大多数商业演出的票价一般都超过百元，上千元的也不在少数，平均票价都在300元以上。这与国外看一场演出仅占收入的1%～3%的票价相比确实高出很多，这也是为什么西方国家人们可以随意享受到高雅文化艺术而我们中国的普通民众则望而却步。虽然政府的公共文化服务加强，公益性演出（公益票）的推出让一部分普通民众有机会享受高雅艺术，但如果免费票或低价票之后依然一票难求，那么就很难满足更多普通民众的需求，无法真正解决票价过高的问题。

（四）演艺业中介机构数量少，演艺产业人才缺乏

文化中介的作用对繁荣演艺市场至关重要。演艺市场较为复杂，演出不像一般的物化商品，可以以灵活的、多元化的形式面对消费者，它必须在制作前期投入较多的资金，并将所有参加演出的创编、演员、舞美灯光等人员聚集在一起，把他们组织、生产成一个精神产品，同时又必须吸引特定的、较多数量的人群在同一时间到同一特定的地点来消费，而且销售、服务和消费、享受都是一次性的。在创作、生产、销售过程中，中介行业经纪人以其信息来源的多样性、知识的专业性、对市场的敏感性，对平衡、解决演艺市场供求矛盾发挥着独特和无法替代的作用。武汉文化中介行业的现状及存在的问题是：数量偏少，竞争不够充分；行业内无细分，缺少经营特色、品牌；垄断虽已打破，全面发展尚需时日；地下中介不公平竞争现象严重，行业仍需要大力规范。

三　新时期提升武汉演艺产业的路径选择

纵观国内外，当今演艺产业的辉煌跟坚持文化与科技融合，坚持创新发

① 张聪：《全世界最贵的票价怎么伤得起?》，《楚天都市报》2013年3月12日。

展，坚持以市场为导向，打造特色文化产品等是分不开的。武汉演艺产业的发展，亟须建立健全产业孵化链暨武汉演艺云服务平台，在市场运作机制框架下大力倡导市场及产品的创意和创新，不断创造新的剧种和新的演艺形式，传承和创新传统优秀文化，打造现代文化精品，为武汉演艺产业的突围不断开拓新的路径。

（一）转变观念、解放思想，进一步推进体制机制改革

长期以来，武汉市属国有剧团，长期游离于市场经济之外，缺乏活力和竞争力。因此，要继续深化对计划经济体制下形成和发展起来的国有演艺机构的改革，探索形式多样的转企改制模式，激发活力，充分发挥剧团的积极性、主动性和创造性。公共服务型文化事业要加大投入，保障人民的文化享有权，应该由市场主导的经营性文化演艺产业逐步全面推向市场，让剧团真正回归一个文化企业的功能，成为市场主体，全面按企业方式运作。发展和扶持一批具有武汉特色和超强竞争力的大中型国有控股的文化演艺企业。演艺剧团要加强内部机制改革，特别是人事、分配及管理制度等方面的改革，以有利于演艺人才的培养。同时继续加强社会公共文化服务，对公益性演出的剧团由政府出资给予补贴，降低演出成本和演出票价。

（二）加强文化政策法规建设，为演艺业繁荣提供制度保障

演艺产业的健康发展离不开政府为其配套的文化政策和法规。一是要以发展为主题，以改革为动力，逐步建立起适合市场规律的艺术生产、销售、演出的管理制度和运行机制。要充分发挥名人、名团、名剧的品牌效应，实现资源共享，优势互补，推动演出市场规模发展。推行以演出经纪人、演出代理人为代表的新型流通机制。推行以演出签约制为代表的全面合同制度。鼓励社会资本参与创办演出，以及利用中介组织推动文化产品走向市场。二是要完善金融支持和税收支持政策，鼓励演艺企业通过多种渠道融资以开发大型演艺项目；运用设立担保和风险投资基金等多种手段推进金融业为演艺服务。三是要鼓励支持建立和完善集演出市场信息网络及票务系统建设等于一体的演艺云服务平台，保证票务信息的及时、全面和权威，杜绝“黄牛党”等欺诈行为，推动

票务行业的良性发展循环。四是要进一步规范和完善文化版权保护制度、演出季制度、演出院线制度、演出经纪人制度、推广制作人制度，出台鼓励和支持民间职业剧团发展的措施。

（三）构建具有武汉特色的、市场主导的演艺全产业云服务平台

一个完整的演艺产业云服务平台，即产业孵化链，以资源共享和产业服务为核心，以专业化信息服务、交易服务和技术支撑为特色，集聚政府、企业、科研院所和高校的文化资源，致力于从演艺信息数据资源库、政策扶持、策划、创作、演出、营销、票务、版权、衍生产品、演艺交流场地租售等各个环节形成一个完整的市场运作服务体系，提供项目管理、发布、监管、交易等服务，实现从演艺作品的创意、筛选到经典作品的长演及新的演艺产品不断上市，打造演艺产业的阿里巴巴。建议联合华中师范大学国家文化产业研究中心等相关机构，打造武汉演艺服务平台，重点建设项目如下。

1. 加强演艺人才的引进和培养建设服务平台

演艺人才随着我国文化市场的日益繁荣及演艺活动的活跃，其潜力越来越被看好，但目前优秀演艺人员和文化经纪人的数量非常缺乏。凝聚和培养更多的优秀演艺人员和高素质的文化经纪人，建设武汉演艺人才高地，改革创新文化人才工作机制，已经成为促进武汉演艺文化产业发展繁荣的大势所趋。可以通过开辟人才落户的绿色通道、打破体制屏障，为社会演艺工作者开展职称认定，鼓励举荐优秀演艺人才。在武汉音乐学院、华中师范大学等高校加强演艺人才的培养，在华中师范大学、武汉大学、武汉轻工大学、江汉大学等开设文化产业相关专业的学校加大文化产业经纪人才的培养力度，开展文化经纪人职业资格培训。

2. 演艺产品的生产、创作和产业链延伸服务平台

文化产业的本质是内容产业，演艺业也一样，内容依然是核心，体制机制创新与传播手段创新是为内容创新提供体制保证和传播渠道。应建立演艺产品创作生产补贴机制，扩大原创性演出产品的生产。在荟萃荆楚民族文化的基础上，各大剧目编创团队应联手开发具有地方民族文化元素的文化产品，实现传统曲目原创型演艺作品与创新型文化作品的统一。一方面可以借鉴《印象·

刘三姐》《宋城千古情》等成功典范，加强高科技与文化演艺融合，全面提升演艺节目的科技含量，用全新的高科技舞台形式与传播方式打造具有大武汉特色的大型演出剧目。另一方面加强旅游演艺等跨行业合作及演艺衍生品的开发，注重由单一的演出中心向配套餐饮、购物等产业链的综合性的演艺世界转化，拓展产业利润增长点。

3. 演艺作品的评价体系服务平台

遵从优胜劣汰法则，建议由专家、群众等各阶层人员结合市场反馈等对作品进行评价和筛选，对演艺作品定期进行优胜劣汰，实现演艺作品的“经典精品长演”和“原创新剧迭出”的盛况。通过此平台，对演艺文化产业管理、演出设备研发与生产、艺术教育与培训、演艺文本创作与营销、演出周边产品的开发等演艺产业相关行业实施评价与鼓励机制，支持有实力的演艺企业通过该平台拓展演艺艺术教育培训等相关产业。

4. 引导科学合理的演出票价，扩大文化消费等公共服务平台

演艺业应树立为更多老百姓服务的意识，根据市场细分确定高中低不同档次的价位，加强文化艺术的普及，适时出台文化惠民政策，降低演出门槛，还戏于民，培养群众的文化消费习惯，改善文化消费条件，推动演艺市场健康快速可持续发展。

5. 推广和销售战略多元化服务平台，建立电子商务展厅

建立演艺互动平台和演艺电子商务展厅，提供从个人社区到在线展厅等先进互联网服务，提供包括广告公关、新闻媒体、演艺经纪、演出公司等数十万家相关对口资源，方便演出团体实现差异化发展，按照市场规律，细分细化市场人群。一方面要为中老年及青少年提供不同口味的演出，以最终帮助演出艺术团体实现足不出户的最大化网络营销的目的。另一方面继续建设全国性或跨区域性的文艺演出院线，打造国内外知名的演艺产业集聚区，把国内外演出市场资源有效整合起来，实施“走出去，引进来”战略。此外，还要推行全球化的网络销售并将演艺与节庆、会展、餐饮、旅游、网络等不同行业结合起来，培育旅游演艺市场，丰富旅游演艺产品，避免同质化。通过该平台，设计开发演艺衍生产品，延伸演艺产业链。

总之，武汉有着丰富的历史文化旅游资源、雄厚的科技实力、发达的会展产业和优越的区位优势，应该及时抓住武汉科技和人才优势，以现代科技的应用作为武汉演艺产业发展的新引擎，加强与旅游、会展、餐饮及互联网等行业的跨界合作，不断提升演艺产品的表现力和影响力，争取打造一些能够走向国内外市场的大型演艺精品，不断拓展产业链和丰富盈利方式。同时，通过建设演艺云服务平台，实现文艺演出信息、演艺公共服务、演艺产品、演艺旅游发布、演艺票务管理等全方位信息化管理，助力武汉演艺产业全球化产业链的拓展和形成。

四　结语

文化产业是一项朝阳产业，有着巨大的发展潜力。武汉的经济总量在全国省会城市中排名第十，副省级城中排名第四，2012 年武汉人均 GDP 已突破一万美元，这意味着武汉更加接近基本现代化目标，也意味着市民消费更加追求质的提高，消费将成为经济增长的第一动力，经济的快速发展大大提升了居民的文化消费能力。[①] 武汉演艺产业在市场化的道路上刚刚起步，但其前景十分广阔。随着武汉市文化产业与科技融合步伐加快及《武汉市文化产业振兴计划（2012～2016）》全面实施，演艺云服务平台的建设及武汉演出经纪、艺术营销、剧院管理等演出新机制将逐步完善。以剧本创意、演出策划、剧场经营、市场营销、演艺产品开发等为内容的演艺产业链的完善，演艺业同餐饮、零售、旅游等行业的融合度也必将进一步增强，加上演艺娱乐业向特色文化街和文化休闲区集聚，琴台艺术中心、“汉秀”剧场、东湖欢乐谷等重点演艺娱乐区，以及京汉大道与台北路演艺街区等特色演艺集聚区的建设，通过产业内的逐步探索，武汉演艺业的发展将会有一个更加广阔的空间，武汉的演艺业一定会再现辉煌，武汉将成为真正的艺术之城及演艺中心，武汉演艺业也一定能打造出更多具有民族特色的国际化品牌。

---

① 王哲、胡开峰：《武汉人均 GDP 突破一万美元接近高收入国家初始水平》，荆楚网，2012 年 1 月 20 日，http：//news. cnhubei. com/hbrb/hbrbsglk/hbrb06/201201/t1955347. shtml。

专题研究篇

Monographic Study

B.12
让创意成为武汉城市发展的新动力

杨卫东　李卫东*

摘　要：

随着世界范围内传统工业文明和工业时代向生态文明和后工业时代转化，发展文化创意产业已成为许多国家和地区实现城市复兴的共同选择。武汉具备突出的科教、人才和文化优势，积极培育和发展文化创意产业，用“汉味”文化引领武汉文化创意产业，用文化创意产业促进传统制造业向现代制造业转型，实现武汉由传统的工商业城市向创意城市转变，是建设“两型社会”和“国家中心城市”，复兴“大武汉”的重要动力。

关键词：

文化创意产业　城市发展　两型社会　武汉

* 杨卫东，江汉大学校长、教授，研究方向：经济学、企业管理、国企改革理论与实践等；李卫东，江汉大学法学院院长，教授，研究方向：城市学、城市文化和法律制度史。

作为人类最伟大的创造，城市不仅证明人类具有深远而持久的重塑自然的能力，同时也表明人类作为一种特殊物种所具有的恢弘想象力与创新能力。当今，人类已经进入知识经济时代，人的创造力和想象力在城市发展过程中所起的作用越来越突出，文化创意产业也越来越成为城市发展的重要推动力。

一 城市发展动力机制的变化与文化创意产业的异军突起

追溯武汉这座城市的历史，其源头与军事斗争密切相关。无论是上古时期的盘龙城（公元前15世纪左右），还是三国时期孙权在武昌蛇山构筑夏口城（公元223年），它都是典型的军事堡垒，早期的武汉“因武而昌”，军事活动成为这座城市发展最早的动力。

两晋南北朝后，中国经济重心南移，武汉在区域政治、经济和文化方面的地位也日益凸显，城市发展的动力主要来自封建专制主义条件下政治、军事和文化等方面的要素。明清之际，中国封建经济内部的商品经济逐步活跃起来，汉口因为“占水道之便，擅舟楫之利”很快成为号称“天下四大镇”之一的商贸中心，成为因商业因素而成为“市”的典型。与武昌城相比，汉口的城市功能一开始就具有非政治化倾向，商业贸易成为其城市发展最重要的动力，“因商而兴”是这一时期城市发展的重要特征。

晚清汉口开埠，中外贸易的发展，使得汉口的商业功能进一步发挥。与此同时，张之洞在武汉实施“湖北新政”，兴办了一大批近代化工矿企业，工业与商业一道成为武汉城市发展的主要动力，造就了20世纪初期武汉“东方芝加哥”的辉煌。新中国成立后，武汉成为我国重点建设的中部工业中心，“一五”、“二五”和“三线”建设时期的工业成就使武汉成为国内举足轻重的中心城市，在轻、重工业全面发展的推动下，直至改革开放初期武汉在各大城市排名中一直居于前列，“因工而强”成为近代以来武汉城市发展的又一特征。

从武汉城市发展的历史看，武汉每一次大发展都是它顺应了时代需要，及时调整自身动力机制，吸收新的发展动力的结果。当今世界经济和我国发展模式都发生了很大变化，为了适应这一变化，武汉正在致力于建设“两型社会”，并将建设“国家中心城市”和复兴“大武汉”作为自己的宏伟目标。“两型社会”是一种与传统迥然有别的新发展模式，在构建“两型社会”的大背景下，武汉城市发展的动力机制再次面临调整。

从世界城市发展的历史看，随着传统工业文明和工业时代开始向生态文明和后工业时代转化，城市发展的动力机制也相应发生变化。在工业文明时期，工业是城市发展最大的推动力，然而到了20世纪下半叶，随着时代的发展和世界产业结构的变化，许多过去辉煌的工业城市开始衰落，为了保持城市繁荣，这些以传统工业为中心的城市纷纷将工业项目迁出城市，发展其他新兴产业。

在欧洲，伦敦（伦敦城市圈）曾是工业革命时期全球最有影响的工业城市之一。工业的急剧发展虽然带来经济的快速增长，但也严重破坏了城市环境，伦敦也因此成为世界知名的“雾都”，泰晤士河水也受到严重污染。20世纪末，以创意产业为主的新兴产业开始在大伦敦地区异军突起，成为推动城市发展和经济繁荣的重要力量。1997年，英国首相布莱尔提出在英国发展创意产业，并成立“创意产业特别工作组”，提出把文化创意产业作为英国振兴经济的聚焦点，把推广文化创意产业作为拯救英国经济困境的有效方法。英国也由此成为世界上第一个提出创意产业理念，并用国家政策来推动创意产业发展的国家。

在北美，美国也是一个创意文化发展程度较高的国家，洛杉矶、旧金山等传统城市不仅依赖好莱坞、硅谷、迪士尼等文化创意品牌保持了经济和社会的持续繁荣和增长，其他一些传统的工业城市如芝加哥、匹兹堡等也通过发展文化创意产业优化原有的经济结构，使旧的城市获得新生。以美国传统工业城市芝加哥为例，自19世纪至20世纪上半叶芝加哥一直是美国最重要和最繁华的工业城市，随着旧工业时代的结束，芝加哥也日渐萧条。为了重振城市经济，芝加哥决定大力发展文化创意产业，由政府出资将原工业厂区改造成为文化创意园区，廉价出租，为艺术创作者提供可以负担得起的房地空间，从而扶植电影制片、艺术、时尚及信息产业的发展。通过种种努力，芝加哥的文化创意产业发展起来，其新闻出版业发展规模仅次于纽约，位居全美第二。

在亚洲，日本、韩国和新加坡等国家和地区在1997年的亚洲金融危机后纷纷调整产业结构，以避免单一的经济结构无法应对突如其来的风险。韩国首都首尔是韩国最重要的工业城市，位于首尔的三星电子、现代汽车、浦项制铁都是世界知名的工业企业。亚洲金融危机后，具有危机意识的韩国提出“设计韩国”战略，把文化创意产业视为21世纪最重要的产业之一，首尔也成为引领韩国创意文化发展的大都市。目前，首尔这座以制造业为中心的大都市已经成功地实现了向设计创新型国际大都市的成功转型，实现了城市的持续发展。

面对世界范围内创意产业发展的浪潮，我国各大城市也纷纷出台各项政策和措施，推动文化创意产业的发展，北京有以“798艺术区”为代表的六大创意产业基地；上海利用100多处老工业建筑进行改造，形成了以“苏州河文化产业带”为代表的36个创意产业工作园，涉及工业设计、计算机软件设计、旅游品设计、建筑设计等多个创意产业领域；近年来深圳也提出了建设“设计之都”的发展目标。

通过对世界各大城市和国内大中城市的考察我们看到，与传统工业相比，文化创意产业集注意力经济、体验经济、知识经济等模式于一体，融合科技、文化、商业三大元素，是世界城市从工业化时代向后工业化时代转变，城市功能日益复杂化和综合化的必然产物。同时文化创意产业高附加值、高影响力的特点又使得它成为保持传统城市经济繁荣，促进新兴城市崛起的重要力量。

作为一个传统的工业城市，武汉在改革开放以后城市建设取得了长足的进步，城市规模、人口和社会经济总量都达到历史发展的最高值，然而武汉城市发展依然走的是传统城市化道路，即以偏重型的第二产业为龙头，以一种高能耗、高污染、高成本的方式发展。在全球能源紧缺的背景下，传统钢铁、冶金、化工等工业企业不仅造成日益严重的环境污染，还导致生产成本增高，经济效益大幅缩水，经济发展受阻。同时，城市本身作为人口集中生产和生活的区域，在有限的空间内承受着巨大的环境压力，原本良好的自然环境随着城市的扩张日益恶化。显然传统的以工业发展为中心的城市动力机制亟须调整。

面对武汉急切的改革与发展愿望，考虑到武汉独特的区域优势，为应对我国社会经济的转型，国务院经过慎重考虑，批准武汉城市圈为国家级“两型社会”建设综合配套改革试验区。国家对试验区提出明确的政策要求，即“从实际出发，根据资源节约型和环境友好型社会建设综合配套改革试验的要求，全面推进各个领域的改革，并在重点领域和关键环节率先突破，大胆创新，尽快形成有利于能源资源节约和生态环境保护的体制机制，率先走出一条资源消耗低、环境污染少、要素集聚能力强、产业布局和人口分布合理的新型城市化道路，促进经济发展与人口、资源、环境相协调，推进经济又好又快发展，为推动全国改革、实现科学发展与社会和谐发挥示范和带动作用”。

国家批准武汉为“两型社会”建设试点城市，其目的就是要武汉在全国率先摸索出一条新的城市（城市圈）发展道路。文化创意产业主要依赖于智力资源，产业发展对能源和原材料的需求较少，对自然资源的依赖性弱，受环境承载力的约束低，具有明显的资源节约和环境友好的产业特征，十分契合“两型社会”发展的要求。此外，文化创意产业还是科技成果转化的重要载体，可以对传统产业进行改造，提升传统产业产品的附加值，同时提供大量的就业机会，这些功能也十分符合武汉人力资源丰富、科技发展水平较高的特征和传统制造业向现代制造业转型的需求。

总之，发展文化创意产业并以此作为城市发展的新动力，不仅是世界城市发展的基本趋势，同时也是武汉“两型社会”建设的需要，有助于武汉提升自身形象，凸显武汉城市发展的比较优势。

二　武汉发展文化创意产业的基础和优势条件

构建“两型社会”的历史使命使得文化创意产业自然而且必然地成为促进武汉城市发展的一个新动力，那么武汉是否具备发展文化创意产业的基本条件，同时又具备哪些优势竞争力呢？下面我们从文化创意产业的特征入手，分析这一问题。

首先，武汉科教发达，人才和智力优势明显，具有发展文化创意产业最重要的基础条件。

文化创意产业是一种兼具文化和创意的产业，智力要素密集。在文化创意产业中，“创意”是其中最核心的内容。“创意”基于人的创造力，是人类独有的思想活动。国内外发展经验证明，在文化创意产业中，特别需要那种富有朝气、不甘于陈腐的思想及观念，追新求异的创造性人才。这些富于创新意识的高素质人才既是文化创意产业的主体从业者，同时也是文化创意产品的主要消费群，他们对“创意”有深刻的理解和追求，是推动文化创意产业发展的重要力量。能否培养和形成一支高素质的创意人才队伍是该产业能否健康、持续发展的关键要素。

文化创意人才的培养需要较好的教育条件和较高的科技发展水平。就文化创意人才队伍的培养而言，由于文化创意产业的涵盖面非常广，对人才类型多样化的需求十分突出，要求发展文化创意产业的城市必须具备良好的教育条件，有能力持续性地大规模培养高素质文化创意产业人才，以维持该产业的不断发展；就文化创意产业的高智力因素而言，文化创意产业多建立在现代科学技术的基础上，发展文化创意产业的城市必须要有很强的科技创新能力，要有一支高素质的科技人才队伍；就文化创意产业的复合性特征而言，文化创意产业领域跨度大，产业链长，对人才的需求也表现出明显的多样化特征，要求发展文化创意产业的城市学科门类齐全，文理兼备，具备交叉学科研究和培养复合型创新人才的条件。概括地说，文化创意产业对人才需求的这种高端性、多样性和多元化特征也决定了发展文化创意产业需要较高的科技发展水平和良好的教育基础。

作为国家重要的科学教育基地，武汉完全具备以上三个条件。在科学研究和高素质人才培养方面，武汉的综合实力仅次于北京、上海，居全国第三位。在高等教育与人才培养方面，根据最新的统计资料，目前武汉拥有包括武汉大学、华中科技大学、华中师范大学、江汉大学等 79 所普通高校，拥有 94.70 万名普通在校大学生和 10.61 万名在校研究生，高等教育毛入学率高达 44.45%。在科学研究和技术创新方面，武汉现有两院院士 58 人、政府科研机构 104 所、国家重点实验室 20 个、国家实验室 1 个、国家工程实验室 3 个、国家级工程技术研究中心 23 个、国家级企业技术研发中心 19 个。2012 年武汉地区大专院校和研究机构承担国家级科技计划项目 2400 项，实施市级科技计划项目 840 项。专利授权 13698 件，其中，发明专利授权 3252 件。技术市场合同成交额 169.69 亿元，科研实力和技术创新能力均位于全国各大城市前列。[①] 武汉地区高校众多，且学科门类齐全，涵盖理、工、农、医、文、史、

① 武汉市统计局、国家统计局武汉调查队：《2012 年武汉市国民经济和社会发展统计公报》，《长江日报》2013 年 3 月 4 日。

哲、法、教育、管理、艺术、军事等。在每一个学科门类，武汉均有办学水平全国一流的学校或专业，部分专业如测绘、地质等在全国具有独特的优势。在与文化创意产业密切相关的艺术和设计专业等方面，武汉的优势也十分突出，除了湖北省美院外，武汉大学、华中科技大学、华中师范大学、湖北工学院、江汉大学等众多高校均设有专门的艺术或设计学院（系），拥有大量的师资，且每年有大量的艺术或设计类专业学生毕业。这些人才优势和专业基础优势为武汉发展文化创意产业打下了良好的基础。

另外，武汉市历史传统文化底蕴深厚，文化多元性特征明显，产业类型齐备，基础设施完善，制度保障完整，具备积聚文化创意产业的产业基础、文化氛围和制度条件。

文化氛围上，文化创意产业发展需要浓厚的文化氛围和丰富的文化资源。武汉是中国传统文化重要组成部分——荆楚文化的中心，传统历史文化资源丰富。至近代，武汉文化在西方资本主义新文化的影响下，率先转型，成为近代“开风气之先”的地区。在武汉，传统楚文化、江汉平原农耕文化、知音文化、近代商业和工业文化、近现代革命文化相互交融，形成独特的地域文化特色。与其他大城市的文化相比，武汉的城市文化具有非常突出的创新特点，无论是上古时期楚文化中的“冲天”精神，还是辛亥革命文化中“敢为天下先”的气度，武汉文化都表现出不拘泥于旧的规范，转而求新、求异的特征，这种文化氛围有利于文化创意的存在和发展。

经济基础上，武汉是我国内陆最大的商贸中心，拥有各类商品交易市场598个，全球500强企业中，已有92家落户武汉。① 另外，武汉地处中国经济地理中心，是全国知名的交通枢纽，其贯通南北的区位优势不是其他城市可以比拟的。在交通、通信和金融贸易等方面，优势突出。航空方面，2012年武汉拥有国内航线184条，国际航线20条，天河机场第三航站楼正在建设，建成后武汉将成为我国内陆国际门户机场；铁路运输方面，武汉拥有三大火车站，开通了武广高铁，是国内四大铁路枢纽之一；公路交通方面，京珠、沪蓉等高等级公路在武汉交汇，公路通车里程达13337.01公里，公路路网

---

① 瞿凌云:《世界500强92家来汉》,《长江日报》2012年7月12日。

密度166.11公里/百平方公里；水运方面，随着长江中游航运中心建设推进，武汉新港迈入“亿吨大港”的行列；通信方面，武汉电信是全国第三大业务领导局，2012年末武汉移动电话用户多达1593万户，移动电话普及率193.8部/百人，互联网宽带用户312万户，光纤入户数200万户；金融方面，武汉有各类金融机构398家，其中总部设在武汉的金融机构15家，融资能力较强。①

制度保障上，武汉市委、市政府对发展文化创意产业十分重视。早在2008年武汉市就提出建设创意城市，将创意产业作为全市重点培育产业的政策目标。2009年，武汉市又出台《武汉加快动漫产业发展实施方案》，大力发展动漫业，努力将武汉打造成为“中国数字创意之都”。目前，武汉市委、市政府正在大力推进“文化武汉”建设，以营造“读书之城”、“博物馆之城”、“艺术之城”、“设计创意之城”、“大学之城”为中心，出台了一系列鼓励文化建设的政策，推进文化与科技、市场和资本的融合与发展。

良好的产业发展条件促使武汉文化创意产业呈加速度的方式发展，2004年武汉首个创意艺术园区——昙华林文化艺术创意产业园创设，至2008年武汉有文化创意园区5个，平均每年发展1个。从2008年开始至2011年，武汉已建与在建文化创意产业园区达45家，增长速度明显加快。② 武汉文化创意产业覆盖面广，涵盖创意设计、出版印务、艺术交易、文化旅游、动漫网游、现代传媒等多个行业。

当然，武汉文化创意产业在发展中也存在一些尚待解决的问题，主要表现在以下几个方面：第一，全市创意产业园不少，每个产业园也有自己的特色，但在总体上统筹不够，缺少一个机制将这些产业园整合起来，抱团发展，增强整体竞争力；第二，与国外文化创意产业发展水平较高的大城市，以及与北京、上海等国内文化创意产业发展水平较高的城市相比，产业总体规模依然偏小，缺少具有核心竞争力的文化企业集团，需要打造文化“航母”；第三，产业链不够完善，市场开拓不足，对相关产业的整体带动不是特别明显；第四，

---

① 武汉市统计局、国家统计局武汉调查队：《2012年武汉市国民经济和社会发展统计公报》，《长江日报》2013年3月4日。

② 武汉文化创意产业协会：《武汉文化创意产业调查报告》，《长江日报》2011年11月11日。

文化与科技发展“两张皮”的现象比较突出，文化创意与科技发展的集合度不高；第五，鼓励文化创新的措施不多，相关政策有效供给不足，文化政策创新不够，需要推出一批有效的激励措施和文化政策。

三　关于武汉文化创意产业发展战略的几点思考

武汉具备发展文化创意产业的良好基础和优势条件，但这些产业基础和条件并不能直接转变为产业发展成就。要促进武汉文化创意产业大发展、大繁荣，就必须制定一个良好的发展战略。从世界文化创意产业发展的历史看，先期成功发展文化创意产业的国家和地区都有自己明确的发展战略。比如英国在1993年发布了《创造性的未来》，此后伦敦市发布《伦敦市长文化战略》；美国在1990年发布了《美国经济中的版权产业》报告，1992年9月发布《美国经济中的版权产业：1977～1990年》，此后每两年公布一次[①]；日本在1996年7月推出《21世纪文化立国方案》，进而确立了在未来21世纪的“文化立国”方略[②]；韩国于1998年提出将文化产业定为21世纪发展国家经济的战略性支柱产业予以大力推进，制订了《文化产业发展五年计划》，并专门设立了“文化产业局”和“文化产业振兴院”负责落实和实施文化创意产业计划。[③] 此外新加坡、澳大利亚、中国台湾等国家和地区都制定和颁布自己的文化创意产业发展战略，确立产业发展的阶段性目标和长远发展规划，协调和引导文化创意产业的发展。

在国内，北京于21世纪初制定了《2004～2008年北京市文化产业发展规划》，提出打造六大文化创意中心的构想，从目前的情况看基本上都已予以实施；上海在2005年政府工作报告中将发展文化创意产业作为专门的内容阐述，并制定了《上海市2004～2010年文化发展规划纲要》；杭州在2005年发布了《杭州市文化创意产业发展规划（2009～2015）》，随后又发布了一系列关于企业培育、金融支持、人才培养等子规划。通过这些具体的战略和规划，这些城市的文化创意产业发展一直处在全国前列，值得我们学习。

---

① 祁述裕：《中国文化产业国际竞争力报告》，社会科学出版社，2004。

② 陈志江：《日本文化产业情况介绍》，《光明日报》2003年8月8日。

③ 王家新：《文化产业在经济萧条时期的独特作用》，《光明日报》2009年1月20日。

对于发展文化创意产业，武汉也颁布了一些具体的发展规划。在《武汉市国民经济和社会发展“十二五”规划纲要》中，武汉市明确将文化创意产业作为“十二五”时期的发展目标，唐良智市长在2012年政府工作报告中对发展文化创意产业也做了具体的阐述。然而从总体上看，武汉还没有发展创意文化产业的全面规划，也没有相关融资、企业体制改革等具体规划，缺乏战略性思考和定位。

要保持武汉文化创意产业的健康和可持续发展，首先要从整体上给武汉文化创意产业发展明确一个战略定位。武汉文化创意产业发展战略的制定要考虑两个重要的背景和三个优势条件。两个重要的背景：一是武汉“两型社会”的构建，二是国家中心城市的建设；三个优势条件：一是科教优势，二是人才优势，三是文化优势。

从构建“两型社会”这一宏大背景看，“两型社会”建设要求武汉改变传统的经济发展模式，发展低碳产业，降低单位GDP能耗。在这种要求下，文化创意产业必然要成为社会经济发展新的增长点。通过发展文化创意产业全面协调武汉社会经济的发展，实现产业结构调整和经济增长方式的根本转变。

从建设国家中心城市这一目标看，国家中心城市处于国家城市体系的顶端，在国家和地区经济、社会、文化等方面发挥引领和辐射作用。文化是每座城市独有的气质和灵魂，它不仅是城市辐射力和吸引力的主要来源，也是城市身份的表现。创意不仅与文化城市的意境与价值有关，而且可有效地整合人力资本、技术和资金等资源，创造就业机会，使传统产业焕发青春，并营造良好的自然和社会环境，让社会更安全。发展创意文化有助于提高武汉城市文化的示范与引领作用，彰显武汉作为中心城市的文化影响力和辐射力。

从武汉发展文化创意产业的三个优势条件看，武汉文化创意产业需突出科技优势和地方文化特色，充分利用武汉在人才、科教、市场等多方面的优势，大力推进科技创新，同时在产业发展过程中政、产、学、研需紧密协作，促进各个产业及产业内部之间的有机融合，相互促进，优化产业结构，提高综合竞争力。

综上所述，我们认为武汉文化创意产业发展战略应为：认真贯彻和落实市委、市政府“科教兴市”、“文化强市”的发展方针，积极培育和发展文化创意产业，使其成为武汉的战略性支柱产业；落实科学发展观，大力构建“两型社会”，优化产业结构，促进武汉传统产业转型；大力促进技术创新和文化创意，使武汉文化创意产业与国内其他城市相关产业形成合理的错位竞争关系；提升和扩大产业的影响力和辐射力，保持自身的科技优势和文化特色，使武汉文化创意产业在全国处于领先地位。

根据上述定位，目前特别需要在以下三个方面进行努力。

第一，要进一步培养城市的创新意识，迎接以3D打印为标志的第三次工业革命，促进武汉由传统的工商业城市向创意城市转变。

从20世纪80年代起，整个世界经济都发生了戏剧性的变化。在以现代信息科技和互联网为基础的“新经济”条件下，人们的重心由体力劳动转为脑力劳动，劳动生产的附加价值，主要是依靠创新、发明与知识产权而产生。这种新的经济格局刺激并释放创意的动能，城市的发展也因此发生根本性改变。当前，3D打印技术与其他数字化生产模式一起，正在推动第三次工业革命的实现。以3D打印为代表的新技术革命将深刻地改变以往规模化工业时代的生产模式，消除第二产业和第三产业的边界，降低产业进入的门槛，创新、创意和定制化服务将成为产业发展的核心竞争力。

为应对“新经济”时代的挑战，较发达的西方国家，产业结构已经做了深刻的调整。以美国为例，其传统制造业的大部分环节已经转移到亚非和拉丁美洲地区，留在美国本土的更多的是发明、设计、管理等富有创意的环节。

当今，面对3D打印等“智能制造”迅猛发展的趋势，欧美发达国家纷纷采取各种措施迎接这场新的技术革命，西方经济学家甚至预测，这是他们从中国等新兴国家夺回制造业主导权的一个契机。文化创意产业是对3D打印等新技术最敏感的产业。目前在西方发达国家，在文化产业及其相关领域，如电影、时装、珠宝设计等行业，3D打印技术已经得到广泛运用。美国《时代》周刊甚至将3D打印产业列为“2012年美国十大增长最快的工业”。

城市是人力资源密集的地方，任何人，无论是科学家、工程师、公务员，还是普通工人都是创意的来源。在世界科技、经济和城市发展的这种大趋势下，武汉城市发展如果还是保留旧有的模式，就无法在竞争中获得成功。培养城市的创新意识，建设创意城市要求我们重视人的主观能动作用，激发和利用智力资源。我们需要做的是在城市中营造创意文化的氛围，鼓励创新，使社会各领域根据城市发展的需要以及随时可能出现的问题，都能合理地利用创意进行应对。

营造创意城市的文化氛围，培养市民的创新意识需要我们从城市的外部环境和内在机制多方面入手。比如在外部环境营造方面，古板的、丑陋的建筑会给人们带来负面心理影响，降低了人们的工作能力。我们的城市建设包括楼宇、街区、街心花园、城市雕塑等都要有创新的意味，让市民能在生活中时刻感受到创意的奇妙，激发其创新的兴趣和欲望。在内在机制方面，作为一个工业时代的代表性城市，武汉城市组织体制、管理和领导模式，受传统观念影响，充满了控制精神，强调等级制度，这些都不利于建设一个充满韧性、适应力及弹性的城市，以应对千变万化的竞争环境。当前，我们要重视城市整体的心理基础建设，营造创新文化气氛，通过规范城市的管理架构，并借助奖励以及法律、规章等，改变武汉旧的城市面貌，无论是在外观与感觉，还是在城市氛围上使这座城市具有吸引力和亲和力，让每一个生活在这个城市中的人都充满着生活和工作的激情并热衷于创造。

第二，处理好与传统产业的关系，用文化创意产业促进传统制造业向现代制造业转型。

武汉是一个传统制造业十分发达的城市，同时武汉在近年来大力发展现代制造业，以武汉经济技术开发区、东湖高新技术开发区等为代表的现代制造业在武汉社会经济发展中占有重要的地位，武汉要发展文化创意产业，必须认清并处理好这三者之间的关系。

根据联合国教科文组织的定义，文化创意产业是根据工业标准进行生产、再生产和组成文化产品和服务的一个过程。从这个定义看，文化创意产业与传统制造业和现代制造业都是依据工业标准进行生产的，具有很大的相似性和一致性。我们讨论文化创意产业时不能抛开传统产业，否则文化创意产业就失去了基础，成为空中楼阁。同时我们也要认清文化创意产业与传统产业和现代制造业之间的区别，不能把它们混为一谈，否则就失去了文化创意产业自身的特性和优势。

相比而言，传统制造业主要是满足需求而产生的，而文化创意产业则主要是创造需求的。前者要特别注意市场需求，要生产适合市场需要的产品和服务；后者则要创造和培育市场，通过创意激发人们对新产品的需求，从而形成新的市场。以电子产品为例，无论是手机、计算机、数码相机等都有其基本功能，一般的产品都能满足大多数人的基本需求。然而我们看到，一个消费者往往拥有多个不同的产品。比如手机换代很快，人们通常将一个性能完好的手机放在一边去买一个新的使用，一段时间后再买一个更新的，以至于家里有多部闲置的手机。产生这种现象的原因是因为电子产品发展速度非常快，电子产品的功能越来越强大，这些新的功能吸引人们去尝试、体验，以至于人们在使用一个新产品时，就迫切地期待一个更新产品的出现，这种期待并不是他有一个什么样的需求从而需要新产品，而是期待新产品能够带来什么意想不到的奇迹。在这一过程中，人们潜在需求被激发出来，所以说文化创意产业的市场需求是被创造出来的。创造这个需求的核心是“创意”，文化创意产业就是将抽象的文化和创意转换成具有高度经济价值的产品，将无形的思想作为资源，改变了传统制造业只有通过实体和实物才能创造产值的概念。

鉴于创意产业这种特殊的功能，我们可以利用文化创意产业对传统的制造业进行改造，使之升级为现代制造业。

现代制造业产生于20世纪七八十年代，由于微电子技术的飞速进展，现代数字化制造技术和装备也获得了空前发展和广泛应用，极大地推动了制造业劳动生产率的提高，使制造业的发展进入了一个新时代。与传统制造业相比，现代制造业的发展从主要依靠劳动力转向主要依靠科技进步，通过科技和智力因素提高劳动生产率和产品附加值。对于传统制造业而言，文化创意能有效地提高其产品附加值。通过文化创意，传统的工业设计可以远远超出其产品设计的范围，使之具备更大的市场。此外，文化创意除了能够从产品性能、外观设计上提升产品的价值外，创意还能够延伸到生产工艺流程、生产环境、产品包装、市场推广等方面，提高其劳动生产率和市场占有率，进而帮助传统制造业向现代制造业转变。正是由于文化创意的这种渗透性，我们看到在现代工业中处处都有文化创意的身影，文化创意产业也因此与现代制造业紧密联系在一起。

第三，用“汉味”引领武汉文化创意产业，培育有地方特色的文化创意产业。

文化创意产业的核心要素是“文化”和“创意”。文化是创意的源头，没有文化的创意最多是空虚的噱头。文化有一个重要的特性，即它的自反性，具体而言：越是民族和地方的则越是全球的，越是过去的则越是未来的。当前全球一体化进程十分迅猛，外来文化的侵蚀对地方文化不可避免地造成损害。在我国，城市发展千城一面，许多城市在发展中迷失自我，失去自身的特性，这些城市在发展文化创意产业的时候也往往有很多雷同的地方。由于文化创意产业的发展与城市文化和城市环境密切相关，从某种程度上说，特定的文化氛围形成特定的文化产业，那种没有自身特性的文化创意产业是没有竞争力的。

武汉是一个文化资源非常丰富的地区，在长期的历史发展过程中积淀了丰富的历史文化遗产，为文化产品开发和创意的产生提供了潜在的资源，但并不意味着这些文化资源能够直接转换成文化创意产业的成果，我们要深入研究和挖掘传统文化资源中有价值的成果，将它由文化资源转换为生产资源。举一个例子，日本历史上有位名为“一休”的僧人，留下很多机智故事。利用这个资源，日本拍摄了《聪明的一休》这部动画片，产生了很大的影响，形成了一套完整的产业链。武汉其实也有自己的机智人物，如“贱三爷”，该人物的地域特征十分明显，故事也很多，完全可以利用起来。此外，知音文化、楚文化等都是武汉的文化名片，在世界上都有影响力，利用好这些资源不仅有利于武汉文化创意产业的发展，还可以提升武汉的城市形象和城市影响力。

总的来说，当前我国城市正处在新一轮的城市竞争中，依靠能源和资源消耗进行发展的传统模式已经过时，武汉城市发展必须引入新的动力。文化创意产业对自然资源的依赖性弱，受环境承载力的约束低，具有高收入弹性、高增值、强辐射、资源节约、环境友好等产业特性，符合武汉“两型社会”建设需要，因此我们要从战略的角度重视武汉文化创意产业的发展，建设一个新武汉。

B.13

武汉文化与科技融合现状及思考

谈国新　孙传明　张立龙*

摘　要：

文化科技创新是推动新时期文化发展的战略制高点。在我国文化科技融合发展大背景下，本文对武汉市文化科技融合的发展历程进行了详细梳理，对最新颁布的促进文化科技产业发展的纲领性文件进行解读，总结了武汉文化科技产业发展的成绩，并针对当前发展的不足提出提升企业创新能力、构建产业创新联盟等具体策略。

关键词：

文化科技　产业链　产业政策

推进文化和科技融合是中央作出的重大部署，是贯彻党的十七届六中全会精神的重要举措，对于实施创新型国家战略，建设社会主义文化强国，促进文化又好又快发展，满足人们多样化文化需求，提升中华文化影响力具有重大的意义。武汉具有3500年的文明传承历史，是“白云黄鹤”之乡、辛亥首义之都、明清“四大名镇”，是中国近现代工商业和革命发祥地之一，同时盘龙古城、知音琴台、黄鹤名楼、归元名刹、碧波东湖等人文和自然景观遍布三镇。独特的山水资源，丰厚的文化积淀，形成了鲜明的汉派文化特色，为发展文化科技产业提供了取之不尽的文化资源。走进武汉中国光谷，多个集文化科技研究开发、人才培养、企业孵化、文化科技产品制作和公共服务于一体的高新技

* 谈国新，华中师范大学国家文化产业研究中心副主任，教授，博士生导师，研究方向：民族文化资源数字化；孙传明，华中师范大学国家数字化学习工程技术中心博士研究生，研究方向：非物质文化遗产数字化；张立龙，华中师范大学国家数字化学习工程技术中心博士研究生，研究方向：民族文化遗产数字化。

术产业聚集区已初具规模，初步形成了由文化科技相关产品研发、原创、制作、增值服务和衍生产品开发及运营等组成的产业链条。

近年来，武汉文化产业获得长足发展，产业增加值从2007年的163.65亿元增长到2011年的378.18亿元，占GDP的比重从2007年的5.2%提高到2011年的5.6%。① 新闻出版、休闲娱乐、文化用品生产和销售等行业实力雄厚，动漫游戏、创意设计、网络文化、数字出版等新兴业态快速发展，基本形成重点行业突出、新兴业态强劲、文化产品和服务更加丰富的发展格局。武汉还是全国唯一承担国家知识产权局专利管理、交易、产业化及知识产权示范的全面试点工作的城市。促进文化和科技融合的高新技术产业已成为武汉经济发展的主要支柱。2012年武汉高新技术产业实现产值4556.0亿元，比上年增长32.1%，继2011年突破3000亿元台阶后，2012年迈上4000亿元台阶；实现增加值1353.4亿元，比上年增长26.0%。② 高新技术产业的发展速度明显快于全市经济的发展速度，高新技术增加值占全市生产总值的比重为16.9%，比上年提高1.0个百分点，进一步巩固了重要支柱产业的地位，成为武汉最具活力和增长潜力的产业，有力地推动了武汉产业结构升级和国民经济的持续健康发展。"十二五"期间，武汉市共规划建设文化项目176个，计划总投资近2500亿元，为文化可持续发展积蓄后劲。③ 传统文化行业的改造提升、新兴文化业态的培育形成有待于文化和科技的深度融合。武汉以创建国家文化和科技融合示范基地为契机，集合力量，积极行动，努力推进，着力在优化发展思路，完善顶层设计；制定有关文件，提供政策支撑；开展试点工作，推动基地建设等方面开展工作，取得了优秀的成绩。

一　武汉文化和科技融合发展历程

2012年3月13日，中宣部、科技部调研组对湖北省武汉市文化和科技融

① 《湖北省武汉市国家文化和科技融合示范基地建设发展规划（2012～2020）》。

② 武汉市统计局：《2012年武汉市高新技术产业发展迈上新台阶》，湖北省统计局，2013年2月7日，http://www.stats-hb.gov.cn/wzlm/tjbs/fztjbs/95013.htm。

③ 武汉市委宣传部：《2012年武汉文化发展蓝皮书》，武汉出版社，2013，第157页。

合工作进行了专题调研，省委常委、宣传部长尹汉宁会见了调研组一行。获知国家正式启动文化和科技融合示范基地建设工作后，省、市领导高度重视，相关部门通力协作，积极开展申报工作。

2012 年 3 月 22 日，省科技厅召集市科技局、东湖开发区及华中师范大学、武汉大学有关专家，进行专题磋商。3 月 26 日，省委宣传部召集市委宣传部、市科技局、东湖开发区，专题研究申报工作。

2012 年 3 月 29 日，市委宣传部专门向阮成发书记、唐良智市长书面报告国家建设文化和科技融合示范基地有关情况。两位主要领导批示要求“全力争取”。

2012 年 4 月 6 日，市领导彭丽敏、冯记春、刑早忠召开专题会议，研究部署武汉市创建国家文化和科技融合示范基地有关工作，确定以市委宣传部、市科技局为主，东湖开发区等单位配合，成立工作专班，认真编制《湖北省武汉市国家文化和科技融合示范基地建设发展规划（2012 ~ 2020）》，积极申报国家级文化和科技融合示范基地。

2012 年 4 月中旬，科技部高新司正式下发了《关于国家级文化和科技融合示范基地申报工作的通知》。武汉工作专班各部门全力以赴，于 4 月 28 日前形成了包括省委宣传部和省科技厅推荐函、武汉市国家文化和科技融合示范基地情况表、《湖北省武汉市国家文化和科技融合示范基地建设发展规划（2012 ~ 2020）》、《中共武汉市委、武汉市人民政府关于推进文化科技创新、加快文化和科技融合发展的意见》，以及 57 个重点项目、22 家重点企业、37 个文化科技融合公共服务平台等附件在内的全套申报材料，正式上报中宣部、科技部。

2012 年 5 月 5 日，科技部、中宣部组织文化和科技融合示范基地评审，共有 38 个城市和地区进行申报。彭丽敏部长、冯记春常委率队赴京答辩。冯记春常委亲自汇报，省科技厅、市委宣传部、市科技局、东湖开发区相关同志参加了答辩会。

2012 年 5 月 18 日，中宣部、科技部在深圳文博会期间召开了文化和科技融合座谈会，中共中央政治局委员、中央书记处书记、中宣部部长刘云山出席会议并作重要讲话。会上科技部、中宣部、文化部、广电总局、新闻出版总署为全国首批 16 家国家级文化和科技融合示范基地授牌，武汉东湖国家级文化和科技融合示范基地继北京中关村、上海张江之后，位居第三，为东湖开发区又获得一块金字招牌。

2012 年 5 月 31 日，市委常委会专题研究文化和科技融合工作。阮成发书记指出，要全力搞好文化和科技融合示范工作，抓住重点领域、关键环节，形成武汉特色。唐良智市长强调，要培育良好的市场环境，制定优惠政策，扶持相关企业在市场竞争中发展壮大。

2012 年 7 月 3 日，彭丽敏部长向省委宣传部尹汉宁部长专门汇报了文化和科技融合有关工作。尹部长对武汉前期工作给予充分肯定，表示省委宣传部将大力支持文化和科技融合有关工作。

2012 年 7 月 9 日，冯记春常委专程到北京向科技部汇报武汉文化和科技融合示范基地建设工作进展情况。

2012 年 7 月 12 日，市领导彭丽敏、冯记春、邢早忠召集有关部门，专题研究文化和科技融合推进工作。会议讨论了有关规划、实施方案，并对下一步工作进行了部署。会议强调，要大力引进和培育市场主体，要形成一套推动资本与科技文化融合的对接机制、考核机制、激励机制。

2012 年 7 月 31 日，根据市委常委会的精神，正式制定下发了《中共武汉市委、武汉市人民政府关于推进文化科技创新、加快文化和科技融合发展的意见》（武发〔2012〕9 号），并起草制定了《武汉国家级文化和科技融合示范基地建设实施方案（2012～2015）》。

2012 年 8 月，为加强对全市文化和科技融合工作的组织领导，市委办公厅、市政府办公厅下发了《关于成立武汉市文化和科技融合工作领导小组的通知》（武办文〔2012〕61 号），成立了以唐良智市长为组长，彭丽敏、冯记春、马旭明、邢早忠、刘英姿等市领导为副组长，22 个市直部门主要领导为成员的领导小组，领导小组办公室设立在市委宣传部，负责全市文化和科技融合的统筹协调工作。

2012 年 8 月，为加强武汉东湖国家文化和科技融合示范区的建设，深入实施科技带动战略，推进文化科技创新，根据武汉东湖国家文化和科技融合示范区领导小组办公室的要求，开展首批市级文化和科技融合试点企业的申报评定工作。

2012 年 8 月 29 日，唐良智市长主持召开了领导小组第一次会议，就武汉文化和科技融合示范基地建设的有关规划、实施方案、政策文化进行了专题研究。唐市长要求，要准确把握文化和科技融合发展的内在规律，立足武汉，放眼全国，善于整合资源，凸显发展脉络，形成科学思路，以应用和市场为导向，以企业和社会投资为主体，以示范基地为引领，加大政策执行力度，重点聚焦突破，促进文化与科技深度融合。

2012 年 10 月 18 日，市文化和科技融合工作领导小组发文，成立武汉市文化和科技融合工作专家委员会，目的是依靠专家力量，进一步明确发展目标，选准产业路径，强化项目支撑，壮大市场主体，增强规划实施和建设方案的科学性和可操作性。专家委员会由华中师范大学黄永林副校长任主任委员，中铁大桥局集团秦顺全院士和中科院自动化研究所张树武研究员为副主任委员。

2012 年 10 月 29 日，武汉文化产业振兴暨文化和科技融合工作动员大会在市政府会议厅召开。省委常委、宣传部部长尹汉宁，武汉市市长唐良智等出席会议并讲话。会议正式出台 3 个纲领性文件，包括武汉首部文化产业专项计划——《武汉市文化产业振兴计划（2012～2016）》，以及《武汉市关于加快文化产业发展的若干政策》和《武汉国家级文化与科技融合示范基地建设实施方案（2012～2015）》。省市领导尹汉宁、唐良智、冯记春等出席大会。市委常委、宣传部长彭丽敏主持会议。会上，尹汉宁为东湖高新区授牌“国家级文化和科技融合示范基地核心区”。

2012 年 11 月 13 日，科技部高新司在华师科技园召开了“武汉国家现代服务业数字内容产业化基地”专家论证会。科技部高新司和省科技厅高新处负责人出席。武汉市文化和科技融合工作专家委员会主任黄永林教授向专家组汇报了基地建设情况。在实地考察了传神科技、长江盘古等基地部分企业并听取汇报后，专家组认为，基地的建设和发展符合国家调整产业结构、转变经济发展方式、推进战略性新兴产业发展的战略要求，对促进数字内容产业链完善和集群化发展、区域产业转型升级具有重要意义，一致同意通过论证。该基地主要以源头创新和国内外技术合作为支撑，整合优化数字内容产业链，重点发展数字教育、动漫、数字出版、游戏及增值服务等领域。①

① 《武汉国家现代服务业数字内容产业化基地可行性论证》。

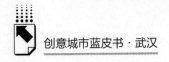

2012年11月16日，唐良智市长前往华中师范大学进行调研，就武汉市加快建设武汉文化科技创新研究院作了重要指示并提出了具体要求。

2012年11月23日，武汉市文化和科技融合试点园区建设工作会议在市委宣传部会议室召开。市委宣传部常务副部长、市文化和科技融合工作领导小组办公室主任袁堃，市科技局及全市首批10个文化和科技融合试点园区负责人参加了会议。会上，中国光谷创意产业基地等10个示范园区汇报了工作进展情况、存在的问题和2013年工作计划；江岸、江汉、汉阳、武昌、青山、洪山区党委宣传部和区科技局负责人就支持示范园区建设的具体举措进行了交流发言。

2012年11月28日，武汉举办"2012武汉金融改革创新助力文化和科技产业振兴论坛"。论坛以"金融改革创新破解文化创意企业融资难问题"为主题，相关部门负责人及金融企业界、文化界、科技企业领域的代表齐聚一堂，共同探讨如何利用金融杠杆加速全市文化和科技产业的创新融合。

二 武汉文化和科技融合发展规划与政策

为促进武汉文化和科技的深度融合，实现文化产业的腾飞，武汉制定出台了一系列支持文化科技创新的产业发展规划与政策。

（一）国家级文化与科技融合示范基地建设实施方案

以建设国家文化和科技融合示范基地为契机，武汉专门制定了《武汉国家级文化与科技融合示范基地建设实施方案（2012~2015）》，提出明确发展目标及实施方案。

发展目标：到2015年实现"双十百千"发展目标。"双十"：文化创意产业增加值占地区GDP比重达10%左右，打造云翻译、数字出版、网络增值服务、三网融合、动漫网游、研发设计、文化地理、数字演艺、科技会展、数字旅游等10个特色产业集群。"双百"：在文化领域形成多语云翻译、文化资源数字化、下一代广播电视网（NGB）、数字舞台集成技术等100项国内领先的自主创新成果，建设100个专业技术创新平台和公共科技服务平台。"双千"：

培育1000个拥有技术、掌握标准、注重创新的科技型文化创意企业，培养、引进1000名文化科技领军人才。到2020年，实现“三万四千”发展目标：力争文化创意产业总收入突破10000亿元，文化创意产业增加值占地区GDP比重达12%左右；形成10000项文化科技领域自主知识产权；聚焦10000名文化科技创新专业人才。形成工业与研发设计、数字出版发行、文化旅游、高科技文化装备等4个产值过1000亿元的产业集群。

构建“一区多园”示范体系，把东湖国家自主创新示范区建设成为文化和科技融合示范基地的核心区。进一步做大现有的武汉中国光谷创意产业基地、华中师范大学文化科技园、湖北省广电中心文化科技园、楚天传媒产业园等园区和基地，规划建设花山国家文化和科技融合示范园区、牛山湖国家文化和科技融合示范园，把东湖国家自主创新示范区建成集文化科技产品研发、生产、传播、互动体验于一体的国内一流的高科技文化产业园，成为国家文化科技创新的智力密集区、资本聚合区、产业集聚区、引领示范区。在各城区和功能区按照“一区一特、一区多特”的原则，打造“汉阳造”文化创意产业园（汉阳区）、江北新媒体科技产业园（江汉区）、南湖科技创意产业园（洪山区）等多个文化和科技融合园区（武汉国家文化和科技融合示范基地空间布局见图1）。

（二）文化产业振兴计划

为振兴武汉文化产业，加快国家文化中心城市建设，《武汉市文化产业振兴计划（2012～2016）》出台。

主要目标：到2016年，文化及其相关产业总收入突破3000亿元，增加值突破1000亿元，文化产业增加值占地区生产总值的10%以上，成为全市先导性、战略性、支柱性产业；使武汉成为世界“工程设计之都”、全国文化科技创新示范城市、国家文化产业发展基地和现代化区域性国际文化交流中心。

重点产业：立足武汉实际，提出加快发展3个新兴产业、提升五大传统产业的任务，即加快发展创意设计、网络文化、动漫游戏等新兴文化产业，改造提升传媒出版、演艺娱乐、文化旅游、艺术品业、会展等传统文化产业，构建结构合理、门类齐全、科技含量高、竞争实力强的现代文化产业体系。

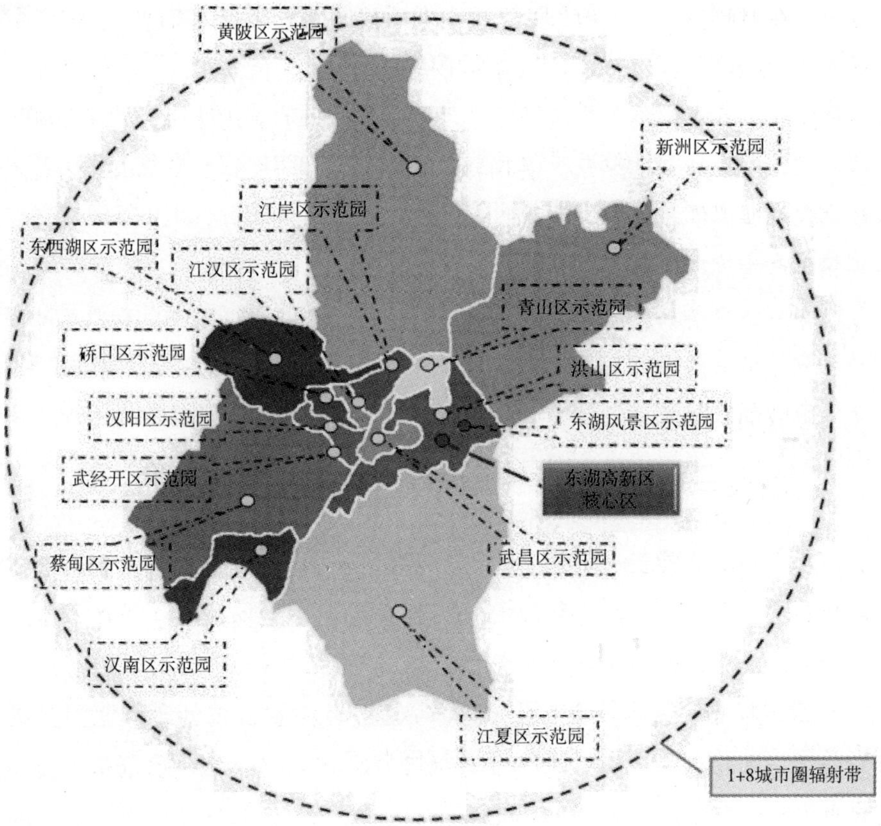

图1　武汉国家文化和科技融合示范基地空间布局

空间布局：形成“三城一环”的总体发展格局，即汉口、武昌、汉阳3镇所在的7个中心城区及东湖风景区、东湖开发区、武汉开发区等区域构建成为文化产业核心区，着力打造汉口文化商贸城、武昌文化创意城、汉阳文化旅游城；六个新城区形成环状的文化产业拓展区，重点发展文化休闲旅游、文化产品制造、文化物流等产业。

（三）加快文化产业发展的若干政策

为促进文化和科技融合，实现文化产业振兴，出台《武汉市关于加快文化产业发展的若干政策》。作为首个支持文化产业发展的综合性政策文件，聚焦文化企业、文化园区、文化项目、文化人才、文化品牌、文化科技创新等主要方面，在财政投入、土地供给、创新能力提升、投融资体系建设、招商引资等环节上，明确了一系列有较高含金量的政策措施，包括财政与税收政策、投资与融资政策、自主创新与成果转化政策、资产与土地政策、文化贸易与消费政策、知识产权与工商政策、招商引资政策、人才培养与引智政策，为文化和科技融合发展提供了有力保障。

加大财政投入力度：从 2013 年起，市财政每年安排不少于 2 亿元的文化产业发展专项资金，采取贴息、补助、奖励等办法支持文化产业发展。对新创办的文化企业，3 年内缴纳的所得税地方留成部分，按等额标准 100% 奖励；对文化领域的高新企业，减按 15% 的税率征收所得税；对经认定的市、省、国家级文化产业示范园区，分别一次性给予 30 万～80 万元的奖励；对新建的文化和科技融合专业孵化器，每平方米给予补助最高可达 200 元。

缓解企业融资难问题：成立市文化发展投资公司，搭建文化产业投融资平台；对为文化中小企业提供金融服务的担保机构给予最高可达 300 万元的补助；对投资中小高新企业的风投机构，其投资额可抵扣一定税款。

鼓励企业自主创新：对符合条件的企业，补助 20% 的研发费用；对国家批建的重点实验室、工程中心、企业技术中心，一次性给予 150 万元补助；对获批省级、国家级战略联盟的牵头企业，分别给予 50 万元、100 万元的奖励。

完善投资与贸易环境：对符合条件的文化产业重点项目，依法采用划拨、出让、作价出资、租赁等方式供地；在文化贸易与消费政策方面，出口图书、报纸、期刊、电影等按规定享受出口退税政策，文化企业参加境外知名文化展会，给予展位费 50% 的补助；在招商引资方面，对新引进的符合条件的文化产业重点项目、国内外著名文化企业等，均给予不同程度的奖励或补助。

三　武汉文化和科技融合成绩斐然

以构建国家级文化和科技融合示范基地为动力，紧紧围绕武汉建设国家中心城市的目标，依托武汉雄厚的科教优势、技术优势、文化优势、政策优势，武汉文化和科技融合产业取得了显著的成效。

（一）初步形成完善的文化和科技融合产业链

为完善文化和科技融合产业链，2012年，武汉从110多家文化科技类企业、22个文化科技类产业园区中，评审遴选出江通动画等21家首批文化和科技融合试点企业，中国光谷创业产业基地等10个首批文化和科技融合试点园区。实施十大示范工程：围绕“文化五城”建设实施示范工程，建设“读书之城”，实施数字图书馆建设示范工程、数字出版产业发展示范工程，建设数字图书馆及一批24小时智慧自助图书馆；建设“艺术之城”，实施民族文化科技保护示范工程、文化演艺产业发展示范工程，打造一批体现武汉文化特色的舞台艺术精品；建设“博物馆之城”，实施高新技术博览服务示范工程，建设数字博物馆群；建设“设计创意之城”，实施“工程设计之都”示范工程、“三网融合”产业发展示范工程、动漫游戏产业发展示范工程、多语言云翻译示范工程；建设“大学之城”，实施“教育云”示范工程，构建以基础教育数字内容为核心的“教育云”服务平台。

目前已经初步形成结构合理的文化科技融合产业链。包括含有文化科技创意设计、产品开发应用的文化科技产品提供商；含有文化科技产品销售、内容传播与增值服务的文化科技服务提供商；包含文化科技产品销售的终端设备提供商；包含文化科技相关玩具、文具开发的衍生产品开发商。在产业链上的核心企业中，有长江出版集团、烽火集团等5家上市公司，为文化科技产业的发展提供优越的资源和技术支撑，逐步形成“文化+科技”的发展模式，打造“创、研、产、销”一体化的文化科技产业链，塑造具有核心竞争力的文化品牌，实现了由单纯科技型企业和文化型企业向文化科技型企业的成功转型。

（二）新媒体产业蓬勃发展

武汉把握国家“三网融合”第一批试点和下一代广播电视网（NGB）建设第一批试点契机，建成一流的数字电视技术平台、节目集成平台、客户服务平台，在华中地区开通首个高清互动电视平台，与武汉移动等联手推广“三网融合”业务营销新模式，大力发展基于广电网络的高清电视、视频点播、信息服务、在线支付、电视教育、综合信息查询等三网融合技术和业务。利用网络技术手段积极推进电视传播服务，2011 年开播武汉网络电视台——黄鹤 TV，面向各类手持终端，提供广播电视节目、交通导航、股票财经、应急广播等多种信息服务，上线播出武汉电视一套，完成 16 座 CMMB 发射基站建设，CMMB 手持电视用户数量规模位居省会城市第一。启动建设高清制作系统，推出高标清电视频道。2011 年 3 月，中宣部部长刘云山在视察武汉广电网络时，曾高度评价武汉广电在“三网融合”试点中取得的成绩。

（三）动漫网游等数字创意产业跨越发展

通过实施武汉市动漫产业振兴计划，出台《促进动漫产业发展的实施方案》及指导意见，设立 5000 万元动漫产业发展专项资金，扶持动漫产业做优做强。武汉成功举办了中国青少年数字创意节、两届 IEF 国际数字娱乐嘉年华，扩大产业影响力。目前共有文化创意企业 630 多家，2012 年文化创意产业总收入为 450 亿元，同比增长 34%。近年来，武汉江通动画公司、海豚传媒等动漫创意企业先后被认定为国家动漫产业基地、国家文化产业示范基地。武汉出品的《福星八戒》《小鼠乒乒》《阿特的奇幻之旅》等八部原创动画片在央视播出；一批汉产优秀原创动画获得“美猴奖”和“金龙奖”等大奖，多部作品入选国家推荐优秀动画片。2011 年，两部汉产动画片《闯堂兔》和《民的 1911》首次登上全国院线，其中《民的 1911》被国家广电总局列为全国唯一纪念辛亥百年的献礼动画电影。拇指通公司开发的棋牌游戏《赖子山庄》注册用户保持在 2000 万以上，位居我国网络棋牌游戏市场前列。

（四）产业公共服务体系逐步完善

东湖高新区位于武汉市东南部的三湖六山之间。光谷软件园、光谷创意产业基地等园区各具特色，2000 家高新技术企业分类聚集。为产业发展创造良好的创新环境，加速东湖高新区文化科技企业与国内相关企业、高校、科研机构之间的产学研合作，东湖高新区在产业技术创新战略联盟和技术服务平台的建立等方面取得了快速发展。目前在文化科技领域拥有的公共服务平台和企业孵化园区，如表 1 所示。

表 1　部分文化和科技融合的公共服务体系

类　别	名　称
产业技术创新战略联盟	武汉动漫科技创新联盟
	武汉人机交互产业联盟
	武汉云计算产业协会
产业公共服务平台	武汉服务外包公共服务平台
	湖北省动漫公共信息服务平台
	湖北省动漫公共技术服务平台
	武汉动漫公共技术服务平台
国家级大学科技园	武汉东湖国家大学科技园
	华中师范大学科技园
	华中科技大学科技园

（五）科技型创意园区集聚效应日益彰显

根据“以国家级开发区为核心，以中心城区为主体，以新城区为依托”发展战略的总体规划，武汉相继建成了涵盖数字出版、创意设计、动漫网游、现代传媒等多个行业的文化创意园区 21 家，其中科技型文化创意园区 7 家，东湖开发区与武汉经济技术开发区两大国家级开发区发挥科教人才优势，积极建设文化科技融合发展核心示范区。

位于东湖开发区的中国光谷创意产业基地重点发展动漫、游戏、互联网、数字出版、新媒体、创意设计、影视后期、动漫衍生品等相关产业，集聚各类科技型文化创意企业 250 多家，涵盖了湖北省 70% 以上的动漫企业和近 60% 的游戏企业，已成为国内创意产业最密集的地区之一。该基地拥有自主知识产权 462 项，2012 年实现经营收入 35 亿元，成为国内科技文化创意产业最密集的地区之一。位于武汉经济技术开发区、正在建设中的华中地区首家国家级数字出版基地——华中国家数字出版基地，已与中国移动、清华同方、腾讯等 20 余家企业达成入驻意向，力争 10 年内年产值达 100 亿元，关联产业收入达到 1000 亿元。

四　促进武汉文化和科技的深度融合

武汉市文化底蕴深厚，高新技术产业发达，科技对文化产业的贡献在全国处于前列。但是还存在一些需要改善的地方，比如文化资源内容的深度挖掘不足，文化行业题材缺乏创意；文化科技产品制作效率和产品质量有待提高；优秀的高端文化科技交叉人才和高端营销人员匮乏；产业技术分散，集群服务能力有待提高等。因此，需要采取一定的措施策略，以提升企业创新服务能力，打造文化科技龙头企业，实现文化和科技融合向深层次发展。

（一）加强企业创新能力建设，完善文化商业服务模式

加强数字文化产业娱乐体验，通过数字化技术和数字内容产业延伸传统文化产业链。挖掘文化资源的内涵，搭建文化产品的创制、体验、共享和交易平台，激活市场对文化科技资源的优化配置作用。鼓励和引导居民文化消费模式的转变，着力培育面向互联网和移动互联网的新型文化消费方式。积极培育文化科技领域“跨界模式”的生成，将演艺、广电、出版等传统文化产业同光电子、移动通信、地理信息、物联网、先进制造、新材料等高新技术产业融合，实现科技助力文化资源展示与文化服务推动科技传播相得益彰的互补效应。

（二）加强政策引导，打造文化科技融合基地和龙头企业

着眼于提升武汉文化科技产业技术创新能力和综合竞争力，依托武汉文化科技创新研究院，打造文化科技融合基地，搭建文化资源服务平台、文化科技创新技术服务平台、文化科技人才培养平台等产业化基础技术平台；会聚相关高校在文化资源数字化、文化遗产位置服务、文化展示、数字化教育、艺术品鉴定、艺术设计、文化新媒体等方面开展联合技术攻关，通过技术转让、人员交流、技术咨询、孵化服务等方式为企业提供服务，形成研发—创业—产业化发展的服务能力；在中部乃至全国发挥文化科技创新的引领和驱动效应，逐步发展成为国家级的“文化科技创新研发基地”。

以文化和科技融合试点企业为契机，重点打造文化科技龙头企业，支持其

建立研发机构、增加研发投入、提高创新能力。特别要支持企业研发资金向技术（产品）创新的前端环节延伸，向模式（业态）创新的外延部位拓展。以武汉广电总台、长江日报报业集团、武汉出版集团为主体，培育一批核心竞争力强的国有或国有控股文化企业（集团），培育民营骨干企业，尽快扶持其发展壮大成为品牌企业、龙头企业。扶持周边配套中小企业，完善文化产业分工协作体系。

（三）加大人才引进力度，创新人才培养模式

通过“3551”、“黄鹤英才”等人才计划，打造文化科技领军人才、文化创新创业人才和文化科技融合管理团队。将人才链建立在科研技术链和产业链上，通过项目实施培育人才、构建团队，引导文化科技创新创业人才向武汉聚集。更新传统的人才培养机制，探索文化科技交叉性创新人才培养体系，搭建文化数字化交叉学科人才培养平台，为文化科技产业发展方面的文化内容研究、文化技术研发、文化行业经营、文化产品示范及文化企业管理提供“产学研用”一条龙式的复合型人才服务。

（四）加快建设文化科技创新联盟，完善创新平台体系

针对武汉在文化和科技融合产业空间布局的规划，加快筹建数字出版、动漫网游、文化地理及文化旅游、数字艺术、下一代广电网络等产业技术创新战略联盟，确立联盟的企业主体地位以及市场化运营机制。加大对联盟建设的支持力度，明确对联盟各项工作的支持手段和资金支持额度。依托联盟，组织企业、科研院所和中介机构开展合作与交流，协调产业发展专项资金的投入与分配，推进重大专项的申报与实施，促进科技成果转化和技术转移，积极开展科技成果及产品的国际推介，鼓励企业联合制定各类标准，强化产业集群发展效应。

（五）完善统计考核评价体系，开展有效分析与评价

完善文化科技创新工作统计制度、指标体系和调查方法，建立能够客观体现科技对文化的引领支撑作用，反映文化产业发展效益、质量及其对高新技术

产业乃至地区经济贡献率的统计体系。建立文化创新的动态监测与绩效评价制度，定期发布文化科技创新投入与产出的统计分析报告。强化对文化科技创新重大项目、工程的跟踪督办和绩效评估。将有关工作任务细化分解为年度目标，纳入对各区、开发区的绩效考核中。

（六）构建文化产业金融支持体系，创新投融资体制机制

研究制定金融支持指导意见，鼓励和引导企业面向资本市场融资，促进金融资本、社会资本和文化资源对接。[①] 举办武汉金融机构与文化项目对接会，为企业提供融资方案，完善文化科技产业融资模式。采取奖励、匹配、补助、贴息等方式，利用专项资金为市场发展前景好、科技含量高、带动作用强的文化科技企业提供资金支持，推动条件成熟的企业上市融资。

① 吴天勇、章可：《促进文化科技融合，实现文化产业振兴》，《政策》2013 年第 1 期。

B.14

转型期武汉动漫产业发展路径研究

路彩霞　熊 霞　陈新立　彭 玮*

摘　要：

2012 年，中国动漫产业步入了转型期，行业内部和与行业相关的技术和社会环境都发生了明显变化。武汉动漫业如何顺应这一形势变化，把握发展趋势，占领产业潮头，本文在大量实地调研和参考行业最新动态的基础上，尝试对转型时期武汉动漫业的发展路径进行一番探索。

关键词：

武汉动漫产业　转型期　发展路径

从 2003 年动漫产业首次被列为重点扶持的文化产业以来，整个行业已经有了近十年的政策扶持与产业积累。从 2011 年开始，动画产量的年增长速度已从前一年的 28% 降低为 18%，2012 年，我国动画片产量 22 万分钟，下滑了 15%，是 5 年来的首次下滑，与此同时，动漫制作机构数量也首次出现负增长，显示动漫行业内部整合和理性回归已经开始。2012 年中国动漫业经过十余年发展，开始步入转型期。近两年原创动画最重要的趋势，就是从十年来的政策导向转变成市场导向、精品导向。

另外，随着以高新技术为核心的新工业革命的兴起，新媒体已广泛渗入人们的日常生活。有数据显示，2012 年，中国移动客户端已成为主流视频媒体之一，视频行业正式迈进“多屏时代”。预计到 2015 年，手机端的视频用户规模将与个人电脑端相当。同时，由于网络环境的进步和智能便携终端的普

---

* 路彩霞，湖北省社会科学院文史研究所副所长、副研究员，博士后；熊霞，湖北省社会科学院文史研究所助理研究员，硕士；陈新立，湖北省社会科学院文史研究所助理研究员、博士；彭玮，湖北省社会科学院农经所副所长、助理研究员，硕士。

及，用户越来越倾向于在多个屏幕、地点和时段完成视频的观看，新兴媒体的“中国创新”时代已经到来。

武汉动漫业能否顺应行业发展趋势，面向市场，调整发展理念和模式，以精品为主导，同时抓住新工业革命的机遇，优化传播平台，实现完美转型和跨越式发展，真正成为最具成长力的产业，这是武汉动漫业未来发展面临的首要问题。而武汉市政府面临新的发展趋势，能否及时调整政策，改变引导方向，有重点、有层次地提出适合转型期本市动漫业发展的精准对策，也成为武汉动漫业健康有序发展的关键所在。社会对动漫产业、对版权的认识也在悄然地发生着变化，如何纠正片面认识，引导良好文化消费习惯，更是武汉动漫业要高度重视的环节。本文结合武汉市情和动漫行业发展最新动态，从企业、政府和社会三个层面，尝试提出一些咨询建议，以资各方参考。

一　企业顺应趋势，向市场谋生存

2013 年 6 月 28 日，文化部召开了文化体制改革工作领导小组会，出台的下半年文化体制改革重点工作实施方案中，着眼于转型期动漫业的发展路径，明确将“加快推进中国动漫集团有限公司战略重组工作”、“实施国家动漫品牌建设和保护计划，培育优秀民族原创动漫创意品牌”、“规范文化产业园区建设，修订基地评选命名管理办法”等 32 项措施列入其中。这些措施为武汉动漫企业和产业的发展指明了路径。

（一）挖掘湖北文化资源，打造特色原创精品

在动漫创作中，武汉市动漫企业可立足武汉，植根湖北，挖掘和利用地方丰富的历史文化资源，用本土元素来增强动漫产品的原创特色，优化原创产品内容，深化其文化内涵。

1. 用本土特色文化资源优化动漫内容

武汉作为湖北省会，不仅是湖北政治中心，亦是湖北文化中心。武汉在古代历史上隶属荆楚文化区，商代盘龙城文化遗址被誉为“武汉城市文明之根”；近代武汉作为辛亥革命首义之区、武汉国民政府所在地、中共八七会议

旧址，具有丰富的近现代革命文化；当代武汉作为文化教育大省，有以武汉光谷等为代表的科教文化。

具有多样性、丰富性的地方特色文化资源是动画故事丰富的素材库，武汉动漫游戏产品中对地方文化元素开发利用的状况如表1所示。

表1　动漫创意产品中的湖北元素和核心价值概览

产品名称	湖北元素	现代价值	制作企业
历史名人系列动画	炎帝；董永、黄香、孟宗；陆羽；毕昇	勤廉为民；孝道；茶文化；创新精神	东尼文化
黄鹤楼系列动画	黄鹤楼、李白	建筑艺术	东尼文化
成语系列动画	一鸣惊人等楚国背景的20个成语	励精图治、韬光养晦等精神	东尼文化
武当虹少年	武当山	无为而治师法自然、生态文明	东尼文化
从历史中走来	湖北出土文物	传承文明、文化自信	东尼文化
民的1911	武昌首义	革命、敢为天下先	江通动画
花之木兰	黄陂花木兰	男女平等、女性自强	江通动画
汉阳名人系列动画	汉阳贱三爷	民间智慧	江通动画
传统节日守护者	端午、七夕等节日	民俗传承	卡普士
野人谷	神农架	自然生态	卡普士
哈罗早点乐	武汉特色早点	市民文化	银都文化
虚拟巴东	巴东古城、民俗	民俗民族文化	数媒
楚天光影秀	九头鸟、江汉关等	智慧、创新，近代史	麦塔威
中国古建筑3D立体书	黄鹤楼	建筑技术	邦纬文化

地方文化内涵与社会主义核心价值体系相融合，形成文化正能量，才能使本土文化占据文化传播和交流的战略制高点。在文化产品设计制造的过程中，将社会主义核心价值观分解渗透在丰富、生动、具体的文化产品中，用故事去激发不同受众群体的思想共鸣和心灵感悟，形成文化产品的影响力。动漫创意企业对本土文化资源的发掘和利用客观上会产生一定的社会效益，有助于本土文化的传承与弘扬，有益于现代核心价值体系的构建。

要提升原创作品内涵，动漫产业需要借助荆楚文化研究者的智慧和成果。一个发展态势好的文化企业，通常背后都有一支优秀专家顾问团队做智力支持。本土文化专家学者与本地文化创意企业的合作，有利于地方文化资源更有效地转化为武汉特色的动漫产品。

2. 打造原创精品，增强产品的市场竞争力

文化创意产品的核心竞争力来自文化内容创新。提升文化产品的内容价值，增强“讲故事”的能力，只有传播真实理念、诚恳地面向观众、用心做出的动画片才能赢得市场。以质代量，将是武汉动漫企业持续发展的唯一出路。湖北省的不少文化企业，在资源向产品的转换中，存在重制作、轻创作的倾向，其本质是内容与形式的本末倒置，是对文化资源极大的浪费。

银都文化总导演李文呼吁要“原创为王，内容制胜，像做大片一样做动画”，这种理念和态度，使其制作的《家有浆糊》入选国家广电总局2012年度第一批优秀国产动画片，并荣获“第26届中国电视金鹰奖优秀动画片奖”。开发利用本土文化资源时，必须正视文化的多元化和国际化问题，采取“拿来主义”的态度，充分利用外省甚至外国的文化资源。在这个过程中，关键是看转化后的文化产品传递的价值观有无地域性和民族性，看其叙事有无故事性和欣赏性。如美国的《花木兰》与江通动画的《花之木兰》利用的都是湖北黄陂的木兰传说，但传播的故事理念不同，讲故事的水平也各异，因此在观众中的影响力差别很大。

3. 创新动漫产品生产营销方式

动漫产品的营销，首先必须根据文化消费者的文化和心理需求来进行准确的产品市场定位。武汉东尼动漫公司将动漫产品的营销对象，定位于6～12岁的少年儿童，因此，其动漫故事在动画角色的年龄、性别、性格特征、语言特色、故事情节的设计方面，均具有明确的针对性。

动漫企业发展要以市场需求为发展导向，重视交易会、博览会等营销平台。武汉的动漫产品多依靠客户积累和营销团队渠道销售，武汉本地的交易会、博览会等平台有待进一步有效利用。

随着互联网的普及，电商的营销模式在动漫传播中变得越来越重要。借鉴欧美电商营销经验，有动漫企业开始探索“按月订购”的商业模式，消费者只需要支付一次款项，就能全年享受网站为其提供的个性化服务或产品。这一营销方式或可缓解目前武汉动漫企业盈利模式单一、产业链周期过长、盈利点少的问题，营销方式正日益多样化。2013年六一儿童节期间，江通动画在欢乐谷开展了免费做卡通人物饼干活动，食品制作对其产品《饼干探长》起到很好的宣传作用；动漫的食品衍生品和动漫主题餐厅，如盛泰传媒推出的哆乐巴巴主题餐厅，也逐渐成为动漫企业新的尝试。

制作技术的领先也可以使动漫产品占领部分市场。国际3D动画大片曾给观众带来震撼，2012年初中央电视台开通了“中国3D电视试验频道”，但目前国内3D电视动画片寥寥无几，抓住这一商机，盛泰传媒制作了3D动画片《福吉小熊猫》，已获准在该频道播放，同时该片的2D高清版也在全国同步发行。

动画电影成为实力雄厚的动漫企业市场拓展的新方向。中国电影制片人协会2013年4月公布的数据显示，2012年全国城市影院银幕平均每天增加10.5块，将看电影作为休闲选择的人越来越多，中国电影市场出现火热景象，2013年初更是出现国产电影票房的大爆发状况。在这一背景下，更多武汉动漫企业尝试涉水电影制作。2011年，江通公司借辛亥革命纪念之机拍摄《民的1911》动画电影，这部成人可看的动画电影突破了儿童电影动画片的受众局限。2013年，银都文化启拍一部具有武汉文化特点的电影，尝试拍摄比动漫更大巨制的商业影片。

4. 视听新媒体时代，利用新传播技术助推动漫企业发展

2012年，我国已经是世界新兴媒体用户第一大国，个人电脑、平板电脑、智能手机等新“屏幕”的加入，让视频行业正式迈进“多屏时代”。多屏时代，互联网成为目前最大的平台。平台加内容应该是未来大型文化企业一个基本的商业模式。文化企业应该看到通俗化、视频化、体验性的娱乐化趋向无所不在，文化企业的发展要顺应这个趋势。需要注意的是，要永远以内容为王，重平台轻内容则数字动漫会存在隐患。

鉴于手机这一移动传媒对动漫业产品的巨大传播力，日前，东湖开发区及光谷动漫基地与中国移动和中国电信手机动漫基地达成初步合作协议，共同开发建设“中国移动手机动漫平台——湖北专区”。其中，东湖开发区创意企业武汉普润传媒科技股份有限公司将具体承接“中国移动手机动漫平台——湖北专区”建设工作，武汉动漫协会提供专区的咨询服务。这一举措将有效促成湖北武汉的多家优秀动漫企业和中国移动手机动漫基地的对接，为武汉动漫企业提供广阔的公共服务平台。

（二）企业、行业合作延长产业链

动漫行业中，上游的动画设计制作被视为烧钱的阶段，而下游的衍生品制作销售则有丰厚的盈利点。动漫衍生品市场潜力巨大，如何延长企业的产业链，通过企业联合或者授权合作共同盈利，乃至以下游产业反哺动漫原创，是武汉动漫行业需要探索的新出路。

1. 动漫与衍生品生产企业协作，延长产业链模式

动画与衍生品相互依存，相得益彰。打通包括动漫原创、游戏、衍生品、电视及新媒体播出渠道在内的全产业链所必备的完善组织和充裕资金流，绝非一般微小企业所能承载。鉴于产业链下游的动漫衍生品市场潜力巨大，比较适用的办法是不同类型企业间横向联合，如卡普士与曼迪合作研发节庆玩偶。武汉原创动漫的衍生品制作生产实际上不必远涉广东，省内有多家相关制作企业，如制作立体图书的武汉邦纬科技公司，生产工艺礼品的孝感市致信礼邦公司等，这需要尽快打通武汉城市圈内不同类型文化企业间对接渠道，健全相互协作的信息平台。

出版业是武汉最具优势的传统文化产业，动漫业与之结合，在转型期的发展中可以起到借东风的效果。动漫纸质媒体，如武汉漫画图书出版的《知音漫客》、长江出版社的图书项目《漫客绘心书系——彩虹泪光》、湖北少年儿童出版社有限公司的图书项目《猫和老鼠科普漫画系列》等，为武汉现代动漫产业发展提供内容支持，同时也可以丰富动漫衍生品的形式。

2. 动漫企业与事业单位、民间文化团体合作模式

动漫与旅游、企事业单位相结合的特色文化发展模式，以武汉东尼文化最为典型。东尼文化瞄准省内旅游市场，挖掘本土历史文化资源，制作了一系列旅游节动画，如为随州寻根节制作的炎帝动画宣传片、反映武当道教文化的《武当虹少年》等，走出了最具武汉特色的原创动漫道路。同时，与武汉烟酒茶名企对接，制作企业文化宣传动画，是武汉东尼动画的又一项原创项目。

武汉是全省动漫企业会聚的中心，但动漫衍生品的艺术形式分布在湖北各地，比如孝感的皮影、随州的花鼓戏。武汉动漫企业应积极吸收民间优秀的非物质文化艺术形式及文化内涵，只有这样才能创作出形式和内容俱佳的动漫精品。

武汉动漫企业和本地文化事业单位合作，会使得双方文化创意产业都获得巨大经济效益和社会效益。在消费时代，文化往往能通过商品得到广泛而有效的传播。文化事业单位如省市博物馆、美术馆等，可以通过版权授权获利，文化产业企业则利用这些特色资源进行原创设计，由博物馆代销，实现双方共赢。

3. 中外合作模式

中国动画电影必须拥有国际视野、寻找世界语境，在世界接纳的基础上输出我们的价值观。但武汉动漫企业能做世界生意者凤毛麟角，其中银都文化的《家有浆糊》出口到了泰国，东尼文化的《荆楚二十个成语》动画成为孔子学院的教材。武汉动漫走出去，在目前可以通过参与国际分工与合作，联合出品，逐步打开区际和国际市场。国际合作的最终目的是促进国内市场的成熟与发展，并打造真正属于自己的知名品牌，把本土动漫精品作为中国的文化符号推向全球。

前述多元的协作模式各有优劣，在未来几年将经受转型期的检验，其中最有利于企业和产业长远发展，有利于产业链构建的深度合作模式将会在大浪淘沙中展露出来，成为武汉大多数动漫企业的选择。

（三）加强园区建设和协作功能，促进动漫产业集群化

文化产业园被视作相关产业的孵化器，而动漫协会的创建则旨在企业间和企业与政府间进行有效沟通。在动漫产业的转型期，产业园建设方向将有所调整，而协会的作用或应加强。

1. 动漫园区建设的方向

2012 年，武汉东湖国家级文化和科技融合示范基地成为全国首批 16 家国家级文化和科技融合示范基地之一。文化产业园区在一定程度上发挥了文化产业的积聚效应和孵化功能，有利于推进新兴文化产业集群快速发展。

园区不是动漫产业在地理空间上的简单聚集，而是以“创意”为灵魂，旨在打造一个以动漫游戏产业为核心，集动漫游戏的研发、制造、展示、销售，以及相关产业、物流集散配套为一体的相对完整的产业链。不过如前所述，目前武汉动漫产业的协作联动，还主要是靠企业自身。在动漫产业转型期，政府对产业园区也应加强筛选，而园区建设也要向加强动漫企业之间的

分工协作，推动文化产业链向上、下游延展，促进产业的积聚发展这一深层目标转化。

2. 加强动漫协会的作用

2007年武汉市动漫协会成立，会址设在光谷创意大厦，这是一个动漫企业自己的民办组织，旨在武汉市文化改革发展中发挥服务、协调和自律三大作用，目前常态出版《光谷创意》杂志，向相关企业介绍行业动态和政策趋势。不过，对于东湖高新之外的其他产业基地的动漫企业，该协会似乎鞭长莫及。扩大协会的管理和服务范围，将武汉市动漫行业凝聚起来，是未来动漫协会发挥其应有作用的关键。然后，才能真正有能力配合政府部门，全力为会员提供服务，推动行业自律，加强基地园区管理，同时，2013年6月28日，中国动漫协会成立后，作为其子机构，武汉市动漫协会有望加强与其他省市相关机构和中国动漫协会的交流与合作。

武汉市动漫产业园区和动漫协会的发展目标，可以更高远一些。湖北的“两圈一带”经济战略要求，文化产业在发展中必须从区域高度来制定区域文化产业发展的战略规划，建立圈内政府与文化企业的对接、文化资源与文化产业的对接。要实现良好对接，需要动漫园区和动漫协会发挥更大的作用。通过区域内文化产业的整合和区域间文化产业的联动，提高区域文化产业的集约化、集群化水平。文化产业集群化能有效调动资源、品牌、资金、人才、信息等要素，形成市场竞争优势，并衍生出经济效应。

二　转变政府职能，制定精准政策

十年来，扶持政策在培育国产动漫的同时，也导致该行业出现了一些泡沫，伴随着转型期的到来，补贴式企业正在逐渐退出市场，整个中国动漫业已经从盲目追求数量转向注重质量的内生式发展，政府在引导方向、优惠政策、市场构建等方面的政策应及时修订和完善。

（一）顺应产业转型趋势，调整扶持政策导向

在社会主义市场经济体制下，动漫产业发展必须处理好政府引导与市场主

导的关系。政府对动漫企业的扶持是把双刃剑，把握不当将导致企业过度依赖政府补贴，使制作目的本末倒置，为迎合政府政策，而不是关注市场和观众，从而未能真正培植起来市场竞争力和生长力。步入转型期后，武汉动漫产业的发展将由政府驱动为主转变为企业自主发展。政府从主要提供资金服务向提供产业发展平台支持服务、产业政策支持服务、企业发展环境服务方向转变，从而促进文化产业发展规范化。

要制定科学的优惠政策，引导企业从关注政府投入、补贴，转变为关注提升文化企业自身市场竞争力和产业结构调整优化。应尽快构建包括收视率、社会反响等内容的奖优罚劣的综合指标体系，以此代替原先单一的播出率指标体系，同时，还要重新界定优惠，将公益性动漫作品和商业性动漫作品做出细分，不同的作品有不同的政策，商业性动漫作品将更符合市场化运作规律。要由单纯的获奖后奖励模式，改为以企业所得税作为考核指标，这样才能鼓励企业关注市场，而不是仅仅投政府所好。

政府应解决文化行政管理体制中条块分割、职能交叉、效率低下的问题，从行业分层管理，转为市场综合管理。文化企业多头管理，管理主体不明，成为文化企业当前最大的困难。有的行政审批项目涉及多个部门，文化企业需要到各个部门申请审批，工作量大，效率低。文化管理部门与税务部门的文化产业认定标准，税收优惠政策不统一，政府部门间缺乏协调沟通，影响文化企业发展环境。

政府要加快文化产业制度建设，制定具体的、可操作性的动漫产业发展政策和管理法规。从事文化创意产业内容构思的脑力工作，有望纳入无形资产评估的行列，以激励企业对这部分内容的投入力度，逐步实现政策补贴，扶持企业发展。目前，《武汉市关于加快文化产业发展的若干政策》实施细则正在拟定中，其中，无形资产入股占比可达七成，鼓励文化企业对有突出贡献的高层次文化人才以著作权、专利权、商标权等无形资产折价入股，参与收益分配等政策有利于动漫产业的发展。

政府应进一步完善和细化文化产业的财税差别政策。文化产业涵盖面广，所涉及平台、内容、中介服务和制造业四部分对文化软实力的贡献是不同的，应在税收政策上差别对待。作为文化创意产业最核心部分的内容产业，现在财税政策还没有形成对内容产业的有效支持，应尽快实施对内容产业的税收优惠政策。另外，动漫企业都是民营企业，目前民营文化企业和转企改制的文化企业享受的税收扶持力度不同。过高的赋税挤压了民营文化企业的利润，一定程度上影响其再投入。财税政策的制度性不公平，在影响民营企业的再发展的同时，也可能导致体制内企业对优惠政策的依赖，不利于整个文化产业的健康发展，应尽快消除或改善。

（二）依托版权和知识产权，加大金融扶持力度

中国的文化企业90%以上的发展依赖于版权的管理运营，版权收益也是文化企业的利润来源。但是武汉动漫产业对版权利用得远远不够，政府应采取多种措施，依托版权和知识产权，助力企业发展。

1. 牵头企业与金融机构，促成融资协议

没有发达的文化金融，武汉动漫产业就如无水之木。近年来，地方政府与建行、进出口银行的湖北分行签订合作协议，为文化企业量身定做金融产品，使其可以优先贷款。中国进出口银行、汉口银行、华夏银行、招商银行分别为博润通、玛雅、银都等文化企业提供贷款资金14.7亿元。但目前武汉动漫产业建设资金缺口仍然很大，由于受规模小、资金少、项目周期长、受益不确定等诸多产业因素影响，其融资支持面很窄，民间资本与外资观望的多，实投的少，要解决动漫产业发展资金短缺的问题，需要政府进一步优化文化产业的融资环境。

2. 加快版权交易评估机构及评估体系建设

2011年湖北版权合同登记数量为208份，占全国的1%，且均为图书版权，期刊、音像制品、电子出版物、软件、电影版权合同登记为零。动漫企业版权管理意识薄弱，导致未形成法律认定的版权资产，从而丧失了从版权出让上获得收益。武汉原有华中文化产权交易所这个版权销售、版权中介代理平台，2013年5月，华中国家版权交易中心产业园区落户沌口。动漫企业都是轻资产，贷款较难，还要分别与评估所、认证机构、银行等多个部门打交道，而通过版权交易中心提供的一条龙服务可节约资金成本和时间成本。除了机构建制之外，政府还要建立和完善具有市场公信力、可操作性的版权价值评估体系，

制订规范化的版权质押管理法规，引导投资担保公司从事文化版权质押贷款。

3. 筹集、规范动漫产业引导资金

产业引导资金具有四两拨千斤的作用，可撬动充沛的社会资金来支持动漫产业发展。武汉市政府应参考江苏、湖南等省做法，与文化企业、金融机构合作，共同筹集文化产业融资引导资金扶持文化企业。一部分作为文化产业贷款担保备付资金，通过担保公司在银行放大使用，为文化企业提供贷款支持。另一部分作为文化产业补贴资金，向文化企业提供贷款利息补贴、项目补贴等。在实际操作过程中，为了确保融资安全，降低版权质押带来的风险，可以采取股权抵押与版权质押混合模式。政府引导文化企业积极进行版权登记，明晰文化企业版权资产，为文化企业进行版权资产的精细化运营奠定产权基础。

4. 鼓励动漫企业挂牌上市和向社会融资

武汉市动漫产业企业整体不成熟，具备投资潜力的企业数量有限，企业文化创意不足、产品生命力较短、盈利模式不够清晰，也使得文化产业基金与可投项目之间整体上处于供大于求的局面。

部分规模较大，个别实力较强的动漫企业采取了挂牌融资的办法。至2013年7月2日，武汉挂牌新三板的16家企业中文化企业有2家，武汉银都文化传媒股份有限公司的挂牌，将对武汉动漫企业起到示范作用。

（三）加速培育自主动漫科技人才

武汉动漫产业在转型期要发展繁荣，获得质的提升，必须以人才为根本，培育以创意、编剧、设计等为主的动画人才队伍，建立科学的人才评价体系，用优惠的政策招徕人才。

1. 合理设置专业，长线培养创意人才

武汉动漫产业与高校互动不良。一方面，学校教育课程设置和教学内容与产业发展脱节，严重滞后武汉动漫企业的需求。另一方面，个别动漫创意企业虽开办动漫培训业务，但民营企业固有的短视、逐利行为，使职业培训变相成为雇用廉价劳动力，影响本地动漫产业人才健康成长。政府应通过制定有关校企联合的管理办法，规范职业培训。同时，推动武汉地区高校教育改革，改革高等教育课程结构，创新教育模式，为武汉动漫产业振兴输送可用的人才。

动漫产业以内容创意为王，但武汉动漫企业编导人才缺乏，已严重制约了文化产品生产。个别企业自身的编剧人员并非专业人才，而是间接从技术人员中挑选具有创意的人员充任。或者主要借外脑，如江通动画网罗上海美术电影制片厂老导演、电视台动画片中年导演，建立导演人才库。中国编剧行业日益规模化和经纪化，湖北有徐迟、姚雪垠、方方、池莉、刘醒龙、熊召政等一大批全国优秀的作家队伍，但未能转化为动漫产业所急需的编剧及文化创意团队。

版权代理体制与经纪人制度是国际上通行的高效版权运营制度，需要大批专业的版权运营人才。但是，我国很少有高校开设版权管理类的学科与专业，导致版权产业专业管理人才匮乏，这也在一定程度上制约了版权产业发展。随着文化产业的快速发展，武汉必须加强引进、培育专业的文化版权中介代理人才。

2. 建设科学的动漫人才评价体系

文化创意产业的核心价值就是人才，目前重科研和学历的引进人才标准对动漫产业不适用，将作品、成果和业绩作为重要指标的更为科学合理的人才评价体系尚未建立起来。2013 年 6 月，光谷“3551”人才的评选已注意到这一问题，此次评选将申报类型细化分为创业人才，创新人才及金融、管理类人才三大类，根据不同类别的特点制定不同的评审指标。

3. 优越政策招徕和培育人才

重金吸引创意人才。人才就是生产力，为促进武汉文化创意产业发展，市政府对入选国家“千人计划”、湖北省“百人计划”、武汉市“黄鹤英才计划”、东湖高新区“3551 光谷人才计划”、武汉经开区“高端人才集聚工程”的文化创意人才，给予 100 万～600 万元的项目资金补助。

鼓励创新创业。武汉科技实力位居全国前列，但自主创新指数仅为 36.07，仅比中部其他地区高，远低于沿海地区。为此，武汉市政府大力支持鼓励市属高校、科研院所、国有企业、事业单位创新人才离岗创业，对离岗创业人员给予 3 年保护期。保护期内，保留原有身份和专业技术职称，原单位不得与其解除聘用合同，档案工资正常晋升。允许和鼓励高校、科研院所、国有企业、事业单位文化创新人才在完成本单位各项工作的前提下，进行在职创业和到企业兼职，其收入归个人所有。

三　纠正认知误区，营造动漫产业发展的良好社会环境

目前，社会对动漫有三大误解，一是动画片低幼化，二是动画片副作用，三是本土动漫的劣质化。纠正对动漫的错误认知，才能为动漫业发展营造良好的环境。

（一）动漫产品受众需要广泛化

国产动画影片定位过于低幼，无法让不同观影人群找到兴趣点和共鸣，这在很大程度上制约了国产动漫的发展空间。美国和日本的动漫影片及书籍在受众群体上的老少咸宜，值得借鉴。“把故事讲好，以此来唤醒观众内心的那个小孩，就可做出原创精品。”博润通的动画关注的不仅是年龄意义上的小孩，还有心理意义上的小孩。目前，该公司出品的手机漫画产品《UP 喵》就定位于20岁左右的年轻人。2011年，江通公司取材武昌首义，制作了动画电影《民的1911》，一定程度上冲开动漫低幼化误区。与中央党史研究室合作，武汉江通动画正制作的1921～1949年党史动画，将成为弘扬革命文化主旋律的新作品。需要注意的是，动漫产品除了适合于不同年龄段外，也要根据不同年龄段的心理和理解能力，细分观众，并且要将标准具体化。

（二）动漫产品功能需要多元化

在动漫低幼这一认知基础上，对动漫的社会功能，人们也存在误解，一是将其作为“替代家长”，用斑斓的画面和多量的内容吸引孩子的注意力，让其安静地待在电视机前，打发孩子休闲的时间。二是强调动画的说教意义，且表现形式单一。时代已经变了，动画片故事的内容和讲故事的方式也应该与时俱进，更何况全球化信息化时代的孩子，心智成熟程度远超过我们的想象。因此动漫产品要切合生活实际，巧妙地将生活技能、事物认知、文化传播等功能融

汇其中。三是认为国产动漫无论在制作水平还是艺术水准上都较为低劣。舍国产而追逐海外的现象比较严重，如部分家长痴迷日台巧虎动画。这就要求本土动漫创作者必须用心去做孩子的动画片，讲一个“温暖”的故事，不做假大空的说教，实实在在地在故事里面体现温暖，传递正能量。

（三）动漫从表到里真正本土化

早期中国式动漫不乏将传统文化的精神气韵与中国式绘画的表现形式融为一体的经典。改革开放以后，受日本动漫的影响，人物造型、故事情节渐趋日化。现在，中国动漫的本土化和时代化成为新的要求。现在从事动漫美术设计的主要是“80后”，作为看日本动漫成长起来的一代，不可避免地在创作中受到了日本动漫人物造型的影响，即动画的外在表现形式不够纯粹。本土动漫要在内容和形式上做到统一，需要创作者更高的文化底蕴和艺术素养，这一完美的结果，大概在“95后”，即生活中已经有了中国式动漫的一代人身上能看到。武汉一些有社会责任感的动漫企业，无论在原创内容还是制作技术的本土化上，都正在朝着这个伟大目标努力。具有“全国漫画艺术之乡”之称的湖北安陆，出现了农民、工人、学生漫画作者群，这是一个可喜的现象，普通民众创造力的培养有利于提升地区动漫产品的水平，从而推动动漫产业的大发展。

结　语

动漫行业的转型期已然到来，在新的形势下，不仅武汉市的动漫企业要更新发展理念、转变发展思路、探索发展路径，而且市政府也要精准扶持政策、做好服务职能，社会大众的社会认知和文化消费观念也应该与时俱进，只有全社会共同努力，动漫业才能实现跨越式发展，才能真正成长为湖北文化产业中的阳光产业。

B.15

武汉文化资源开发与文化软实力建设路径

姚伟钧*

摘　要：

文化资源蕴藏在历史文化传统之中，存在于社会文化现状之中，是发展文化产业的基础。文化软实力作为现代社会发展的精神动力、智力支持和思想保证，越来越成为民族凝聚力和创造力的重要源泉，越来越成为综合国力竞争的重要因素。文化资源与文化软实力具有深刻的内在关联度，综合开发利用文化资源是提升地区乃至我国文化软实力的深层动力。本文通过对武汉市文化资源挖掘与城市文化软实力建设的分析，为深入挖掘、利用文化资源，提升文化软实力提供了路径。

关键词：

武汉　文化资源　文化软实力　建设　路径

"软实力"的概念最早由美国哈佛大学教授约瑟夫·奈在《软实力》一书中提出，他认为一个国家的综合国力既包括由经济、军事、资源等表现出来的"硬实力"，还包括文化、科技以及国家凝聚力等体现出来的"软实力"，只有两者兼具的国家，才能在国际舞台上纵横驰骋、争取主动。① 软实力的内涵包括了一个国家或地区的凝聚力、吸引力和影响力，外延包括了政治软实力、外交软实力、军事软实力、文化软实力、环境软实力和社会软实力，等等。其

---

* 姚伟钧，华中师范大学历史文化学院，教授，博士生导师，研究方向：中国文化史和文化产业。

① 马国庆、楼阳生：《区域软实力的理论与实施》，中国社会科学出版社，2007，第5页。

中，文化软实力主要是指一个国家或地区的主体在长期发展过程中培育形成的独具特色的共同思想、价值观念、基本信念、人文精神、行为规范的集合及其所产生的凝聚力、吸引力和影响力，其载体是文化事业和文化产业。文化软实力是软实力的核心，对其起统领作用。[①] 在党的十七大报告中，胡锦涛主席从全面建设小康社会对文化建设的新要求和各民族人民对文化工作的新期待出发，提出了“提高国家文化软实力”的主张。

文化是一个区域乃至整个民族凝聚力和创造力的源泉，它的进步是促进经济增长、社会发展的重要力量。十七大报告提出的文化软实力的观点，涵盖了新时期我国文化建设的目标和任务。深入挖掘我国丰富的文化资源，推动其产业化进程，是提升我国文化软实力的必由之路。本文以武汉市为例，希望通过对武汉市文化资源挖掘工作与武汉城市文化软实力建设的案例分析，为国家或地区制定文化软实力建设方略提供参考。

一　武汉文化资源构成现状

文化资源是人类在漫长历史发展过程中所积淀的通过文化创造、积累和延续所构建的能够为社会经济发展提供对象、环境、条件、智能与创意的文化要素的综合。一般来说，文化资源具体呈现为三种形态：一是符号化的、具体的文化要素。这类文化资源可以复制、加工、转换并融入文化产品中。二是精神性的、非物态的文化内涵，表现为影响人们的思想、价值观念、审美意识以及信仰等。这种形态的文化资源虽不能直接转化为文化产品，但它已内化到人们的日常行为之中，并潜移默化地影响人们的社会实践。三是经验性的文化技能和创新型的文化能力。它不仅包括由人掌握的一种文化活动的技能，还包括文化创造者突破前人模式的独创性思维和实践能力。这三种形态的文化资源又称作文化智能资源，是文化生产中的核心资源。

具有“天元之城、世界水都”美誉的历史文化名城武汉，提升城市文化软实力有着得天独厚的文化资源优势。

① 陈志、杨拉克：《城市软实力》，广东人民出版社，2008，第3页。

（一）历史文化积淀厚重

城市文化是一个城市文化软实力的源泉。任何一个城市的延续和发展，都需要在既有的文化传统基础上进行文化传承、变革与创新。武汉市是我国著名的历史文化名城，亦是楚文化的发祥地，已有3500多年的历史。从汉时的水陆枢纽，到明清时的“四大名镇”，再到90多年前的辛亥革命首义之地，武汉历史的辉煌从未间断，一再被延续。1927年初，国民政府将武昌与汉口（辖汉阳县）两市合并作为首都，并定名为“武汉”，为中国一个直辖市。全市现有名胜古迹339处、革命纪念地103处、国家和省市级重点文物保护单位169处，1986年，武汉市被国务院公布为中国历史文化名城。2000年，武汉被国家旅游局授予“中国优秀旅游城市”称号。深厚的历史和文化积淀，是武汉发展文化产业之根本。

（二）科教文化氛围浓郁

武汉市科技力量比较雄厚，拥有各类科研设计机构1000多家。“武汉·中国光谷”所在地是我国第二大智力密集区，在光通讯、生物工程、激光、微电子技术和新型材料等领域，科技开发实力全国领先。武汉作为华中地区最大的科教中心，已初步建立了一支数量较为可观、门类相对齐全、结构比较合理的创新型专业技术人才队伍。截至2012年底，武汉地区拥有两院院士58名，各类专业技术人员总量约为78.4万人。武汉市教育事业也很发达。同时武汉还是国家自主创新示范区、“两型社会”建设试验区。武汉的科教优势为武汉创意产业的发展提供了坚实的智力支持和人才支撑。

武汉创意设计机构众多，仅在武昌区范围内，就有各类设计院所及公司800多个，包括铁道第四勘察设计院、中南电力设计院、中交第二航务工程勘察设计院、中煤国标工程集团武汉设计研究院、中南建筑设计院、中国海诚国际工程投资总院武汉轻工院、中国医药集团武汉医药设计院、交通部长江船舶设计院、中国舰船研究设计中心、中船重工719所（核潜艇设计所）等“中”字头、“国”字号的设计单位10个。这些机构主要聚集在中北—中南路和珞瑜路一带，在不到10平方公里的范围内有如此多高水平的设计单位“扎堆”，可谓是中西部地区的“设计之都”，其设计能力仅次于北京、上海。

武汉现已形成以设计创意与科技创意领军的主导产业优势，无论是从设计创意水平还是产能规模方面均位于全国前列。设计创意的产能总值高达470多亿元，合同总额在全国仅低于北京，一个真正意义上的中国设计创意之都已见雏形。

（三）文化事业实力雄厚

近年来，湖北省政府和武汉市加大了对文化建设的投入力度，如向琴台文化艺术中心投资15.7亿元，建筑面积近7万平方米，其设施堪称国内一流，能满足国内外各类歌剧、舞剧、戏剧、话剧等大型舞台类演出要求，是目前国内顶级的大剧院。

2007年第八届中国艺术节在武汉举办，武汉地区共有8台剧目入选，在中国舞台艺术最高奖项“文华奖”的评选中，8台剧目均获奖，其中荣获3个文华大奖，1个文华大奖特别奖，4个文华剧目奖项，另有本届艺术节开幕式文艺演出《极目楚天舒》获第八届中国艺术节特别奖。

继姚雪垠创作《李自成》之后，现当代作家文化影响巨大，如池莉、熊召政、方芳、刘醒龙、陈应松等一批实力雄厚的“鄂军队伍”活跃在文坛上。当代文艺评论队伍已成为全国文艺评论界的中坚力量，“文学鄂军”已成为湖北省蜚声中国文坛的代名词。

（四）文化产业兴旺发达

早在2003年武汉市就制定了《文化产业发展规划》，加大了文化体制改革力度，努力发展文化产业，繁荣文化市场。经过改革，武汉杂技团、湖北电信艺术团已蜚声海内外。

武汉地区报业集团综合经济实力位居国内同业前列。《楚天都市报》是武汉地区乃至整个湖北省发行量最大的日报，日发行量超过百万余份，《新周报》《大家文摘报》以及《知音》等杂志也有较大的发行量，特别是《知音》杂志发行量甚至位居全球前列。除此之外还有荆楚网、长江网、《楚天都市报》《武汉晚报》等也享誉省内外。

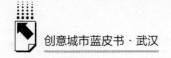

武汉东湖高新区还积极探索文化和科技融合的路径，积极推动文化和创意产业快速发展。目前全区创意产业企业和机构达630家，从业人数6万人，文化科技创意产业年总收入350亿元。

（五）城市精神深入人心

城市精神集中地反映了一个城市的精神风貌，是构成一个城市共同体赖以生存和发展的精神支柱。在3500多年的城市历史进程中，武汉市形成了勇立潮头、敢为人先、崇尚文明、兼收并蓄的城市精神，而且这种精神已经深深地融入武汉市民的意识、品格、气质之中，成为广大市民团结一心、共同奋斗的价值取向。

随着经济的飞速发展，武汉人越来越深刻地体会到利用这些文化资源提升城市文化软实力建设的重要性和紧迫性。充分运用硬实力所形成的物质基础，并努力增强软实力，全面提升城市综合竞争力，已经成为许多市领导与武汉市民的共识。近年来，武汉市委、市政府在增强武汉城市文化软实力方面做了很多工作，从利用文化资源优势，到建设文化强市；从加快社会事业发展，到推进城市建设、提升管理水平和提高市民素质，都已收到了许多实质性的效果。但是与快速提升的硬实力相比，武汉市的文化软实力建设还相对滞后，这已经成为制约武汉市进一步发展的“瓶颈”，提高武汉城市文化软实力的工作迫在眉睫。

二　提升武汉市文化软实力应遵循的原则

党的十八大报告对扎实推进社会主义文化强国建设作出了新的全面部署，明确指出：全面建成小康社会，实现中华民族伟大复兴，建设社会主义文化强国，必须推动社会主义文化大发展、大繁荣，必须走中国特色社会主义文化发展道路。根据十八大提出的文化建设要求，应该立足武汉市的文化资源基础，充分利用武汉市文化资源的优势，进一步加强具有武汉特色的文化建设。我们认为提升武汉城市文化软实力应遵循以下三个原则。

（一）把握文化精髓

社会主义核心价值体系是引领武汉精神的重要旗帜，大力弘扬以爱国主义为核心的民族精神和以改革创新为核心的时代精神是重塑武汉精神的响亮号召。打造武汉的文化名片既要全面贯彻党中央对于文化建设的基本要求，又要深入结合武汉历史传承中的文化精髓。从2004年开始，武汉市便确立了要打造“六大文化品牌”的目标——盘龙殷商文化、琴台知音文化、黄鹤名楼文化、辛亥首义文化、汉口商贸文化和武昌科教文化。这六大文化是对武汉市3500多年历史的形象概括，深入独到地弘扬武汉悠久而优秀的历史是把握武汉文化精髓、塑造武汉文化形象的重要任务。

（二）突出武汉特色

丰富的历史文化资源和独特的自然环境资源彰显着武汉独特的文化魅力。武汉市在大力推动文化建设，全力提升武汉文化软实力时必须充分挖掘具有武汉特色的文化因子，立足于现有的文化资源，结合文化发展的现实需要和自然规律，坚持“和而不同”的原则，走出一条具有武汉特色的文化建设之路。

（三）坚持循序渐进

文化软实力的建设是不可能一蹴而就的。挖掘文化资源，深入进行文化建设必须坚持循序渐进的原则，与时俱进，结合历史发展的时代要求和社会发展的现实需求，不断调整文化建设的重点和目标，坚持不懈地提升武汉文化软实力。

三　提升武汉文化软实力的建议

关于如何在实际工作中将文化的力量熔铸到武汉人巨大的创造力和凝聚力中，使文化成为武汉市综合竞争力的重要组成部分，构成武汉城市发展的文化软实力的内容，我们认为应该着力做好以下几方面的工作。

（一）对武汉文化资源与软实力的发展现状进行准确的调查、定量评价与比较研究

没有调查就没有发言权。武汉市要提高它的文化软实力，必须首先对武汉

市文化软实力的发展现状和需求状况进行准确的调查、定量评价与比较研究。文化软实力主要涵盖了文化服务机构实力、专业技术人才实力、创意设计实力、历史文化实力四个方面的内容。通过调查、分析，应科学合理地对武汉市文化软实力的现状进行评价，明确文化发展的优势与劣势，借鉴其他文化强市的发展经验，取长补短。

（二）加强保护、充分开发、合理利用武汉市丰富的历史文化资源，让历史文化资源成为提升武汉文化软实力的强劲动力

现阶段武汉市在对历史文化资源的保护、开发和利用上还存在着保护不善、开发无序和利用低效等问题。这就迫使我们首先要树立“保护”第一的观念，正确认识、处理历史文化资源保护、开发与利用的关系，加大对历史文化资源的保护力度，依法把资源保护落到实处。其次，加强对开发、利用历史文化资源的有效管理，做到科学、谨慎、有序，即对每一个历史文化资源的开发项目都做到反复论证、审核，树立“开发性保护”的观念，把对历史文化资源的开发性保护提高到保护城市文脉、爱护城市之魂的高度。最后，也要统筹考虑武汉市历史文化资源开发、利用的整体性，充分分析整合武汉市的地理特征和资源特点，使三镇文化项目既各有特色，又浑然一体，形成两江、三镇、四岸的人文与自然的天人合一的景观。

（三）唤起文化“自觉”性，塑造武汉城市精神

文化自觉是在文化反省、文化创造和文化实践中所体现出来的一种主体意识和心态，它具体地表现为在文化价值选择和构建过程中人们的一种价值取向，它要求将人生价值观建立在理性的基础之上，所以文化自觉即是人的自觉、理性的自觉、行为和责任的自觉。实践文化自觉是一个艰巨的过程，是一个认识自身文化的过程，更是一个熏陶积淀，提升修养的过程[①]。唤起武汉市民的文化自觉性，在文化自觉中提升武汉城市文化软实力，就必须塑造健康向上的武汉城市精神。

① 董立人、曹雪芹：《以文化自觉提升“软实力”》，《中国特色社会主义研究》2004 年第 4 期。

城市精神是市民各种价值追求的总和，它代表着一个城市的价值取向，具有鲜明的时代性和民族性。打造城市的文化软实力，培养城市共同体的集体意识是一个核心的问题。城市集体意识具有一种心理力量，它散布在每个市民的个体意识中，引导市民的行为取向。另外，集体意识还可以表现为道德行为规范或法律规范，从外部对市民行为作出规定。城市集体意识的培养能加强城市的凝聚力，缓解乃至消弭城市矛盾，塑造和谐的城市氛围。为此，武汉市应以弘扬“首义精神”为核心塑造武汉市民的精神世界，打造一种既能体现武汉地区文化传统，又能概括当前文化特点，并且能够凝练武汉市民特有的生活观念和价值取向的思想和精神——“武汉精神”。

历史的武汉曾因打响辛亥首义第一枪而闻名海内外。今日武汉人秉承的“敢为天下先”的首义精神，已成为武汉人民宝贵的精神财富和奋发向上的内在动力。提升武汉的文化软实力，需要把“首义精神”的传承与再造、延伸与升华作为核心内容，并结合当前武汉文化的特点，打造“武汉精神”，将其纳入全民教育内容之中，加大宣传力度，营造舆论强势，使全市上下始终保持奋发图强、昂扬向上的精神风貌，从而实现物质与精神的和谐统一。

（四）提高武汉文化传播能力，不断提升武汉文化的影响力和竞争力

先进的传播手段和强大的传播能力在现代城市文化建设中具有越来越重要的作用。提高武汉文化软实力，提升武汉的文化影响力，既要内在地不断创新文化内容发展的艺术形式，又要外在地提高文化传播的影响能力。

新闻媒体是信息传播、文化扩散的重要载体，在文化传播中处于特殊地位。因此，要把提升武汉市主流媒体影响力作为提高武汉文化传播能力的战略重点，做大做强主流新闻媒体，形成舆论力量。

（五）加强武汉市文明城市建设，使武汉市民树立起开放的、国际化的、健康的心态

通过创建文明城市活动所形成的廉洁高效的政务环境、公平公正的法制环境，将极大提高城市的软实力。同时，又对硬实力形成促进作用，对经济社会

全面发展产生重大影响。

我们必须认识到武汉市创建文明城市、提升城市软实力，是千百万武汉市民的伟大创造，是一个发动广大市民参与城市精神文明建设和实践的过程，也是市民进行自我教育、自我提高的重要载体，通过这个载体所激发出来的创造力和群众的自觉性，是武汉文化软实力的重要组成部分。

另外，城市文化软实力不仅要有在经济、政治文化上的成就，更要有市民心态的进步。文明城市的创建，就是要促使武汉市民建立起开放的、国际化的、健康的心态。其中包括市民的平常心——能冷静地以长远眼光面对每一个胜负得失；进取心——相信武汉人有力量从武汉悠久的文化中汲取精华，积极进取、奋发图强；包容心——海纳百川的宽广胸怀，既要包容各民族的思想文化，博采众家之长，也要以包容心态去处理历史问题和国际纠纷；自信心——在国际交往与交流中，保持不卑不亢的心态；责任心——对中部地区乃至全中国的发展与崛起，具有高度的责任感、奉献精神和主动创造精神。

（六）进一步推进文化产业的发展

文化作为软实力的重要内核，对一个城市的发展至关重要，它可以创造生产力、增强内驱力。21 世纪头 20 年是武汉现代化建设的重要战略机遇期，也是文化发展的重要战略机遇期。要把握好机遇，实现以推动文化建设为手段来提升武汉城市文化软实力，建成全国文化强市的目标，就必须树立强烈的机遇意识、发展意识，开阔发展思路，拓宽发展途径，推动武汉文化产业的全面繁荣和快速发展。

在全球经济一体化的背景下，文化产业飞速发展，它已成为城市文化软实力对外部受众发挥亲和效应的主要渠道，而且产生贴身的、深入人心的、持久的影响①。然而，与文化产业发展较快的其他城市相比，武汉文化产业发展的现状可以简单地概括为产值小、规模小、市场化程度低、发展滞后、产业发展环境不良等几个问题。为此，武汉市必须进一步解放思想、转变观念，充分利用文化资源优势，把文化旅游业、文化展演业、休闲娱乐业、特色文化创意产

① 陈志、杨拉克：《城市软实力》，广东人民出版社，2008，第 152 页。

业等作为支柱型文化产业来培育，精心策划、包装、打造一批具有核心竞争力的文化产品和文化品牌，加快构建文化产业链，加快文化产业集群建设。

另外，武汉市政府也应加大对文化产业的投入。调整财政支出结构，逐步增加对文化产业的经常性投入。积极创造条件，充分利用市场机制，降低文化市场准入门槛，鼓励民间资本，甚至是海外资本深入到公共文化基础设施的建设之中，逐步形成投资主体多元化的新格局。

（七）不断增强社会公共服务能力，建立完备的公共文化服务体系

文化涉及教育、科技、卫生、体育等诸多领域，每个领域都关系到社会每一个人的生活质量，关系到每个人的素质提升。因此增强社会公共服务能力，发展公益文化事业，建立覆盖全社会的比较完备的公共文化服务体系，不仅是实现和维护广大市民基本文化权益的主要途径，更成为提升城市文化软实力的关键所在。①

在教育上，要注重基础教育抓均衡、高等教育抓质量、职业教育抓结合、终身教育抓体系；在科技发展上，要强调加强科技创新，建立从源头创新到推广应用的立体式的区域创新体系；在卫生建设上，要从切实维护人民群众切身利益、不断提高广大市民健康素质的高度出发，逐步形成与武汉经济社会发展相适应的科学的卫生发展规划体系；在体育建设上，要将全民健身作为基础工程，把竞技体育作为工作重点，把体育产业培育成新的经济增长点，坚持加强政府推动、鼓励社会支持、吸引全民参与相结合，促进体育事业全面、协调、可持续发展。

结　　语

通过上文对武汉文化资源挖掘工作与武汉城市文化软实力建设的案例分析，我们可以看出：要推动一个国家或地区文化软实力的提升，必须以“凸显文化为本、坚持因地制宜、体现多元发展、实现循序渐进”为原则，这是

① 姚伟钧、任晓飞：《武汉文化软实力与武汉发展》，《炎黄文化》2008 年第 2 期。

促进文化软实力提升的必然选择。必须对文化资源与软实力的发展现状和需求状况进行准确的调查、定量评价与比较研究，对文化软实力的发展进行科学论证和合理规划；加强保护、充分开发、合理利用丰富的历史文化资源；唤起文化“自觉”性，塑造区域文化精神；提高文化传播能力、影响力与竞争力；加强城市文明建设，形成开放的、国际化的、健康的心态；积极推动文化产业的发展；大力发展文化创意产业；不断增强社会公共服务能力，建立完备的公共文化服务体系等九条基本路径，这是推动文化建设，提升地区乃至国家文化软实力的必由之路。而四项原则与九条基本路径都与文化资源的发掘、保护与利用息息相关。只有坚持四项原则与九条路径，才能有效促进文化资源潜力向文化产业竞争力的转变，促进文化资源优势向文化产业优势的转变，促进我国实现由文化资源大国向文化软实力强国的战略性转变。

B.16

魅力江城的新标识

——武汉市文化产业品牌发展研究

李林　佘明星*

摘　要：

文化产业品牌是文化产业品牌化的结果，是一个地区文化产业发展的最显著标志，对于推动文化产业发展具有明显的促进作用。武汉市拥有丰富的文化资源和较强的经济实力，但在文化产业品牌建设中还存在着诸多问题。本文尝试对武汉文化产业品牌发展的现状进行分析，并从文化产业品牌战略的角度，提出推动武汉市文化产业品牌发展的有效路径。

关键词：

武汉市　文化产业品牌　发展战略

文化是民族的血脉，是人民的精神家园，优秀传统文化凝聚着中华民族自强不息的精神追求和历久弥新的精神财富，是发展社会主义先进文化的深厚基础。文化产业作为国家国民经济中一个大的产业门类，其品牌既具有一般产业品牌的属性，同时又有着文化产业的鲜明个性，它作为一种特殊的品牌，有别于普遍意义上的文化品牌。我们可尝试将文化产业品牌的概念界定为：文化产业品牌是一种特殊的文化品牌，是文化产业进入符号经济时代的产物，它依托文化企业存在并成为文化企业重要的无形资产，是某一文化产品特有的竞争优势，同时也是其区别于其他竞争产品的显著标志。文化产业品牌可有如下四个

---

* 李林，华中师范大学国家文化产业研究中心副教授，硕士生导师，研究方向：文化遗产的保护与开发、文化产业；佘明星，华中师范大学国家文化产业研究中心硕士研究生，研究方向：文化资源与文化产业。

类别：文化组织的品牌、文化产品的品牌、文化形象的品牌以及文化空间的品牌。

发展文化产业品牌是我国的重要决策，2010 年胡锦涛同志明确指出我国要“精心打造中华民族文化品牌”，打造具有核心竞争力的文化品牌。2011 年《中共中央关于深化文化体制改革推动社会主义文化大发展大繁荣若干重大问题的决定》中指出要“加大优秀文化产品推广力度”、“加大对拥有自主知识产权、弘扬民族优秀文化的产业支持力度，打造知名品牌”。在《国家“十二五”时期文化改革发展规划纲要》中进一步提出，要“培育一批具有国际竞争力的外向型文化企业和中介机构，形成一批有实力的文化跨国企业和著名品牌”，“鼓励各地积极发展依托文化遗产的旅游及相关产业，发展特色文化服务，打造特色民族文化活动品牌”。

武汉市想要建设成为国家中心城市，实现“文化五城”的发展目标，必须大力推动武汉文化产业大发展大繁荣、积极提高武汉城市的文化软实力。文化产业品牌是具有强大影响力和突出代表性并被大众广泛认同的文化标识，是衡量一个地区文化产业发展水平的重要标准，是一个地区文化软实力和文化竞争力的重要体现。因此武汉文化产业要赢得市场、参与国内文化资本的激烈竞争，就必须走品牌建设之路。

一　武汉市推动文化产业品牌发展的战略意义

（一）推动文化产业品牌发展，是武汉市大力发展文化产业、推动区域经济结构优化升级的必经之路

文化产业的竞争，其核心是文化产业品牌的竞争。文化产业品牌是反映一个地区文化产业综合实力，衡量一个地区文化产业发展水平的重要标准。推动文化产业品牌的发展可以极大促进武汉市文化产业的发展，为武汉市民提供更多更优秀的文化产品。武汉市虽然拥有丰富的文化资源、众多的高校及科研院所，但文化产业的整体实力与国内其他城市相比尚有较大差距。因此必须加强文化产业品牌战略建设，壮大区域文化产业。文化产业品牌的无形资产有着巨

大的增值效应，将对武汉文化产业的迅速发展产生重要的推动作用。

优秀的文化产业品牌不仅能够推动文化产业本身的发展，还能通过其社会影响力带动相关产业的发展，延伸文化产业的产业链条，形成规模效应。如此也进而扩大文化产业在区域经济中所占的比重，推动文化产业成为区域经济发展的支柱产业，促进区域经济结构的调整和改革，优化资源配置，提高区域整体经济实力。

（二）推动文化产业品牌发展，是丰富武汉人民精神生活、增强武汉市文化软实力的必然要求

文化产业品牌体现了文化经济价值与精神价值的双重凝聚，有着无形资产的丰富含金量。因此推动文化产业品牌的发展，能更好地发挥文化产业的社会效益，满足武汉市民多方面、多层次、多样化的精神文化需求，进一步解放和发展文化生产力、提高文化企业在文化产品和服务方面的供给能力，从而推动武汉人民文化素质的提高，丰富武汉人民的精神生活。

区域文化产业品牌体现了区域文化的核心竞争力，面对日趋激烈的文化市场竞争，武汉市必须打造具有核心竞争力的区域文化产业品牌。文化产业品牌的发展可以有效提升武汉城市的文化软实力，增强武汉市的综合竞争力，进而实现武汉市“文化五城”的建设目标。

（三）推动文化产业品牌发展，是武汉应对“符号经济时代”城际文化竞争的必要手段

当前随着经济与文化的日益融合，以“符号”的生产、交换和消费为基础的符号经济时代已经来到，文化的符号价值得到了前所未有的凸显。在此背景下，作为文化产品符号价值的文化产业品牌，其建设与保护在文化产业的发展过程中日益成为一个亟须解决的问题，加快文化产业品牌建设也成为国内各大城市文化产业发展的重要战略选择。就国内其他城市文化产业发展情况来看，北京、上海、广州始终处于领先地位；杭州、深圳、长沙等城市也保持着良好的发展势头。武汉要想建设国家中心城市和文化强市，在国内城际文化市场竞争中立于不败之地，彰显武汉城市精神和城市文化的巨大魅力，必然要以传承优秀的武汉文化为己任，发展并推广区域文化产业品牌。

二　武汉市文化产业品牌发展概况

（一）武汉市文化产业品牌发展现状及特点

武汉是湖北省省会，也是国家历史文化名城，被誉为“白云黄鹤之乡”、“九省通衢”，拥有丰富的历史文化资源和优越的社会经济条件。另外武汉还是仅次于北京和上海的国内第三大科教中心，拥有高等院校 79 所、两院院士 58 人、国家重点实验室 20 个、国家实验室 1 个、国家工程实验室 3 个、国家级工程技术研究中心 23 个。这些都为武汉市发展文化产业提供了得天独厚的优越条件。目前在湖北省及武汉市政府的大力支持下，武汉文化产业得到了长足发展，文化产业总量规模稳步提升，据统计，武汉市 2011 年文化产业增加值为 184.86 亿元，占 GDP 总量的 2.7%，在全国直辖市、副省级城市中位居第九;[①] 2012 年文化产业增加值为 216 亿元，占 GDP 总量的 2.8%。[②] 与此同时，文化企业不断发展壮大，诸多区域文化产业品牌纷纷在国内文化市场出现，文化产业品牌建设与保护工作都有较快进展，取得了不少成绩。总体来看，武汉市文化产业品牌的发展呈现出以下几个特点。

1. 武汉市政府高度重视武汉文化产业品牌的发展

武汉地方政府出台了大批政策法规，以推动文化产业品牌建设。如在《武汉市文化产业振兴计划（2012～2016）》中提出要实施文化品牌建设工程，“塑造一批有知名度和美誉度、有较高市场份额的特色品牌文化产品”、“培育一批能够吸纳先进要素、引导市场选择、具有核心竞争力的品牌文化企业”、“打造一批具有产业示范效应、集聚效应的品牌文化园区”。在文化产业品牌保护方面，武汉市政府建立了知识产权作为生产要素参与分配的机制，并支持文化企业、文化产品及服务参与国家级文化产业品牌的评比，对被授予国家级称号的品牌给予奖励。在地方政府的大力支持下，武汉的文化产业品牌如雨后春笋，在国内文化市场中占据了一席之地。

---

① 中共武汉市委宣传部:《2012 年武汉文化发展蓝皮书》，武汉出版社，2013，第 39 页。

② 张京成:《中国创意产业发展报告（2013)》，中国经济出版社，2013，第 291 页。

2. 武汉传统文化业态品牌发展优势较为明显

在文化业态上，武汉文化产业品牌的发展偏重于传统文化业态，在传统文化业态中，报刊业品牌的发展尤为显著。如中南大学欧阳友权主编的《中国文化品牌报告》，曾分别于2006年和2009年将武汉的“知音”和“长江日报报业集团”选为年度文化品牌，这是8年中仅有的两个入选的武汉文化产业品牌。其中知音传媒曾多年保持着国内第一、全球第五的发行量，拥有广泛的影响力。另外柏定国也曾将“湖北日报传媒集团”评选为2011年中国文化品牌的400强，可见报刊业品牌在武汉文化市场中的优势地位。传统文化业态品牌的强势，为武汉文化产业品牌的发展提供了良好的经验并打下了扎实的基础。

3. 武汉文化产业品牌正朝着文化科技融合的方向发展

随着科学技术的进步，文化与科技相互融合、相互促进的趋势越发明显。文化科技融合在文化发展的各个层面深入开展，对武汉文化产业品牌的发展也产生了重要影响。如“武汉东湖国家级文化与科技融合示范基地”，是2012年5月由科技部、文化部等五部委联合发布的16家首批国家级文化和科技融合示范基地之一，使得“武汉东湖”成为文化科技融合的强势品牌。再如“中国光谷创意产业基地”，作为武汉市文化创意产业的发展典型，曾被柏定国选为2011年中国文化品牌400强。光谷创意产业基地包含动漫产业园、数字出版产业园等文化科技企业，涵盖了动漫游戏、新媒体、数字出版、网络增值服务等高科技含量的文化业态，“中国光谷”也成为文化科技融合的优势品牌。文化和科技的融合创新，为武汉文化产业品牌赋予了强大的生命力和竞争力。

4. 武汉市文化产业品牌发展呈现出多样化的特点，各区域依据自身的文化资源打造独具特色的文化产业品牌

武汉被称为“江城”，长江和汉水将武汉城市分为武昌、汉口及汉阳三部分。三地在不同的历史发展轨迹中呈现出各自不同特色，也都各自依托自身独特的文化资源，打造特色鲜明的文化产业品牌。其中汉阳作为武汉的工业中心，正打造以“汉阳造”为代表的工业遗产文化旅游品牌；武昌作为武汉的科教文化中心，正打造以“中国光谷”为代表的文化创意品牌；而汉口作为武汉的商业贸易中心，则打造了以“江汉路”为代表的文化贸易品牌。三地文化资源互补，协力打造武汉文化产业品牌和城市品牌，共同推进武汉“文化五城”的建设。

（二）武汉市文化产业品牌发展中存在的问题

1. 文化产业品牌意识淡薄

目前武汉在文化产业品牌发展过程中，存在品牌意识薄弱的严重问题。在文化企业层面，武汉市拥有丰富的历史文化资源和较强的社会经济实力，但由于文化企业缺乏品牌意识，导致大量文化资源得不到应有的开发和利用，严重阻碍了武汉文化产业的长远发展。在知识产权保护方面，品牌意识也需加强，从 2013 年 5 月轰动一时的湖北盗版新华字典事件中便可看出，武汉市对于知识产权的保护力度还不够，文化产业品牌保护工作尤须进一步加强。

2. 总体上来看缺乏竞争力强的文化产业品牌

尽管武汉文化市场上已出现一大批优秀的文化产业品牌，但与国内其他城市相比，武汉还缺乏竞争力较强的文化产业品牌。以动漫行业为例，武汉虽然有江通动画等一批优秀的动漫品牌，但在国内市场上仍然无法与原创动力、三辰等知名的动漫企业品牌相竞争，更是缺乏如“蓝猫”、“喜羊羊”等那样家喻户晓的原创卡通形象。缺乏强势的文化产业品牌，导致武汉文化产业在国内市场上竞争力较弱，更难以进军国际文化市场，极大制约了武汉文化产业的发展。

3. 不同业态的文化产业品牌发展不平衡，新兴文化业态品牌所占比重较少

目前武汉文化产业品牌发展中还存在着行业发展不平衡的问题，以图书出版、报刊为代表的传统文化业态品牌优势较明显，而新兴文化业态品牌则有待进一步的发展。从欧阳友权的《中国文化品牌报告》中便可看出，湖北省仅有“知音”和“长江日报报业集团”曾被选取为年度文化品牌，其他新兴文化业态品牌则没有入选。尽管武汉市正大力推进文化科技融合创新的发展，已开展文化和科技融合示范园区企业的评选，但高科技含量的文化产业品牌在文化市场中仍未成气候。

三　武汉市文化产业知名品牌发展分析

近年来在武汉市政府的大力支持下，武汉文化产业发展势头迅猛，文化企业多如雨后春笋，文化市场上涌现出大批知名的文化产业品牌。本文试以报刊业和动漫业的知名品牌为例，对武汉市当前文化产业优势品牌的发展进行概括性分析。

（一）“人情美、人性美”——知音文化品牌

1. 知音传媒集团发展概况

知音传媒集团的前身是知音杂志社，《知音》杂志是知音传媒集团最早推出的文化产品，创刊于1985年。在创刊之初月发行量便突破了100万份，创造了中国期刊史上的奇迹。1996年，《知音海外版》创刊；2000年，知音集团推出《知音》系列刊《打工》；2001年又推出《好日子》，此后又相继推出了《知音女孩》、《商界名家》、《财智文摘》、《良友文摘》、《知音励志》、《知音漫客》等子期刊。其中《知音漫客》杂志是国内第一本原创漫画全彩周刊，曾荣获“2007年我最喜爱的十大动漫图书奖”。《知音》杂志更是三次获得全国优秀社科期刊奖和国家期刊奖。除了发行期刊外，知音还注重与新媒体的结合，打造了“知音网”、“漫客网”、“第一生活网”等娱乐网站。发展至今，知音已成为拥有多种子期刊，包含了知音广告、知音发行、知音印务、知音物业、知音影视文化等子公司和武汉信息传播职业技术学校在内的知音传媒集团。为江城武汉打造了“知音”这一强势的文化产业品牌，传承并丰富了武汉独特的“知音文化”。

2. “知音”品牌发展的经验借鉴

（1）注重文化产品质量，提高品牌竞争力

“知音”传媒在发展过程中始终注重保证其产品质量，这是其品牌塑造成功的重要保障。为了保证《知音》杂志刊载故事的真实性，知音传媒专门成立法务部，对稿件进行核实。在文章的标题上，《知音》杂志更是极力渲染悲惨和励志的故事情境，创造了其所特有的“知音体”，并受到大众的普遍认可

与模仿。正是出于知音传媒的这些举措，“知音”品牌才会始终享誉国内文化市场并进军海外，有力地传播了“知音文化”。

（2）依托高新技术，提高品牌竞争力

利用高新技术，适时转换经营模式，是“知音”品牌获得成功的关键。随着科学技术的发展，新兴文化业态逐渐兴起，新媒体的运用也日益普遍。在此背景下，知音传媒把握机遇，除了发行《知音漫客》以顺应动漫业发展的趋势外，还打造了“知音网”，应用网络媒体为读者提供服务。随后又推出了“漫客网”、“第一生活网”等娱乐网站，其中“漫客网”更是国内领先的原创动漫社区平台，不仅有效地扩大了“知音”品牌的知名度，还为知音传媒带来了可观的经济收益。

（二）打造“中国迪士尼”——江通动画

1. 江通动画股份有限公司发展概况

江通动画股份有限公司成立于2000年，是一家主要从事动画制作服务、原创动画的投资出品和版权经营、动漫衍生产品生产等业务的文化创意企业。江通动画自成立以来，始终致力于原创动画的制作开发，出品了一系列优秀的动画作品，如《天上掉下个猪八戒》、《花之木兰》、《福星八戒》、《饼干警长》、《小戒别淘气》、《小小世界历险记》等。其中《天上掉下个猪八戒》曾荣获第二届中国国际动漫节“美猴奖”系列动画片特别奖和第二十三届中国电视金鹰奖优秀长篇美术片奖。除了动画作品，江通动画还致力于动漫衍生产品的研发和动漫人才的培养。在《天上掉下个猪八戒》热播之后，江通动画立即与知音传媒集团合作将动画片改编为图书出版，并在武汉成立了亚洲最大规模的儿童软性乐园——嘟嘟乐园。出于以上成就，江通动画先后获得了“国家动画产业基地”、“国家文化产业示范基地”、“优秀网络文化企业”等称号，“江通动画”这一文化产业品牌也成为国内动漫界一颗耀眼的新星。

2. “江通动画”品牌发展的经验借鉴

（1）自主创新是品牌塑造的核心

“江通动画”在其发展过程中始终坚持自主创新，采用高新技术，提高生产效率。江通动画十分注重动漫新技术的研发和应用，如自主研发了“基于摄影表的二维卡通片原动画计算机快速制作系统”、“基于互联网的全程数字二维动画集成制作系统”等，积极运用数码制作技术，有效提高了公司的自主创新能力。在业务选择上，为了摆脱处于产业链低端、处处受制于人的局面，江通动画放弃了风险小、利润少的代工业务，毅然进入原创领域。公司克服了人才、资金、技术等难题，近年来自主打造出“猪八戒”、“跳跳鼠”等独特的动漫形象，有力扩大了“江通动画”这一品牌影响力。

（2）人才培养是品牌塑造的根本

注重动漫人才的培养，是“江通动画”品牌塑造成功的另一重要因素。在公司早期代工的过程中，江通动画便抓住与国外导演、策划人员学习的机会，注重培养自己的人才队伍。为了培养更多的动漫专业人才，江通动画与湖北美院等高校合作，组建了“武汉江通动画职业培训学校”，为原创动漫人才的培养提供了一个更广的平台。除了利用工作室和学校培养动漫人才之外，江通动画还与湖北省武警总队签署军民共建的合作协议，为武警总队的战士无偿提供动漫制作与应用技术的培训。通过多种途径，江通动画培养了大批动漫专业人才，为其品牌的发展奠定了坚实的人才基础。

（3）产业链延伸是品牌塑造的关键

积极延伸动漫产业链、开发周边产品，是“江通动画”品牌建设与推广的必经之路。江通动画在其出品的《天上跳下个猪八戒》热播之后，积极采取多种措施研发其相关的周边产品。如联合出版商将其改编成漫画出版、开发带有其卡通形象的儿童用品、成立主题公园“嘟嘟乐园”等活动，都有效延伸了公司的产业链条，完善了公司产业化的经营格局。另外公司还向广告业延伸，通过广告业务进一步提高了卡通形象的知名度和品牌影响力。

四　推动武汉市文化产业品牌发展的路径研究

（一）树立品牌意识、强化品牌意识——为武汉文化产业品牌发展奠定思想基础

21 世纪是“品牌”的时代，这是一个以品牌创立、品牌营销、品牌竞争

为市场主旋律的时代，打造强势品牌成为保持战略领先性的关键。树立和强化品牌意识是文化产业发展的基础。品牌意识是品牌和品牌建设的基本理念，具体指对品牌价值观、品牌资源观、品牌权益观、品牌竞争观、品牌发展观、品牌战略观和品牌建设观的综合反映。品牌意识是品牌建设的精神基础，有了这个基础，品牌的建设之路才会走得长远。

树立品牌意识、强化品牌意识不仅是目前文化企业的当务之急，也是地方政府部门需要关注的紧迫课题。树立、强化品牌意识，重点在于政府、企业和消费者各个层面都要具有品牌意识：首先，社会各界要充分认识到文化产业品牌的价值。必须意识到品牌建设对文化产业发展、核心竞争力提升的重要作用和意义。其次，要培养品牌的使用、保护以及发展意识。培养品牌使用意识，也就是企业对品牌效用与价值、使用品牌重要性的认知和认同；培养品牌保护意识，培养品牌的发展意识。品牌发展意识是企业牢固树立发展品牌、增加品牌深度、不断创新品牌的思想，不断提高品牌的市场形象和品牌竞争力，使品牌的内在价值得到充分的发挥。最后，在政府工作方面，政府需制定相关政策，采取多种手段增强社会各界的品牌意识，如可利用官方媒体通过公益广告等宣传活动，增强民众的品牌意识。

（二）制定武汉文化产业品牌战略——为武汉文化产业品牌发展指明正确方向

武汉文化产业品牌战略是为谋求武汉市文化产业的健康快速发展，根据文化产业的自身特点以及品牌形成的规律，综合分析各种相关因素而制定的具有竞争意识的发展品牌事业的长远的总体规划，可具体分为品牌培育战略、品牌管理战略、品牌保护战略、品牌推广战略。

品牌培育战略。文化产业品牌培育是系统性的活动，应制定出武汉市文化产业品牌培育的近中远期目标，建立文化产业品牌培育管理体系，提高文化产业品牌培育的有效性和效率，持续增强组织的文化产业品牌培育能力，并为评价文化产业品牌培育绩效提供指导。文化产业品牌培育的目标，应是形成文化产业品牌集群。要构筑文化产业品牌优势，强化品牌的市场占有率和竞争力，形成品牌集群是其中的关键步骤。在文化市场中，单一的文化产业品牌难以承载国内的市场竞争及国外的文化侵蚀，因此集群化是武汉市文化产业品牌发展的必由之路。

品牌管理战略。其目的是从组织机构与管理机制上为品牌建设提供条件，为品牌的发展设立远景，并明确品牌发展各阶段的目标与衡量指标。武汉市政府应建立文化产业品牌的分级体系对品牌实施规范、科学的管理。出台文化产业优秀品牌的认定程序、认定机构、认定标准、认定方式、认定条件，评选武汉市文化产业驰名品牌，并定期对其价值进行评估。

品牌保护战略。品牌保护包括品牌的经营保护、品牌的法律保护和品牌的社会保护三个组成部分。这三种保护形式相互关联密不可分，文化企业主导的经营保护是品牌保护的根本，地方政府主导的法律保护是品牌保护的保障，而社会主导的社会保护是品牌保护的有效助力。如此三种保护形式在地方政府的主导下协同发挥作用，便能够为武汉的文化产业品牌发展给予机制保证，提供良好的发展环境。

品牌推广战略。文化产业的品牌推广，一方面要树立良好的企业和产品形象，提高品牌知名度、美誉度和特色度；另一方面要将有相应品牌名称的产品销售出去，达到预期的经济效益。在对外文化贸易中，“走出去”战略也是武汉优势文化产业品牌推广战略的重要步骤。培育优秀的民族文化产业品牌，扩大其在国际文化市场中的影响力，从而推动江城文化乃至中华文化走向世界。

（三）实施“文化科技创新工程”——全面提升武汉文化产业的核心竞争力

文化产业品牌竞争的本质，是“文化符号”的竞争，所依靠的是文化资源、创意、科技三者融合之后而凸显出的某文化产业品牌独有的核心竞争力。文化产业是以文化资源为基础，文化创意为核心，文化科技为动力的，因此文化产业品牌竞争力的形成，离不开资源、创意与科技三者的融合。当前科学技术快速发展，文化与科技相互融合、相互促进的趋势逐渐明朗，在发展文化产业品牌中也要实现文化与科技的融合创新。

武汉拥有较好的文化科技融合发展基础，东湖国家级文化科技融合示范基地是首批国家级的文化科技融合示范基地，位居全国第三。另外还拥有大批高等院校和科研院所，为武汉实施文化科技创新工程提供了得天独厚的条件。发挥文化和科技相互促进的作用，抓住一批具有全局性、战略性的重大科技课题，深入实施科技带动战略，增强自主创新能力。研发一批具有自主知识产权的核心技术、关键技术、共性技术，加快科技创新成果转化，提高武汉出版、印刷、传媒、影视、演艺、网络、动漫游戏等领域技术装备水平，打造提升现有文化产业品牌能力，增强文化产业核心竞争力。实施文化数字化建设工程，改造提升传统文化产业，培育发展新兴文化产业，聚焦出版发行、影视制作、文化创意、动漫游戏等重点领域，注重开发和运用数字化、网络化技术，升级传统产业，发展新兴业态，提升装备水平、科技含量和产品附加值，不断拓展文化产业发展空间，实现文化与科技创新资源及要素深度互动、有效衔接。进一步推进“武汉市文化和科技融合试点园区企业”的评审工作，以科技创新推动文化创新，以文化创新引领科技创新，实施文化与科技“双轮驱动”、深度融合发展武汉文化产业品牌建设。

（四）完善文化产业品牌建设的保障机制——实现武汉文化产业品牌的可持续发展

相较于其他品牌，文化产业品牌的社会效益要远远大于其经济效益，更加凸显的是其在文化方面的影响力。因此文化产业品牌的社会影响力更为持久，其建设与保护工作也是一个长期的发展过程。完善的文化产业品牌发展保障机制，是实现文化产业品牌可持续发展的重要保证。

1. 加强文化产业品牌相关法律法规建设

品牌的延续是产权，是符号资本，在品牌的法律保护中，知识产权保护是其关键所在。武汉政府应通过相关法律法规完善传统工艺、技艺的认定保护机制，保护其知识产权；尽快制定一套统一的保护“老商标”、“老字号”、知名文化企业、历史遗产、文化名人等的法律法规，充分发挥政府执法部门资源优势，加大制止和打击非法抢注、假冒伪劣等的力度，为文化产业营造公平公正的竞争环境；加强对文化企业进行知识产权保护的业务指导，提升其商标、域名注册的效能；努力搭建多元服务平台，通过建立知识产权保护机构和协调机制，特别是对文化企业给予政策倾斜或资金支持等，鼓励其进行商标、域名注册等品牌保护活动。

政府应该关注文化产业领域的动向，及时出台相关政策法规，如金融政策、投资政策、人才政策、管理政策、税收政策引导武汉文化企业健康良性发展，加强文化产业品牌的制度建设、法律建设和政策导向建设，以及制度设计、政策设计。加大对文化企业的财政扶持力度，鼓励文化企业扩大生产，改善技术，增强自身的品牌力量。在对外文化贸易中，政府应对优势文化企业实行财政补贴，以增强武汉文化企业的国际竞争力。对于科技含量高的新兴文化产业，政府应在税收政策上给予其减税或免税的优惠，扶持此类新兴文化产业的发展壮大。

2. 加强文化创新人才的培养

实现文化产业的发展、文化科技创新，实施文化产业品牌战略，都需要大量文化产业专门人才作为支撑。大力发展文化人才的教育事业便成为当前一个紧迫而重要的任务，武汉市要积极实施人才培养战略，构建可持续发展的人才支撑体系，为文化产业品牌发展提供人才保障。

武汉拥有武汉大学、华中科技大学、华中师范大学、武汉理工大学等79所高等院校，武汉市政府应该利用好各高校已有的资源条件，鼓励高校设置与文化产业品牌相关的专业和方向，加强文化产业品牌建设与保护专门人才的培养，利用教学资源的优势培养专门人才，积极引进国外文化产业相关人才，为武汉文化机构和文化企业提供更多的高素质专门人才。同时应由政府牵头，密切政府、企业、高校及研究机构的联系，进一步推进政、产、学、研、用的一体化，形成文化产业品牌发展的完整体系。

五　结语

在“符号经济”高度发展的今天，积极推进品牌建设已成为各地发展文化产业的重要手段。美国品牌价值协会主席莱利·莱特曾提出：“未来的营销是品牌的战争——品牌互争长短的竞争。商界和投资者认清品牌才是公司最宝贵的资产，拥有市场比拥有工厂更重要。拥有市场的唯一办法，就是拥有占市场主导地位的品牌。”因而培育和壮大武汉文化产业品牌，将成为推动武汉经济发展、增强文化软实力、建设“文化五城”的制胜法宝。

品牌是重要的战略资源，文化产业品牌建设与保护是一个复杂的系统工程，它关系到大量关键外部因素的改善和优化，例如人才培育体系、科技创新体系、市场主导体系、文化传播体系、司法保护体系，等等。武汉市要打造具有影响力的武汉文化产业品牌，必须实施文化产业品牌战略，要使武汉各界树立正确的文化产业品牌科学发展观，正确认识和评价文化产业品牌的功能和作用，要积极推动文化产业品牌的理论建设与实践活动，整合资源优势，打造一批国内文化产业知名品牌与国际名牌，在国内外文化市场上形成独具特色的武汉文化产业品牌，全面提升武汉文化产业的整体实力以及核心竞争力，从而推动武汉文化产业实现跨越式创新发展，早日实现建设文化强市和国家中心城市的伟大梦想。

B.17

武汉“两型社会”建设和文化产业发展关系研究

纪东东　龚 勤*

摘　要：

2007年底，武汉城市圈和长株潭城市群获批成为“两型社会”建设综合配套改革试验区，我国“两型社会”建设开始从理论走向实践。“两型社会”建设与文化产业发展之间存在着相互促进的关系：“两型社会”建设为文化产业发展提供了历史机遇和发展空间，而作为“两型产业”，文化产业的发展也有利于推进“两型社会”的建设进程。本文将对武汉“两型社会”建设和文化产业发展之间的关系进行具体探讨。

关键词：

武汉　“两型社会”建设　文化产业　发展

一　武汉“两型社会”建设概况

“两型社会”建设这一理念是在我国经济结构不尽合理、经济增长方式粗放的背景下提出的。“两型”分别指的是“资源节约型”和“环境友好型”。资源节约型社会是指整个社会经济建立在节约资源的基础上，建设节约型社会的核心是节约资源；环境友好型社会是一种人与自然和谐共生的社会形态，其核心内涵是人类的生产和消费活动与自然生态系统协调可持续发展。

---

* 纪东东，华中师范大学国家文化产业研究中心副教授、硕士生导师，研究方向：文化产业；龚勤，华中师范大学国家文化产业研究中心硕士研究生，研究方向：文化资源与文化产业。

（一）武汉“两型社会”建设的迫切性和现实基础

武汉是中国近代工业的发祥地之一，自开埠通商以来，武汉一直是全国重要的工业中心城市之一。在新中国成立后直到改革开放以前这一段历史时期内，武汉的经济规模一直居全国第四位，仅次于上海、北京和天津。但自20世纪90年代以来，由于国家政策和武汉自身体制改革滞后等因素的影响，武汉的社会经济发展开始落后于其他地区。同时，作为国家的工业中心城市，长期以来的工业建设也给武汉的资源和城市环境带来了很大的压力。虽然武汉采取了一系列措施致力于解决经济发展中资源消耗过大和环境污染过重等方面的问题，并且也取得了一定的成效，但从总体上讲，其经济发展方式并没有实现根本性的转变，经济增长方式仍属于粗放型。

粗放型经济增长方式是武汉经济发展的隐忧。我国早在“九五”计划中就明确提出要使经济增长方式由粗放型向集约型转变。近年来部分地区频繁发生的“电荒”“油荒”，说明传统的高投入、高消耗、低产出的老路已经走到了尽头。“大武汉”的崛起必须转变经济增长方式，调整产业结构，加快“两型社会”建设。

武汉建设“两型社会”有着良好的现实基础。首先，在区位条件上，武汉地处中国版图的中心位置，是衔接长三角、珠三角、环渤海以及成渝经济圈这四大经济圈的中心点。同时作为全国的交通枢纽城市，武汉公路、铁路、航空、水运均比较发达。其次，武汉拥有功能、结构完备的产业体系。钢铁、汽车、机械制造等领域在全国有着举足轻重的地位；以光电子信息、先进制造、新材料为主导的高新技术产业已经发展为武汉的支柱产业之一；物流、金融、房地产、信息传输、计算机服务以及软件等现代服务业的快速发展，正逐步调整着武汉的经济结构。再次，丰富的人才资源和雄厚的科技实力是武汉建设“两型社会”的文化基础。武汉现有普通高校79所，在校学生人数超过100万人，同时拥有一批国家级实验室、国家级工程技术研究中心、国家级企业技术中心和高新技术产业基地。武汉的科教综合实力排在全国前列。国家批准武汉城市圈成为“两型社会”建设综合改革配套试验区，可以说是给武汉提供了一个难得的发展机遇。国家赋予的“两型社会”建设“先行先试”的优先权和自身良好的发展基础，为武汉率先探索“两型社会”建设之路、实现经济发展方式的根本性转变提供了契机。

（二）武汉“两型社会”建设的基本情况

2007 年 12 月，国家批准武汉城市圈成为全国资源节约型和环境友好型社会建设综合配套改革试验区。为配合“两型社会”建设，武汉市政府于 2008 年制定了《武汉市资源节约型和环境友好型社会建设综合配套改革试验实施方案》（以下简称《实施方案》）。《实施方案》提出要“按照解放思想、先行先试，市场主导、政府推动，因地制宜、突出特色，重点突破、综合配套，统筹兼顾、稳步推进的原则，全面推进‘两型社会’建设综合配套改革试验”。计划以增强城市综合实力和可持续发展能力，构建促进资源节约和环境友好的体制机制，坚持走新型工业化、城市化发展道路为主要任务，通过资源节约和环境保护、产业结构优化和升级、扩大开放、城市功能提升、城乡统筹和区域一体化发展、土地集约利用和财税金融支持、公共服务型政府建设、社会发展和改善民生八个重点领域和关键环节的发展与建设，努力率先在全国走出一条具有武汉特色的“两型社会”建设之路，实现武汉经济发展方式的根本性改变，进而实现整个社会的可持续发展。此外，武汉市统计局也根据《实施方案》的要求，制定了《武汉“两型社会”建设综合配套改革统计监测指标体系》，对武汉“两型社会”建设的过程和成果进行统计和监测。在《实施方案》的指导下，近年来武汉“两型社会”建设稳步推进，具体表现在以下几方面。

1. “两型社会”建设重点领域有所突破

循环经济建设方面，武汉坚持把循环经济作为“两型社会”建设的突破口，通过青山区、东西湖区、阳逻开发区等国家及省级重点循环经济示范园区的建设，着力推进全市循环经济发展。青山区已经基本形成了以钢铁、石化、环保等主导产业为基础的循环经济产业链。阳逻开发区以阳逻电厂等重点企业为平台，积极探索资源循环利用模式，资源利用率得到了明显提高，实现了经济、社会、环境三方面的共赢。此外，武汉市还培育了金凤凰纸业等一批有实力的循环经济示范企业，企业层面的资源循环利用水平正不断提高。通过循环经济的建设，近年来武汉市万元 GDP 能耗呈逐年下降的趋势，从 2008 年的 1.18 吨标准煤下降到了 2011 年的 0.82 吨标准煤，下降了 30.5%。[①]

环境保护方面，大东湖生态水网构建工程自获得国家发改委批准之后，各项工作进展顺利，其中重点工程东沙湖连通工程已经基本完成。东沙湖连通工程的建设完成对于控制湖泊面源污染、改善湖泊水质和区域生态环境、推进武汉滨江滨湖宜居城市建设有着重要意义。在城市垃圾处理和污水处理方面，武汉正着力构建以垃圾焚烧发电为主、垃圾填埋为辅的城市生活垃圾处理系统，同时垃圾分类收集处理工作正逐步展开。在全民参与下，武汉市城市生活垃圾无害化处理率和污水集中处理率分别达到了 92.3% 和 95%。[②]

2. 高新技术产业等“两型产业”加快发展

“两型社会”建设需要“两型产业”的发展作为支撑。所谓“两型产业”，就是指那些符合“资源节约和环境友好”标准的产业门类。这些产业具有高科技含量、高附加值、低资源消耗、低环境污染等特征。高新技术产业就是典型的“两型产业”。

在丰富的人才资源和雄厚的科技实力的基础上，近年来武汉市高新技术产业的发展可谓突飞猛进。2012 年武汉市高新技术产业实现产值 4556.0 亿元，同比增长 32.1%，继 2011 年突破 3000 亿元台阶后，2012 年迈上 4000 亿元台阶；实现增加值 1353.4 亿元，比上年增长 26.0%。高新技术产业的发展速度明显快于全市经济的发展速度，高新技术增加值占全市生产总值的比重为 16.9%。[③] 高新技术产业已然成为武汉市的重要支柱产业之一。作为最具活力和增长潜力的产业，高新技术产业有力地推动了武汉市产业结构升级和国民经济的持续健康发展。

---

① 2008 年数据来源于《武汉统计年鉴（2009）》，武汉统计信息网，http://www.whtj.gov.cn/tjnj/tjnj2009/index.htm；2011 年数据来源于《武汉统计年鉴（2102）》，武汉统计信息网，http://www.whtj.gov.cn/tjnj/%E6%AD%A6%E6%B1%89%E5%B9%B4%E9%89%B42012.pdf。

② 武汉统计局、国家统计局武汉调查队：《2012 年武汉市国民经济和社会经济统计报告》，《长江日报》2013 年 3 月 4 日。

③ 肖诗军：《2012 年武汉市高新技术产业发展迈入新台阶》，武汉统计信息网，http://www.whtj.gov.cn/details.aspx?id=1777。

3. “两型社会”建设惠及民生

近年来，武汉市将“两型社会”建设的理念运用到了与广大市民生活密切相关的领域当中。通过推进示范项目建设，使“两型社会”建设成果惠及民生。武汉市政府通过采取“政府引导、企业运作”的方式，建成了公共自行车系统，近千处便民服务网点遍布全市，这一举措受到了广大市民的普遍欢迎。“光城计划”是武汉构建“两型社会”、在全国率先实现信息化城市、快速推进武汉经济发展、建设特色武汉的重大举措。目前，电信光网宽带已实现全城覆盖，全城宽带实现大提速，千余个小区家庭可使用光速宽带，百万家庭享受到了宽带提速带来的便利。武汉城市宽带网络建设、服务能力、应用水平、城市网络带宽正逐步达到国内领先水平。2011 年武汉通过了《武汉市无线城市建设实施方案》，提出要加快推进无线城市建设，力争在两年内即 2013 年实现“无线武汉”的建设目标。目前，无线热点已经基本覆盖了武汉市的大型公共场所。如果“无线武汉”建设能够顺利完成，那么届时无论是在城区还是乡村，武汉市民只要打开电脑或用智能手机接入网络就可以随时随地上网。

武汉市近年来加大了“两型社会”理念在市民中的宣传力度，使得“两型社会”理念逐步深入人心，这为武汉“两型社会”建设赢得了深厚的群众基础。但“两型社会”建设需要“两型产业”的支撑，大力发展以新材料、电子信息、生物医药、先进制造等高新技术产业为代表的“两型产业”是推动武汉“两型社会”建设的关键所在。从产业属性来讲，文化产业也是典型的“两型产业”，与“两型社会”建设有着相辅相成的关系。

二　“两型社会”建设与文化产业发展之间的关系

（一）“两型社会”建设与文化产业发展相辅相成

一方面，“两型社会”建设为文化产业的发展提供了历史机遇和发展空间。其一，“两型社会”的核心内容就是要通过提高资源利用效率，以最低的资源消耗和最小的环境代价换取最大的经济效益、社会效益和生态效益，使人类的生产和消费活动与自然生态系统相协调，实现社会的可持续发展。但这并不意味着要取消那些资源消耗大、环境污染重、经济效益低的产业门类，而是要通过政策制度对这些产业门类的发展进行抑制，鼓励发展资源节约型和环境友好型产业。这为具有资源消耗低、环境污染少、附加值高等特点的文化产业提供了历史机遇和发展空间。其二，“两型社会”概念的提出表明国家不再只是一味地追求经济的增长，忽视资源和环境的保护，而是将追求人与自然的和谐统一、人的幸福以及社会的可持续发展作为国家今后发展的目标。而文化产业是“通过提升商品的观念价值，开拓艺术型、知识型、心理性、体验型、休闲型的新的经济增长模式，促进经济增长从单纯追求‘以物为本’的GDP（国内生产总值）、GNP（国民生产总值）向‘以人为本’的GNH（国民幸福总值）转变”[①] 的产业，二者的目标具有一致性。

另一方面，文化产业是典型的“两型产业”。从产业属性来讲，文化产业是集创意、文化、科技于一体的产业，具有附加值高、污染少、消耗低等特征。与传统产业的发展依赖于矿产资源、土地资源、生态资源等物质资源消耗不同，文化产业更多的是以创意、文化、技术、教育等智力要素为主要资源。与物质资源相比，创意、技术等智力要素具有取之不尽、用之不竭的特点。同时，文化产业是一种内生型产业，它的发展受物质资源的限制相对较小，不会因为物质资源的稀缺而发展受阻，降低产业发展对自然资源的依赖程度。从产品属性来讲，文化产品和服务主要以数字化创作生产、网络化传播消费为基本特征，生产和消费过程都具有空间占用少、资源消耗低、污染排放弱等特点，符合“两型社会”“节能减排、发展循环经济”的要求。[②]

（二）文化产业带动社会经济发展的国外经验

1973年，美国社会学家贝尔出版了《后工业社会的到来》一书。他把人类社会的发展进程区分为前工业社会、工业社会和后工业社会三大阶段。在工业社会里，工业是支撑城市发展最重要的动力来源，带动了城市经济的快速增

---

① 厉无畏、王慧敏：《创意产业促进经济增长方式转变——机理·模式·路径》，《中国工业经济》2006年第11期。

② 傅才武、江海全：《文化创意产业在“两型社会”建设中的功能作用与价值定位》，《中国地质大学学报》（社会科学版）2009年第4期。

长；在后工业社会里，经济结构从商品生产经济转向服务型经济，服务业在城市经济发展中的作用越来越大。

工业时代的伦敦曾经是世界工业中心，经济发展领跑全球，但两次世界大战让伦敦乃至整个英国的经济陷入低迷。后工业时代的伦敦，经济结构逐步得到调整，以创意产业为主的新兴产业于20世纪末在伦敦逐渐兴起，推动了伦敦的城市发展和经济的再一次繁荣。伦敦利用自身的人才、技术资源和大都会的优势，大力扶持和推动文化创意产业的发展，经过近20年的发展，实现了从工业城市到创意城市的华丽转身，创意产业已经成为仅次于金融服务业的第二大支柱产业，伦敦也被冠以全球三大广告产业中心之一、全球三大最繁忙的电影制作中心之一和国际设计之都的称号，创意产业的发展让伦敦这座城市再一次焕发出新的生机和活力。

近几十年来，美国充分发挥了自身在资金、科技、人才等方面的优势，大力发展文化产业，取得了举世瞩目的突出成绩。2010年，美国文化产业总产值达到16270亿美元，占当年美国GDP总值的11.1%，文化产业就业人数约510万人，占全部就业人数的4%①，文化产业毫无疑问已经成为美国的支柱型产业，极大地带动了美国经济的持续增长。此外，美国已经成为世界文化产业发展的主导国家，其文化产品在世界范围内均有着较大的影响力：在全球放映的影片中，好莱坞电影占据了很大一部分的市场份额，即便是在重视市场保护的欧盟也是如此；迪士尼公司旗下的迪士尼乐园也早已走出国门，在巴黎、东京、香港建立起了新的迪士尼乐园。美国文化产品的国际影响力可想而知。

三　武汉文化产业发展对“两型社会”建设的促进作用

（一）文化项目建设推进产业结构调整优化

新中国成立后，考虑到国防安全以及国家发展需要等因素，国家在武汉

① 任国信、黄文冰：《美国文化产业发展的驱动力研究》，《现代企业教育》2012年第6期。

部署了一批大中型工业企业。但由于受到计划经济体制的长期影响，加之武汉城市发展整体布局变化等因素的影响，20世纪90年代以后，这批曾经辉煌一时的国有企业开始走向衰落：有的企业直接破产，有的则整体搬迁到了市郊。在这些企业“退出”之后，原来的工业区做何改造成为一个亟须解决的问题。从武汉“两型社会”建设的经验来看，文化项目开发是一个绝佳的选择。

武汉文化项目建设始于2004年。到了“十二五”期间，武汉市文化项目规划数量已经增长到176个，总体投资规模预计达到2485亿元，与“十一五”相比，净增长2285亿元，整体投资规模有了较大程度的增长。① 在这些文化项目中，“汉阳造”文化创意产业园项目和武汉中央文化区项目是武汉成功改造旧工业区、推进产业结构调整优化的典范。

“汉阳造”文化创意产业园项目是充分整合现有工业遗产资源进行文化项目开发的典型案例。

2007年初，汉阳区为加快推进产业结构调整和城区功能转型，提出了大力发展文化创意产业的总体思路，并制定了发展规划。规划提出对辖区内的“824”“汉汽”“国棉”等企业的闲置厂房根据“整旧如旧，差异发展”的原则加以整合，逐步将其打造成为一个凝聚艺术精英、集结智慧灵感、引领时尚潮流的文化创意产业聚集地，即“汉阳造”文化创意产业园。

“汉阳造”文化创意产业园分三期建设，总规划用地近600亩。其中，一期项目占地90亩，建筑面积4.2万平方米，已于2010年建成投入运营；二期项目用地范围以原汉汽厂区为主，规划用地167亩，可利用厂房面积约为14万平方米，已于2012年启动建设；三期项目规划用地340余亩，拟于2015年启动建设。目前，园区一期入驻率已达90%，成功引进了以文化创意、原创艺术、广告设计策划为主体的六大类企业78家，其中不乏诸如宜尚家居、薇拉摄影、泰博展览设计公司等行业领跑企业。这些企业中，年产值在500万元以上的企业有8家，产值过亿元的企业也有2家。总体来看，整个园区进驻企业特色明显，研发设计类企业，如武汉筑巢数字有限公司、博朗设计等，占到

① 中共武汉市委宣传部：《2012年武汉文化发展蓝皮书》，武汉出版社，2013，第157页。

50%以上。[①] 2011年园区实现营业收入约5亿元，上缴利税4000万元。[②] 目前，“汉阳造”文化创意产业园已经在全国文化创意行业中具有一定的知名度，在省内也处于领先位置。

如果说“汉阳造”文化创意产业园项目是充分整合现有资源进行文化项目开发的典型案例的话，那么武汉中央文化区项目则是武汉市成功将工业区、城中村改造为文化旅游区、商务休闲区的典范。

武汉重型机床厂是“一五”时期国家重点项目，曾是江城重工业的代表。为配合城市整体规划布局和谋求自身发展，武汉重型机床厂于2008年开始整体搬迁，2011年基本完成搬迁和重组。搬迁之后空出了土地700多亩，其中部分土地成为武汉中央文化区项目建设用地。武汉中央文化区项目规划面积1.8平方公里，总建筑面积340万平方米，是万达集团投资500亿元倾力打造的以文化为核心，兼具旅游、商业、商务、居住功能的世界级文化旅游项目。同时，武汉中央文化区项目也是武汉市“十二五”期间单体投资最大的文化项目。

楚河汉街项目是中央文化区项目的重要内容，该项目总建筑面积为21万平方米。楚河汉街不仅是商业街，而且也是武汉市大东湖生态水网构建工程的启动工程和纪念辛亥革命100周年的核心项目工程，其经济、文化和社会效应十分显著。“楚河”贯穿武汉中央文化区东西，是文化区的灵魂。“楚河”连通东湖和沙湖，是国务院批准的武汉市“六湖连通水网治理工程”的首个工程。“汉街”是中国最具建筑特色的城市商业步行街，街面商铺涵盖了购物、餐饮、文化、休闲、娱乐等多种业态。武汉中央文化区围绕楚河汉街，安排了八大文化项目，其中汉秀剧场、电影文化公园、杜莎夫人蜡像馆等都具有世界级水准。2011年9月30日，楚河汉街一开业便受到了国内外游客的热烈欢迎，国庆假期吸引客流超过200万人，成为全国假期人流排名前三的热点区域。

目前，“汉阳造”文化创意产业园项目的经济、文化及社会效应已经逐步显现，“汉阳龟北路”作为一个新的文化创意符号，逐渐被越来越多的人所熟

---

① 中共武汉市委宣传部：《2012年武汉文化发展蓝皮书》，武汉出版社，2013，第121页。

② 王荣海：《三大厂房变“梦工厂”》，长江商报网，转引自现在新闻网，2012年4月12日，http://news.cnxianzai.com/2012/04/394613.html。

知。武汉中央文化区项目作为武汉市“十二五”期间单体投资最大的文化项目，自楚河汉街开业迎客以后，其经济效应也在逐步凸显，特别是在汉秀剧场和电影文化公园等大型文化项目建设完成之后，其文化效益和经济带动效应更加明显。从这两个文化项目的建设和发展情况可以预见：文化项目能够取代原有工业企业在武汉经济发展中的作用，同时以文化项目建设改造原有工业区，实现武汉产业结构的调整和优化。

（二）数字技术的应用带动传统新闻出版产业转型升级

随着文化与科技融合的不断深入，科技对于文化产业发展的支撑作用越来越明显。伴随着数字技术的普及，数字化逐渐成为文化产业发展的一个趋势。数字技术在新闻出版领域中的应用，表现为数字印刷和数字出版等的兴起和迅速发展。

所谓数字印刷，就是指将电子文件直接成像在印刷介质之上，而有别于传统印刷烦琐的工艺过程的一种全新印刷方式。与传统印刷方式相比，数字印刷具有方便快捷、灵活高效、无须起印量、周期短、真正零库存等诸多优点。此外，跟传统印刷相比，数字印刷的工作流程要简化得多，因此在环保和资源节约方面，数字印刷要好于传统印刷。数字出版是指利用数字技术进行内容编辑加工，并通过网络传播数字内容产品的一种新型出版方式，它的主要特征为内容生产的数字化、生产模式和运作流程的数字化、传播载体的数字化以及阅读消费、学习形态的数字化。① 与传统的纸质出版相比，数字出版的信息以数字形式存在，省却了印刷、装订等工序，出版发行周期明显缩短，制作成本明显减少，同时也减少了纸张的浪费。因此从环境保护和资源节约的角度来讲，数字出版和数字印刷更具有优势。

数字技术的普及使得数字出版和数字印刷成为可能，同时伴随着人们阅读方式和阅读习惯的逐渐改变，新闻出版领域正在发生着深刻的变革。纸质阅读不再是唯一的阅读方式，数字化阅读被越来越多的人所接受，在数字出版的强

① 《新闻出版总署关于加快我国数字出版产业发展的若干意见》，http://www.gov.cn/gongbao/content/2011/content_1778072.htm。

烈冲击下，传统的纸质出版开始走向衰落。对于新闻出版行业来说，是选择继续固守传统纸质出版，还是充分利用数字技术、发展数字出版，答案是显而易见的。实现由传统纸质出版向数字出版转型升级已经成为新闻出版产业的一个重要发展趋向。

武汉市政府对于数字出版产业的发展给予了高度的重视，积极鼓励新闻出版单位在内容、形式、生产技术和传播手段上不断创新，用现代技术改造传统出版产业，加快实现由传统纸质出版向数字出版的转变。近年来，武汉数字出版产业一直保持着较快的增长态势，为经济增长和新闻出版产业的转型升级做出了重大贡献。具体表现在：大量数字出版企业不断涌现，仅武汉东湖新技术开发区数字创意产业园就集聚了各类数字出版企业 80 多家，数字出版从业人数近万人。市属传统出版单位近年来也逐步加快了数字化转型的步伐，以长江日报报业集团、武汉出版集团等为龙头的新闻出版单位，在发挥传统出版优势的同时，积极开拓数字出版领域，目前约 55% 的市属报纸和约 53% 的市属期刊拥有网站或数字报刊，数字出版生产规模和经济效益正逐年增加。

印刷行业方面，武汉市目前共有印刷企业 967 家，绝大部分传统印刷企业都在寻求转型升级之路，数字印刷企业所占比重不断提高，已经成为新闻出版产业发展的增长点之一。全年销售收入达到了 95.7 亿元，实现工业总产值 104 亿元，拥有从业人员 3.1 万人。①

华中国家数字出版基地是全国第四家国家级数字出版基地，基地位于武汉经济技术开发区，于 2011 年 9 月正式挂牌成立。华中国家数字出版基地的建设对全武汉乃至整个湖北的数字出版产业的发展，以及推动新闻出版产业转型升级将具有重要而深远的战略意义。基地的发展将坚持以数字技术为核心、以数字出版为主业，预计到“十二五”计划末，基地将建成数字出版产业园区 8 ~ 10 个，入驻企业 300 家，从业人员达 15000 人，数字出版业年产值达到 300 亿元以上。

数字技术在传统新闻出版领域的应用给新闻出版产业的转型升级提供了技术支撑。在信息化时代的今天，传统新闻出版产业日渐式微。但只要能抓住数字出版发展的契机，实现产业转型升级，新闻出版产业必将迎来一个新的春天。

---

① 中共武汉市委宣传部：《2012 年武汉文化发展蓝皮书》，武汉出版社，2013，第 54 页。

（三）文化旅游助推武汉经济可持续发展

文化旅游业主要包括主题公园、自然生态、都市风情、滨江休闲、乡村观光、人文历史等旅游及相关产业。[①] 之所以说文化旅游符合“两型社会”建设要求，有助于推动武汉经济的可持续发展，原因有三。首先，“两型社会”建设要求经济的发展不能以牺牲环境为代价，必须建立在优化结构、提高效益、降低消耗和保护环境的基础之上。而文化旅游业的高产出、低消耗、可持续等特点则完全符合“两型社会”建设的要求。其次，文化旅游业还具有经济带动性强和影响覆盖面广的特点。文化旅游业的发展还会带动商业、交通、餐饮、娱乐、酒店、邮电等相关行业的发展。最后，十八大报告中首次提出了“美丽中国”的理念。“美丽中国”的理念是科学发展观的一个最新体现，与“两型社会”建设相契合，体现了国家尊重自然、顺应自然、保护自然的新理念。文化旅游业作为“朝阳产业”“无烟工业”，发展文化旅游与“美丽中国”建设的要求一致。因此，文化旅游业对于武汉“两型社会”的构建和经济的可持续发展具有重要意义。

武汉拥有较好的文化旅游发展基础。首先，武汉是全国重要的交通枢纽，有着便利的交通条件，特别是在2013年底沪汉蓉高速铁路正式通车后，武汉将全方位进入高铁时代，北京、上海、广州、成都等城市来往武汉的时间都将在5个小时以内，这是武汉发展文化旅游业的重要基础，同时也是一个绝佳的契机。其次，武汉还拥有丰富的文化旅游资源。截至2012年末，武汉市共有星级旅游景区35个。其中，5A级景区1个，4A级景区16个，3A级景区6个，3A级以下景区12个。黄鹤楼风景区、湖北省博物馆、东湖风景区、归元禅寺、辛亥革命武昌起义纪念馆等文化旅游景点是武汉具有代表性的特色旅游景点，也是国内外游客到武汉旅游的主要景点。总的来讲，武汉的旅游景点具有景观类型丰富且集中度较高的特点。

在良好的旅游业发展的基础上，武汉旅游业在近年来一直保持着较快的发展势头。2011年，武汉市全年接待国内旅游人数11636.12万人次，与上年相比增长

① 《武汉市文化产业振兴计划（2012～2016）》。

31.5%；接待海外旅游人数115.91万人次，同比增长24.9%；实现旅游总收入1054.10亿元，同比增长39.6%。[①] 2012年，武汉市全年接待国内旅游人数14067.70万人次，与上年相比增长20.9%；接待海外旅游人数150.89万人次，同比增长30.2%；实现旅游总收入1396.00亿元，同比增长32.4%。[②]

武汉文化旅游业近年来的年均增长率也在20%以上。《武汉市文化产业振兴计划（2012～2016）》规划目标显示：到2016年，武汉市文化旅游总收入将达到500亿元，武汉将建设成为具有滨江滨湖特色的商务会展型和都市休闲型旅游城市，成为中部地区旅游集散中心、国家旅游中心城市和国际上有较大影响力的文化旅游胜地。若这一目标真能实现的话，那么届时武汉文化旅游业对于带动经济的可持续发展的作用将会更加显著。

此外，武汉市政府正致力于通过整合全市文化旅游资源，进一步挖掘文化旅游业的发展潜力。《武汉市文化产业振兴计划（2012～2016）》中提出了武汉市文化产业发展“三城一环”的总体布局。其中，“三城”指的是汉口文化商贸城、武昌文化创意城、汉阳文化旅游城，“一环”指的是环武汉主城区的文化生态旅游带。这一文化生态旅游带包括盘龙城历史文化旅游区、木兰生态文化旅游区、道观河宗教文化旅游区、汤逊湖文化旅游区、中山舰文化旅游区、梁子湖文化旅游区、知音湖文化生态旅游区以及泛金银湖文化休闲旅游区，布局在武汉主城区的各个方向。这一文化生态旅游带的建成不仅会进一步丰富武汉文化旅游资源，使武汉文化旅游功能区的布局更加合理；而且它的建成也会带来直接的环境保护效应，提高全市的空气质量。随着文化旅游功能区的不断构建和完善，武汉会吸引越来越多的国内外游客。

旅游业作为武汉“两型社会”构建的环境友好型产业之一，其前景是非常可观的，但这是建立在旅游景点合理、可持续开发的前提和基础之上的。如果在缺乏科学论证与整体规划指导的情况下就进行粗放式开发，可

① 《武汉统计年鉴》，武汉统计信息网，http：//www.whtj.gov.cn/tjnj/%E6%AD%A6%E6%B1%89%E5%B9%B4%E9%89%B42012.pdf。

② 武汉市统计局、国家统计局武汉调查队：《2012年武汉市国民经济和社会发展统计公报》，《长江日报》2013年3月4日。

能导致部分文化旅游资源的不可恢复性破坏和环境污染等问题的出现。因此，要想使文化旅游对“两型社会”建设和经济可持续发展的作用得到较大限度的发挥，相关政府部门在制定武汉旅游发展规划和相关法律法规时必须坚持科学决策、合理规划，充分考虑武汉旅游环境承载力，统筹规划“两型社会”建设与文化旅游资源的开发、保护，防止过度开发对环境的破坏。

（四）文化消费扩大促进经济增长方式的转变

文化消费是指人们为了满足某种文化需求而对文化产品和服务进行消费的行为和过程。文化消费处于文化产业链的末端环节，是文化产业发展的最终目的。文化消费与“两型社会”建设之间的关系可以从以下几个方面来分析。第一，文化消费是居民消费的一个重要组成部分，扩大文化消费，能够实现我国经济增长尽快从过于依赖投资、出口拉动向消费、投资、出口协调拉动转变，增强经济发展的内生动力。第二，消费需求除了具有拉动经济增长的作用外，还具有市场导向作用。在市场经济规律中，市场中某一类商品的消费需求扩大会吸引更多的资源投入这一领域。文化消费需求的扩大会吸引更多的资金、技术、人力资源投入文化产业领域，促进文化产业的发展。作为典型的“两型产业”，文化产业的发展必然会加快“两型社会”建设的步伐。因此，扩大文化消费需求既是拉动文化经济的重要手段，又是实现经济发展方式转变的重要途径。

近年来，随着人们收入水平的不断提高和物质生活质量的逐步改善，城乡居民的消费水平开始逐渐从生存型消费向发展型和享受型消费转变。武汉市文化消费总额近年来不断增加，城乡居民人均文化消费也呈现逐年增长的趋势。

如表 1 所示，武汉市文化消费总额从 2008 年的 56. 02 亿元增加到了 2012 年的 114. 15 亿元，年均增长 19. 48%；武汉市人均文化消费从 2008 年的 1095. 43 元增加到了 2012 年的 2366. 57 元，年均增长 21. 24%，特别是从 2011 年开始，武汉市人均文化消费已经超过了全国平均水平，文化消费的潜力正在慢慢显现。

表1 2008～2012年武汉市文化消费及人均文化消费基本情况

年 份	2008	2009	2010	2011	2012
武汉市文化消费总额(亿元)	56.02	72.27	76.68	108.7	114.15
武汉市人均文化消费(元)	1095.43	1406.89	1480.81	2098.82	2366.57
全国人均文化消费(元)	1358.26	1472.76	1627.64	1851.74	2020.44

资料来源：王亚南：《中国中心城市文化消费需求景气评价报告（2013）》，社会科学文献出版社，2013。

文化消费的增长表现在很多方面，近年来我国电影票房总量不断攀升就是一个很好的例子。2008年，我国电影票房总量仅为43.41亿元，而到了2012年，我国电影票房总量已经超过了170亿元，年均增长40.83%。在全国电影市场迅速发展的大环境下，武汉电影市场也在近年来取得了不俗的成绩。看电影是武汉市民的主要休闲娱乐方式之一。2011年，武汉市电影票房收入为3.45亿元，在全国城市中排名第六位，全市共有各类影院40余家、银幕数275块。[①] 不管是电影票房收入还是影院数、银幕数，作为省会城市的武汉都要明显高于全省其他城市。2012年，武汉电影市场继续保持较快发展势头，全年电影票房达5.6亿元，同比增长21.2%。[②]

需要注意的是，虽然武汉文化消费近年来持续增长，但文化消费水平仍然偏低。2011年，武汉市人均GDP已经超过了10000美元。按照国际惯例，武汉文化消费将会步入一个快速增长阶段，但事实并非如此，这一点在全国其他城市的表现也是一样的。究其原因，不外乎以下几个方面：第一，市民文化消费意识和意愿不足；第二，文化消费的有效供给不足，缺乏有吸引力的文化产品和服务；第三，教育、医疗、住房等方面的支出严重挤压了文化消费的空间。因此，要想提高武汉文化消费的整体水平，需要做到以下几点：首先，进一步提高居民收入水平，收入水平的提升是消费支出增加的前提；其次，加大文化消费的宣传力度，培养市民的文化消费习惯；再次，进一步推进文化产业的发展，提高文化市场中文化产品的有效供给；最后，建立和完善保障体系，

① 徐金波：《武汉成为中国电影市场的“票房高地”》，中国新闻网，2012年12月18日，http：//www.chinanews.com/yl/2012/12－18/4418849.shtml。

② 中共武汉市委宣传部：《2012年武汉文化发展蓝皮书》，武汉出版社，2013，第44页。

解决市民进行文化消费的后顾之忧。只有扩大文化消费，提升文化消费水平，才能够真正实现文化产业发展投资、消费的“双轮”驱动，进而实现武汉乃至全国经济增长方式的转变。

四 结论

综上所述，作为典型的“两型产业”，文化产业对于推进武汉“两型社会”建设作用明显。随着武汉文化产业发展的逐步成熟，这一作用将会进一步凸显。在武汉市“十二五”规划中，“基本建成全国‘两型社会’典型示范区，为2020年基本建成具有武汉特色的‘两型社会’打下坚实的基础”被确立为武汉市“十二五”期间的一个重要建设目标。但要如何实现这一目标呢？继续大力发展文化产业是重要举措之一。武汉市政府为了进一步发展文化产业，发挥文化产业对武汉“两型社会”建设的带动作用，于2012年颁发了《武汉市文化产业振兴计划（2012～2016）》，该计划总结了近年来武汉市文化产业发展的主要情况和存在的不足，同时提出了要通过扩大文化消费以及创意设计、文化旅游等八大重点行业的快速发展，实现文化产业“超倍增”目标。为了实现这一目标，武汉市强化了文化产业发展的政策支撑，制定并贯彻落实《武汉市加快文化产业发展的若干政策》《关于金融支持文化产业振兴和发展繁荣的指导意见》等文件，在政府财政扶持和税收优惠等方面给予文化产业发展更多的支撑。此外，《武汉市文化产业振兴计划（2012～2016）》还提出了拓宽融资渠道、加大招商力度、健全服务体系等保障措施，从多个方面为武汉文化产业的发展保驾护航。在国家加快文化建设的大背景以及一系列的文化产业发展政策的推动下，武汉文化产业的发展必将迎来新的突破，“两型社会”建设的进程将会进一步加快。

案例分析篇

Case Studies

B.18

“中三角”区域旅游联动发展背景下黄鹤楼公园发展探析

姚伟钧　石兰*

摘　要：

随着“中三角”区域旅游联动发展，武汉市和作为武汉市龙头旅游品牌的黄鹤楼公园，在区域旅游发展中具有重要的战略地位和作用。本文在分析“中三角”区域旅游联动战略的基础上，准确把握了武汉市在联动发展中的关键地位，探讨了处于这一背景下的黄鹤楼景区所面临的机遇与挑战，并提出对策建议。

关键词：

“中三角”　区域旅游联动　武汉市　黄鹤楼

* 姚伟钧，华中师范大学历史文化学院教授、博士生导师，中国非物质文化遗产评委，主要研究方向：中国文化史、文化资源与文化产业；石兰，江汉大学教育学院讲师、硕士，主要研究方向：城市文化史、文化产业。

区域旅游联动，是世界旅游业发展的必然趋势。“中三角”四省旅游联动发展已达成共识，进入战略规划和实践操作层面。武汉市是区域旅游联动中重要的中心城市，必须发挥资源和区位优势，培育强势旅游品牌，做强做大旅游业，建设区域重要的旅游集散中心和旅游目的地。黄鹤楼景区是武汉市地标性建筑、武汉的城市名片和龙头旅游品牌，享有广泛的知名度、关注度和美誉度。黄鹤楼景区牢牢把握发展时机，打造区域核心旅游区，对武汉中心旅游城市的建设具有十分重要的意义。

一　“中三角”区域旅游联动发展战略的提出

（一）区域旅游联动发展的理论基础

区域旅游联动理论本质上是一种区域合作。“二战”以后，世界旅游业迅速发展，竞争激烈，国内外学者对区域旅游发展的研究更重视区域旅游竞争。随着旅游大众化时代的到来，以及跨区域（洲际、国家、地区）旅游的频繁出现，学者们意识到区域旅游发展仅依靠区域旅游竞争力分析是不全面的，进而转向对区域合作的研究。目前，我国旅游业竞争在经历了景点竞争、路线竞争、城市竞争三个阶段后，开始进入第四个阶段——区域协同与跨区域竞争的新时代，区域整合体已经成为旅游业竞争的基本单位。[①]国内许多学者据此提出了诸如区域协作或协调发展、整合开发、“竞合”模式等区域旅游合作战略，指出通过区域旅游联动，各目的地和各级机构都能够获取竞争优势。

我国学者邱继勤重点关注国内一些资源雷同、优势不突出、区内竞争激烈的旅游区，提出解决此类区域旅游持续发展问题的必然选择就是区域联动发展理论，并将区域旅游联动开发解释为：在一定的区域范围内，各旅游地打破行政区划界限，根据旅游资源的内在关联性和地理空间的邻近性，进行区域间联合与协作，通过“市场共享”和“资源共享”，以同一种旅游形象参与竞争，

① 董观志、白晓亮：《CEPA 背景下深港旅游合作的创新策略》，《经济问题》2005 年第 5 期。

进而增强区域旅游整体的吸引力，实现各旅游地的可持续发展。[①] 美国区域规划专家弗里德曼（J. R. Friedmann）针对区域城市发展，系统地提出了核心－边缘理论，他认为任何一个国家都是由经济发展水平较高的核心区域和经济发展较为落后的边缘区域组成的。总体上，核心居于统治地位，边缘在发展上依赖核心，但这种关系并不是一成不变的。区域的空间关系会不断调整，经济的区域空间结构会不断变化，最终达到区域空间一体化。[②] 核心－边缘理论在区域旅游联动发展中，同样应用广泛，其旅游发展理论，就是确立区域内旅游业较为发达的中心城市作为核心，辐射周边旅游欠发达地区，使原本孤立发展、发展极不平衡的地区，变为相互关联的平衡发展的区域系统。

从理论研究上来看，区域旅游联动是我国旅游业实现可持续发展和互补发展、避免恶性竞争的必由之路。尤其是在旅游资源地域差异性不明显、产品存在同质化趋向的区域内，实施区域联动战略，整合资源特色，优化资源配置，减少资源浪费，形成合力，才能保证区域旅游业良性互动，形成稳固增长的发展机制。

（二）“中三角”区域旅游联动发展战略提出的现实背景

1. 世界范围内区域旅游一体化发展的客观要求

20 世纪 90 年代以来，随着经济全球化和区域经济一体化的发展，以“市场开放、客源互送、优势互补、合作共赢”为原则的区域合作，已经成为全球旅游界的共识。在世界范围内，欧盟、东亚和东南亚国家之间，加勒比乃至美洲地区国家之间都已经把旅游合作视为区域经济一体化的重要内容，对世界旅游格局产生了重大影响。

在我国，改革开放以来，伴随着市场经济体制的建立和逐步完善，按照区域经济梯次发展的战略，我国确立了从沿海到内陆，从东部到中西部的区域经济布局，陆续形成了珠江三角洲、长江三角洲、环渤海经济圈等多个跨省市、各具特色的经济合作区域。这些经济区抓住改革的先机，整合各自的资源优

① 邱继勤：《区域旅游联动开发探讨——以川、黔、渝三角地区为例》，《西南师范大学学报》（自然科学版）2004 年第 4 期。

② 汪宇明：《核心－边缘理论在区域旅游规划中的运用》，《经济地理》2002 年第 3 期。

势，实现优势互补，进行深入的旅游合作，形成了各具特色、协调发展的旅游圈，走在了区域旅游联动发展的前列。

2. 实现中部崛起、促进旅游业发展的必然选择

作为中部地区发展较快、地理位置较近、往来密切的鄂湘赣三省，地处长江中游地区的“中三角”，扼长江经济走廊之“心脏”地带，凭借由上海做龙头、沿江分布的长江港口群的联合优势，以长江这条黄金水道作为纽带和辐射带，联结若干城市群，强化中心城市的多功能作用，构筑广泛影响着中部经济腹地的城市群经济网络。“中三角”即长江中游城市群，以长江中游大型城市武汉、长沙、南昌、合肥为中心城市，涵盖武汉城市圈、襄荆宜城市群、长株潭城市群、环鄱阳湖经济圈、江淮城市群等中部经济发展地区，以浙赣线、长江中游交通走廊为主轴，呼应长江三角洲和珠江三角洲，被誉为中国经济增长“第四极”。

在中部崛起战略部署下，鄂湘赣以旅游为“媒”，率先搭建起区域联动发展的桥梁。2012 年 2 月，鄂湘赣三省在武汉签订《加快构建长江中游城市集群战略合作框架协议》以及针对旅游业联动发展的《长江中游城市集群旅游合作发展协议》，就构建“中三角”区域合作达成共识。2012 年 8 月，国务院颁布的《关于大力实施促进中部地区崛起战略的若干意见》指出：“鼓励和支持武汉城市圈、长株潭城市群和环鄱阳湖城市群开展战略合作，促进长江中游城市集群一体化发展。”“中三角”正式进入国家战略视野。2013 年 2 月，在长江中游城市群四省会城市首届商会中，合肥宣布加入长江中游城市群，与武汉、长沙、南昌三市市长共同签署《长江中游城市群暨长沙、合肥、南昌、武汉战略合作协议》，将“中三角”扩充为“中四角”（本文沿用惯称“中三角”）。

旅游联动发展，是“中三角”战略实施的排头兵、先行军。2013 年 5 月，武汉、长沙、合肥、南昌四城市在武汉成立了“长江中游城市群四省会城市旅游合作组织”，宣布共同打造“美丽中三角”区域旅游品牌。“中三角”区域旅游联动发展的构想是地理位置相近的鄂湘赣皖四省，根据区域内旅游资源的特色与联系，打破行政区划界限，统一规划旅游形象，共同开发优势旅游资源，开拓旅游市场，加强区域旅游合作，增强整体竞争力，达到四省旅游“多赢”与“共荣”的局面。

二 “美丽中三角”旅游：黄鹤楼景区发展的新背景

（一）“中三角”四省旅游资源与发展战略分析

鄂湘赣皖四省同处长江中游，山水相依，不仅地缘相近，交通相连，文化上也是一脉相承。湘鄂乃楚之故地，赣皖旧称吴头楚尾，同属楚文化的生发与繁衍之地，有着共同而深厚的文化积淀。历史上多次“江西填湖广”，更造就了共同的人脉和文脉。近代以来，四省水乳交融，休戚相关，武昌起义的烽火、大别山的铜锣、井冈山的歌谣、南昌起义的枪声、秋收起义的号角书写了中华民族不屈不挠、可歌可泣的光辉革命史，熔铸了共同的精神财富。同饮长江水、襟江带湖、秀丽的风光、历史的沉淀以及人文的传承使四省形成了鲜活的文化特质。湖湘风流，荆楚厚重，赣鄱丰饶，徽皖繁荣，如四颗明珠般熠熠生辉。在此基础下，旅游“抱团发展”成为四省共识：唯有鼎足相依、抱团并进，方能握掌为拳、串珠成盘，使四颗明珠交相辉映，绽放令人瞩目的光彩。

丰富的旅游资源和快速发展的旅游业是鄂湘赣皖四省实现旅游合作、打造“美丽中三角”的坚实基础。截至 2013 年 5 月，鄂湘赣皖四省共有国家 5A 级景区 25 家、4A 级景区 329 家，均占全国的 16% 左右；共有星级饭店 2000 多家、旅行社 3500 多家，均占全国的 15% 左右。[①] 从 2012 年的旅游收入来看，湖北省旅游总收入实现 2629.00 亿元，排名全国第八，四省旅游总收入占全省 GDP 比重均超过 10%（见表 1）。

纵观四省的旅游发展战略，各有其特色和优势。湖北省围绕“灵秀湖北”的主题，以楚文化为精髓，以武汉为龙头，依托“一江两山”（“一江”指长江三峡，“两山”指神农架、武当山），重点建设武汉城市旅游圈和构建鄂西生态文化旅游圈。湖南省打造“锦绣潇湘，快乐湖南”旅游品牌，围绕一个中心——长沙，以及一个龙头——张家界，构建大长沙、大湘西、大湘南三大

① 张达华：《整合开发大旅游 打造“美丽中三角”》，《政策》2013 年第 4 期。

表1　2012年鄂湘赣皖四省旅游业发展情况

省份	旅游总收入（亿元）	旅游总收入占全省GDP比重(%)	年接待国内外游客人数（亿人次）	入境游客人数（万人次）	4A级景区数量（家）	5A级景区数量（家）
湖北	2629.00	11.95	3.45	264.72	95	7
湖南	2175.46	10.16	3.05	224.55	64	6
江西	1408.77	10.83	2.05	156.20	55	6
安徽	2620.00	15.22	2.95	331.46	115	6

注：4A景区、5A景区数量截至2013年5月。

旅游板块。江西省以“红色摇篮·绿色家园·观光度假休闲旅游胜地”为总体定位，实施“一区带两圈”的战略部署，即全面建设鄱阳湖生态旅游区，积极促进和带动赣中南红色经典旅游圈与赣西绿色精粹旅游圈建设和发展。安徽省提出“旅游难忘安徽”的口号，以黄山、合肥、芜湖为旅游中心城市，建设皖南国际旅游文化示范区、皖江城市带旅游区、合肥经济圈旅游区和皖北旅游区四大旅游板块，重点打造生态观光、文化体验等十大旅游精品。

地理特征与旅游资源的相似性，使得四省的旅游发展战略不谋而合。四省都将省内经济文化最发达地区作为旅游中心城市，依托山水文化资源，大力发展民俗体验、生态观光、红色旅游、休闲娱乐四大旅游产品。由于“中三角”区域内旅游地经济发展水平差异较大，旅游资源相对分散，四省携手共推“美丽中三角”，以核心－边缘理论为基础，实行以中心城市带动区域旅游发展的策略。要实现这一目标，最主要的难题是如何打造最强势旅游品牌，如何提升中心城市旅游吸引力和辐射力。对于湖北省来说，牢牢把握武汉市区域中心地位，重点建设黄鹤楼旅游品牌是解决这一问题的关键。

（二）武汉市在“美丽中三角”区域旅游发展中处于关键地位

武汉位于长江、汉水交汇处，是湖北省省会和政治、经济、文化中心，2011年和2012年连续两年GDP总量排名全国前十，是我国六大国家级区域中心城市之一。武汉历来被称为“九省通衢”之地，是中国内陆最大的水陆空交通枢纽。随着多条高铁线路的陆续开通，从武汉乘坐高铁到北京、上海、重庆、西安、深圳、香港等主要城市仅需 5 小时左右，真正具有了承东启西、沟通南北、维系四方的作用，被国内经济学家们誉为“中国经济地理的中心”。

武汉市旅游资源丰富，风光秀丽，历史悠久。武汉是一座典型的山水园林城市，市内 100 多处湖泊星罗棋布，数十座山峰蜿蜒其间，水域面积占到全市国土面积的 1/4，有“百湖之市”的美称。诗人李白流传千古的名句“黄鹤楼中吹玉笛，江城五月落梅花”，道出了武汉迷人的美景。这里有“天下江山第一楼”黄鹤楼、中国最大的城中湖东湖、佛教圣地归元寺、万里长江第一桥武汉长江大桥、亚洲民主之门红楼、百年老街江汉路、全国最大的旅游文化步行街楚河汉街等著名的旅游景点。作为历史文化名城，武汉市有名胜古迹 339 处、革命纪念地 103 处，有 13 处国家级重点文物保护单位、198 处省级及市级重点文物保护单位。

近年来，借助区位和资源优势，作为第三产业的旅游业在武汉国民经济中的比重不断提高，成为拉动经济发展的重要增长点。武汉统一旅游宣传形象，提出“大江大湖大武汉”的旅游口号，整合资源，围绕旅游中心城市的建设目标，打造了“两江四岸”“大东湖”“泛金银湖”三大旅游集聚区，以及以木兰生态旅游区为代表的环城休闲度假旅游圈，实现了旅游业的跨越发展。近十年来，武汉市旅游接待人数年均增长 20%，2012 年达到 1. 42 亿人次，实现旅游总收入 1396 亿元。《福布斯》中文版发布的“2012 年中国大陆旅游业最发达的城市”排行榜中，武汉名列第十。

“中三角”区域旅游联动战略为武汉旅游业带来了前所未有的发展机遇。通过对比四省省会城市的旅游业发展状况（见表 2），可以看出，武汉的旅游业在四省省会城市中旅游总收入最高，旅游吸引力最强，旅游业处于领先地位。武汉凭借其重要的区位优势、丰富的旅游资源、发达的旅游业，成为“中三角”区域联动战略中最大的中心城市。作为区域中心城市，武汉市的旅游布局对整个区域的影响至关重要。武汉不仅要打造出“中三角”区域内最强势的旅游品牌，成为最有吸引力的旅游目的地，同时需要联合周边城市、省内重要旅游城市以及“中三角”城市群，发挥特大城市的辐射作用，建设区域内最大的旅游集散地和目的地。

表2　2012年武汉、长沙、南昌、合肥旅游业发展情况

城市	旅游总收入（亿元）	旅游总收入占全市GDP比重（%）	年接待国内外游客人数（万人次）	5A级景区数量（家）	4A级景区数量（家）	五星级宾馆数量（家）	星级以上宾馆数量（家）	2012年入选全国百强旅行社数量（家）
武汉	1396.00	17.4	11400.00	1	17	13	97	4
长沙	783.10	12.2	8088.07	1	15	13	82	7
南昌	201.94	6.7	2537.00	0	6	7	57	2
合肥	459.63	11.0	5397.50	0	18	9	82	2

注：5A级景区、4A级景区数据截至2013年1月，长沙市星级以上宾馆数量为2011年数据，其他数据截至2012年末。

资料来源：各市2012年旅游行业发展报告。

三　黄鹤楼公园旅游资源的开发现状

黄鹤楼是武汉市地标性建筑，是武汉的城市名片和龙头旅游品牌，享有广泛的知名度、关注度、美誉度。“中三角”区域旅游联动发展为黄鹤楼品牌的提升提供了宝贵的时机，重要的区位优势和丰富的旅游资源基础使黄鹤楼坐拥地利之便，武汉市对黄鹤楼文化旅游区的规划建设为其增添了人和之势。得天时、地利、人和，黄鹤楼顺势而上，摆脱发展困境，做强做大，尤其具有紧迫性和重要意义。

（一）黄鹤楼公园是“美丽中三角”最具知名度景区之一

黄鹤楼雄踞长江之滨、蛇山之首，坐山拥水，具有1700多年的历史，被誉为“天下江山第一楼”。自唐代起，黄鹤楼就以“登高极目”的佳境和“天下名楼”的文化意蕴成为达官贵人、文人雅士“游必于是，宴必于是”的旅游胜地，吸引了无数文人墨客对景抒怀，名诗美文源远流长。尤其是唐代诗人崔颢、李白的黄鹤楼诗，脍炙人口，广受喜爱，作为千古名句，被列入中小学语文课本的必背内容，使黄鹤楼具有了广泛的知名度和关注度。

黄鹤楼深厚的文化底蕴以及丰富的物质文化遗存，吸引了众多中外游客前来观光游览。黄鹤楼地处“惟楚有材”的三楚腹地，许多唐宋名家和历代民众用传说故事、诗词文赋将一栋物质的黄鹤楼塑造成一栋“神仙楼”“功德

楼”“智慧楼”“伦理楼”，成为“三楚胜地”的文化象征。从古至今，有关黄鹤楼的传说、故事、诗文、绘画、戏曲、曲艺、音乐作品比比皆是，生生不息。这些优秀的作品，在增添文化韵味的同时，也为黄鹤楼留下了丰富的物质文化遗存。历代名家的书画碑刻与气势雄伟、构思精妙的建筑群，古典诗意的园林景观一起构成了黄鹤楼公园优秀的民族文化遗存。

黄鹤楼又是“中三角”区域旅游联动战略中区位优势最明显、旅游资源最集中的景区之一。“中三角”四省25个5A级景区中，黄鹤楼是目前仅有的2个位于省会城市的5A级景区之一，被评为“中国旅游胜地四十佳”。它坐落于长江、汉水的交汇之处，又位于长江和京广线的交叉处，即东西水路与南北陆路的交会点上，区位绝佳。黄鹤楼周边的道教文化、佛教文化、水文化、桥梁文化、码头文化、饮食文化、辛亥文化、抗战文化、军事文化、三国文化等，都各具特色，十分丰富。因此，“美丽中三角”旅游精品路线的设计中，无论是名山名楼名湖游、长江豪华游船游、荆楚文化游，还是红色故里经典游、宗教文化游、高铁都市游，都离不开黄鹤楼公园这一关键位置。

（二）黄鹤楼是武汉市龙头旅游品牌

自1985年黄鹤楼重建开放以来，黄鹤楼景区规模不断扩大，内容日益丰富，成为囊括大小景点60余处的国家5A级风景名胜区，吸引了世界200多个国家和地区的游客，共接待了近百个国家的元首和政府首脑。2010年，黄鹤楼共接待游客191万人次，实现门票收入1.15亿元，旅游发展水平连续多年在武汉市主要旅游景区中名列榜首。在游客眼中，黄鹤楼是武汉不可替代的城市名片，更是武汉的城市符号，外地人来武汉，无论是长住还是路过，都会到黄鹤楼“揽虹瞰川”，一睹风采。

黄鹤楼与其周边相邻旅游资源相互补充，形成武汉市特色鲜明、影响广泛的旅游文化区。黄鹤楼的所在地，龟蛇对峙、一桥飞架、三镇鼎立、万舟云集，这一带是江城最富诗意的地方。蛇山是著名的历史文化名山，绵亘蜿蜒，形似伏蛇，头临大江，尾插东城，与汉阳龟山对岸相峙，名胜古迹众多，楼阁亭台参落。黄鹤楼屹立于蛇山之首，山下有辛亥革命纪念地首义公园，南麓有以抱冰堂为主的历史民俗景区，中部为道教著名十方丛林之一的长春观。与蛇山遥相对望的是武汉著名游览胜地龟山风景区，龟山东麓又有号称“楚国晴川第一楼”的晴川阁。龟蛇二山，把守长江东西两岸，“万里长江第一桥”的武汉长江大桥横跨二山之间，形成了“龟蛇锁大江”的雄奇景象。长江两岸，江汉路步行街、汉口江滩、江汉关－中华门码头、户部巷小吃街等独具武汉特色且深受游客喜爱的景点，依次分布在黄鹤楼周围。这一区域，是武汉历史文化资源最集中、最丰富的地方，黄鹤楼屹立其中，贯穿的不仅是城市的核心区，更是整个武汉的历史与未来。

认识到旅游合作、抱团发展的重要性和紧迫性，武汉市国土规划局与市园林局于2012年6月编制了《黄鹤楼文化旅游区发展规划》，以黄鹤楼公园为中心，将西至月湖桥，东至中山路，北临月湖路、龟北路及民主路，南临琴台路、大桥路及武珞路，总用地面积约4.4平方公里的范围纳入规划，成立黄鹤楼文化旅游区。同时，将月湖西北部、龟北区、汉阳公园附近、昙华林等总面积为2.8平方公里的区域划为协调区。整个旅游区包括六大景区（见图1），

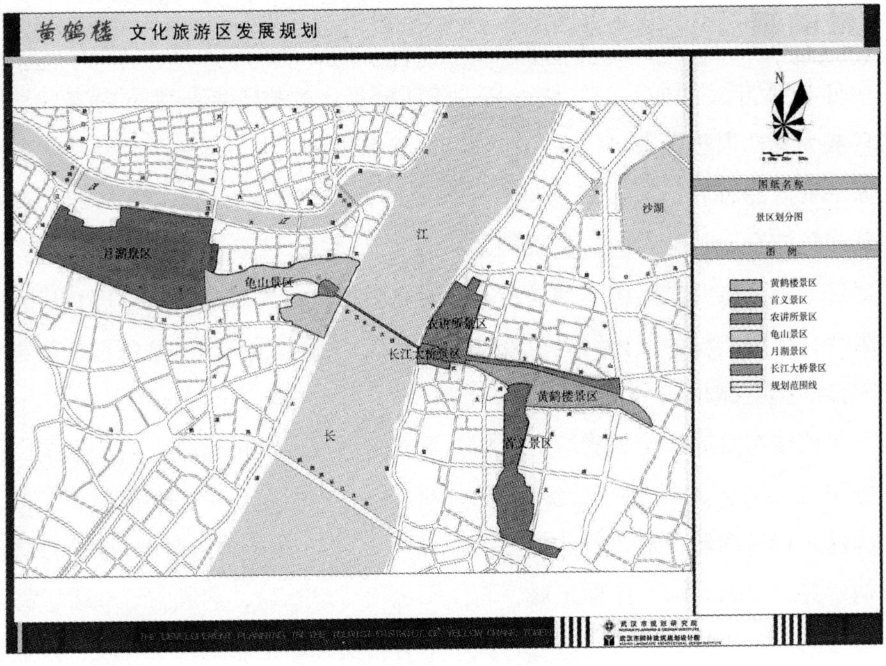

图1　黄鹤楼文化旅游区发展规划

旨在建设展现“龟蛇锁大江、黄鹤览胜”景观意向以及琴台知音文化、辛亥首义文化和红色革命文化的，具有文化悠久璀璨、景观特色“壮、秀、幽、旷”并蓄之特色且集旅游观光、生态游憩、文化休闲等多功能为一体的城中型文化旅游区。[①] 黄鹤楼文化旅游区的规划建设，是整合周边资源，做强做大黄鹤楼旅游品牌的重要举措。

（三）黄鹤楼公园的发展困境

尽管黄鹤楼景区在近三十年的时间里取得了辉煌的成绩，但是随着旅游业的深度发展，无论是国际上还是国内，传统的观光旅游正在向休闲度假旅游转变。作为传统观光型的老牌旅游景区，黄鹤楼渐渐失去先天优势，进入发展的瓶颈期，面临新的挑战。

首先，区位条件是一把双刃剑。依托武汉市得天独厚的地理、交通和经济优势，黄鹤楼景区曾经得到了武汉市的大力支持，拥有广阔的市场，其旅游起步早、发展快，取得了辉煌的成就。然而区位优势在带来优势的同时也带来了一定的局限性。一方面，武汉市作为国家级区域中心城市，钢铁、光电、石化、汽车四大产业是其大力发展的支柱产业，而旅游业近年来才作为新兴产业得到重视，整体发展水平和支持力度仍有待提高。同时，武汉市可供开发利用的自然和人文资源丰富，武汉市要打造区域旅游中心城市，提高旅游竞争力，在旅游规划和布局上，就必须强调整体效益，多个景区景点联合开发，实现遍地开花的效果。在此背景下，黄鹤楼景区以往在武汉旅游业中“一枝独秀”的地位受到冲击，面临更多挑战，必须寻求新的发展策略。另一方面，黄鹤楼位于武汉市中心城区，处于闹市之中，周边的现代化商业建筑使黄鹤楼与黄鹤楼传说中的“仙楼”、诗画意境有所出入，容易造成游客的心理落差。由于商业地段用地有限，地价昂贵，景区发展空间较小。协调周边商业街区的形象，使之与黄鹤楼景区整体形象协调一致，功能上相互配套，更是难上加难。中心城区的地理位置还带来交通的拥堵与不便，对黄鹤楼旅游发展也造成负面影响。

---

① 武汉市国土资源局和规划局：《黄鹤楼文化旅游区发展规划公示》。

其次，景区发展模式和收入结构单一。黄鹤楼公园的发展模式是传统旅游业的典型，即依靠观光旅游和门票收益生存的单一经营模式。观光型旅游是改革开放后我国旅游业起步阶段普遍采取的旅游方式。但随着人们收入水平的提高、出游经历的丰富和信息渠道的畅通，旅游者更期望在欣赏自然景观和文化古迹、感受地域文化的同时，增加旅游体验，获得身心的放松和精神的享受。昔日走马观花、到此一游的传统观光旅游模式已然无法满足当代旅游者高品位的深度旅游需求。黄鹤楼公园单一的以观光为主的旅游方式造成了旅游吸引力下降，游客停留时间大都不超过半天，且很多游客游览之后再无重游欲望，杳如黄鹤，一去不返。从收入结构看，黄鹤楼的经营收入以门票为主。以2010年为例，黄鹤楼旅游总收入为1.9亿元，门票收入达到1.15亿元，占总收入的64%。以观光为主的旅游方式和以门票为主的赢利方式制约着黄鹤楼公园旅游业的可持续发展。

最后，非物质文化遗产资源难以形成物质化的竞争优势。2003年联合国教科文组织通过的《保护非物质文化遗产公约》中将“非物质文化遗产”的范围限定为口头传统，表演艺术，社会实践、仪式礼仪、节日庆典，有关自然界和宇宙的知识与实践以及传统的手工艺技能五个方面。黄鹤楼建筑虽然屡建屡毁，但在千年的历史长河中却留下了许多动人的传说和名诗佳句，其无形文化价值历经千年而不衰，造就了黄鹤楼集地气、仙气、文气的文化气息。然而在旅游开发中，这些富有价值的非物质文化遗产，或难以被有形化地利用，或多以建筑物、雕刻、壁画、楹联、匾额、碑文、模型等静态文化载体为主，旅游者游览之后，只能粗略地了解名楼文化的表征，无法深入领略千年名楼的文化氛围和历史积淀，更难以直接感受古人登临黄鹤楼时的人文情怀。[①]丰富的无形文化资源没有形成物化的旅游竞争优势。

在机遇与挑战并存的条件下，黄鹤楼景区必须认清形势，顺势而为，乘势而上，才能在激烈的竞争中赢得先机，再创品牌辉煌。

---

① 张薇、张晓燕：《黄鹤楼景区旅游吸引力提升研究——基于深度旅游的视角》，《武汉大学学报》（哲学社会科学版）2011年第1期。

四　新背景下黄鹤楼景区发展路径探析

（一）整合旅游资源，加强旅游合作，打造区域旅游核心区

在“中三角”区域旅游联动发展背景下，利用武汉市优越的区位优势和较为发达的旅游业基础，整合周边丰富的旅游资源，与武汉市、湖北省、“中三角”其他地区深入开展旅游交流与合作，建立多层次的核心－外围模式，形成良性互动的联动机制，提升旅游品牌，打造区域旅游核心区，是新形势下黄鹤楼景区谋求发展的当务之急。

第一，统筹规划，优化黄鹤楼文化旅游区的功能分区，形成核心竞争力。

黄鹤楼景区要打造成武汉及周边城市圈的核心旅游区，首先必须整合周边丰富的旅游资源，突破自身发展空间严重不足所带来的局限。与周边景区抱团发展，统筹规划，建设黄鹤楼文化旅游区，势在必行。武汉市规划的黄鹤楼文化旅游区包括首义公园、黄鹤楼公园、龟山、农讲所－户部巷景区、长江大桥景区和月湖景区六大块，各景区虽然紧密相连，但长期以来缺乏互动，未能形成合力。黄鹤楼文化旅游区的规划建设为该区域带来质变的契机。

引入 CI 系统（企业形象识别系统），加快景区形象建设，形成黄鹤楼文化旅游区的品牌形象力。将六大景区之间的旅游沟通与交流常态化，树立并强化一体化旅游开发的理念；用统一的旅游区宣传口号和形象标识进行对外宣传，在六大景区之间设置专门的游览通道，在连接通道和景区内使用统一的宣传标识进行指引；旅游区内的服务人员不仅要在形象上更要在行为上提供标准化的旅游服务。

优化功能分区，使各景区既有鲜明的旅游特色，又能在功能上相互协调和补充。将首义文化区和农讲所作为革命精神与红色文化教育的基地和展示窗口，开展别开生面的教育实践活动，重点开发革命精神体验游；黄鹤楼公园作为最核心的旅游景区，应以观光和历史文化休闲体验游为主；户部巷及周边打造特色美食服务区和旅游商品区；长江沿岸和长江大桥可开发专线观光游船供游客观光和体验“龟蛇锁大江”意象以及码头、桥梁文化；龟山景区以生态、

休闲、娱乐游为主；月湖景区可以“知音文化”为中心，打造楚韵风情的视听体验区，为游客提供感官盛宴。结合以上功能分区，可针对不同类型的游客，设计合适的旅游路线，组合开发相应的旅游产品，充分发挥各旅游资源的价值。

第二，联合武汉市旅游景区，形成良性竞争机制。

武汉市是黄鹤楼景区所依靠的重要支撑和支持力量，黄鹤楼景区应发挥核心品牌力量，联合武汉市旅游景区，形成良性竞争态势，促进武汉市旅游业迅速发展，为武汉建设区域中心旅游城市提供助力。

黄鹤楼景区应树立协同发展的观念，主动与武汉市知名旅游景区深入合作，建立旅游信息公共服务网络体系。武汉市旅游业目前只有武汉旅游政务网一个整体的网络宣传平台，且主要职能是规章制度的发布和进行行业管理。黄鹤楼、东湖风景区、归元禅寺、木兰山风景区、欢乐谷旅游地都建有自己的官方网站，但提供的旅游数字化服务并不充裕，访客量不高。各景区应谋划整合，建立一个公共的信息服务平台，收集、发布各景区的最新动态；建立健全网络营销和电子商务系统，在信息平台上发布各旅游景区营销信息，联合旅游景区、星级饭店、星级旅行社等旅游企业提供在线预订服务，并积极与其他景区组合开发有竞争力的精品旅游线路，建立景区门票、住宿、餐饮的优惠价格协作体系；继续积极推行武汉市旅游年卡制度，提供在线年卡管理和信息服务。

第三，在“中三角”旅游联动战略中发挥黄鹤楼景区品牌的辐射力和扩散力。

“中三角”四省城市旅游群中，武汉旅游业发展处于领先地位，黄鹤楼应充分发挥武汉城市名片和龙头旅游品牌的优势，积极走出去，加入“中三角”旅游联动战略中，提升影响力。四省旅游的5A级景区中，目前距离黄鹤楼景区300公里范围内的分别是湖北的长江三峡风景区、宜昌三峡人家风景区、长阳清江画廊生态度假村，湖南的岳阳楼，江西的庐山，安徽的天柱山、天堂寨景区（见图2），且这些景区都以山水生态休闲旅游为主，只有黄鹤楼与岳阳楼是园林建筑景区。黄鹤楼应牢牢把握这一主题，打造独具特色、内涵丰富、美轮美奂的古典园林风景区。与相邻的5A级景区强强联合，共同开发山水园林旅游路线；与周边5A级景区之外的景区共同推出优惠政策，开展宣传促销，紧紧抓住周边市场，发挥辐射力；与“中三角”其他品牌旅游景区积极交流经验，联合进行旅游推介和市场开拓；与区域内大型旅游企业积极合作，共同建设一流的基础设施，提供优质的旅游服务。

图2　距离黄鹤楼景区300公里范围内5A级景区（截至2012年12月）

（二）深入挖掘景区潜在价值，增强品牌吸引力

面对“中三角”区域旅游联动发展的新形势，黄鹤楼景区应主动出击，加强外部联合。同时，也应认识到深入挖掘景区潜在价值、提升内涵、增强吸引力同样刻不容缓。根据黄鹤楼公园的资源状况和所面临的困境，其旅游发展应突出三个重点。

第一，突出黄鹤楼的文气，营造特色城市文化空间。

城市文化的空间形态是城市历史和文化的重叠，它根植于历史发展的脉络中，完整地体现着文化城市的底蕴、厚度和生命力。狭义上的城市文化空间是指能够承载城市传统文化的空间，如物质文化遗存和遗迹、非物质文化遗产的空间载体等。[①] 有着上千年文化与历史积淀的黄鹤楼不仅是著名的风景名胜区，更是一个城市的文化符号，这里的名诗名句、名人名画、名家书法、传说与丰富的历史遗迹一同诉说着城市的历史，保留着城市的记忆与文明，承载着人们对历史的回味。历史文化传统与现代城市文化之间存在着或多或少

① 孙世界：《历史与当代的遭遇——关于城市文化空间的片段思考》，《建筑与文化》2009年第Z1期。

的矛盾冲突。作为古典意义的黄鹤楼，只有与现代的城市空间交会互动，突破时空界限，创新发展，才能实现历史传统文化与现代的对接，延续千年文脉。

黄鹤楼浓厚的文化气息以及丰富的文学与艺术资源，与武汉市科教名城的主题相得益彰。可利用武汉丰富的科教资源，与各类学校、科研所、设计院进行合作，充分发挥人才力量，集合各种创意策划，举办内涵丰富的文化活动，同时合理利用科技创新和技术成果，提升景区的数字化水平；通过各类有针对性的促销活动，吸引武汉高校文化艺术团体和个人聚集黄鹤楼进行文化交流与展示；鼓励艺术人才前来黄鹤楼进行采风、写生等各类文艺创作，并为优秀作品提供展示平台；与义务阶段学校联合设立教育实践基地，为中小学学生提供有意义的历史文化教育活动。另外，还可以成立黄鹤楼文化创意与传播公司，承担黄鹤楼品牌包装与推广，影视、动漫产品开发，演艺活动策划，旅游产品和旅游商品创新等一系列相关业务，为黄鹤楼发展提供源源不断的智力支持，真正活跃黄鹤楼文化，形成以丰富的文化活动支撑的具有影响力的城市文化空间。

第二，突出景区的仙气和福气，打造养生、祈福、休闲之所。

黄鹤楼自诞生起，就成为道教教徒心目中理想的修炼之处，有关黄鹤楼上羽化成仙的故事层出不穷，是公认的仙气凝聚之地。黄鹤楼所在的蛇山与对面的龟山，加上黄鹤楼的黄鹤意象，构成了我国古代生物中最有灵气、最为吉祥长寿的三种文化生灵，使黄鹤楼成为千年福地。可利用黄鹤楼仙气与福气凝聚的文化内涵，挖掘祈福、养生游。例如，在黄鹤楼公园蛇山之巅，龟、蛇、鹤遥相对望，极具灵气与福气景象的地方，栽种较有名气的古树，用以祈福；在公园内设置品茶论道馆、养生饮食馆、健康养身馆等场所，供游客体验；以古琴演奏，围棋、象棋对弈，养鸟、观鸟等休闲娱乐活动陶冶情操，修身养性；可在公园内驯养鹤科、鹭科和龟类物种，将美好的传说意境变为现实的存在，增强游客的感官体验。

第三，突出黄鹤楼公园的园林之美，建设城中生态休闲园林区。

闹市之中的黄鹤楼，既是旅游区，又是特殊的生态文化区，担负着武汉城市环境优化、居民日常游憩和旅游者生态体验等多重功能，应高度重视，不断加强生态环境建设，致力于建设“城中花园”“城中绿洲”。

在人文景观周边匹配丰富的自然景观，使之交相辉映，达到四季生景的效果。黄鹤楼公园内主体建筑黄鹤楼以及大小 30 余座亭台楼阁错落有致，是黄鹤楼公园重要的建筑美景，但只有搭配融合美丽的自然景观才能使之达到园林之美的效果。蛇山北麓人文景观相对较少，开发也不完全，可更密集地栽培四季常青的大型乔木、竹子，制造更茂密葱郁的树林与竹林，在几个主要的亭子周边铺设小道，搭建藤架，配合杜鹃园、梅园的观赏，营造幽静、雅致的天地，开发成避暑休憩的好去处。蛇山山脊是主要的人文景观集中地，但山脊中段两旁的山体植被稀少，山体裸露，可在缓坡分块种植草地、绿化树、鲜花和大型盆景。蛇山南麓是文化气息最浓厚的地带，应合理搭配种植紫薇、腊梅、兰花、海棠、桂花、菊花等既富有文化韵味又芳香沁人的植物，使烂漫的花朵与葱郁的树木形成自然和谐之美，与南麓的亭廊、诗碑、雕塑等景观营造诗画般的意境。

总之，在“中三角”区域旅游联动背景下，黄鹤楼景区应乘势而上，在发展策略上，通过外部联合与内部提升并举的方式，增强品牌的竞争力、影响力、吸引力，成为武汉市最核心的旅游品牌，在“中三角”区域旅游联动发展中发挥重要作用。

B.19

转变思路　把握机遇　创新发展

——武汉传神信息技术有限公司发展之路

傅　强*

摘　要：

语言信息服务是全球一体化重要的基础。武汉传神信息技术有限公司作为融合互联网和IT技术的新型语言服务供应商，历经八年的发展，已成长为我国最大的多语信息服务企业。武汉传神信息技术有限公司在技术开发与经营模式等方面的创新经验为新兴的文化创意企业提供了宝贵借鉴。

关键词：

传神公司　语言信息服务　翻译行业　语联网

中国企业在与国际大型企业竞争时往往落于下风，但在“翻译”这个古老而又朝阳的行业中，武汉传神信息技术有限公司（以下简称“传神公司”）却做到了在与众多国际巨头的竞争中后来居上。实现这一点，传神公司凭借的是保持在技术上的领先并融合互联网时代信息交流的特点，使翻译资源能够有序地集中与分散，实现语言服务的大产量、大交付，从而满足市场的多种语言信息需求。

2005年创建的传神公司在2007年便拥有了行业内第一个辅助翻译工具。继2008年在武汉建立生产基地之后，传神公司又在2011年将总部迁至武汉，开始了企业的跨越式发展。成长至今，传神公司的全球行业排名已跃至第33

* 傅强，研究生，毕业于北京师范大学教育经济与管理专业，现为武汉传神信息技术有限公司常务副总经理，负责企业发展战略研究、多语服务创新模式的探索与实践，2012年9月被评为“2012最光谷时代推动力30人”。

位，在亚洲排名为第7位，成为中国最大的多语信息服务企业。

传神公司成立至今的发展历程正是全球化趋势深入影响世界的时期。在全球化、互联网的大背景下，全球多语信息服务行业正处于发展的快车道上。美国著名的行业调查公司CSA发布的《2012年语言服务行业调查报告》显示，语言信息服务的市场价值超过1000亿美元。对比20年前的情况，这一数据翻了近100倍，且语言信息服务市场年均复合增长率达21%，而使用10种以上语言的公司数量的增加比例则超过了62%。

在中国，语言信息服务的市场情况与国际市场保持了高度一致。中国翻译协会发布的《中国语言服务业发展报告2012》显示，2011年我国语言信息服务行业的年产值为1576亿元，比1990年增长了近100倍。可以看到，语言信息服务市场的崛起无论是在全球范围还是中国国内，都已经成为全球化大环境下不可逆转的一个趋势。传神公司正是在这样的一个时代背景之下抓住机遇并实现了成功崛起。

一　“语联网”推动下的企业发展及其特点

传神公司的发展始于清晰的目标定位。作为一个基于互联网和IT技术的新型语言服务供应商，传神公司致力于成为客户的虚拟语言部门（VLD）和客户的多语工作平台，让客户用母语直接与世界沟通，增强客户的国际化竞争力，帮助中国企业实施全球化战略和使中国文化走向世界。对“语联网”模式的开发正是传神公司在实现这一目标道路上迈出的重要一步。创新的“语联网”模式帮助传神公司实现了企业的全方位迅速发展。传神公司目前已申请和取得了44项专利和31项软件著作权，累积处理了85亿字。在公司规模上，其分公司和办事机构已达到22处，公司员工也已超过800人。传神公司在2012年实现产值1.3亿元，成为全球增速最快的多语服务企业，其全球行业排名也跃升至第33位。

“语联网”平台可以链接上下游产业，成为产业集群以及业务流、资金流的聚集平台。自“语联网”平台公测启动以来，注册的翻译公司已经超过500家，译员超过30000名。该平台目前已经在为国际工程、装备制造、影视传媒、国际贸易、文化旅游、服务外包等领域的客户服务，成为这些行业企业的首选合作伙伴。除了成为央视国际频道免检及唯一合作伙伴之外，传神公司还通过“语联网”与中国国际广播电台成立了唯一的语言服务合资公司。另外，传神公司目前已成为商务部、司法部和审计署的核心语言服务商。

除了在国内获得的成功之外，“语联网”同时还成功地吸引了不少国际合作伙伴，其中包括国际知名的汤姆森路透及TRANSPERFECT等语言服务公司。传神公司还吸引了俄罗斯、日本、西班牙等地最大的电子商务平台总裁来到中国寻求战略合作。此外，作为我国多语服务的领军企业，传神公司还在技术创新、聚合产能、推进产业化发展等方面做了大量探索。它不仅牵头承担了国家“十二五”科技支撑计划项目和首批现代服务业综合试点项目，而且其自主创新的“云翻译服务平台”也被工信部软件与集成电路促进中心（CSIP）授予“基于安全可控软硬件产品云计算解决方案”的称号。

综上所述，传神公司在短短的八年时间里取得了傲人的成绩，而其发展的主要特点如下。

1. 以技术开发为基础

传神公司在成立之初面临没有市场、没有知名度、没有影响力等诸多困难。为了尽早打开局面，它选择了市场上没有专业的辅助翻译软件的需求空白点，快速研发了行业内的第一款辅助翻译软件产品，并在市场上获得了较好的反响。这个产品的成功，吸引了一大批中小型客户，使传神公司获得了第一批固定的客户群。与此同时，这一成功还吸引了大量业内人士及译员对新产品的关注，使传神公司在业内获得了较高的知名度。这些都为传神公司后来的发展奠定了良好的基础。

传神公司从软件研发的道路入行，这让“技术”成为传神公司与生俱来的基因。通过对技术能力的不断锻造，传神公司在2011年组建了全国唯一的省级多语工程技术研究中心，并与多所高校和科研机构开展了多语信息领域的技术合作。技术优势由此成为传神公司一直以来得以保持的重要竞争力之一。

2. 产品和服务的实用性

因为产品和服务始终建立在实用性的基础之上，因而传神公司总是能够准确把握市场的需求点，将简单的翻译工作与目标行业的特点相结合，进而提供能够切实解决该行业问题的产品与服务。

例如，在分析高校需求之后，传神公司推出了国内第一款多语辅助教学软件——“多语处理实训平台”；在分析了中小型外贸企业需求之后，推出了“传神外贸通”；在分析外国游客的语言需求之后，推出了“多语文化旅游云平台”……不胜枚举的实例说明：传神公司的每一个产品和服务几乎都切中了市场的要害，能够充分满足消费者的语言需求。

3. 平台化运营

传神公司所致力实现的“平台化”是从语言信息服务的深度应用角度出发的。当大多数人还仅仅是把翻译当作一个工具使用的时候，传神公司已经开始对语言信息资源进行深度开发和利用，向庞大的市场提供更全面、更专业的语言信息解决方案。

基于目前已经相对成熟的互联网，传神公司发现语言信息服务事实上也可以实现规模化与产量化。通过互联网，可以大规模地收集或存储翻译资源，并随时随地向有需求的用户提供标准化的语言信息服务。这有点类似人的大脑——当获得的翻译资源越来越多的时候，这个平台就会越来越聪明，可以用逻辑思维的方式帮助用户解决问题。

传神公司早在2008年就已经开始了对语言信息服务平台化的尝试。它通过一系列的技术创新在协同式翻译、语料搜集、译员聚集、服务标准化等关键课题上进行了探索。现在看来，当时投入大量人力、物力的尝试为如今“语联网”的成功奠定了扎实的基础。

二　成功经验的反思

传神公司的成功发展并非偶然。如何在急速发展的过程中应对外部环境的变化、内部流程机制的变化以及历史沉淀的问题都是传神公司事业快速发展并走向世界的关键所在。从企业发展的角度反思传神公司成功的经验，可为新兴的文化创意企业提供宝贵借鉴。

（一）思路决定出路

传神公司的成功从根本上看得益于选择了正确的发展思路。而它的这一发展思路正是在对语言信息服务行业现状进行深入研究和分析的前提下所得出的，即语言信息服务业既是一个具有高度成长潜能的行业，又同时存在着诸多问题。其突出的问题主要来自如下三个方面。

一是生产模式落后。我国目前涉足语言服务行业的翻译公司超过 37000 家，其中北京、上海、广州、江苏、浙江等省市拥有全国语言服务企业的 75%。由于中国目前翻译公司小而散、无品牌、无规模，翻译市场仍处于竞争同质化的态势。翻译企业水平低下，技术含金量过低，造成市场价格参差混乱和客户满意度低。“小作坊”的生产模式没有形成规模化生产和交付，使具有巨大发展潜力的语言信息服务行业未能发挥出其应有的价值，严重阻碍了语言服务行业的升级。

二是行业内缺少大企业。语言是经济、文明的载体，而语言能力和运用范围实质上表征着国家的软实力并直接影响着经济全球化的进程。奥巴马曾专门写信给美国翻译协会，要求大力发展翻译产业，而日本和欧盟各国也高度关注翻译业。国际著名企业如谷歌、微软、雅虎、IBM 等公司均大力发展翻译业务。从全球态势来看，发展国际经济必须有强大的语言服务能力做支撑，语言服务已成为全球经济一体化的基础设施。

从全球分布来说，语言服务的最大市场在欧洲，其次是北美，亚洲也在逐年增加。目前，全球语言服务企业众多但规模较小，95% 以上都是中小企业。全球前 50 强语言服务公司遍布于世界各地，其中 43% 的公司来自占有绝对优势的美、英两国，而中国仅有 1 家入围。在一个缺少全球行业领袖的大市场中，存在着巨大的商机。

三是没有通行的行业标准。翻译可以说是世界上历史最悠久的行业之一。从人类语言诞生的那一天开始，翻译就伴随着人类社会的发展存在至今。尤其是在近代，随着国家之间的交往日益密切，作为沟通桥梁的翻译活动越来越频繁，越来越活跃——大至国家元首的对话，小至每一单外贸交易的成交，翻译都在中间起着至关重要的作用。但在几千年的发展过程中，这个行业却始终没有形成一个行业标准。至今所有的翻译服务质量仍然取决于翻译者的个人水平，而雇主方难以对其质量进行有效的判断。

这一现状使传神公司意识到，具备良好发展基础的翻译行业仍然处在一个产业化水平较低的阶段，甚至可以说根本没有开始产业化。该行业仍然还在沿用古老的生产模式、作坊式的生产流程以及混乱的行业标准……这些都成为翻译行业实现产量规模化的掣肘。亟待洗牌的行业现状让传神公司看到了发展的机会：只有转变思路，弥补巨大市场潜力和落后供应能力之间的空白，才能实现企业的快速发展。

1. 经营思路的转变

传统模式下的语言信息服务采用的是原始的一对一式的服务模式，而且企业经营的“小农思想”严重，相互之间缺乏沟通交流。绝大多数公司采取的都是保守经营策略，选择单干，拒绝合作，因此基于公司间相互合作的双赢甚至多赢的机制远没有形成，这也直接导致了行业资源分散，无法形成行业的上下游生态链。

在这种背景下，传神公司转变传统经营的思路，在互联网时代对“翻译”赋予新的内涵。传神公司通过不懈的探索和研究首创了“语联网”商业模式，不仅有效地整合了行业资源，而且初步形成了多语信息服务产业的业态和价值链。通过改造翻译行业的“小作坊”模式，新的商业模式将带来上万亿元的产值并解决百万人就业。此外，这一新的商业模式还将加快推动中华文明“走出去”，实现用母语与世界沟通的目标。最终，它还会面向全球贸易，构建起全球经济一体化的语言服务基础设施。

2. 发展思路的转变

如果把做企业比作开车，不仅要把好方向盘，别乱闯红灯，时时看看后视镜并留心是不是人家想换线超车，还要懂得“一脚踩油门，一脚踩刹车”的基本道理。很多企业在成长的过程中一味追求规模、体量，为了长大而长大，却为企业后面的发展留下了难以除却的病根。而传神公司能够拥有在中国翻译业内的领先地位，依靠的是它在不断起伏的市场周期中既能顺应政策时势，把握发展节奏，又能每每捕捉到高速成长的机遇。

2011 年前后正是传神公司业务快速发展的时期。与其他翻译公司一样，传神公司最早的策略也是将重点放在国内的大企业身上，认为中国企业的业务好接、钱好赚。但很快传神公司就发现，中国企业翻译服务这块蛋糕并不那么好啃。竞争激烈导致了价格战、服务贬值、利润缩水等种种问题。这样的业务虽然能促成公司业务规模的增长，但投入成本高且回报率低，显然不属于优质业务的范畴，而且低层面的竞争带来的种种弊端日渐显现。

传神公司正是在这样的时局下选择转变发展思路的，将目光投向了外资企业和中小型外贸企业市场。虽然外资企业的业务门槛较高，但回报率也高，而且能参与到国际层面的竞标业务，这将有利于推动公司的发展更上一个台阶。而中小型外贸企业市场虽然不属于大客户范畴，但语言服务的需求相当集中，服务模式相对固定，也更容易建立批量化的业务。

当其他翻译公司依然在中国企业翻译服务市场上大打价格战时，传神公司已经在国际层面与国外大型翻译公司开始正面交锋，并由此开辟了一条新的发展之路——国际贸易业务（ITLP），这已成为今天传神公司核心业务的重要组成部分。

3. 市场思路的转变

按传统的理解，翻译需求的主体有两类：一类是个人，一类是企业。与企业相比，个人的消费能力十分有限，所以大多数翻译公司的市场拓展重点均指向了企业客户，这也直接导致了企业客户市场“僧多粥少”的局面。然而时至今日，翻译需求的主体已远不止上述这两类。传神公司在实践中发现，随着中国开放程度的深入，各级政府的国际活动也越来越频繁：一方面是政府越来越重视城市的国际化水平，以政府为主导力量的文化交流与合作活动也越来越多；另一方面是为了促进经济发展，外贸出口成为各地政府的重点工作之一。这与我国“文化走出去”和推动进出口贸易的国家战略保持了高度一致。与之相对应的是，日渐频繁的国际交流亟须大量的高层次翻译人才，而高校作为翻译人才的主要培养机构则需要更有效地配套教学工具和理论，以适应市场的变化。因此，政府与高校其实和企业一样，都是翻译服务的市场需求主体。针对市场的这一转变情况，传神公司在业务上进行了两方面的调整。

一是调整业务方向，将公司的业务细分成企业业务、政府业务和高校业务三个板块，并分别成立了企业事业部、政府事业部、高校事业部三大部门，根据客户对象需求的特点定制了对应的服务流程。

二是丰富产品和服务，瞄准市场的差异化、实用性方向，切实满足市场需求。传神公司针对高校语言培训的需求开发了国内第一款语言类的辅助教学软件“多语处理实训平台”。这一软件填补了国内空白，为20多所高校的语言教学提供了支持。此外，传神公司还针对政府用户提供展会、会议的整体解决方案，并通过嵌入式的服务满足政府部门日常的翻译需求。在企业用户方面，传神公司在国际影视文化、国际工程、装备制造、多语国际贸易、服务外包等多个领域提供语言服务，并形成了固定的客户群。

（二）创新是永恒的驱动力

创新是一个企业发展的灵魂，也是传神公司快速成长的八年中始终离不开的一个关键词。如果说思路决定了出路，那么创新则赋予了传神公司与众不同的气质以及最核心的竞争力。

1. 技术创新——云翻译技术

在国内的翻译技术领域，当前最具代表性的是传神云翻译技术。该技术是云计算技术和传统翻译技术的结合，代表着第四代语言处理技术水平，在国际上处于领先地位。传神公司在云翻译技术的研究方面拥有核心的完全自主知识产权发明专利及著作权，而其所拥有的九大核心专利技术也代表了当今翻译技术领域的最新进展和成果。

其中，协同式云翻译技术作为云翻译核心专利技术之一是借助国家科技支撑计划项目研发的核心技术成果。传神公司研发的协同式云翻译服务平台是首个基于云计算架构的语言信息服务平台，提供了最先进的互联网化语言服务运营模式。该平台基于翻译技术与云计算技术的结合，实现了高质量快速交付的碎片化新型多语信息创新服务模式，将分散的生产资源进行聚集整合，全面满足了各类语言服务的需求。该平台建立了以“碎片云翻译”为代表的翻译生产创新模式，即针对一份较大的翻译稿件通过自动或半自动的方式确定其行业分类等属性，并通过技术处理将稿件拆分为诸多限制字数的小稿件（碎片），然后基于云计算技术实现大规模分布式处理。协同式云翻译服务平台催生的碎片化新翻译模式为“语联网”的翻译生产奠定了基础。

不仅如此，传神公司自主创新的翻译流程管理技术和辅助翻译技术实现了对大规模翻译项目的集中业务管理和社会资源的整合，大大提高了翻译的工作效率，并用云翻译服务模式为中国中小企业提供了全方位的语言服务。同时，通过语料和术语资源的循环复用以及重复率的分析运用等实现了翻译质量的有效控制，显著降低了翻译的工作量和工作强度，从而使语言处理真正实现了大规模工业化的生产模式。这也为武汉成为全球贸易多语信息处理中心奠定了技术基础和生产基础。

2. 模式创新——语联网（The Internet of Language，IOL）

传神公司与“语联网”是相互依存的关系。多年来，传神公司不仅仅满足于自身的发展，更致力于推动行业生产模式的创新。基于协同式云翻译技术，传神公司倡导并开创了“语联网”新型服务模式。简单来说，“语联网”就是类电网模式。电网原理带来了两点启示：一是虽然老百姓不懂电，但可以放心使用电，原因在于电网保障电压均衡稳定；二是电网可以将分散在各地电站的电聚集在一起，再将电输送到各个用户。

“语联网”就是通过云翻译等专利技术，调度语言服务提供者及资源，输出稳定可控的语言服务，使得未来的人们可以像用电一样使用语言服务。同时，“语联网”是实现快速、无障碍沟通的多语智慧网络，是开放的新一代第四方服务平台。它通过对资源、技术和服务能力的有机整合来满足市场需求。“语联网”把客户、服务提供方和“智能译稿”等资源整合在网络上，利用“云翻译服务平台”集聚和调度供需双方实现零距离对接，形成强大的、高弹性的、最优化的语言生产和交付能力并构建起“全球多语信息交付中心”，从而提供快捷方便的网络化语言服务。

“语联网”的开发和使用产生了三大创新价值。

第一，“语联网”通过以基因技术为核心的一系列专利技术，实现了碎片稿件和译员能力的匹配，解决了过去译员测不准的难题，实现了质量控制和标准化。

第二，“语联网”通过智能流程和机制整合了全球产能，实现了标准化输出并确保了质量。在国际工程与装备制造行业，“语联网”有效地缩短了项目交付周期，成为客户国际业务的语言支撑，累计处理了 80 亿字。传神公司每天为央视国际频道提供译制服务的质量则凭借“语联网”创新的翻译模式得以保障，成为免检产品。“语联网”仅 1 个月就为央视国际频道提供了 25000 分钟的节目译制服务。

第三，“语联网”打造了“第四方服务平台”。应用商可以基于“语联网”开发各种贴近客户的产品、方案。例如，基于“语联网”的“全球畅邮”

产品就可以实现发给任何国家的邮件都用中文写，对方看到的则是自己的母语，而当对方用母语回信时，我们看到的还是中文。

不仅如此，“语联网”还为企业提供私有云，帮助其一步到位地实现信息化。它不仅有效地突破了小企业的升级瓶颈，而且有效地推动了行业产业化。目前，“语联网”已聚集了全球3万多名译员和500多家翻译公司，并在30多个语种形成了独特的竞争优势，日均产能达1000万字。另外，“语联网”还在50多个领域为4900余家企业提供服务，并通过“一网多港”的落地服务模式在全国多个城市建立了“多语信息港”。

（三）结合地缘，借力发展

企业发展的另一个关键因素是了解地区优势并做到摆正心态、积极主动。传神公司将总部从北京迁至武汉并实现了企业的快速发展就是在“结合地缘、借力发展”方面的一个具有启示性的成功案例。武汉为传神公司的发展所提供的地缘优势体现在如下三个方面。

一是武汉在人才资源上有得天独厚的优势。武汉是我国中部地区中心城市，素有“九省通衢”之称，是全国重要的工业基地、科教基地和综合交通通信枢纽。作为我国三大智力密集区之一的武汉，科教人才优势突出，现拥有高校79所、在校大学生近110万人、科研机构104个以及两院院士58名。武汉丰富的人才资源能够为传神公司的发展输送源源不断的新鲜血液，满足其对高素质人才的需求。

二是武汉有良好的经济基础和强有力的发展后劲。武汉曾在中国经济的历史上扮演了重要的角色。早在清末民初的《国风报》就有如下记载：“19世纪下半叶，上海是中国贸易的总汇，而汉口则是内地贸易之中枢……”20世纪初，汉口的对外贸易总额占全国外贸总额的10%左右，居全国第二。因此，武汉也享有“东方芝加哥”的美誉。新中国刚成立时，武汉的经济实力在全国城市中曾排名第三（第一、第二分别是上海和广州）。直到改革开放之初，武汉的工商业在全国仍居第三、第四位。中外经济学家们在非政策因素外估量出了这座城市独特的发展潜能，对武汉城市的崛起及其在中国乃至世界经济复苏中所能扮演的角色寄予厚望。1999年美国《地理杂志》作者、未来学家麦金利·康韦曾预言：未来 20～30 年，武汉将成为全球“十大超级城市”之一。他的依据是，武汉有着丰富的淡水资源、广阔的市场腹地和雄厚的科教实力。近年来，武汉步入全面快速发展轨道，综合经济实力不断增强。地区生产总值 5 年跨越 5 个“千亿台阶”，2012 年达到 8003.82 亿元，在 15 个副省级城市中的排名上升到第四位。

三是武汉有优良的政策环境。随着国家扩大内需战略和创新驱动发展战略的深入实施，武汉以其独特的区位、交通、科教优势，在国家区域发展战略格局中的地位日益凸显。中部崛起、“两型社会”建设、国家自主创新示范区建设三大国家战略先后聚焦武汉。近年来，武汉曾先后被选定为“国家创新型试点城市”“国家智慧城市试点城市”“国家电子商务示范城市”“国家文化与科技融合示范城市”以及“国家服务外包示范城市”。借助武汉优良的政策环境，传神公司在服务外包、文化与科技融合、创新示范等多个方面与政府资源对接，推动了企业的快速发展。此外，传神公司还在相关部门的指导下组建了中国第一个“多语处理工程中心”，目前正在积极申报国家中心。尤其在“语联网”推出“一网多港”的模式后，开发区和省市相关部门至少推荐了 5 个外省地方政府部门和传神公司接洽，其中 4 个城市成为第一批“多语信息港”的落地城市。

目前，武汉正迎来重大发展机遇。在这样的形势下，传神公司将充分利用“语联网”创新商业模式，结合武汉区位、人才、政策优势在武汉建成“全球多语交付中心”。此外，传神公司还将采用“一网多港”的落地服务模式在各省建立“多语信息港”并通过“语联网”调集全球的语言资源为地方经济服务。传神公司将通过开辟更多的境外信息港使武汉成为全球多语信息集散地，并以此给武汉增加一个国际化名片——全球多语之都。

三　未来发展展望

传神公司在过去八年的企业发展无疑为武汉地区的文化创意企业发展提供了具有启示性的案例，其未来发展规划同样具有指导意义。传神公司的未来发展将立足武汉光谷，坚持以技术创新、管理创新和模式创新促进企业实现进一步的发展。其未来发展方向将侧重于拓展应用领域、完善移动互联网战略部署以及以电子商务为核心打造多语信息产业三个方面。

（一）拓展应用领域

在“语联网”的基础之上，传神公司目前已经在国际贸易、影视以及文化旅游等领域形成典型应用，并取得了较好的效果。在国际贸易领域，传神公司建立的国际贸易语言支撑体系已为200多家外贸企业提供了稳定、便捷的多语转换服务，消除了企业外贸的语言障碍，受到客户的一致好评；在影视译制领域，传神公司除为央视国际频道提供免检译制节目产品之外，还以与央视的合作为基础开发了“国际影视译制平台”，并与国家广电总局达成了进出口影片译制的合作意向；在文化旅游领域，以“语联网”为基础的“多语文化旅游云”率先将“智慧旅游”与多语服务结合，形成了创新服务模式，实现了“让每部手机成为游客母语解说员”的服务体验。传神公司已与黄鹤楼、泰山等知名景点合作进行了示范应用的开发。该产品作为文化旅游配套产品参加了2013年的文博会，并成为全国具有突出示范意义的“智慧旅游”产品。总之，传神公司将在已有成果的基础上继续以市场需求为导向，拓展“语联网”应用服务的广度和深度，通过一批示范应用的打造形成覆盖各个领域的多语应用集群，以满足市场不同类型的多语需求。

（二）完善移动互联网战略部署

移动互联网是目前全球最炙手可热的产业。与互联网一样，它与其他行业具有高度的关联性，而且应用更加广泛、更加便捷，已经深入到社会生活的各个领域，甚至正在从根本上改变着人们的行为方式。在我国，移动互联网用户已超过PC用户，总量达7.5亿人，是全世界移动互联网用户最多的国家。2012年，我国移动互联网所带动的产业规模超过9000亿元，相当于GDP总量的1.8%，而且连续5年保持了近30%的增长速度。

虽然移动互联网本身的发展正如日中天，但语言信息服务在移动互联网中的运用情况却仍处于萌芽状态。这一现状突出表现在以下几个方面：一是除了字典应用外，尚没有出现比较知名的、拥有较大客户群体的移动互联应用产品，业内市场基本处于空白；二是仅有少数探索型的语言信息服务领域的移动互联应用产品，大多是免费的机器翻译服务及语言学习类应用，实用性和准确性都满足不了实际需求；三是语言信息服务要发展移动互联，尚没有可借鉴的商业模式，传统的服务项目难以在移动互联平台上落地。然而对于传神公司而言，这无疑又是一次发展的机遇。传神公司将依托“语联网”，在中短期以实现业务布局、中长期以树立统一品牌为目标，面向具体需求推出新业务模式产品，同时与移动互联龙头企业广泛开展合作，进而完成在移动互联网的战略布局。

（三）以电子商务为核心打造多语信息产业

如前所述，武汉拥有发展多语信息产业的天然优势，具备打造全球多语交付中心的基础条件。而传神公司未来将首先在武汉建立“全球电子商务运营中心”，并通过电子商务运营中心推动武汉成为全国乃至世界的多语信息产业中心城市。选择电子商务作为推动武汉成为全球多语交付中心的抓手，主要基于以下三个方面的原因。

一是随着技术、市场和社会经济的发展，电子商务已经走进主流消费市场，并将成为未来商业社会的神经系统和主流经济模式。2012 年的全球电子商务销售额较2011 年增长21.1%，达到1.09 万亿美元。其中，我国电子商务市场营收额达1816 亿美元，同比增长24%。据工信部预计，到2015 年电子商务交易额将突破 18 万亿元。其中 B2B 交易额将超过 15 万亿元，占总交易额的 83.3%。经常性应用电子商务的中小企业将达到中小企业总数的 80% 以上。

二是电子商务全球化已是不可逆转的趋势。早在 21 世纪初，以易趣（E－bay）、亚马逊（Amazon）为代表的一批电子商务平台就迈出了其全球扩张的步伐，阿里巴巴则在 2007 年上市之初就宣布了自己全球化的战略，中国制造网、环球资源等电子商务平台也先后开始了全球化的布局。进入 21 世纪第 2 个十年，电子商务平台的全球化浪潮席卷整个行业：日本最大的制造业电子商务平台 IPROS、西班牙最大的电子商务平台 Solostocks，以及俄罗斯名列前茅的 B2B 平台 Pulscen 和 FIS 等都在稳固本地化运营的基础上开始拓展贸易平台的国际市场，尤其是经济发展速度与成果均令世界惊叹的中国市场。在电子商务全球化的大背景下，平台运营商面临的首要问题就是全球的多语化运营。这是电子商务平台得以拓展国际市场的基础，是吸引全球范围内供应商与采购商通过平台进行交易的第一步。

三是我国中小企业对“走出国门”的强烈需求。2012 年，我国外贸进出口总值达 38667.6 亿美元，首次超越美国成为世界贸易规模最大的国家。目前我国共有中小企业 5600 多万家、外贸型企业 500 多万家，对我国外贸产值的贡献度达到 60%。而伴随近年来内需市场的下行压力，越来越多的企业将目光投向国外市场，各地政府也纷纷出台促进外贸的支持政策，以更好地为中小企业“走出国门”提供服务。

数据显示，2011 年我国中小企业中有一半以上利用电子商务平台进行外贸交易，实现交易额 1.6 万亿元，同比增长 28%。利用 B2B 平台进行外贸交易已成为中小企业走出国门最主要的渠道。基于电子商务平台的全球化趋势，以及我国进出口贸易额持续增长的良好势头，传神公司将依托“语联网”的语言信息处理优势，打造面向电子商务领域的全球化运营支持服务体系，并吸引全球各大电子商务平台在武汉设立面向全球各个国家和地区的运营中心，从而在武汉建立“全球电子商务运营中心”。

目前，传神公司已与 8 个区域的 30 个电子商务平台建立了合作关系，其中包括日本最大的制造业网上贸易平台 IPROS 株式会社、俄罗斯第二大电子商务平台 FIS 等领域内的领军企业；传神公司外贸通平台通过初期运营，已积累了 500 多家企业用户。在此基础上，传神公司将引进和加强与全球更多的大型电子商务公司的合作，同时面向中国中小型外贸企业开发更多产品及应用，并加大推广力度，积累用户数量，使“语联网”成为全球电子商务的多语信息传输枢纽。

中国的语言服务行业并不缺少一两家或大或小的翻译公司，缺乏的是推动模式转变、技术创新的力量。传神公司多年的探索正展现了对这种难得力量的锻造过程。依托自主研发的语言信息处理技术和“语联网”创新的商业模式，传神公司致力于把“语联网”建设成为全球经济一体化的基础设施以及中国文化“走出去”的战略性支撑平台。在欣喜于传神公司业已取得的成绩并预祝其目标最终得以实现的同时，对该企业创业与发展历程的回顾以及其核心经营理念的研究反思将有利于各新兴文化创意企业在时代大潮中找准自身定位，实现快速而稳健的发展。

B.20

国有文艺院团的文化产业转型之路

——长江人民艺术剧院转企改制的案例

张 平　于洪铃*

摘　要：

作为原国有文艺院团，长江人民艺术剧院自2011年转企改制后，一改颓势，在市场开拓、剧目创作、人才培养、健全机制等各项工作上均取得突破性进展，是湖北省2012年文化工作的突出亮点之一。对该院2012年在文化体制改革背景之下面临生存与发展困境的各项工作进行总结，有助于进一步探讨穷困疲敝之下的国有文艺院团如何深化改革、突破发展困境并顺利实现文化产业转型，对其他文艺院团市场化改革也有借鉴价值，具有标本意义。

关键词：

长江人民艺术剧院　转企改制　国有文艺院团　文化产业转型

长江人民艺术剧院于2011年10月由湖北省话剧院改制更名而来，隶属于湖北省演艺集团，始建于1952年9月5日，是在国内外具有一定影响的省级艺术表演团体。在创建至今的60多年风雨历程中，剧院创作演出了100多台优秀话剧，参与拍摄了近100部、1000多集影视剧并排练演出了190多部中外话剧。转企改制以来，剧院不断探索新形势下群众性精神文明创建工作的新思路、新载体、新机制，凝心聚力，开拓奋进，发展势头日新月异，成果喜人。话剧《信仰》荣获中共中央宣传部第十二届精神文明建设“五个一工程

* 张平，湖北长江人民艺术剧院责任有限公司办公室副主任兼党群工作部副主任，历史学硕士；于洪铃，华中师范大学国家文化产业研究中心硕士研究生，研究方向：文化资源与文化产业。

奖”和2012年全国戏剧文化奖话剧金狮奖剧目奖；话剧《信义兄弟》荣获“金狮奖”和“楚天文华大奖”；应邀三次进京参加全国优秀剧目展演，开展了四省市的巡回演出；同时承办了一次颇具影响力的全国性大型活动，即2012年全国戏剧文化奖话剧金狮奖颁奖盛典，活动备受各级领导和国内业界的好评。

作为原国有文艺院团，从物质基础上来看，办公环境简陋，器材设备老化，演出场所年久失修；从人才结构上来看，流失情况严重，门类行当不全，结构不合理，尤其是经营管理类人才奇缺；从剧目生产上来看，单纯依靠政府财政补贴，艺术生产效率低下，有市场竞争力的作品极度缺乏，演出市场极度萎缩；从体制机制上来看，长期游离于经济发展规律之外，市场开拓能力、创新能力不足，各项事业的发展也举步维艰。2011年转企后，剧院领导班子将体制机制改革、市场开发、人才培养等相结合，以市场为推手，整合资源，融入市场，推出各种专题剧目，在打造品牌、培育市场、深化改革、增进知名度和影响力上取得了一些成效。

一　长江人民艺术剧院2012年成就斐然

转企改制后的长江人民艺术剧院呈现与过去完全不同的发展路径，各项工作都取得突破性进展，成为湖北省文化工作的突出亮点之一。2012年，长江人民艺术剧院演出市场总体呈现罕见火爆景象，全年共完成演出254场，其中小剧场演出超过150场，较2011年增长60%；观众30余万人次，较2011年增长67%；演出收入204万元，较2011年增长313%。长江人民艺术剧院围绕“出精品、推经典、育精英”的工作重点，为把剧院建设成为精品迭出、人才辈出、绩效突出的全国一流剧院而不懈努力，在艺术创作、演出市场、内部管理规范和品牌打造等方面都取得了突破性进展，成绩有目共睹。

（一）艺术创作形式多样

转企改制后的长江人民艺术剧院坚持“二为”方向、“双百”方针和“三贴近”原则，努力开展艺术创作生产，成绩显著。

一是2012年主推的话剧《信仰》硕果累累，取得了“一台好戏，两方合作，三进北京，四省巡演，‘五个一工程奖’，80多位省部级领导观看，100多家媒体200多次报道，观众超过10万人次”的出色成绩。《信仰》是一部由湖北省委宣传部、省文化厅、省演艺集团和空军武汉指挥所联合推出的历史话剧；“两方合作”即省委宣传部和广空政治部军地两方合作；“三进北京”即2012年3月在北京空军礼堂为全国“两会”部分代表、委员和中央领导汇报演出，5月赴京参加了文化部主办的“纪念延安讲话70周年优秀剧目展演”，国庆期间应邀赴京参加了由文化部主办的“讴歌伟大时代，艺术奉献人民”2012年全国优秀剧目展演，向党的十八大献礼；“四省巡演”即北京、海南、广东、湖北四个省市巡演。尤其值得一提的是，该剧2012年9月荣获中宣部第十二届精神文明建设“五个一工程奖”，填补了省直院团舞台剧自新中国成立以来没有获得全国“五个一工程奖”的空白，同时还获得了中国话剧专业最高奖项——全国戏剧文化奖话剧金狮奖剧目奖和4个单项奖。既获得了文艺综合类最高奖项，也获得了话剧专业类最高奖项。

案例1　长江人民艺术剧院《信仰》

该剧是根据空军武汉指挥所上马庄干休所副军职离休老干部、“老战士报告团”原团长张绪同志的真实事迹改编而成的。全剧以张绪同志忠实践行党的宗旨为主线，通过选取他和家人、老干部、大学生、小老乡等生活片段，生动展现了张绪老红军立党为公、忠诚无私、乐于奉献的崇高境界，生动回答了“入党为什么、当干部为什么、身后留什么”的现实问题。《信仰》以典型的意义和榜样的力量，生动诠释了我党践行的“立党为公、执政为民”理念，既是向建党90周年献礼，也是在全省开展加强党的建设和党的优良传统教育、理想信念教育的生动教材（见图1、图2）。

二是小剧场话剧初战告捷。2012年，长江人民艺术剧院首次成功推行小剧场剧目制作人制，《记忆底牌》应运而生。作为2012年全国戏剧文化奖话剧金狮奖颁奖盛典系列活动的展演剧目，该剧于11月21日起连续演出，全年共演出近20场。

图 1　2012 年主推话剧《信仰》剧照

图 2　《信仰》在 2013 年“武汉之夏”暨湖北省演艺集团精品剧目演出季的舞台上

三是“小梅花奖”评比富于新意。为培养人才，第五届“小梅花奖”暨2012年度业务人员专业考核于2012年12月如期举行。本次参评的除小品类作品外，还有朗诵、话剧、影视剧等。同时，舞美人员业务技能也纳入了本次评比。

四是指令性演出任务圆满完成。2012年完成了“荆歌楚舞，盛世华章，喜庆党的十八大”惠民演出季演出任务、人民至上——湖北省“三万”活动大型情景音乐会、“三下乡”演出活动、“警徽闪耀的星空”大型文艺晚会、纪念“7·11世界人口日”暨第二届“幸福武昌”家庭人口文化节文艺演出、孝感孝文化节和“八一”晚会、钟祥国土日晚会、湖北省纪念中国共青团成立90周年暨青年文化展演、十堰“汉水丹心”南水北调大型晚会、湖北省首届艺术节、“党旗为人民幸福高扬”湖北省创先争优主题晚会等各类综艺晚会的创作排练和演出任务。

（二）演出市场不断拓展

在转企改制的进程中，拓展日益萎缩的演出市场也是长江人民艺术剧院遇到的首要课题之一。剧院在2012年为此进行了三方面的努力。

一是积极开展公益性惠民演出，开拓全国演出市场。在认真完成和落实公益性惠民演出任务的基础上，剧院采取市场运作与行政力量相结合的方式，积极拓展演出市场，全年演出场次和演出收入均比上年度翻一番，创历史最高纪录。

二是组织新春金秋演出季活动，努力培植和引进小剧场话剧演出。为了进一步激活演出市场，剧院结合湖北省演艺集团新春金秋演出季活动，在自主创演了小剧场话剧的基础上，积极与市场需求对接，与观众口味对接，引进了武汉“亦言堂”、省职业艺术学院等在武汉市内有一定名气的民间小剧社和高校艺术系创演的《曹操来了别害怕》《药神山的故事》《爱情配方》等剧目，共完成各类演出场次30余场。

三是认真落实省委、省政府和集团交办的任务，完成了各类指令性演出和其他工作任务。长江人民艺术剧院除完成省委、省政府安排的各项指令性演出任务外，于2012年11月完成了集团统一组织的“荆歌楚舞，盛世华章，喜庆党的十八大”演出季安排的演出任务。

长江人民艺术剧院通过不断推出公益性演出、组织演出季演出活动和完成省委、省政府交办的任务，极大地拓展了演出市场，突破了原来市场萎缩、演出次数减少、观众锐减的局面。特别是省委宣传部等五部联合发文巡演话剧《信仰》之后，先后在省直、武汉市和各地市州巡演，一天演出2场成为家常便饭，全年共完成演出场次254场，演出收入204万元，演出收入较上年同期增长313%。

（三）内部管理日益规范

成功的转企改制还需依赖内部管理机制上的进一步规范与完善。剧院由此开展了如下五个方面的工作。

一是加强管理，严格考评，论功行赏。完善演职人员考评制度，并严格与演职人员工资奖励挂钩，同时对金狮奖颁奖盛典、小剧场话剧、影视剧拍摄等项目进行了单项奖励。

二是创造条件，创办“大家讲坛”。长江人民艺术剧院2012年先后邀请了王向明、唐栋、李宝群、王福麟以及日本东演剧团的横川功等业界专家开展了题为《中国话剧的走向》《传统话剧与现代话剧的创作》《如何让主旋律话剧更贴近生活、更具有艺术性》《关于主旋律话剧的创作与感想》《日本话剧市场的现状》等讲座。

三是招聘精英，引进人才，增强发展活力。为不断壮大队伍，增强队伍综合素质和实力，剧院通过公开招聘等形式，引进了一批演员、市场策划人员和网络营销人员，弥补了原事业单位在人才上的短板，为剧院输入了新鲜血液，使其驾驭市场的能力得到进一步提高。

四是加强宣传，让长江人民艺术剧院尽早领跑中部，叫响全国。剧院通过新开办的官方网站、中国话剧网（中国话剧艺术研究会官网）、官方微博和官方微信等方式和渠道加强对外宣传。以金狮奖为例，剧院分别联系中央电视台、人民日报、新华社、中新社、新浪、百度等70多家知名媒体，多角度、全方位地开展了宣传推广。据不完全统计，活动期间的媒体宣传实现直接报道或转载活动相关信息1000多次，其中包括20多次专访、12个专版、1次央视录播、1个月央视广告、2个省级媒体直播等。

五是制度管人，职责管事，规范运行。剧院坚持民主集中制原则，实行重大项目和工作集体研究、阳光操作。此外，剧院还结合市场特点，取消了以前的业务办公室，分设了舞美中心、演员管理中心，将外联部改为市场部，新设了党群工作部、财务部、人力资源部、企划部，各部门工作规范化、标准化程度不断提高。

（四）品牌打造卓越创新

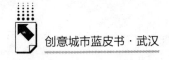

长江人民艺术剧院对品牌的打造主要体现在由省委宣传部和文化部艺术司作为支持单位的2012年金狮奖颁奖盛典的成功上，这是该活动第一次走出京城并第一次由省级院团承办。在省演艺集团的领导下，长江人民艺术剧院克服了人手少、时间紧、任务重、资金缺的重重困难，用“政府主导、集团主办、市场运作、媒体合作、社会参与”的形式，把活动办得规格高、影响大、组织精细、内容丰富、现场隆重、演出精彩、接待到位，各级领导和国内业界、新闻界好评如潮，实现了“全国性活动、历史性突破、世界性影响”的预期目标。这次活动让北京人民艺术剧院、国家话剧院、上海话剧艺术中心等老牌院团对长江人民艺术剧院刮目相看，一时间成为圈内热议的话题。中国戏剧家协会副主席孟冰说：“这次活动办得如此隆重、如此生动，具有如此十足的魅力，这是金狮奖历史上从来没有过的。这个活动已经超过了活动本身。因为她让我们心中激荡起一种情感、一种信念、一种追求。我们在得到这样一种尊重的基础上，有良心的艺术家应该为一个伟大的时代、为伟大的民族、为伟大的党，倾注我们内心的情感去歌颂她、赞美她，让我们无愧于阳光灿烂下百花盛开的时代。这次活动的主题是春天，这是湖北的春天、戏剧的春天、话剧的春天、文化的春天！会更多地凝聚我们的情感、凝聚我们的力量、凝聚我们的信仰，去传承中华民族的优秀文化！”

二　长江人民艺术剧院的发展经验

（一）强化剧院队伍力量，多渠道开拓市场

充实艺术创作生产委员会力量，积极开展业务指导，完成各类综艺晚会的创作排练和演出任务是长江人民艺术剧院取得骄人成绩的前提基础。2012年，在院艺委会的基础上，长江人民艺术剧院积极强化队伍力量，充实专业人员，圆满完成了湖北省首届艺术节等10余项各类综艺晚会的创作排练和演出任务，其中《汉江作证》等节目深受省委主要领导和社会各界的好评。

为不断开拓各大演艺市场，长江人民艺术剧院坚持大型话剧和小剧场结合的方针，坚持两手抓、两手都要硬，既要“夺大奖”，又要“抢市场”。大型话剧侧重“引领风尚、教育人民、服务社会”的作用，主推“弘扬正能量、铸造中国梦”等主旋律作品，不断加强社会主义核心价值体系建设；小剧场坚持“以人民为中心的创作导向”和“繁荣文化市场”的要求，拓展儿童剧、悬疑剧、青春言情剧、荒诞剧等多种小剧场话剧类型，为人民提供更多更好的精神食粮。剧院推出的话剧《信义兄弟》即为一部广受好评的主旋律作品。

案例2　长江人民艺术剧院《信义兄弟》

剧情简介：年关将至，大雪飞扬，为了让农民工在春节前拿到工资，哥哥孙水林连夜上路，一家五口不幸遇难……为了完成哥哥的遗愿，弟弟孙东林前赴后继，开始了一次关于信义的生死接力……他要隐瞒不知情的母亲，他要安抚哥哥唯一幸存的女儿，他把工资在阴历二十九准时发到兄弟们的手中，他将面临一系列的磨难……坚守了二十年的承诺再次得到验证，震撼人心的信义之歌再次在荆楚大地悲壮地奏响（见图3）。

图3　《信义兄弟》剧照

（二）创新和扶持结合，完善小剧场制作人制度等机制

通过市场调研，长江人民艺术剧院在推出经典悬疑小剧场话剧《记忆底牌》时，试水小剧场话剧制作人制度，即由演员自主申报项目，院艺委会审核通过后付诸实施。通过前期考察和市场调研，《记忆底牌》于2012年9月底正式投入排练，11月即与观众见面。作为2012年全国戏剧文化奖话剧金狮奖颁奖盛典系列活动的展演剧目，《记忆底牌》于2012年11月21～25日在长江人民艺术剧院D8小剧场连续演出5场，场场爆满，一票难求。应观众要求，该剧又于12月21～25日加演5场，广大观众仍意犹未尽，媒体好评如潮。在不断完善小剧场制作人制度的同时，剧目股份制、剧目演出经营权竞标制等新型剧目生产、经营机制也正处于积极的调研和论证中。

案例3　长江人民艺术剧院《记忆底牌》

话剧《记忆底牌》上演人性与金钱的纠葛。金钱让剧中的银行家抛弃妻子，还让人把妻子送进疯人院，目的只是为了得到孩子的抚养权，却没有想到孩子为了躲开抓她的人，在地下室的箱子里被活活饿死。而失去孩子的母亲则酝酿出一个复仇计划。因为金钱，银行家舍弃了亲情和道义，最后还是沦为金钱的牺牲品。惊悚的剧情考问着人性，引导着观众思考。作为2012年全国戏剧文化奖话剧金狮奖颁奖盛典系列活动之一，《记忆底牌》打出了小剧场展演的精彩“好牌”。该剧由湖北省演艺集团长江人民艺术剧院出品，《信仰》主演王国强担任导演，罗曦、姚莉莉、闫海东、庞磊等一群80后演员担纲演出（见图4）。

（三）拓展市场与培育后备人才结合，发起成立武汉地区高校话剧联盟

武汉在校大学生超百万，居世界城市之首。如何密切发展与在校师生们的联系、培育话剧市场、扩大本土话剧的知名度和影响力是我们面临的最迫切的问题。长江人民艺术剧院发起成立了武汉地区高校话剧联盟，联盟定期派专家开展艺术指导、组织艺术沙龙等活动，在武汉地区高校大学生话剧艺

图 4　话剧《记忆底牌》剧照

术节、楚天大学生艺术节及各高校戏剧（话剧）艺术节中都发挥了积极的作用。

为了提高业务人员的专业素质，长江人民艺术剧院积极推行专业技术人员业务考核常态化，加强业务建设，实行专业技术人员业务考核制，认真组织开展业务大练兵活动。2012 年，在各项创作演出和活动任务繁重的基础上，长江人民艺术剧院以日常排练为考核内容和指标之一，根据实际情况，切实将业务考核与第五届“小梅花奖”紧密结合，对演员和舞美人员的业务技能进行了综合性考评。加强演职人员管理、严格排练和演出考评、做到奖罚分明是长江人民艺术剧院储备剧院后备人才的关键所在。通过公开招聘、人才引进等形式，剧院新进了一批演职人员，为剧院输入了新鲜血液，队伍的活力得到了进一步增强。

（四）认真准备，多元化创新演出形式

惠民与商演结合、创新多元化的演出渠道是长江人民艺术剧院 2012 年辉

煌的重要的推动力。长江先锋剧场、D8 剧场、流动舞台车以不同的风格吸引着不同的观众：长江先锋剧场主推商业类型剧目；D8 剧场主推文化惠民及新创剧目；“流动舞台惠万家——六进”系列文化惠民活动则以不同的风格打造了“长江演艺号”品牌效应。

（五）传统与现代结合，多种形式探索小剧场剧目宣传及票务营销机制

在剧目宣传上，剧院综合运用报刊、广播、电视、网络等方式，在具有较大影响力的国家级和较强针对性的省内媒体上开展宣传推广活动，并已与多家国家及省市知名媒体达成战略合作关系。在票务营销上，除传统的售票窗售票、电话热线订票外，还采取微博营销、VIP 会员群直销以及与知名票务公司合作等方式，多渠道开展票务营销工作。

三　长江人民艺术剧院发展的未来规划

2012 年是长江人民艺术剧院收获的一年，也是奋起的一年，转企改制的道路任重而道远，为全面推进剧院的各项工作更上一个台阶，必须坚持“戏比天大，观众为王；追求卓越，扬帆远航”的理念，并在以下几个方面仍需做出努力。

（一）转变学习观念，广泛汇聚发展力量

首先，要端正学习态度，转变学习观念，积极创造条件。除了开通优米网网上学习公用账户外，集团也开通了中工网电子职工书屋，构建多渠道学习平台，为剧院发展储备知识和人才；要树立“待遇上有满足感，能力上有危机感”的思想，通过学习进一步把握艺术规律和市场规律。

其次，要解放思想，转变观念，汇聚发展的力量。剧院上下要最大限度地增进改革的共识以及思想观念解放的程度。要树立全局观念，全体干部职工要把思想统一到“大帽子下面不能小胳膊小腿”“力争尽快跻身全国前三甲”的高度，上下同心、同向、同力，一个声音抓发展，以时不我待的紧迫感和勇于担当的责任感，抓紧时间完成改革任务。

（二）要建立以人为本的人才激励机制，营造良好的发展环境

首先，要建立以人为本的人才激励机制，营造良好的发展环境，不断壮大人才队伍，最终达到用良好的环境吸引人才、用艺术事业留住人才、用真挚的感情团结人才、用科学制度和健全的法规管理人才的目的。

其次，要大胆探索新机制，进一步把握艺术规律和市场规律，科学设定各部门的职能和职责，量化工作任务和绩效考核，敢于引进民间资本，大力推行剧目制作人负责制、剧目股份制、流动舞台项目经理制、小剧场经理负责制等机制。在确保国有资产安全和整体队伍稳定的基础上，完善法人治理结构，形成符合现代企业制度要求、体现文化企业特点的资产组织形式和经营管理模式。从制度上加强管理，做好履职评价工作，为长江人民艺术剧院成为真正的市场主体奠定基础。

最后，为进一步实现科学化管理，完善演出人员、设备管理制度，在剧院全面推行演出报备通知制度；在集团《薪酬分配体系方案》的基础上，提出业务人员和行政管理人员薪酬分配两套方案并提交院委会讨论，探索合理的薪酬体系。

（三）树立精品意识，加强业务建设，不断推出优秀经典剧目

剧院还将组建营销专班，扎实开展市场调查，为剧目推广打基础。剧院在市场部原有人员不足的情况下，通过内部调剂、招聘、引进等方式组建了新的市场营销专班并组织建立了市场营销网络。剧院目前已培育了一批相对固定的观众群体、话剧 VIP 会员和朗诵爱好者。此外，剧院还将建立和完善现有剧目详情资料库，并结合剧院现有剧目和新创剧目制订剧院优秀经典剧目的培育和市场营销方案。

为了树立精品意识，加强业务建设，不断推出优秀经典剧目，剧院还将以观众为中心，面向市场，推出一批有特色和文化底蕴的原创精品保留剧目。用话剧的力量传递正能量，需要剧院继续创作一批具有荆楚特色和时代特色的正能量主旋律话剧，不断提高湖北软实力。此外，剧院还需要充分遵循市场规律，以市场调研为基础，根据市场需求不断创新节目形态，逐步推行项目聘任

制、剧目股份制等机制体制，打造更多的优秀剧目，最大限度地发挥品牌效应，使社会和经济效益实现最大化。

2013年，以东湖高新区内龙头企业和创业精英为生活原型的新型工业题材话剧《追寻中国梦》（暂定名）将完成前期采风和体验生活工作，进入剧本创作阶段。剧院创作生产的首部儿童剧《闹闹与精灵》于4月初登上舞台，在由团省委等十部委共同主办的“全省少年儿童爱眼护眼行动启动仪式”上正式与观众见了面。探讨第三空间与转世话题的小剧场话剧《打不开的门》采取项目负责人制的创作生产方式，于7月27日在武汉进行了首演，8月赴北京演出，9月正式进入商演阶段。此外，小剧场悬疑系列剧之二《我会在半夜之前回来》于9月进入排练阶段，计划于11月初展开商演。2013年将会是忙碌的一年，也会是丰收的一年，剧院经典剧目将再创佳绩，实现艺术提升和市场推广的齐头并进。

（四）用好资源，主动出击，在“演”字上狠下功夫

转企改制后的长江人民艺术剧院应坚持“文化为舟，资本为桨”的理念，积极开拓新市场、开办新公司、开辟新业务，充分发挥每个人的主动性、创造性，调度好、利用好社会资源，最大限度地开疆拓土、开门迎客、开辟市场，突破性地增加演出场次，彻底走出“长江人民艺术剧院是小剧院，话剧演出场次不多”的困局。实现这一目的需要剧院在以下五个方面进行努力。

一是进一步加大《信仰》《雷雨》等大型话剧的演出力度，积极承办各类演出活动并适时开展“话剧走进百万大学生”活动，组织好“百名博士谈信仰”活动。剧院还计划与北京荣焕影视联合出品由湖北省委宣传部、湖北广播电视总台、海南电视台、长江航运公安局等单位联合拍摄的三十集电视剧《长江刑警》。此外，三十集电视剧《茶圣陆羽》剧本已创作完成，现正拟对外招商。电影《最后的讲座》的放映版权也已经出售。

二是要积极做好东湖风景区的生态实景剧场筹备工作，增强“造血”功能，提升文化产业对湖北省经济发展的贡献率，力争使“长江演艺号”成为国有演艺企业“第一股”，让“长江演艺号”扬帆远航。

三是要盘活两个小剧场，争取做到每周有两场左右的演出，比如每月举办

一次“长江朗诵会”。另外，还要充分调度好大学生剧社的力量，把长江先锋剧场和D8剧场逐步打造成武昌片区的“话剧演出与交流中心”。

四是用好演出车，开展“流动舞台惠万家”进高校、进军营、进企业、进社区、进景点、进农村“六进”的系列活动，主要演出群众喜闻乐见的综艺节目。为进一步打响“长江号”品牌，长江人民艺术剧院将对流动舞台车采取项目负责人制，以“长江演艺1号”命名流动舞台，在全院组织演出小分队深入开展“六进”活动，把老百姓喜闻乐见的文艺节目送到他们的家门口和学校，并以“百姓大舞台”“百姓大课堂”“登上长江号”等多种形式增强演员和观众的互动。此外，剧院还要在武汉、应城等地先后开展演出活动，积极参与湖北省2013年文化科技卫生“三下乡”集中示范活动。

五是精心策划，实现“海陆空全方位轰炸”，即多渠道、多途径的宣传推广。剧院高度重视宣传推广，为力争做到集群宣传效果最大化，统一策划，提前安排，通过报纸、电视台等传统媒体以及网络、微博、微信等新兴媒体和手段，从时间、内容、形式、渠道、规模等方面整体推进，实现网上信息发布、倾听意见、互动交流、接收反馈等一系列宣传互动。在宣传渠道上，努力与湖北广播电视台、湖北日报、楚天都市报、第一生活周刊、新浪网、荆楚网、腾讯大楚网、长江网等具有较大影响力的本土媒体达成战略合作关系，把握住网络迅猛发展的现实，办好网络剧场，逐步探索演出新形式。

（五）全力谋划、筹备“长江季候风”演出季，再续话剧风暴

为了更好地满足审美水平、收入水平不断提升的武汉观众的需求，长江人民艺术剧院将推出“长江季候风”演出季活动，集中上演“长江号”系列之最新作品，让高雅艺术走近寻常百姓，实现“小众”艺术“大众化”。

“长江季候风”是湖北历史上由同一个院团在同一个剧院集中上演小剧场话剧剧目最多、场次最多、时间最长的一次演出季。每年的8月6日至11月17日，100场左右的小剧场话剧将为江城人民刮起一股强劲、持久的话剧旋风。“长江季候风”将坚持充分体现人文关怀、文化惠民的原则，一改长江人民艺术剧院过去以主旋律话剧为主的创作局面，形成一手抓主旋律剧目生产、

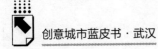

一手抓娱乐性剧目的格局，以满足不同观众群体多元化的文化需求。“长江季候风”第一季，即2013年秋冬演出季将呈现给观众五台叫好又叫座的剧目，力求多方位、多渠道地再次掀起话剧风暴。

2013年是更名改制之后的第三个年头，也将是长江人民艺术剧院改革发展中的关键一年。剧院将围绕“经典、精品、精致、精英”的发展理念，以创新体制机制、解放艺术生产力为核心，在创作、演出、人才建设和产业发展等方面全方位跨越发展，推出一批精品力作，培养一批优秀文艺人才，积极培育演出市场，拓展新兴文化产业，为湖北演艺事业的发展繁荣和文化强省建设做出积极贡献。

B.21

工业遗产的创意与再利用

——"汉阳造"文化创意产业园区发展的思考

纪东东 张 蕊*

摘 要：

工业遗产是一种特殊的文化遗产，对其进行创意再利用，有利于实现对工业遗产的可持续性保护。文化创意产业园区是对工业遗产创意再利用的典型模式。"汉阳造"文化创意产业园区有着厚重的文化内涵，其发展经历了从艺术家自发聚集到政府介入管理的过程。园区应抓住文化创意产业发展的机遇，突出自身特色，为创建国家级产业示范园区而努力。

关键词：

工业遗产 创意再利用 "汉阳造" 文化创意产业园区

随着城市经济的快速发展，城市产业结构升级、产业布局和用地结构的调整，以钢铁、机械、电子、纺织等为主的高耗能、高污染产业越来越不适应城市大力发展绿色、高附加值、高科技生态产业的产业环境，逐渐迁离城市中心地带，遗留下许多旧厂房、仓库等工业建筑。这些具有历史价值的旧建筑、旧工业区见证了工业时代的发展历程，承载了人们对城市文化的记忆，是工业遗产的物质载体。对工业遗产的创意再利用，既有利于工业遗产的可持续性保护，又能带动及激活衰败的旧工业区、旧建筑，促进城市旧区经济复苏。①

---

* 纪东东，华中师范大学国家文化产业研究中心副教授、硕士生导师，研究方向：文化产业；张蕊，华中师范大学国家文化产业研究中心硕士研究生，研究方向：文化资源与文化产业。

① 刘野：《天津工业遗产创意再利用研究》，天津大学硕士学位论文，2008，第8页。

“汉阳造”文化创意产业园是对“汉阳造”这一具有深厚文化内涵的工业遗产进行创意再利用的典型案例。

一 工业遗产的创意再利用

工业遗产作为一种特殊的文化遗产具有重要的价值。对工业遗产的创意再利用有着深刻的背景。

（一）工业遗产的内涵

1. 工业遗产的概念

欧美发达国家从20世纪50年代就已经开始了对工业历史建筑保护与利用问题的研究。英国伯明翰大学的学者M. 里克斯（Michael Rix）在1955年发表的名为《工业考古学》的文章中首次提出“工业考古学”的概念，文章呼吁英国各界对工业革命时期的工业遗迹和遗物进行记录和保存。工业考古学推动了人们对工业遗产的认识。国际上，对工业遗产的概念做了比较权威界定的是国际工业遗产保护委员会于2003年颁布的《下塔吉尔宪章》，该宪章中对工业遗产做了如下定义：工业遗产是指具有历史、技术、社会或科学价值的工业文化遗留物，这些遗留物包括建筑物、机械设备、厂房、仓库、矿场及能源加工遗址。此外，还包括与工业生产相联系的社会活动场所。国内对工业遗产的研究起步较晚，直到2006年在无锡召开的首届中国工业遗产保护论坛颁布的《无锡建议》才对工业遗产给出了较为明确的定义。《无锡建议》认为：工业遗产是具有历史学、社会学、建筑学和科技、审美价值的工业文化遗存物。它主要包括工业建筑物，矿产冶炼场地、能源生产及传输使用场所，交通设施，相关的工业设备以及工艺流程、数据记录、企业档案等物质和非物质文化遗产。①

通常，广义的工业遗产包括史前时期加工生产石器工具的遗址、古代矿产

① 解学芳、黄昌勇：《国际工业遗产保护模式及与创意产业的互动关系》，《同济大学学报》（社会科学版）2011年第1期。

资源开采和冶炼的遗址，以及古代大型工程建筑遗址等各个历史时期反映人类技术创造的遗物和遗存，如已列入世界文化遗产名录的四川都江堰水利工程。此外，还包括工艺流程、生产技能和与之相关的文化表现形式，以及存在于人们记忆、口头传授和习惯中的非物质文化遗产。狭义的工业遗产是指工业革命以来的工业遗存，主要包括作坊、厂房、车间、仓库、码头等不可移动的文物，如青岛啤酒厂早期建筑、汉冶萍煤铁厂矿旧址和钱塘江大桥等。本文所探讨的是狭义上的工业遗产。

2. 工业遗产的价值

工业遗产记录了城市的历史记忆，反映了人们当时的社会生活，承载着城市的人文气息，是一个城市工业发展的物化证据，具有多重价值。一是历史价值。具有遗产价值的工业资源是历史长河中同类物品的幸存者，是历史的遗留物，能够突破时间和空间的限制，成为历史形象的载体。① 可以说，工业遗产是工业文明的历史见证者和经历者，凝结着具有一定普遍意义的工业历史价值。② 二是社会价值。工业生产是社会生活的重要组成部分，作为工业生产活动遗存物的工业遗产，记录了当时人们的社会活动，反映了人们在生产活动中发挥的作用，以及对当时社会所产生的影响。通过工业遗产可以了解当时的社会生产关系和生产方式，具有重要的社会价值。三是艺术价值。城市是在不断发展的，工业遗产的建筑物体现了某一时期的建筑风格和流派特征，这些工业建筑所表现出的艺术价值极具艺术张力和感染力。四是精神价值。工业遗产的物质载体——工业建筑，见证了工业发展的过程，记录了大批产业工人的工作生活状态，它所承载的时代记忆已经融入原工厂社区居民的情感之中，成为城市工业文明的重要内容。工业遗产具有重要的符号象征意义，反映了工业时期特有的精神价值。五是经济价值。保留工业遗产不仅可以保护工业遗产的物质形态，也可以催生其他产业的发展，比如创意产业。工业遗产可以作为创意产业发展的基础资源，通过合理利用，将其转化为新的经济增长点。

---

① 刘伯英、李匡：《工业遗产的构成与价值评价方法》，《建筑创作》2006 年第 9 期。

② 吕图：《工业建筑遗产的保护与改造再利用——以杭州热电厂改造为例》，浙江工业大学硕士学位论文，2011，第 2 页。

（二）工业遗产创意再利用的背景

随着城市经济的快速发展，城市产业结构升级、产业布局以及用地结构的调整，城市老工业区的建筑和基础设施配置显得相对滞后，城市的老工业基地也失去了往日的经济活力，而创意产业是知识密集型产业，能耗低，产出高，发展创意产业不仅可以为城市旧区的发展带来新的生命力，推动城市功能再造，为城市规划提供新思路，而且可以创造新的城市文化氛围，提升城市的文化品位。

1. 城市产业结构升级的需要

随着信息社会的到来以及全球经济一体化进程的加快，以服务业为代表的第三产业逐渐代替了第二产业而成为产业结构的主导力量。城市中心城区原有的高耗能、高污染的钢铁厂及加工制造企业等逐渐为金融、信息、文化等产业所代替，城市老工业区不能适应城市新的产业结构升级所带来的变化，面临拆除、改造的命运。针对这一情况，对城市老工业区的旧工业建筑进行创意再利用，将会促进城市旧区经济复苏。

2. 城市产业布局及城市用地结构的调整

随着城市经济的快速发展，城市空间也在不断扩大。原先位于城市边缘地区的工业用地逐渐被包围在城市的内部，使得土地价值和其本身所创造的经济效益不再对等，城市中心地带的土地被工业用地所占据，也造成了土地资源不必要的浪费。金融、办公、综合性商场等第三产业通常会选择人流密集、交通便利的中心城区，导致原有的工业建筑，尤其是具有历史文化价值的工业建筑被拆除，造成无法挽回的损失。而对工业建筑的改造再利用，可以兼顾对工业建筑遗产的保护和土地价值的合理利用。①

3. 创意产业可以为城市旧城区的发展带来新的生命力

创意产业在增强城市综合竞争力、转变经济增长方式方面有着巨大的作用。大多数城市在实现工业化之后，都会把发展创意产业作为经济转型的重要

① 吕图：《工业建筑遗产的保护与改造再利用——以杭州热电厂改造为例》，浙江工业大学硕士学位论文，2011，第24页。

战略措施。旧式工业建筑保留着城市的人文遗存。通过发展创意产业，可以为旧城区的发展注入新的活力，同时也会唤醒人们的怀旧情结。将工业老厂房、仓库等运用新的模式进行设计和改造，为工业遗存注入时尚、创新的元素，使保留的工业建筑成为新的城市景观。同时，创意产业与工业遗产的有机结合，使工业遗产成为追求创意与创新的创意产业的物质载体，避免城市文脉的中断。通过历史与未来、传统与现代、东方与西方的交融，为城市增添新的文化景观，对城市的经济社会发展产生巨大的推动作用。①

（三）工业遗产创意再利用的模式及实践

工业遗产的创意再利用，以旧工业建筑等为物质载体，利用其工业历史信息和灵活可变的空间特色，对旧工业建筑进行功能置换、环境优化后，发展文化创意产业。创意再利用后的工业遗产，可以作为创意企业的孵化器，将带动周边落后地区的产业更新和可持续发展。② 目前，国内外对工业遗产的创意再利用模式归纳起来主要有以下四种。

1. 以保护为主的专题博物馆模式

博物馆是记录和保存历史文化遗产资源的重要场所，工业遗产庞大的建筑、清晰的空间结构为博物馆的建设提供了优良的场所。而运用现代博物馆理念对工业遗产进行原址原状的保留，将工业遗产改造成专题博物馆，不但有利于对工业遗产进行保护，而且也有利于人们对城市工业历史的了解。国际上，在德国鲁尔区，最常见的工业遗产创意再利用模式就是将工业遗产以专题博物馆的形式呈现出来。例如，多特蒙德市的措伦煤矿露天煤炭博物馆基本保留了原厂区的所有建筑、环境和景观，用于展示原来的工业流程，并利用厂区废弃的火车和铁轨改造成游览工具。③ 国内比较典型的案例是青岛啤酒博物馆。青岛啤酒博物馆是由青岛啤酒股份有限公司于2011年投资建成的国内唯一一家

① 于雪梅：《在传统与时尚的交融中打造文化创意园区——以前民主德国援华建设项目北京798厂为例》，《德国研究》2006年第1期。

② 刘野：《天津工业遗产创意再利用研究》，天津大学硕士学位论文，2008，第6页。

③ 鞠叶辛、梅洪元、费腾：《从旧厂房到博物馆——工业遗产保护与再生的新途径》，《建筑科学》2010年第6期。

啤酒博物馆，设立在青岛啤酒厂早期建筑（原德国啤酒厂始建并保留至今的办公楼、糖化楼和宿舍楼）内。展出面积达6000余平方米，分为百年历史和文化、生产工艺、多功能区三个参观游览区域，馆内详尽的图文资料、实物和文物史料，集中展示了近代中国啤酒工业及青岛啤酒厂的发展史。

2. 以公共休闲为目的的工业景观公园模式

公共活动空间作为社会生活与展示自我的舞台，可以让普通民众寻找自身所存在的价值，追求精神愉悦与满足。公园作为公共活动空间成为市民休闲娱乐的主要活动场所。[①] 通过科学的规划设计，保留原有的历史空间和环境，将工业遗产改造为以公共休闲为目的的工业景观公园，是公共文化建设的一种方式，可以满足人们消遣、休闲、放松身心的需求，还可以改善地区的生态环境，带动周边地区的经济发展。例如，法国的贝西公园原是葡萄酒仓库，在19世纪时一度发展成为欧洲最大的葡萄酒和烈酒的交易与集散中心之一。20世纪由于税收和铁路建设等原因，葡萄酒贸易逐渐衰落，葡萄酒仓库也随之废弃。20世纪70年代政府开始对其进行改造，完善相关基础设施建设，建成供游客、市民休憩娱乐的贝西公园。国内的广东省中山市岐江公园也是将工业遗产改造成工业景观公园的典型案例。岐江公园原为粤中造船厂，在2001年被中山市政府改造为大型的工业景观公园。设计者利用厂区废弃的工业遗存，如烟囱、龙门吊等，加入现代景观，同时也保留了造船厂具有代表性的植物，建成一个环境优美、以工业遗产元素为主的工业景观公园，成为市民开展日常休闲娱乐活动的场所。

3. 与旅游购物相结合的综合开发模式

该模式通常适用于位于城市中心区的工业遗址。该工业遗产所在地拥有优越便捷的交通设施，原有的外部环境已经发生了变化，工业和工业设施失去原有的使用功能。对工业遗产进行功能转换，改造成为一个集旅游、购物、休闲、娱乐为一体的综合中心。对工业遗产进行综合性商业开发的成功案例是位于德国鲁尔区的奥博豪森中心购物区。1758年这里建立了鲁尔区第一家铁器

---

① 姚伟钧等：《从文化资源到文化产业——历史文化资源的保护和开发》，华中师范大学出版社，2012，第106页。

铸造厂，随后开始了工业化建设。但是随着后工业时代的到来，工厂逐渐倒闭，失业工人增多，促使该地寻找一条经济振兴之路。于是当地人在废弃的工厂建筑的基础上，新建了一个大型的娱乐购物中心，并配套建设了咖啡馆、酒吧、美食文化街、儿童游乐园、体育中心、影视中心等，同时开辟了一个工业博物馆，成功地将旅游购物与工业遗产保护有机结合起来。奥博豪森中心购物区已经成为鲁尔区购物文化的发祥地。

4. 文化创意产业园区模式

文化创意产业园区模式是将工业遗产地通过产业重组和调整，通过空间功能置换，将原本从事第二产业的工业区改造成以第三产业为主的现代创意产业基地的开发模式。这种模式的特点不是改变原有工业遗产的空间结构，而是将工业建筑的内部空间改造成适合办公、创作、设计等工作的空间单位，形成新的以现代服务业和创新产业为主的产业集群。[①] 在国际上比较典型的案例是美国苏荷区创意集聚区。苏荷区位于美国曼哈顿岛西南端，以其独特的艺术风格著称。19 世纪 80 年代，苏荷区是纺织品工业区，后因经济萧条，大量的工业建筑被闲置下来。贫穷的艺术家们因其低廉的租金聚集于此，将工厂仓库改造成工作室，逐渐发展壮大。到 20 世纪 80 年代，这里已经成为纽约著名的文化和时尚街区。而国内则以上海苏州河南岸半岛的莫干山路 50 号的“M50 创意园”为代表，它以艺术创作和展示为主要方向。近年来，“M50 创意园”引进了包括英国、法国、意大利、瑞士、中国香港在内的 17 个国家和地区以及国内 10 多个省市的 130 多位艺术家，并引进了画廊、平面设计、建筑师事务所等创意设计机构。这些艺术家及创意设计机构为苏州河沿岸营造了浓厚的文化氛围，吸引了众多的国内外游客，成为上海极具品位、规模和影响力的地标之一。

二　“汉阳造”文化创意产业园的发展历程及现状

近些年国内文化创意产业发展迅猛，将工业遗产改造为文化创意产业园区

① 姚伟钧等：《从文化资源到文化产业——历史文化资源的保护和开发》，华中师范大学出版社，2012，第 107 页。

成为一种趋势，此类文化创意产业园区典型的形成机制主要有三种：一是艺术群体的自发聚集形成型，指先经由某些艺术家将工业遗址作为创作场所，有一定影响力之后，众多艺术家和艺术机构随之集聚，最终形成文化艺术聚集区，如北京“798”艺术区；二是政府引导推动型，指各级政府在区域产业总体发展战略和规划的指导下，通过分析文化创意产业所需的社会环境以及创意人群的区位需求、空间要求，综合评估区域内的经济、社会、文化等发展状况，从而制定区域文化创意产业发展规划，如上海“8 号桥”创意产业园区；三是自发形成与政府引导推动相结合型，指由于深厚的文化底蕴、宽敞的创作空间、低廉的改造成本和租金而吸引了众多艺术家和中小型文化创意企业自发聚集，政府较早地发现此现象并扶持这些已经初具规模的聚集区，成立管委会作为政府的派出机构对聚集区进行开发规划和管理，为区内各类企业提供公共服务，如杭州“LOFT49”。[①]“汉阳造”文化创意产业园区的发展历程及现状符合第三种形成机制，即先由艺术家、中小型文化创意企业自发聚集，形成文化创意产业聚集区的雏形后，政府适时地介入管理，逐渐形成今天的规模。

（一）“汉阳造”文化创意产业园区发展历程

工业遗产具有厚重的文化内涵，工业遗产的物质载体——旧工业建筑因其宽敞的空间、简单的布局和相对低廉的租金，吸引了一批艺术家自发聚集，“汉阳造”文化创意产业园区发展初期便是如此。随后政府通过政策扶持和完善基础设施建设，使园区面貌得到很大改善，初步形成了一个以创意设计、文化艺术交流展示、时尚旅游休闲等为特色的文化创意产业聚集区。

1. 自发聚集——“汉阳造”文化创意产业园发展初期

“汉阳造”是中国近代工业的发端，见证和参与了中国的工业化进程，在国内外享有极高的知名度和美誉度。19 世纪 90 年代，时任湖广总督的张之洞引进西方先进技术，在汉阳创办民族企业，建立汉阳铁厂、湖北枪炮厂等一批规模宏大、设备精良的工厂。1896 年，湖北枪炮厂仿制德国 M1888 7.9 毫米步枪，制造汉阳造 88 式七九步枪，简称“汉阳造”。“汉阳造”的成功仿制，

① 周政、仇向洋：《国内典型创意产业聚集区形成机制分析》，《研究与交流》2006 年第 7 期。

是我国近代兵工史上的一个里程碑。它历经辛亥革命、北伐战争、抗日战争、解放战争直至抗美援朝的洗礼，在战场上发挥了重要的作用。新中国成立后，政府在“汉阳造”原址上建立了大型国有企业——824 工厂、国棉一厂、汉阳特种汽车制造厂等工厂，这些工厂为武汉市的经济建设、社会发展做出了重大的贡献。20 世纪 90 年代，随着市场经济的逐步兴起，城市经济体制逐渐转型，产业结构也发生了调整。因生产工艺落后、发展模式粗放等原因，位于“汉阳造”原址的工厂越来越不适应城市发展的新要求，陆续停产外迁，“汉阳造”荣光渐显暗淡，许多旧厂房、车间、仓库等工业建筑闲置下来。

2006 年以来，一批从事美术、雕塑、摄影等行业的艺术工作者效仿北京“798”艺术区，租借汉阳龟北路旧工业厂房、车间，创办动漫原创设计室、绘画工作室、文化酒吧等中小型文化创意机构。“汉阳造”旧工业建筑高大粗糙、宽敞开阔并极具历史感，厂房内存放着机床、吊车等生产工具，可以想象当时工人的生产环境和工作状态，为艺术工作者提供了宽松的创作环境和素材，带来出其不意的碰撞效果，擦出前卫或另类的创意火花。另外，相对低廉的租金对处于起步阶段、资金有限的艺术家而言也极具吸引力。根据上海红坊文化发展有限公司的调查，武汉市创意园区租金平均价格是每月 25～30 元/平方米，钟家村、王家湾商业中心地段写字楼租金平均价格是每月 20～30 元/平方米，而汉阳区厂房租金约为每月 9～16 元/平方米，仓库租金为每月 6～7 元/平方米。低廉的租金为企业节省了费用，从而将更多的精力投入产品设计、经营当中去。经过一段时间的发展，更多的艺术家聚集于此。到 2008 年末，龟北路一带已经形成了画家、设计师、音乐人等艺术工作者的聚集区，“汉阳造”文化创意产业园区初具雏形。

2. 政府介入管理——“汉阳造”文化创意产业园区快速发展时期

2008 年，汉阳区政府出台《关于促进“汉阳造”文化创意产业聚集区发展的若干意见》，提出为促进文化创意产业发展，政府将对聚集区企业提供租金补贴、政府贴息贷款，减少行政事业性收费、中介奖励等，并将文化创意产业聚集区领导小组办公室设在晴川街，为入驻的各家企业提供全方位服务。①

① 甘琼、潘明亮、魏专：《汉阳崛起第二代创意产业园》，《长江日报》2009 年 10 月 19 日。

这为“汉阳造”文化创意产业园区的建立提供了良好的政策环境。

2009 年 10 月 17 日，汉阳区政府按照“政府主导、企业参与、市场运作”的模式，采取“企业整体租赁、统一营运”的方式，与在武汉成功开发“图书大世界”的上海致盛集团签订合约，由英国 A + U 设计公司进行整体规划设计，上海红坊创意产业园担任设计顾问，按照“整旧如旧、差异发展”的理念，在保留汉阳老工业基地原味的基础上，注入新鲜的文化创意元素，对百年工业遗址龟北路 1 号原 824 厂的原标准厂房重新定义、设计和改造，力图打造一个专业化、规范化、市场化、国际化的综合性文化创意产业园区。“汉阳造”文化创意产业园区（一期）投资 8000 万元，共占地 90 亩，建筑面积约为 4.2 万平方米，其中“汉阳会”投资 2000 万元，是园区的核心项目和标志性建筑。二期工程是在一期的基础上进行的扩容升级，占地 167 亩，建筑面积约为 10 万平方米，为原汉阳特种汽车制造厂的闲置厂房。三期工程占地 300 余亩，届时龟北路一带的废弃工业厂房都将纳入园区，园区规模将进一步扩大，入驻企业也将逐步增多，基本上形成园区核心产业片区发展框架和功能布局。

在政策扶持方面，制定《“汉阳造”文化创意产业园建设发展规划（2012 ~2015 年）》，规划到 2015 年实现产值 20 亿元的总目标。政府还采取无偿资助、税后补贴、以奖代补等方式对园区企业进行扶持，如对园区内新注册的企业年纳税额 5 万元以上的，3 年内按该企业对区级财政实际贡献额的 50% 给予奖励，同时对该企业的法定代表人进行奖励。政府还指导企业申报英才计划、人才计划、科技专利、创业计划等。另外，对入驻园区的世界 500 强、国内 500 强企业或行业领军企业以及在此注册区域总部或分支机构的企业实行支持政策一事一议等。对科技含量较高、成长性较好的企业，政府还根据企业需要对其银行贷款第一年度的利息按 30% 的比例给予补贴（补贴总额不超过 50 万元）。这些政策的实施对园区内企业的发展起到了重要的助推作用。

在基础设施建设方面，2010 年，汉阳区政府为改善园区基础设施筹措近 5000 万元资金，对园区内的街道、强弱电网、排水系统以及监控安保设施等进行了整体性改造。2011 年，汉阳区政府新增投入资金约 1500 万元，对园区的部分景观和功能分区予以完善，该园区供电由 800 千伏安提高到 2000 千伏安。此外，汉阳区政府还对园区内东月湖进行亮化和美化，完成了二期8000平方米绿化，并对部分房屋进行了立面改造，新建了1200平方米休闲广场、园区标识性LOGO门楼以及中英文导览指示牌等。园区内基础配套服务设施日益完善，园区面貌得到了明显的改善。

通过采取一系列的措施，“汉阳造”文化创意产业园区的软件和硬件都有了很大提升，作为园区主体的企业，规模逐渐扩大，种类更加丰富，整体实力不断提升。在2010年园区建设初期，共有22家企业入驻。其中，艺术工作室4家，占18.2%；创意设计类8家，占36.4%；教育培训类1家，占4.5%；商业配套类5家，占22.7%；其他4家，占18.2%。[①] 2011年园区企业营业收入达到5亿元，实现利税4000万元，企业入驻率已达到70%以上，共71家。其中，设计策划类29家，占40.8%；旅游休闲类13家，占18.3%；摄影广告类8家，占11.3%；展览展示类6家，占8.5%；原创艺术类3家，占4.2%；出版发行类2家，占2.8%；教育培训类2家，占2.8%；其他8家，占11.3%。[②] 通过将“汉阳造”这一历史品牌打造成文化品牌，实现文化、艺术、科技、创意的有机融合，推进产业结构调整和功能置换，提升了周边地区的城市环境品质，增加了就业率，对汉阳的经济建设和社会稳定都有一定的积极作用。

（二）“汉阳造”文化创意产业园区发展现状

经过近几年的发展，“汉阳造”文化创意产业园区已经成为中央财政支持的广告业试点园区、武汉市重点建设和精心打造的现代服务业聚集区、武汉市十大文化和科技融合试点园区，先后被授予湖北省现代服务业示范备选园区、武汉市科技示范社区、全民创业示范基地、旅游特色街区等荣誉称号。目前，园区整体运行状态较好，公共服务平台建设日益完善，但也存在一些问题。

1. 基础设施建设完善，公共服务平台建设日益健全

目前，园区内场地平整，环境得到绿化，给排水、电路、通信、道路、互联网等方面都得到了改善，基础设施建设日臻完善，为园区发展营造了良好的

---

① 上海红坊文化发展有限公司：《“汉阳造”项目策划报告》。

② “汉阳造”文化创意产业园区：《2011年文化产业发展交流会汇报》。

外部环境。园区公共服务平台建设日益健全，通过市场化运作模式，为园区企业提供商务、资金、信息、资讯、市场、培训等方面的服务。此外，园区还引入了中介服务机构，为有需求的企业提供针对性、专业性的服务。为了更好地服务企业，园区目前在建的公共服务平台有三个：一是园区标识物，在园区内安装LED显示屏，设置园区创意指示牌；二是建设广告文化展示中心，通过声、光、电等高科技手段，展示园区历史、现在和未来，体现文化与科技相融合；三是建设广告摄影大棚，拟建成华中地区一流的集摄影、制作、培训为一体的摄影大棚公共服务平台。

这些举措的实施，为园区企业持续健康发展提供了条件。通过合理利用各类资源，完善基础设施建设，健全公共服务平台，可以把“汉阳造”文化创意产业园区建设成为美化城市的新景观、体现城市深厚文化底蕴的新载体以及工业遗产与现代时尚相交融的新的城市名片。

2. 园区综合实力有较大增长，但规模普遍较小

2012年园区入驻企业数为78家，出租率达到了100%，实现营业收入约6亿元，缴纳税收5000余万元，园区有甲级、一级资质的企业12家，年产值500万元企业8家，年产值过亿元企业2家。园区企业数量增加明显，出租率达到了饱和，营业收入和缴纳税收也有了较大的提高，初步形成了以广告策划、艺术设计、文化创意等为特色的产业集群区。在确保园区稳定发展的同时，也对不适合园区发展的企业进行了淘汰升级。其中，新引进企业18家，包括金韩宫、沐石文化、得意生活等在汉知名企业。通过对入驻企业进行结构性调整，提高入驻企业的整体水平，使园区产能取得较快的提升。同时，文化和科技进一步融合，其产品和服务收入占园区企业总收入的75%。

但是在入驻的78家企业中，产值在500万元以下的企业有55家，占总数的70.5%；产值在500万~2000万元的企业有20家，占25.6%；产值在2000万元以上的企业只有3家，仅占3.8%。[①] 这说明园区内企业规模普遍较小，以中小型企业为主（见图1）。

---

① 武汉市委宣传部、武汉市社会科学院关于《武汉市文化产业园区发展调查问卷》调查结果。

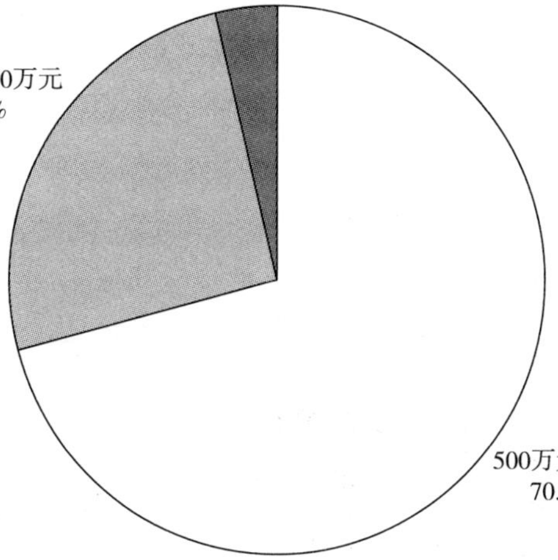

图 1　2012 年“汉阳造”文化创意产业园区企业产值分布

资料来源：武汉市委宣传部、武汉市社会科学院关于《武汉市文化产业园区发展调查问卷》调查结果。

3. 园区主导产业突出，类别丰富，但发展不均衡

2012 年 10 月 29 日，武汉市发布了《文化产业振兴规划（2012 ~ 2016 年）》，提出了重点发展创意设计业、传媒出版业、文化旅游业、网络文化业、动漫游戏业、艺术品业、演艺娱乐业、现代会展业八大文化产业。“汉阳造”文化创意产业园区经过近几年的发展，在入驻的 78 家企业中，创意设计业有 35 家，占 44.9%；文化旅游业有 13 家，占 16.7%；演艺娱乐业有 9 家，占 11.5%；网络文化业和艺术品业各有 5 家，各占 6.4%；传媒出版业和现代会展业各有 4 家，各占 5.1%；动漫游戏业仅有 2 家，占 2.6%；其他企业 1 家，仅占 1.3%。① 由此可见，入驻园区的企业类别丰富，各个创意产业都有分布，但是发展很不均衡。创意设计业数量最多，所占比例最大，优势突出，是园区的主导产业，形成“一枝独秀”的局面，如武汉宜尚家具设计有限公司 2012 年营业收入达到 1910 万元，北京意味飞行广告有限公司为 882 万元。而其他重点发展的创意产业企业则较少，如仅有 2 家动漫游戏企业（见图 2）。

① 武汉市委宣传部、武汉市社会科学院关于《武汉市文化产业园区发展调查问卷》调查结果。

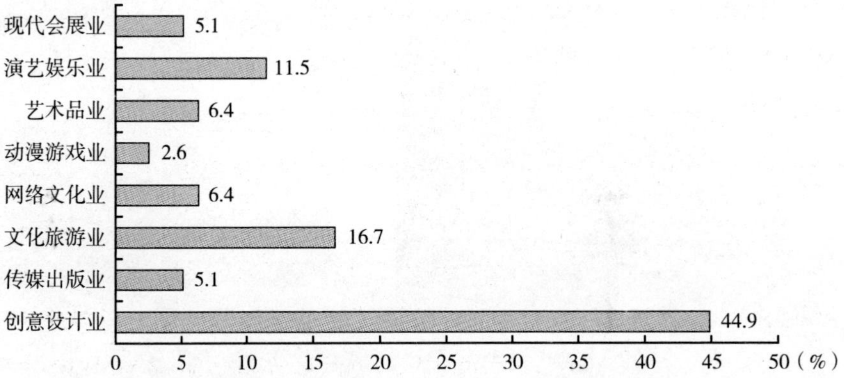

图2　2012年“汉阳造”文化创意产业园区企业类别

资料来源：武汉市委宣传部、武汉市社会科学院关于《武汉市文化产业园区发展调查问卷》调查结果。

三　“汉阳造”文化创意产业园区发展思考

“汉阳造”文化创意产业园区有着厚重的文化内涵，目前发展状况良好。但就如何抓住文化创意产业发展机遇，突出自身特色，打造国家级的产业示范园区，“汉阳造”文化创意产业园区还应该在以下方面做出努力。

（一）扩大园区规模，产生规模效应

文化创意产业属于知识密集型产业，其核心内容就是将文化资源的潜在价值和创意成果挖掘出来。从国内外的实践来看，文化创意产业的主要特征之一就是具有集聚效应。集聚效应对发展文化创意产业有以下三方面的优势：一是有利于共享智力资源，节约企业运营成本；二是有利于形成规模效应，扩大集聚区的影响力；三是可以产生关联作用，带动周边地区相关产业的发展。①“汉阳造”文化创意产业园区（一期）面积共4.2万平方米，入驻的企业为78家，并且企业入驻率已达到100%。而北京“798”艺术区面积有60多万平方

① 耿创：《基于旧建筑改造的创意产业园的设计研究》，西南交通大学硕士学位论文，2008，第19页。

米，有200多家涉及文化艺术的机构入驻。相比之下，“汉阳造”文化创意产业园区的规模有发展扩大的空间。因此，“汉阳造”文化创意产业园区应加快二期、三期建设速度，为园区提供更多发展空间，吸引更多企业入驻，以便形成更大规模的产业集聚，产生规模效应。

（二）加大宣传力度，提高园区影响力

与在国内外较知名的北京“798”艺术区、上海“8号桥”创意产业园区等文化创意产业园区相比，“汉阳造”文化创意产业园区的知名度不够高。园区管理机构应该充分发挥“汉阳造”工业遗产的文化内涵优势，立足于园区功能定位，采取以下措施来提高园区的影响力。一是组织园区内的企业开展各类文化活动，增加新闻源，吸引新闻媒体进行宣传报道。二是可以将园区纳入旅游营销系统，向武汉乃至湖北旅行社进行推介，组织游客到园区内参观游览，增进人们对园区的认识和了解。① 三是运用新兴媒介——微博进行宣传。目前微博已经成为人们尤其是年轻人了解新闻资讯的主要渠道，因此应通过微博进行营销，及时更新园区各类信息，扩大园区的影响力。四是可以投资拍摄微电影、短片等来介绍“汉阳造”的前世今生、园区内企业家的创业过程以及“汉阳造”文化创意产业园区的发展历程、特色及投资环境等。通过这种立体直观的形式，可以吸引更多的人关注“汉阳造”文化创意产业园区。

（三）拓宽融资渠道，助推园区企业发展

目前入驻园区的企业规模普遍偏小，以中小型企业为主。这些企业的创业者多为年轻人，朝气蓬勃，具有创新精神，但是创意项目回报周期长，难以评估其价值，而且投资风险较大，通过自我积累发展起来的中小型创意企业，难以获得可持续的发展资金。另外，园区企业都是租赁园区房屋作为办公场所，没有自我产权的土地证和房产证，在进行融资时没有合法的抵押物，缺乏方便、快捷、安全的融资渠道。资金短缺已经成为迫切需要解决的困扰园区企业

① 张国超：《“汉阳造”文化创意产业园区发展的前瞻性思考》，《湖北理工学院学报》（人文社会科学版）2013年第1期。

发展的瓶颈问题。政府应采取有力措施，拓宽企业融资渠道，加大财政资金对园区企业的扶持引导。在加强资金支持的同时，细化融资政策，以政策为主要手段，在园区税收减免、租金优惠、直接补贴、产权保护等方面进行深层次探索，解决企业发展的后顾之忧，助推园区企业实现可持续发展。

（四）经济与社会利益并重

文化创意产业园区既能为政府带来税收等经济利益，增加城市就业机会，也可以提升城市的品位，扩大城市的影响力。因此，在对“汉阳造”文化创意产业园区进行产业化开发时，除了考虑经济效益外，还应该考虑社会效益，力求增强其公共文化服务功能。“汉阳造”不仅仅作为七九式步枪而存在于历史上，它更是一种特殊的文化符号，表达了不屈不挠的民族精神。它深植于人们心中，具有道德教化和知识普及的作用。因此，可以在“汉阳造”文化创意产业园区内设置公共休闲设施，供市民休闲娱乐，促进市民尤其是与周边社区居民的良性互动。同时，工业遗产对于工业历史、工业工程教育而言也是无法取代的现场教材。正如 Kevin Lynch 在《城市意象》中所说的：“城市片段或建筑物在人们心中所产生的印象，并不仅取决于它的表现形式，还有它所在的位置和功能，这些都与人们的生活和情感相关。”① 所以，可以在“汉阳造”文化创意产业园区里开辟一个教育宣传基地，发挥其社会效益。

同时，要培养园区企业良好的社会责任意识。文化创意企业具有经济与文化的双重属性，从经济学角度看，文化创意企业是营利性组织；从文化学角度看，文化创意企业是精神文化传播的媒介。因此，园区内文化创意企业除了追求经济利益外，还应承担一定的社会责任，积极回馈社会，这样有利于使消费者对文化创意企业产生好感，促进企业持续健康发展。

---

① Lynch K, *The Image of the City*, Cambridge: MIT Press, 1982, pp. 89 - 90.

B.22

科技之光　文化之炬

——激光文化创意产业的现状与前景

葛进军　刘春艳*

摘　要：

激光演示表现力极强，表现方式新颖多样，以高新科技为主导，以文化创意为助推，在国家提倡文化创意产业发展的大背景下，爆发出了强大的能量，成为文化创意产业中的新秀。泛亚楚天光电文化湖北有限公司作为高新科技和文化创意共同酝酿下产生的新型企业，优势明显，竞争力强，在其雄厚的科技实力与肥沃的文化土壤中快速成长，为完成其建设世界首创、中国独有的激光主题公园，实现“布局九州、点亮中国”的战略目标而不懈奋斗，也为武汉市文化创意产业的持续发展贡献力量。

关键词：

激光技术　激光演示　文化创意　创意激光

近年来，在国家政策的明确指导下，全国各省市地区的文化创意产业发展取得了有效成果。在一片大好的形势下，武汉市抢抓国家促进文化和科技融合的机遇，大力发展文化创意产业，制定了一系列有助于文化创意产业发展的政策，并出台了武汉第一部文化产业专项计划《武汉市文化产业振兴计划（2012～2016年）》，力争到2016年实现文化及其相关产业总收入突破3000亿元、增加值突破1000亿元、文化产业增加值占地区GDP 10%以上的目标，届时，武汉将被打造成新一代的“创意之都”。

---

* 葛进军，华科楚天新媒体艺术研究所副所长，武汉楚天激光集团副总裁，泛亚楚天光电文化湖北有限公司创意激光总经理；刘春艳，文学硕士，现就职于泛亚楚天光电文化湖北有限公司。

武汉一向坚持“以创意为先导、以文化为内容、以科技为支撑”，高度重视文化创意产业，大力建设高科技园区，加强财政等政策支持，同时积极拓宽企业投融资渠道，一系列有效的政策推动了武汉文化创意产业的飞速发展。截至目前，武汉市已建成文化创意园区21个，其中光谷创意产业基地、“汉阳造”文化创意产业园区、楚天181文化创意产业园等均已初具规模，运转态势喜人。其中，楚天181文化创意产业园由湖北日报传媒集团倾力打造，属全国首家以现代传媒为主体的特色文化创意产业园，在全国同类园区中地理位置最佳、建筑风格最具特色，被列为国家新闻出版总署和湖北省重点文化项目，2010年被评为湖北省文化产业发展示范基地。楚天181文化创意产业园由湖北日报传媒集团的老印刷厂改造而成，聚集了一大批新兴的文化创意产业，本着“走出去，引进来”的理念，引进了一大批极具创意能力的高科技企业。泛亚楚天光电文化湖北有限公司就是在这种大好的社会背景下成立的。

一　以高科技为主导的激光演示产业

（一）泛亚楚天光电文化湖北有限公司简介

泛亚楚天光电文化湖北有限公司（以下简称“泛亚光电”）是由湖北日报传媒集团投资控股，与武汉楚天激光集团联袂打造的激光高科技文化创意产业平台，公司首期注册资金为1亿元。湖北日报传媒集团是我国实力最强、影响力最大的省级党报集团之一，旗下产业包括11报11刊4网站9公司1出版机构，是重要的主流文化阵地，集团多产业发展迅速，拥有强大的传播优势和资本优势。楚天181文化创意产业园为湖北日报传媒集团近年来又一力作，将推动周边区域的创意文化以一种全新的姿态矗立东湖岸边。武汉楚天激光集团是我国激光行业历史最悠久、综合实力最强的激光科技企业，具有深厚的行业积淀，特别是在大型旅游景观的激光应用设计领域独步全球，仅在激光科技文化领域就拥有100多项知识产权和专利技术。走进楚天181文化创意产业园，是武汉楚天激光集团誓将高科技与泛文化糅合，创造文化创意产品的明证。

湖北日报传媒集团和武汉楚天激光集团强强联手，势必造就一个在中国乃至全世界范围内文化与科技完美融合的典范。泛亚光电以激光科技与文化创意融合为核心，主要从事激光主题公园建设、城市新型激光亮化、旅游景观设计、激光文化艺术品开发、激光娱乐演示设备制造等业务。泛亚光电目前拥有发明专利、外观专利、软件著作权和图书著作权等143项自主知识产权。历年来，公司为2008年北京奥运会、2009年新中国成立60周年庆典、2009年第十一届全运会、2010年广州亚运会和2010年上海世博会等多项特大活动提供激光创意服务，并多次被授予“立功单位”荣誉称号。此外，泛亚光电还致力于建设世界首创、中国独有的“激光迪士尼乐园”，实现“布局九州、点亮中国”的战略目标。公司与瑞士LASERWORLD合资，在“武汉·中国光谷”建立了亚洲最大的娱乐演示激光设备研发制造基地，产业目标是将激光科技、现代旅游与主流文化完美融合，用激光技术为旅游景区、国际都市的创新升级提供新范本，打造中国最大、世界一流的科技文化产业航母。

（二）激光演示概念解析

激光演示也称Laser Show。最初的激光演示仅能表演激光光束效果、光干涉效应（Lumia）和简单的激光“利莎茹”（Lissajous）图形。随着激光技术、高速扫描元件、色彩合成和控制技术，特别是激光演示软件的快速发展，现在的激光演示已是日新月异，突飞猛进。新型的激光演示系统不仅能表演特殊的激光光束效果，还能演示复杂的激光动画和三维图文。激光演示系统主要由激光器、颜色混合和调制元件、激光扫描投影器和电脑控制器及多媒体部件组成。在电脑的控制下，激光光束经过色彩合成调制器、激光扫描仪投射在空间或屏幕上，演示各种特殊的空间光束效果、二维及三维图文画面。表演的节目和图文画面由电脑软件事先或即时设计。

1. 激光器

随着激光技术的快速发展，新型的全固体激光器已经开始代替气体激光器，成为激光演示系统的新型光源。与传统的气体激光器相比，全固体激光器效率高、结构紧凑、性能稳定、寿命长、能耗低、光束质量好、空气冷却。瑞士LASERWORLD和JENOPTIK公司已经研制出高功率（100瓦）全固体彩色激光器并应用于激光演示系统。全彩色激光表演仪的激光器由连续（CW）的红光激光器、绿光激光器、蓝光激光器，即三基色（RGB）激光器组成。其最大特点是结构紧凑、体积小、效率高、便于携带。

2. 激光扫描器

激光扫描器由 X－Y 光学扫描头、电子驱动放大器和光学反射镜片组成。电脑控制器提供的信号通过驱动放大电路驱动光学扫描头，从而在 X－Y 平面控制激光束的偏转。通常用于激光演示的光学扫描头是一种闭环检流计式的扫描头。在激光演示系统中，光学扫描的波形是矢量扫描，系统的扫描速度决定激光图形的稳定性。近年来，高速振镜扫描系统发展迅速，最高扫描速度已经达到 50000 点/秒，因此完全能够演示复杂的三维激光动画。

3. 激光色彩控制器

激光色彩控制器用于控制彩色激光的颜色。最新的激光色彩控制器是多色声光调制器（PCAOM），能够同时控制 8 种不同的激光波长，显示上百万种颜色。与 RGB 控制器一样，它能在一幅图形内显示不同的颜色。其优越性在于仅需要一个调制器，安装简单且具有较高的光通量。

4. 激光电脑控制器

激光电脑控制器是激光演示系统的核心单元，用于控制激光扫描器、色彩合成器、激光器及周边设备。激光电脑控制器的重要功能是设计和编排激光演示内容。最新的电脑控制器采用工控机式的多功能系统，有多个独立的 X－Y 图形输出通道，可同时控制多个独立的光学扫描投影器分别演示内容完全不同的激光节目，且可通过分光器或光缆控制任意多个扫描投影器。它具有强大的编程功能，能编排二维和三维激光动画。采用 DSP 技术，能够实现多功能控制和复杂图形效果的编程。

5. 激光演示软件

近年来，激光演示软件技术获得了长足的发展。尽管计算机图形软件家族庞大且不断升级，但是这些软件（如 CAD）并不能用于激光演示。激光图形的输入主要采用如下几种方式：①控制图形数字板；②电脑直接编程；③用一般的图形扫描仪将图形输入电脑，再用 Corel Draw 进行加工处理并将其转换成激光矢量化图形格式。在激光显示图形的生成和处理技术方面，已经开发出

BMP 和 3D MAX 图像直接转换技术。

随着应用领域的扩大和适应演艺市场的发展，新型激光演示系统已具有性能可靠、操作便捷、编程简单、维护方便、配置灵活的特点，且具有了多媒体功能。最新型的激光演示系统还具有如下功能。第一，通过 RS232 接口控制激光器的功率，在激光工作参数不正常时，自动关闭激光系统。第二，提供自动光盘演示、动态书写、交互控制、音乐声控表演等工作模式。第三，多媒体系统控制。激光电脑装有 SMPTE、DMX、SCSI、MIDI 等多个标准接口。除控制激光演示系统外，还可以控制其周边设备，如灯光/音响、水幕/喷泉、幻灯投影、视频播放和电影机、烟机/风机、屏幕/帷幕等。利用激光电脑的时钟系统，可定时开关，并组合其控制功能，编排激光多媒体系统的演示运行时序。第四，系统网络控制。通过网络接入，激光演示中心的电脑工作站可以对激光演示系统的工作状态进行远程监控、故障诊断及激光演示软件传递。

（三）激光演示应用涉域

随着激光技术的不断成熟与发展，激光演示在动态视觉艺术领域的应用越来越广泛，已经成为文化创意产业中极为重要的组成部分，其应用领域主要包括如下三个方面。

（1）室内。剧院舞台、电影院、博物馆、美术馆、展览馆、大型商业场所、夜总会、歌舞厅、酒吧等公众聚集空间，都可以根据场地条件采用不同的设备进行激光演示。

（2）室外。激光演示几乎不受场地的限制，旅游景区、公园、游乐场、江河湖泊、休闲广场、高大建筑、自然景区的峭壁悬崖、平坡坦岭及大型瀑布，均是激光投射的良好载体。在雨、雾等空气中潮湿成分较重的特殊气候条件下，激光演示可以产生神奇的视觉效果。

（3）作为一种新型的传播媒体，激光广告已开始在国内外许多公共场所、大型展览会馆使用。激光广告色彩艳丽、字画清晰、遥远可见，并可随时更新内容。通过网络连接，可以及时发布信息，配合精彩的空间光束，更能增加广告的宣传效果。

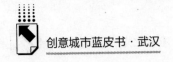

二　以文化创意为助推的激光演示产业

以泛亚光电的战略合作伙伴武汉楚天激光集团为代表的国内激光创意团队凭借全新的激光演示进入国内动态视觉艺术领域，取得了一系列突破。在取得科技方面的专业水准之后，将文化创意与高新科技有效结合，充分发挥创意激光的优势，并在激光演示策划中大胆加入当地文化元素，制作了大量绚丽典雅、精彩绝伦而又富有文化内涵、极具看点的激光演示节目，获得了显著的社会效益和良好的经济效益。他们研创的一批激光实景演出、激光音乐喷泉、激光水幕电影等成功项目，在国内外产生了广泛影响。

（一）激光剧场

激光剧场的演示集声、光、电、影、水、火、幕等于一体，成为一种特殊的艺术表演模式。主要以激光艺术、表演艺术与虚拟艺术相融合，以绚丽多彩的动感画面、神奇梦幻的故事情节，打造壮观奇特的视觉盛宴，美轮美奂，令人目不暇接。

案例1　湖北利川腾龙洞《盛世腾龙》激光剧场

2005年，号称世界特级溶洞、亚洲第一、中国最大的溶洞——湖北利川腾龙洞诞生了我国第一个大型旅游演出激光剧——《盛世腾龙》。激光剧围绕龙的传奇、土家风情及当地美丽动人的传说，以神奇的激光展现了“腾龙洞的地质形成、火山喷发、山崩地裂、斗转星移、溪水湖泊、巨龙喷火、孔雀开屏”等场景片段，演绎了中华图腾龙与土家图腾白虎之间由冲突到和解的传奇剧情，解释了腾龙洞与龙的故事由来，彰显了中华民族融合团结的历史主题。2006年4月，利川腾龙洞正式对外开放演出，以激光为主的高科技营造出令人耳目一新的视觉冲击，腾龙洞旅游盛况空前。梦幻震撼的演出效果使在场的游客叹为观止，流连忘返。2007年，该激光剧目被世界国际激光演示协会（ILDA）评为“世界上最美的激光”。

《盛世腾龙》激光剧目为腾龙洞景区带来了丰厚的回报。据统计，自引进了《盛世腾龙》激光剧目之后，腾龙洞景区的参观人数以每年30%的数量增加，门票也由此前的30元上升到180元。在景区效益飞速提高的同时，由于创意激光的加盟，腾龙洞也从中国众多的溶洞景区中脱颖而出。2008年5月5日，国家旅游局发布公告，利川腾龙洞景区被评定为国家4A级旅游景区。这是恩施土家族苗族自治州继巴东神农溪之后的第二处国家4A级旅游景区（见图1）。

图1　利川腾龙洞激光剧《盛世腾龙》场景

（二）激光水幕音乐喷泉

激光水幕是将激光演示的彩色多维立体图文和动画投射在特制的大型水幕之上。激光水幕由特制的水幕发生器将水自下而上高速喷出，水雾化后形成半圆形的屏幕。水幕作为激光的载体，具有高保真、高反射率等优点。由于水幕的特性，其画面恰似仙山琼阁，又如海市蜃楼，人物进出如同从天而降，又似腾云驾雾。其壮观、清新、奇特、艳丽的图文画面给视听者以极大的视听震撼和艺术享受。无论是在公园、广场、游乐场还是在江滨、湖边，激光水幕都是最吸引人们眼球的景观。

音乐喷泉通过千变万化的喷泉造型，结合五颜六色的彩光照明，利用音乐信号控制喷泉与灯光的变化，喷泉与音乐同步演绎，达到声、光、色、形俱佳的一种和谐效果，呈现不同的意蕴主题及文化内涵。激光音乐喷泉运用特殊的空间激光光束和三维立体激光图文投射在密集型的喷泉上，激光光束、图文及水柱的高低都随音乐的强弱变化而变化，高潮迸发时排山倒海，沉寂平静时如泣如诉。激光音乐喷泉的视觉、听觉效果常令观者流连忘返。

案例2　西安大唐芙蓉园激光音乐喷泉“齐天大圣”

西安大唐芙蓉园激光音乐喷泉“齐天大圣”号称全世界最大的水幕电影，自开始演出至今深受游客好评。武汉楚天激光集团参与制作了此次规模宏大的激光音乐喷泉。该激光演示选取了我国古代最为经典的神魔小说《西游记》中的精彩片段，并在此基础上进行了二次创作，将神话故事与盛世大唐文化融合，呈现现代激光与历史积淀的碰撞。该表演场面恢弘，每年吸引近300万名参观者观赏（见图2）。

图2　西安大唐芙蓉园激光音乐喷泉“齐天大圣”场景

（三）激光秀

激光在舞台上的应用，是近年兴起的一种全新的舞台光效概念。激光丰富的色彩以及造型的多样化是任何传统舞台灯光无法相提并论的。歌舞、戏剧、综艺晚会及名模表演舞台采用激光配以多维图形，可使表演锦上添花，达到美轮美奂的效果。魔术表演配上激光，能使表演更加神秘莫测。

案例 3　荆州古城九龙渊公园“荆风楚韵”

2011 年 11 月 15 日，湖北荆州古城九龙渊公园璀璨上演了大型实景激光秀“荆风楚韵”，激光与焰火交织，古代与现代融合。古城墙为舞台，九龙渊为背景，宏大的场面，梦幻般的演出，带给现场观众强烈的心灵震撼和唯美的艺术享受。演出展示了荆楚大地深厚的历史积淀，再现了礼仪之邦渊源的文化传承，同时也展望了经济腾飞中的古城新风（见图 3）。

图 3　荆州古城大型实景激光秀“荆风楚韵”

（四）激光艺术表演

激光艺术表演以表演艺术和激光为基础，构建集人、声、光、电、影、水、幕等于一体的特殊艺术表演模式。以最先进的科技——彩色激光为载体，融入绚烂夺目的光影效果，配合创意构思、动漫酷图以及个性立体画面，辅之以演员的交互动作，通过多元化空间的扑朔迷离表现出梦幻的激光影像，展现新、奇、特的视觉感受。

案例4　2012龙年“科技春晚”

每年除夕，中国人都会欢坐在电视机前观看不可或缺的“年夜饭”电视节目——春节联欢晚会。2012年，首台以科技为鲜明主题、以科普为宗旨的“科技春晚”——“欢乐与智慧同行——2012龙年科技春节晚会”横空出世，为人们带来了不同于以往的除夕夜享受。该晚会由中国科学技术协会支持，北京市科学技术委员会、北京电视台、湖北广播电视台、武汉广播电视总台主办，坚持知识性、娱乐性、观赏性、原创性的定位。晚会上科技展示类、语言艺术类、歌舞表演类节目三足鼎立，彼此融合，富含科学知识和哲理。作为技术支持单位，泛亚光电的舞台激光为这台晚会增添了非同凡响的科技光影，使得晚会无愧于“科技”二字，为人们津津乐道（见图4）。

图4　2012龙年“科技春晚”现场

案例5 上海世博会湖北馆激光琴

激光琴是以激光束作为琴弦的虚拟乐器。利用激光技术及光学控制原理制作的激光琴使得演奏者无须用手接触琴身就可以演奏出美妙的音乐。演奏者用手遮住一束光即相当于拨动一根琴弦，激光琴就会发出声音。通过对光束的控制，就可以演奏出不同的音阶和乐曲。激光束琴弦看得见摸不着，既可发出耀眼的光芒，又可弹出动听的琴音。游人拨动琴弦，既不用担心破坏琴键，又能感受演奏音乐的妙处，是一种理想的集观赏与娱乐为一体的创意产品。

2010年的上海世博会是世界顶尖高科技产品的集聚地。在这里，创新是亘古不变的灵魂，跨文化的碰撞和融合给人们带来无尽的精神享受。在中国省市区的展馆里，湖北馆深受游客喜爱，三天内接待游客超过4万人，其中激光琴互动项目最受青睐。游客们不时用手拨动一条条并不显眼的激光束，激光琴就发出动听的琴音，音乐声引来游客的阵阵惊呼，这也让他们领略到了武汉激光创意产业的独特风采（见图5）。

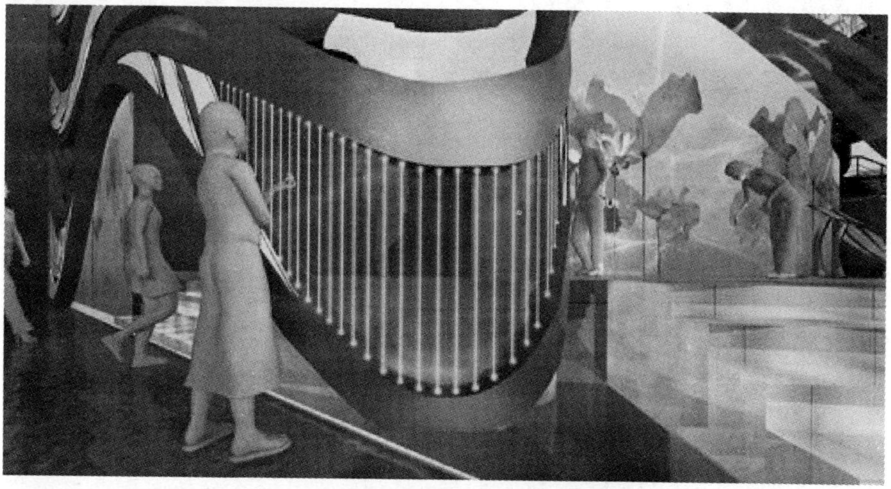

图5 2010年上海世博会湖北馆激光琴

（五）3D建筑皮肤

3D建筑皮肤演示运用激光光学投影原理，采用高亮度的光源，以虚拟技术及裸眼3D动画制作技术，将极具立体空间感的动态画面投射到高层建筑的外墙，使建筑物与投影影像在立体交互中融为一体。虚实结合的景观在夜间形成视觉冲击力强烈的画面。

案例6　武汉中心百货大楼3D建筑皮肤秀

2012年元旦，武汉楚天激光集团与华中科技大学团队共同在武汉中心百货大楼做了一场3D秀。根据载体的特性，量身设计了动感的3D投影内容，辅助现场音效，结合投影融合技术，赋予固定的建筑载体表面以魔幻、神奇的三维效果，营造出动感、立体、魔幻的三维视觉盛宴（见图6）。

图6　2012年元旦武汉中心百货大楼3D秀

（六）激光艺术球幕

球幕系统的360°全景画面，使观众全方位地体验动感球幕的超强震撼，挑战视觉极限。在360°的球幕里，观众可以脱离立体眼镜和头盔形成立体视觉，真情实景地体验天地翻转、地动山摇和急速运动所带来的极度眩晕感和强烈刺激感。播放动态画面的时候会看到一个多彩的、转动的球体。

案例7　西安大明宫国家遗址公园情景剧《天阙》

古城西安遍地都是璀璨的历史文化遗迹，大明宫则是这悠久岁月留下的宝贵遗产。近年来，大明宫国家遗址公园的开发建设如火如荼，为了重现大唐盛世的恢弘与繁盛，情景剧《天阙》应运而生。“天阙沉沉夜未央，碧云仙曲舞霓裳；一声玉笛向空尽，月满骊山宫漏长。”夜晚的大明宫美得如同仙境，激光、喷泉、球幕相互辉映，融为一体，将游客带入时空隧道，回到那波澜壮阔的历史长河，上演了一幕让人流连忘返的时空大戏（见图7）。

图7　西安大明宫国家遗址公园情景剧《天阙》球幕

通过对上述六种形式的激光创意手段的了解，我们可以发现激光演示正在中国动态视觉艺术领域中大放异彩，同时也面对着一个巨大的发展空间。在这样的发展形势下，创意激光将不断给文化创意产业带来新的冲击和新的元素。

三　泛亚光电优势透析

泛亚光电拥有多个“中国第一”，开创了中国激光创意产业的新模式。它始终保持着中国高功率全彩激光技术的领先地位，不仅首创了激光大型景点专业打造、全彩激光地标以及国内大型船载激光秀表演，而且还开创了激光科技互动雕塑的先河并开发了全新的激光广告载体。泛亚光电在激光行业内知识产权拥有量位居第一，拥有激光琴、激光工艺品、全彩激光等多项核心专利技术，是亚洲最大的激光工艺品创意设计以及娱乐演示激光设备供应商，同时也是湖北省文化产业示范基地。

（一）雄厚的科技力量

科学技术是第一生产力。在当代社会经济迅猛发展的前提下，拥有雄厚的科技力量是一个企业能发展壮大的基础，拥有先进的科技就拥有了对话市场的话语权，就拥有了更多的市场机会和份额。在这一点上，泛亚光电无疑有着绝对的优势。

泛亚光电的母公司之一——武汉楚天激光集团成立于 1985 年，是一家规模大、产品种类齐全、市场网络健全的专业激光产品制造商。它不仅是“武汉 · 中国光谷”的核心企业和武汉市的明星企业，而且也是“国家火炬计划重点高新技术企业”。截至目前，公司申报专利 300 多项，是中国专利数量最多的激光企业。武汉楚天激光集团积极引进国外最先进的激光技术，与瑞士的 LASERWORLD、法国的 ECA2 和英国的 AAV 等国际化团队紧密合作，能够在第一时间内吸收借鉴国际激光的最新成果，为泛亚光电的激光演示技术提供坚实的后盾。

（二）肥沃的文化土壤

文化产业被誉为 21 世纪的黄金产业。在英、美等发达国家，文化产业已成为重要的支柱产业。这一新兴产业的快速发展正在对经济社会产生深远影响。结合我国的现实情况和产业结构演变趋势进行观察，大力发展文化产业是促进产业结构调整的较佳选择。

文化产业的运营主体是文化企业，文化产业的发展程度归根结底取决于文化企业的发育水平。要做好文化产业，就必须有敏锐的文化思维和肥沃的文化土壤。另外，跨界融合是文化产业发展的基本规律，也是文化企业转型提升的基本走向。

湖北日报传媒集团在荆楚大地耕耘了数十年，已经成为湖北省乃至全国范围内优秀的文化产业传媒，拥有得天独厚的文化积淀和新颖独到的文化视角。在肥沃的文化土壤上栽种高科技的花朵，用文化浇灌高科技的幼苗，是湖北日报传媒集团前瞻性眼光的体现，这将为泛亚光电文化创意激光的发展提供强大的助推力。

（三）卓越的创意团队

创意，是对传统的叛逆，是打破常规的哲学。当新的文化发展到一定阶段后，创意被空前凸显出来，而文化产业的更高阶段也表现为创意产业阶段。因此，创意产业概念的提出是现代文化和经济变革的产物。世界发展到今天，财富增长的方式将更多地依靠某些人天才式的、富有创意的、创造性的努力。

泛亚光电拥有一支卓越的创意团队。公司十分了解创意的重要性，并为此而付出了大量的努力。公司不仅聘用并培养了一大批头脑灵活、极具创意的员工，而且还致力于与员工共同追求创造性思维的最大化，鼓励员工畅所欲言并经常进行创造思维能力方面的培训，如头脑风暴等。除此之外，泛亚光电还大量观察研究业内外优秀创意作品，为自己开拓思路并积累有效经验。在公司和员工的共同努力下，泛亚光电的创意团队成为公司最得力的助手，这一点，使得业内其他同行难以望其项背。

四　泛亚光电发展期望

随着科技的发展，激光技术也正快速地走向工业化的进程。光电技术、激光医疗与光子生物学、激光加工技术、激光检测与计量技术、激光全息技术、激光光谱分析技术、非线性光学、超快激光学、激光化学、量子光学、激光雷达、激光制导、激光分离同位素、激光可控核聚变以及激光武器等都是激光所能涉及的领域。随着激光涉及领域的扩大，激光设备的前景也不可估量。激光设备总体的发展正朝着更小体积、更方便携带、自动化、智能化前进。将激光技术在各个方面取得的发展进一步运用到以创意激光为核心的创意文化产业开发中，正是泛亚光电等一批新型激光技术产业所面对的机遇和所面临的课题。泛亚光电目前正着力于光电技术的研发和实践，计划在雄厚的激光技术基础上打造出世界独一无二的激光主题公园。该公园在寓教于乐的同时也展现了激光科技与相关创意产业的广阔前景。

激光主题公园是泛亚光电核心团队筹备、酝酿达10年之久的科技文化创意项目。十年磨一剑，泛亚光电欲集世界激光技术与应用之大成，联手国际著名激光研究机构及主体公园创意运营团队，基于激光题材的新颖性、娱乐项目的互动性以及项目技术与运营的可实施性，打造世界首创、国际一流、拥有自主知识产权（专利、商标、域名、专著）并集科技、文化、旅游、娱乐、休闲于一体的新型主题公园。

激光主题公园将“宇宙－时空－生命”这一永恒主题蕴涵于旅游项目之中，以新颖、奇异、喜闻乐见的激光造景及其互动形式，使游客在参与、体验激光娱乐项目时备感惊奇，身心愉悦，同时感悟科学的魅力，寓学于乐。

（一）激光主题公园的项目特色

第一，呈现“新、奇、特”的现代公园。

随着科技的发展和人们认知水平的不断上升，单纯的自然景观观赏已经无法满足人们日益增长的旅游精神需求，现代旅游已经从景观、民俗游迅速提升到对未知领域的探索体验游。在这种强烈的需求下，激光主题公园将是献给广大游客最好的旅游节目。激光主题公园概念新、立意新、表现方式新，将虚拟与现实相交融，让游客在有限的空间中探索未来、感受未来，梦幻的激光体验将在最大程度上引爆参与者的眼球，激发他们的强烈共鸣。

第二，全方位娱乐的科普场所，跨学科的多平台娱乐航母。

激光主题公园本身就是用高科技打造出来的旅游节目，在这里，游客既可以享受高科技营造出的科幻意境，又可以在这个过程中学习到很多的新知识。激光主题公园不仅是一个全方位娱乐的科普场所，而且也是一个跨学科的多平台娱乐航母，还将是一个游、购、玩、吃、住、行、学的综合体，必将让游客感觉到不虚此行。

第三，以地域文化、本地旅游产业为基础，形成个性化的城市名片。

激光主题公园可以因地制宜，以当地的地域文化与旅游产业为主题公园打造的基础，将当地最为优秀的旅游项目融合在激光主题公园之内，以此来形成个性化的城市名片。这可以让每一个城市的激光主题公园都带给游客不同的高科技体验，从而避免了千篇一律的弊端。激光主题公园使得旅游时间大大增长，可全天候开放，而其丰富的旅游内容也为旅游衍生服务及衍生产品提供了有力的保障。

（二）激光主题公园区域规划

激光主题公园包含激光娱乐区、激光科普旅游区、激光休闲区和激光生活示范区三个区域。

1. 激光娱乐区

激光娱乐区定位于“科幻、体验、神奇”，采用现代高科技光影手法，将打造全国首例全天候互动体验式旅游、世界首例激光梦幻剧目互动表演、最神奇的激光梦想剧场（见图8）、中国第一个5D激光魔法馆、全球第一个动态激光艺术中心、独一无二的滨水激光秀、沉浸式激光欢乐岛及训练营等一批表演娱乐项目，让游客“与景、与物、与己、与幻”进行互动，给游客带来超乎想象的梦幻之旅。

图8　激光娱乐区之激光梦想剧场

5D魔法激光空间即5D体验互动馆，由主题娱乐区、冒险游戏、混合实境及移动与Web整合服务平台组成，是一个采用世界领先激光融合技术把故事贯穿在一起的新型娱乐科普平台，它采用了空间互动游戏、混合实境和全息影像等各种游戏类型。通过手机短信平台等方式，参与者能亲身参与冒险游戏的创作，在其中加入自己的独特想象与思考。5D体验互动能让参与者亲手推动故事向前发展，既能满足游客对虚拟世界的体验，又能满足对有形的真实世界的体验。完全体验式的空间让人成为整个环境的主宰者。

“炫彩激光圈”3D激光秀采用激光追踪技术，利用激光、激光投影以及烟雾灯打造出亦真亦幻的炫彩视觉感受。其特点是直接将激光投射到地面，并结合投影互相交错，四周衬以烟雾，营造出三维立体的激光效果。游客走进光圈之内，激光光影随着游客的移动而随时变化，让游客仿佛置身于魔幻仙境。

激光欢乐岛景区以贯穿“快乐”这一人类精神的最高境界为基本理念，将激光技术全面应用于娱乐产业中，“制造快乐，宣扬快乐，体验快乐”。欢乐岛将激光技术引入体育竞技项目中，游客能在竞技游戏中体验到激光的无穷魅力，愉悦身心，激发生命潜能。激光欢乐岛的主要项目包括激光虚拟网球、激光虚拟高尔夫、激光虚拟击剑、激光虚拟射击等。

2. 激光科普旅游区

激光科普旅游区主要以激光科普为核心，让游客对激光应用的历史地位、基本原理、生产流程、应用领域和文化底蕴有一个系统的了解。激光科技馆、激光历史长廊、激光生态园林等将带给游客全新的体验，使他们感悟激光所带来的无穷魅力和无限可能。

激光科普旅游区主要设置了主题区、感受区、激光影视科普区、光基础知识互动区、激光原理互动区、激光应用互动区、儿童互动科普区以及激光应用体验区等。这一区域将向游客还原最真实的激光，向游客介绍激光的前世今生，并在此过程中让游客获得最具冲击感的视觉享受。

激光科技馆汇聚了几乎所有与激光相关的科普项目，游客可以从中选择自己感兴趣的项目进行现场操作与实践，其中会变色的光束、隔山打牛、自动点燃的蜡烛等主要侧重于激光本质的演示，而激光台球、手摇电影则侧重于激光衍生功能的呈现。

激光景观和激光园林将激光应用于景观亮化上，各种梦幻的光线带给人非凡的享受。游客如同进入梦境一般，在激光技术打造的园区内徜徉流连。激光灯林中的灯火随风摇曳，随着游客的经过进行灯光的明暗变化，实现景随人动的景观效果（见图9）。

图9　激光园林

3. 激光休闲区和激光生活示范区

激光休闲区和激光生活示范区以激光特色元素为创新点，把激光应用融入日常服务之中，实现科技之便、激光之悦，将为游客带来最便捷的科技服务和最意外的激光惊喜。激光温泉、激光酒吧、激光美容院等设施将让游客感受到激光的神奇无处不在。

激光酒吧中，激光的运用无处不在。激光互动吧台、激光照明、激光星空、激光酒杯、激光调酒等让游客进入了一个被激光主宰的世界，于彻底的放松中感受一般酒吧中无法感受到的新奇。而激光美容院则将激光与现代高科技美容的密切关系呈现在游客面前。这里有国际最先进的激光美容仪器，游客可以依据自身的需求，在激光美容院中享受高科技的美容服务。

激光主题公园的建设与开发，必将带动区域经济和社会的综合发展，增强当地旅游、文化、商业等产业的发展力、辐射力、带动力、创造力、影响力和凝聚力。新型的大型科技娱乐主题公园将填补国内原创主题公园的空白，实现“城即景、景即城”的城市景观效果，激光主题公园将成为不可多得的城市名片。

（三）激光主题公园的技术支撑

激光主题公园配套技术在泛亚光电文化产业运作下，部分已经形成产业，如激光秀、激光球幕、激光虚拟互动等已广泛运用于激光文化创意产业中并带来了良好的经济效益。全彩激光、舞美设计舞台效果集成系统等在传统舞台上的创新项目已经成为国家科技与文化融合支撑项目，这将为激光虚拟技术的研发与应用带来新的契机和能量，泛亚光电正在这一领域中奋力研发实践，力图将激光舞台做到尽善尽美。此外，泛亚光电还不遗余力地吸收国内外先进技术，并与国际上著名的激光文化企业和主题公园运作企业进行全方位的洽谈、合资与合作，确保技术的领先地位，以此来保证激光主题公园在技术上毫无死角，为激光主题公园项目的顺利开展奠定坚实的基础。

在湖北日报传媒集团和武汉楚天激光集团的强势联合打造下，泛亚光电就如同站在巨人的肩上，左手高举科技之光——激光，右手稳擎文化之炬——创意，站得高，看得远，必将迎来长效的发展期，成为文化创意产业领域内的佼佼者。

附　　录

Appendix

B.23
2012 年武汉文化创意产业大事记

1 月

17 日

武汉市旅游局组织召开全市旅游局长座谈会，传达贯彻学习全国旅游工作会议精神。会议总结了近年来的工作经验，研究探讨了今后一段时期特别是 2012 年旅游工作重点，进一步统一了认识，明确了思路，为武汉旅游业又好又快发展奠定坚实基础。张侠局长强调，2012 年是实施“十二五”规划承上启下的重要一年。坚持以科学发展观为统领，以转型和创新为动力，弘扬“敢为人先、追求卓越”的武汉精神，紧紧围绕建设“国家旅游中心城市”、“最佳旅游目的地”的目标，全面提升武汉旅游产业国际化程度，全面提升旅游业在全市国民经济中的贡献份额，全面提升武汉旅游城市在国内外的知名度。

2月

14日

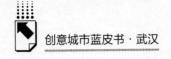

湖北卫视改版专家研讨会在武汉召开。研讨会以“创新思维　实现跨越”为主题，集中讨论了湖北卫视改版所取得的成果与出现的不足，为其能更好地进行后续改版提供支持与动力。湖北卫视确定“中国心·世界观”的新理念，重新构建了节目整体框架，整合了国内外资源，创新了节目内容和形式，着力打造财经新闻节目带、生活服务节目带、人文节目带、综合节目带四大节目带，推出了《长江新闻号》等十大全新节目。与上年12月份相比，改版后的湖北卫视，1月份全天收视率提升71.74%。

28日

武汉市委、市政府于2月28日专门出台了《关于打造“文化五城”建设文化强市的意见》，计划从2012年开始用5年时间建设“文化五城”，以提升城市文化品位，打造文化强市。“文化五城”即读书之城、博物馆之城、艺术之城、设计创意之城和大学之城。

3月

26日

2011年3月，ST源发披露重组方案，拟以5.2元的定增价注入湖北长江出版传媒集团出版、发行、印刷、印刷物资供应等出版传媒类主营业务资产。2012年初公司实现资产交割完成重组，于2012年3月26日正式更名为长江传媒，成为湖北板块中首个传媒行业的上市公司。从估值看，该股目前35.1倍的动态市盈率处于行业平均水平。

4 月

12 日

汉阳区政府向武汉市人大常委会委员报告文化产业发展情况时透露，“汉阳造”文化创意产业园将向东拓展，并将被建设成全市的文化创意中心。“汉阳造”文化创意产业园地处汉阳区龟北路 1 号，占地面积 90 亩，建筑面积达 4.2 万平方米。2009 年由汉阳区政府招商引进上海致盛集团，联手将原 824 厂改造成一座集文化艺术、创意设计、商务休闲于一体的专业化管理、规范化经营、市场化运作的综合性文化创意产业园。

23 日

由市委外宣办主办，武汉文化创意创业协会承办的“首届武汉地区外宣品展”在武汉辛亥革命博物馆拉开序幕。来自各区、市直各相关单位的 898 件作品参加了展示。展品包括以宣传武汉为主题的多媒体广播影视、动漫、音像类作品；各类图书、画册、折页、邮册等平面作品以及彰显武汉人文特色魅力及创意的民间工艺品、经典艺术品、旅游纪念品。展示时间为 4 月 17 日至 28 日。武汉市委常委、宣传部长彭丽敏，副市长刘英姿，武汉文化创意产业协会会长殷增涛，武汉市宣传部副部长陈元生、张兴权共同为开幕式剪彩。

26 日

省委常委、宣传部长尹汉宁一行调研武汉市文化创意产业发展状况，要求抓住文化大发展的机遇，集中资源支持有实力的文化创意企业发展壮大。武汉动漫协会会长张敏介绍，借助“科教优势”和“荆楚文化”两面大旗，武汉市文化创意产业正步入快速发展的春天。

5月

3日

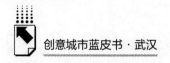

省委宣传部、市委宣传部及东湖高新区联合发起大型新闻报道活动，组织在汉22家中央和地方媒体聚焦东湖高新区文化创意产业，对东湖高新区文化与科技融合相关情况进行采访报道。高新区管委会副主任夏亚民向与会媒体介绍了高新区文化创意产业发展情况以及文化和科技融合相关工作情况。武汉市动漫协会、光谷创意产业基地及高新区19家文化创意重点企业负责人分别介绍了行业、园区和企业发展情况。

11日

市委常委、宣传部长彭丽敏及市委常委冯记春一行到武昌区调研该区“文化五城”建设情况。经过近几年的发展，文化创意产业已经成为武昌区的支柱产业之一。截至2011年底，武昌区文化产业企业共有4433家，实现税收14.8亿元，占全区全口径税收总额的16%，近3年全区文化产业年增长速度保持在15%以上。

7~14日

受台湾工业总会邀请，王国生省长率湖北代表团参加在台湾举办的“第九届湖北·武汉台湾周”活动。以“鄂台合作与发展”为主题，以鄂台两地开展深层次、全方位合作为主旨，全面促进鄂台经济文化等各领域的交流与合作。26日下午，省政府举行了“第九届湖北·武汉台湾周”新闻发布会，副省长田承忠就台湾周有关情况进行了通报。

17日

全国人大常委、全国人大财经委员会副主任、国防大学原政委赵可铭上将来武汉考察武汉市文化创意产业发展情况，希望武汉做大做强文化创意产业，为大武汉的中部崛起提供重要智力支持。一行人在东湖开发区管委会副主任夏亚民的陪同下，专程到华师科技园考察。华中师范大学副校长黄永林教授代表华中师范大学对全国人大财经委副主任赵可铭将军一行考察华师科技园表示热烈欢迎，对中央、省市及东湖开发区各级领导对华师科技园近年来发展文化创意产业的关注与支持表示感谢。

18 日

中宣部、科技部等五个部门联合在深圳召开文化和科技融合座谈会，武汉东湖国家级文化和科技融合示范基地被正式授牌，成为全国首批 16 个国家文化和科技融合示范基地之一。今后武汉将以打造“文化五城”、建设文化强市为目标，以推动文化科技创新、引领和支撑文化产业发展为主线，按照“一区多园一带”的总体布局，着力实施与建设数字出版产业发展、民族文化科技保护、文化演艺产业发展、高新技术博览服务、多语言云翻译、文化科技创新人才培养等示范工程，努力将示范基地打造成国家文化科技创新的智力密集区、资本聚合区、产业集聚区、引领示范区。

25 日

武汉市文化创意产业发展论坛首次召开。论坛举办方表示，根据市发改委规划和预测，预计到 2015 年，武汉市文化创意产业收入可达到 5000 亿元，实现增加值 1200 亿元。到 2020 年，武汉市文化创意产业收入将达到 10000 亿元，产业增加值将达到 3000 亿元左右，占 GDP 比重的 15% 左右，武汉将成为全国文化创意产业强市。

30 日

省政协主席杨松视察汉阳文化创意产业园、张之洞博物馆，调研武汉市文化创意产业发展情况。汉阳区正按照市委、市政府关于把汉阳建设成为全市文化旅游中心区的总体要求，把知音文化的魅力转化为发展之力，精心打造月湖文化旅游、休闲及文化演艺产业功能区，四新、江堤片文博会展功能区，归元寺宗教文化旅游商贸服务功能区，汉钢片、龟北片文化创意产业功能区，并已取得明显成效。

6 月

20 日

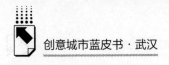

以“创新、创意、创造”为主题的“武汉文化创意产业高峰论坛”在武汉召开。论坛上，中共武汉市委宣传部改革发展办指出，结合武汉市的战略定位与设计创意产业的基础，武汉打造“设计创意之城”近期的发展目标应该是：到 2016 年，设计及创意产业增加值达到 1500 亿元，占该市 GDP 的比重达 10% 以上。

25 日

由武汉华美铭远配音团队配音的动漫《啦啦啦德玛西亚》在奇艺网点击率超过 1400 万。近期大热的《木灵宝贝之重回帆智谷》《啦啦啦德玛西亚》《涂墙三国》三部动画都由他们配音。动漫配音不再是北京、上海等城市团队的专利。

28 日

武汉市旅游局组织召开了“2012 年度武汉品质旅游产品专家评审会”，各申报单位详细介绍了入选参评线路的行程设计和产品特色，评审专家依据《武汉品质旅游产品评选标准》，重点针对参评产品的原创设计理念、市场营销策略、产品品质和特色、服务质量、游客反馈以及社会经济效益等方面进行了综合评价和现场打分，初步遴选出武汉学之旅推出的“跟着课本游中国”系列夏令营、武汉春秋国际旅行社“皇家礼炮——港澳游”、武汉海派国际旅行社“武汉特色风情一日游”等一批武汉品质旅游产品。

7 月

6 日

华中地区标志性旅游盛会——第六届华中旅游博览会在武汉国际会展中心

隆重开幕。本届华中旅游博览会是规模最大、亮点最多的一次。展位面积达1.5 万平方米，参展商覆盖 25 个国家和地区，国内参展商覆盖所有省份。这次博览会的主题活动有旅游产品推介会、境内外旅行商“灵秀湖北行”、武汉文化风情旅游美食节等。

8 月

6 日

武汉市人民政府市长唐良智主持召开市政府第 23 次常务会议，会议听取并同意市旅游局关于《武汉市创建全国旅游标准化示范城市工作方案（送审稿)》有关情况的汇报。会议强调，要高度重视“创建全国旅游标准化示范城市”试点工作，充分利用武汉市地处长江旅游带“米”字形中心和九省通衢的区位优势，努力把旅游业培育成武汉市国民经济的战略性支柱产业。

11 日

占地 12 万平方米的武汉开发区文化艺术创意园将在武汉经济开发区兴建。该创意园是在工业园区的基础上改造而来，改造之后将成为目前国内规模最大、功能最齐全、设施最完备的文化创意产业高地，全部投入使用后可集聚国内外上千家优秀创意企业落户，产值将超千亿元。

14 日

集 3D 动漫体验、3D 动漫影视、动漫主题餐饮、动漫衍生产品销售等功能为一体的连锁 3D 动漫主题体验乐园在武汉国际广场正式运营。这个 3D 动漫主题体验乐园由湖北盛泰传媒文化有限公司策划运营，目前日均接待量已达到 500 ~600 人次，并将引进动漫舞台剧表演等游乐项目。

21 日

在第 26 届中国电视金鹰奖新闻发布会上，湖北省动漫企业武汉银都文化传媒股份有限公司创作出品的长篇动画连续剧《家有浆糊》荣获第26届中国电视金鹰奖，这也是湖北省在本届金鹰奖上获得的唯一奖项。本届金鹰奖评选共收到全国各类参评作品806部，其中动画片41部，共有5部动画片获得金鹰优秀动画片奖。

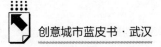

27日

《武汉智慧城市总体规划与设计》方案27日通过武汉市政府常务会议审议，至此，该市建设“智慧城市”蓝本正式出炉。据初步统计，武汉“智慧城市”建设总投资超过817亿元，其中利用社会资金530亿元，未来8年将带动产业增加值达11200亿元。

9月

26日

由市科技局、市总工会、市知识产权局、市科协、市教育局等单位指导，武汉发明协会主办，武汉科技成果转化服务中心、汉阳区科技局、武汉致盛文化创意产业有限公司协办的“武汉市第三届武汉发明创新大赛”启动仪式在“汉阳造”文化创意产业园拉开帷幕。

10月

1日

上午，武汉市文化局局长陈邂馨在副局长马勋标的陪同下，来到武汉市文化市场综合执法支队调研全市文化市场综合执法工作情况。支队常务副支队长张建国向陈局长全面汇报了文化市场综合改革、执法队伍建设等工作情况。下午，支队兵分五路，对全市文化市场经营和安全工作情况进行拉网式检查，共纠正违规问题12起。

19 日

黄陂区又一重要旅游项目——“武汉抗日第一村、武汉湿地旅游第一谷、武汉温泉生活第一乡”的姚家山红色旅游项目在区会议中心正式签约。区委书记胡洪春致词。他指出：姚家山是一片红色的热土，同时又拥有丰富的绿色森林资源，希望姚家山红色旅游开发公司和蔡店乡以今天的签约为新的起点，加强协作、加强配合，共同做好“红与绿”的文章，把姚家山红色旅游项目打造成精品旅游目的地。

26 日

在厦门举办的“第五届海峡两岸文化产业博览交易会”上，湖北省文化厅设立了 225 平方米的特装展位，对湖北文化产业发展的大好形势和优良环境进行了集中介绍和展示，对湖北重点文化企业、文化项目和文化产品进行了宣传推介。会上湖北省 3 个项目达成了初步合作意向，涉及金额上千万元。

27 日

“鄂深文化产业项目合作签约仪式暨交流座谈会”在武汉举行。会上省委常委、宣传部部长尹汉宁指出，鄂深文化产业交流座谈会已举行了 4 次，鄂深文化产业交流呈现良好态势。武汉东湖新技术开发区分别与深圳文化创意产业协会签订了战略合作框架协议和广东三基音响科技有限公司签订了投资合作意向书。

29 日

“武汉市文化产业振兴暨文化和科技融合工作动员大会”在汉召开，会议通报了武汉市建设国家文化和科技融合示范基地工作情况。会上，湖北省常委、省委宣传部长尹汉宁为东湖高新技术开发区授牌，武汉市人民政府市长、市文化和科技融合工作领导小组组长唐良智讲话。

29日

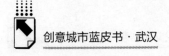

武汉市出台了《武汉市文化产业振兴计划（2012～2016）》、《武汉市关于加快文化产业发展的若干政策》和《武汉国家级文化和科技融合示范基地建设实施方案（2012～2015）》等文件，对文化和科技融合示范基地建设给予了重点倾斜和有力支持，对文化企业融资税费优惠和补贴有明确的激励标准，有利于文化产业长期发展。

11月

13日

科技部高新司在华中师范大学科技园召开了“武汉国家现代服务业数字内容产业化基地”专家论证会。专家组认为，基地的建设和发展符合国家调整产业结构、转变经济发展方式、推进战略性新兴产业发展的战略要求，对促进数字内容产业链完善和集群化发展、区域产业转型升级具有重要意义，一致同意通过论证。

14日

第二届“湖北出版政府奖”获奖名单揭晓，《印象湖北》等21种图书、《阿特的奇幻之旅》等5种音像电子出版物、《楚天金报》等4种报纸、《前卫》等6种期刊、蔡华东等10名同志荣获“第二届湖北出版政府奖”。

17日

由华中师范大学国家文化产业研究中心承办的“第三届中美非物质文化遗产论坛：生产性保护”国际研讨会在华中师范大学逸夫国际会议中心举行。中美两国的专家学者100余人围绕“非物质文化遗产生产性保护”的主题，以评议和互动的方式展开了深入的交流和研讨。

21 日

“第十一届中国网络媒体论坛”在武汉举行。本届中国网络媒体论坛由人民网、中共湖北省委宣传部、湖北省互联网信息管理办公室、荆楚网承办，以“贯彻党的十七届六中全会精神，发展健康向上的网络文化”为指导思想，以“推动网络媒体新跨越　促进网络文化大繁荣”为主题，300 多位领导、网络媒体高端人士以及专家学者共同为中国网络文化和网络产业发展把脉论道。

30 日

武汉东湖高新区召开了主题为“动漫数字文化创新及发展战略实施与合作”的研讨会，会议特邀著名国产动画片《喜羊羊与灰太狼》之父苏永乐先生到场，与区内各创意企业进行对接交流。

12 月

12 日

“国家文化产业研究中心（基地）首届联席会议”在华中师范大学举行。文化部党组成员、副部长王仲伟与专家学者共同探讨如何加强协同创新，为文化产业发展提供智力支持。上海交通大学、北京大学、清华大学、南京大学等 8 个国家文化产业研究中心（基地）负责人，中国社会科学院、国家行政学院等 5 家特邀研究机构代表，湖北省文化厅和武汉市委宣传部等有关负责人参加了会议。

12 日

第四届全国曲艺类非物质文化遗产保护成果评奖活动中，湖北大鼓省级传承人付群刚作为湖北唯一参赛者，表演的《三婿拜寿》，充分展示了湖北曲艺的艺术魅力，斩获银奖第二名。

16日

“瀚动江城”2012年度武汉青年创业大赛总决赛暨颁奖典礼在武汉市青少年宫圆满落幕。武汉青年创业促进会各行业、区域、高校委员会主任委员、副主任委员以及创业青年等600余人参加了此次活动。为了增强公正性和观赏性，决赛现场引入了大众评审机制，来自武汉地区的24位企业家和24家新闻媒体代表组成了企业家和媒体两大评审团。最后，30万元大赛奖金被10位决赛选手收入囊中。

18日

华中影视文化产业园在新洲区双柳街陶家大湖西岸奠基。这标志着湖北文化产业跃上新台阶。项目投资逾60亿元，主体工程预计在2016年基本建成。该影视基地将着力凸显包括汉口、上海、大连等多座城市在内的民国风貌，其中有江汉关、汉正街、长江码头、沿江大道老建筑等老汉口景致。

28日

华中国家版权交易中心在武汉正式运营。省委常委、宣传部部长尹汉宁指出，华中国家版权交易中心是继北京之后，经国家版权局批准建立的全国第二家国家级版权交易中心。国家对湖北省的文化大发展大繁荣给予有力支持，并授予湖北华中数字出版基地、华中国家版权交易中心、中国期刊博览会等三块金字招牌。

法律声明

“皮书系列”（含蓝皮书、绿皮书、黄皮书）由社会科学文献出版社最早使用并对外推广，现已成为中国图书市场上流行的品牌，是社会科学文献出版社的品牌图书。社会科学文献出版社拥有该系列图书的专有出版权和网络传播权，其 LOGO（ ）与“经济蓝皮书”、“社会蓝皮书”等皮书名称已在中华人民共和国工商行政管理总局商标局登记注册，社会科学文献出版社合法拥有其商标专用权。

未经社会科学文献出版社的授权和许可，任何复制、模仿或以其他方式侵害“皮书系列”和 LOGO（ ）、“经济蓝皮书”、“社会蓝皮书”等皮书名称商标专用权的行为均属于侵权行为，社会科学文献出版社将采取法律手段追究其法律责任，维护合法权益。

欢迎社会各界人士对侵犯社会科学文献出版社上述权利的违法行为进行举报。电话：010－59367121，电子邮箱：fawubu@ssap.cn。

社会科学文献出版社